兰溪集

论文卷

王振海 著

中国建筑工业出版社

图书在版编目（CIP）数据

兰溪集／王振海著．—北京：中国建筑工业出版社，2017.2

ISBN 978-7-112-20254-6

Ⅰ．①兰… Ⅱ．①王… Ⅲ．①建筑企业集团－企业文化－研究－陕西 Ⅳ．①F426.9

中国版本图书馆CIP数据核字（2017）第012848号

责任编辑：费海玲　张幼平
责任校对：焦　乐　张　颖

兰 溪 集
王振海 著
*
中国建筑工业出版社出版、发行（北京海淀三里河路9号）
各地新华书店、建筑书店经销
北京锋尚制版有限公司制版
北京中科印刷有限公司印刷
*
开本：880×1230毫米　1/32　印张：26¾　字数：638千字
2017年6月第一版　　2017年6月第一次印刷
定价：128.00元（共四卷）
ISBN 978-7-112-20254-6
（29674）

读王振海同志《兰溪集》有感

上善若水
有容乃大

孙文杰

2016年11月22日

思行一体
稳健致远

为王振海同志兰藻集题

郭涛 二〇一六年十一月

序

《兰溪集》是王振海同志自1983年参加工作以来三十年创作的集锦，共三卷四册，有论文、散文，还有诗歌，洋洋洒洒，精彩纷呈。振海同志是从川大哲学系本科毕业，分配到中建西北院工作，从团委书记干到院党委书记。八十年代末的这批大学生是在特殊年代造就的特殊群体。他们小小年纪就下过乡、进过厂，吃过大苦，耐过大劳，千辛万苦考上大学，苦读四年之后有了一份工作。他们百倍珍惜这个工作岗位和劳动成果。他们突出的特点是有坚忍不拔的毅力和临危不惧的精神。另一个特点或称为特色也罢，就是大都有一些业余爱好，不论文武，写作、歌舞，并不亚于专业人士。振海同志是此中之佼佼者。

我比振海同志早来西北院20年，算是老一代的人了，但居然有两点极为相似：一是从学校到西北院，一直干到退休；一是在这个大家庭的关怀和培养下都得到了长足的进步。也许正是由于这个原因，阅读《兰溪集》的文章就多了一份亲切感。像论文《合力打造西北院和合文化》、《关于院青年建筑师方案推荐演习活动》，像散文《七路情思》、《袁家村游记》都是发生在我身旁的事情和人物。收录的论文没有高谈阔论之篇，都是从现实出发，针对问题、解决问题之作。文笔潇洒，生动活泼，十分耐看；描写的西北院诸多人物也都亲切感人，不落俗套。振海长于写诗，以古体为多，颇具唐风。不但诗品、诗格，而且赠诗的方式也很有文人的雅量。他的同事遇到工作上的问题，或受到生活的挫折时，往往会收到振海劝慰或励志的诗词。在西北院的朋友圈把这些诗称之谓“书记的人文关怀”。

《兰溪集》的样书是在2016年秋季最后一天放在了我的案头。这天，蓝天白云，窗外银杏叶灿烂金黄。按古老的中国传统，这一天该是冬季之始。我一边拜读文章诗词，一边想，这本《兰溪集》是三十年的涓涓细流汇成的美丽湖泊，集腋成裘，来之不易。但是从长远看，这也许是振海同志阶段性成果。他曾经对一些朋友说过，等放下工作担子，等时间充裕些，打算就陕西的城镇建设、建筑设计为题写一些有规模、有层次的东西。当今正是陕西城镇化快速发展时期，盼望振海同志再续新篇，高歌猛进！是为序。

张锦秋
2016.11.14.

聚英集美归兰溪

与振海相识于1983年7月，他分配来中建西北院的当年，这是20世纪80年代的事情了。我比振海早来西北院一年半，77届。振海先当老师后考上四川大学，是79届。青涩而朝气蓬勃，友善而认真严谨，成为我们交往的起点。转眼间，三十多年过去了，我与振海在新班子直接共事也有八年了。工作、学习、生活上，在相互欣赏、相互鼓励、相互促进中，我们传承着不忘当初的友谊，至今走过了三十三个春秋。

记忆中大概是2012年年底，中建总公司纪检组长刘杰领导来西北院视察工作时曾经说过："振海什么时候出诗集呀？到时候我来给你写序"。我在旁边鼓动振海说："你赶紧出诗集吧，我也给你写序。"而这次要出版的竟是三卷四册40多万字一套的《兰溪集》。中国建筑西北设计研究院新区，位于陕西省西安市文景路凤城九路白桦林居兰溪苑，振海兄把自己的集子命名为《兰溪集》，颇有深意。

仔细品读这套包括论文卷、和合卷、散文卷、诗词卷的合集，内心确实被字里行间洋溢的哲学睿思和潇洒情怀所感染，为他在企业管理哲学这一学术领域所取得的成就而高兴。（注）

人一生中有很多记忆被定格，或欢乐或悲伤，或理智或随感，难能可贵的是记录存储。振海把对工作、学习、生活的认识灌注在笔尖屏端，历久弥坚地亦行亦知亦思。诗文卷与散文

注：此集原拟为论文卷（上）、论文卷（下），正式出版时改为论文卷、和合卷。由此，原拟由三卷组成，现更为四卷体。

卷里，那些与心灵的对话，不仅有对人生道路的回顾，也有对社会万象的感怀。快乐、宁静、简单、挫折、激情、主见、不悔……彰显的是对人伦道行及社会百态的沉思，从满怀理想到得试抱负，从青春少年到纹布额头，过往留痕，依稀可触。

行万里路，格万千物。将世事人情镶嵌于岁月的年轮，人事也便借由文字而成为历史，又从历史走向未来。于是，蓦然发现，曾经淡然一笑的记忆也变得很绚烂和有意义起来，曾经深幽的苦闷也轻快起来，曾经遭遇的刺痛也变得需要感谢……《兰溪集》沉淀了他的心路历程与思路历程，过滤了过往的辛酸苦涩，而一以贯之的是对不曾抛弃的梦想和期盼的秉持。

振海于1983年7月，由国家统一分配来中建西北院工作，同年10月被院党委任命为院团委负责人主持团委改选工作，1984年3月任院团委书记。工作之余，开始了研究社会与青年成长的理论历程。1991年12月调任院办公室副主任，1992年8月主持院办工作（1996年3月任院办主任），1999年3月任院党委副书记（兼任院办公室主任至2005年）。他的思考也转入管理哲学领域，开始企业管理实战研究。2007年5月担任院党委书记以来，他结合中建西北院实际，一方面加强国企党的建设，以面向未来视野，深化干部制度改革、推行领导干部年轻化、拓宽干部成长途径，实行“校园多元化生源多元化”吸引优秀毕业生进院、增强创新基因活力。

一方面，在对西北院几十年企业管理实践进行总结提炼创新基础上，与班子与干部群众切磋琢磨，逐步创立了中建西北院和合文化知行体系；于2009年开始，启动中建西北院和合管理理论研究、与张锦秋建筑理论系统研究这两大理论创新工程；2012年启动实施中建西北院“创建全国五一劳动奖状单

位”与“创建全国文明单位”这两大实践创新工程；启动向张锦秋学习与宣传推荐新大师这两大组织创新活动。同时，振海勤于读书，敏于思考，孜孜不倦地钻研古今中外文治经典，在日积月累的工作实践与学习借鉴中，形成了自己的管理哲学研究系统，他的理论研究成果也日益受到各界的关注。

振海以哲学学者特有的大局观、长远观、系统观与辩证思维，从履行央企的经济、政治、社会、文明四大责任的层面，给中建西北院提出了许多很高的要求。在我看来，振海是个学者型领导，兼具哲学、教授、文艺修养。中建西北院不仅仅是一家建筑设计单位，更是人类城市建设发展演进的创造者、承载者、见证者。建筑需要灵魂内涵，管理需要哲学思辨，振海正是自觉担当了这样一种历史与时代使命，构筑起“和谐传承共生，合作创新共赢”的中建西北院“和合文化”理论与实践体系。而其中的核心内容是“新三纲五常”，即“善为德纲、用为才纲、义为志纲”的“新三纲”，与“常怀感恩之心，常念牵手之缘，常思成长之苦，常想同行之乐，常行仁义之道”的“新五常”。由此，把传统尚品、时代精神、职业道德、家国情怀化为一体，将企业、员工、社会、家庭四元需求融会贯通，让员工在工作中感受快乐，在进步中体味幸福。近几年来，院内外的同志们更加感受了西北院的温馨氛围，也更加感受到了全院干部群众的向上向善向前的阳光激情。西北院和合文化于2012年获得陕西省委省政府主要领导的高度肯定。2013年，西北院首次荣获五一劳动奖状；2016年年初，中共中央统战部官网刊登了中建西北院和合文化专题。2016年8月以“基于绿色与和合文化的中华建筑创新发展管理模式”荣获陕西省质量奖第一名；2016年9月，荣获“中国企业文化竞争力十强”……这都是对中建西北院院党委院班子以

先进企业文化——和合文化引领国企持续发展实践的肯定，而振海本人也因此被评为“以五大理念引领发展2015年度企业文化创新人物”。

“士不可以不弘毅，任重而道远”。如今，历经三十余载，振海以其坚韧不拔的毅力，沿着“知行合一，思行合一”的耕耘轨迹，集结了这套独具意义的文集，令人感动，引人思考。我凭近水楼台，先睹为快，与君分享。

振海同志现任中国建筑西北设计研究院党委书记、副院长，陕西省十二届党代表，陕西省十一届政协委员，陕西科技大学教授，陕西建筑科技大学教授，英国皇家特许建造师。受聘甘肃航空公路旅游集团公司任首席高级顾问。

回顾振海取得的成绩和走过的道路，我愈加相信：欲成大事者必待繁复的熔铸，锁定目标，抱持信念，勤奋进取，师长补短，必将在日有所得、胜过昨天的过程中，再创佳绩、复惠社会。

2016.11.16

目　录

兰溪集

试论“比较”

本文论及的“比较”，是作为一种认识方法和研究方法的比较法。

凡是到过自己生活环境以外地方的同志，可能都有过这样的体会：当你第一次到达某个地方后，就可以在不长的时间内由看到听而把握住该地方风俗的特点：这是比较使然。当我们把某一学科的基本原理放到该学科的发展史中来加以比较研究时，便会清晰地看出该学科的特色来。认识过程中的“去伪存真，去粗取精”这一辩证思维活动，显然也是把已获得的认识材料的每个部分加以对比研究之后才得出“伪”与“真”、“粗”与“精”的。作为一种认识和研究方法，比较法被人们普遍用于精神活动的各个方面。

联系到我国的经济体制改革，哪些要改，哪些可保留，哪些要放，哪些要严，哪些是外国比我国好的东西因而可吸收的，应如何把资本主义国家中先进的管理技术结合我国的具体情况来用，如何建设具有中国特色的社会主义，这些都需要将我国的国情与外国的国情加以具体的比较研究之后才能得出结论。

比较法是很重要的。毛泽东同志曾指出过：“有比较才有鉴别。”我们要正确地认识和运用比较方法，就有必要对它进行较具体的分析研究。物与物可以进行多种多样的比较。一物内部的不同侧面也可以进行比较，一物在不同发展阶段上的不同具体形态之间也可以进行比较，等等。为什么能对事物进行广泛的比较呢?

所谓比较，简而言之，即对比地研究事物的异同。两个事物之间，一事物内部矛盾双方之间，一事物本身存在不同的特殊性，即个性。万事万物之间具有统一性，即共性。事物具有共性，这是事物得以进行比较的基础。事物具有个性，这是事物得以进行比较的条件。两个完全不同或完全相同的东西，即使存在，也是没有可比性的。这些就是比较法的哲学基础。

比较法的认识论意义就在于，通过比较，可以把两个不同事物在相同历史条件下的不同特点及相同之处准确地描绘出来，从而更准确地把握事物的本质特征。通过比较，可以把同一事物在不同发展阶段上的不同与相同之处找出，从而可以较准确地认识该事物发展的过程、规律及发展方向。通过比较，还可以找出形成这种不同的个性及其共性的不同和相同的具体条件或原因，给许许多多的“为什么”以令人信服的答案。比较法还是使认识从低层次向高层次跃进的杠杆，既有利于定性，又有益于定量。

比较的具体方法多种多样。各学科的比较方法都带有本学科的特色。知识越多的人，可供他比较的事物也就越多，其结果，一般说来就越准确。但就其基本的方法而言不外乎以下几种。

从时空上分，有纵向比较与横向比较两种。

纵向比较，就是把事物发展的前后作对比分析，从中找出事物不同发展阶段上的特殊性及前后联系，以便于把握事物的全局和整体。例如对科学史上某一学科在不同发展阶段上的发展状况加以对比研究，就可以获得该学科的发展过程及各个时期的状况的系统认识。这样可以更深刻地认识该学科的现状，推动该学科向前发展。

横向比较，就是截取一个历史的横截面，把在这个截面上的同一事物在不同的环境中的发展状况加以对比研究，从而找出该事物在不同环境中的相同或不同方面。方兴未艾的比较科学就是运用这一方法而创立的边缘学科。例如比较哲学，就是截取人类历史上哲学发展的一个截面（或是多个截面），把这个截面（或多个截面）上中国和西欧各自哲学发展的不同的“圆圈”加以对比研究，比较其不同的哲学发展高度，比较其不同的哲学思维特点、承袭关系及对后世的影响，以此把握中西方哲学的不同特点，最终把握人类认识发展的基本规律和特殊规律，获得单独研究一国哲学所得不到的崭新的知识结构。又如比较文学，就是把不同国家在相同（或不同）时期的几部文学名著加以对比研究，分析各个国家文学著作自身的特点（民族性），找出这些文学著作在反映的主题、构思方式、主人公的类型及所受当时社会的影响等方面的相同和不同来，还可看出不同民族文学著作间的相互影响的情况。美国哈佛大学比较文学系主任克劳迪奥·吉伦（Claudio Guillen）说过：“只有当世界把中国和欧美（包括英国）这两种伟大的文学结合起来理解和思考的时候，我们才能充分面对文学的重大的理论问题。”（《国外社会科学》1982年第1期）其实，自然科学和社会科学所包括的所有学科，又何尝不如此呢？如果我们用这种“结合起来理解和思考”的比较方法去研究一下我国和美国、日本等技术先进国家的管理学，找出二者的优点和不足并加以扬弃，那么我们即可得到一种融中外经济管理之优点于一体的新的管理学。可见，比较法作为一种开辟新学科的研究方法，本身是何等重要！

从所涉及的事物的量来分，又有事物之间的比较，也有一事物内部各组成部分之间的比较。例如，条件“相同”的两个人，我们可以比较其高下。对于同时期同领域的两个著名科学家，我们可以比较其贡献大小、水平高低等。对于和我国在科技上起步大致相同而现在又超过我国的科技发展水平的国家，我们可由比较来找出人家科技发展的成功经验，也可以找出彼国某些不发达的方面所面临的一些不利因素，以便更好地推动我国科技的发展。

不同精神状态下运用比较方法而得出的结果，是不同的。由于人们运用比较法时，意识的自觉程度、思维状态不同，又可分为模糊比较与自觉比较两种方式。

模糊比较，指人们在没有意识到自己在用比较法时对事物作出比较这样一种思维方式。这种无意识的比较不同于幻想。从根本上说，之所以能作出这样的比较，是因为人们长期对事物的认识（尽管这种认识往往是表面化的）已经刻印在人们的脑子中，成为较为固定的信息，从而形成了这种模糊比较的认识基础。这种较低层次的比较方式，其特征是无明确的目的性，只重现象而看不到本质。人们爱在初次见到某人之后说"这人还不错"或"这人不怎么样"，而又不能具体说出所以然，就是这种情况。不过，我们指出存在这样一种思维方式，并非为了提倡，而仅在于要强调：必须将它升华为自觉比较。

自觉比较是人们有意识地对事物进行比较的一种思维方式。其特征是有自觉性。它是以一定知识结构作为基础的。相对于模糊比较的思维方式，自觉比较因其自觉性而使得出的结果具有说服力。但更重要的是，这种思维方式，只有在马克思主义所揭示的物质运动规律的指导下，按照事物本身的实际情况进行科学的思维活动，才能得出正确结论。王明在把中国和苏联作比较时，并没有对实际情况进行科学的分析，他只晓得把苏联的一套机械地往中国身上套，其结果，得出了主观主义的结论，并引出了恶果。与此相反，毛泽东同志从中国的实际出发，自觉运用科学的比较法，对两国的国情作了马克思主义的对比、分析，得出了中国革命必须走农村包围城市、武装夺取政权的道路的结论。历史证明，这是中国革命取得彻底胜利的唯一正确的道路。

以上所述的几种基本的比较方法，只是论述时的不同角度，才有此区别，实际上，人们往往是交叉使用它们的。而它们又必须在被纳入科学的自觉比较这一思维方式之中时，才具有科学方法论的真实意义。

此文发表于《哲学研究》，1985年第4期

再论“比较”

一、以往运用比较法出现的偏差

前时有不少同志强调横比的重要性。有的同志认为，现在人们的思维方式，正从重视纵向比较转向重视横向比较。其实，无论纵比还是横比在新中国成立以来都曾用过，可在历史的运用中却出现了许多偏差，严重地影响了比较结果的科学性。

新中国成立后纵向比较的运用，多表现为今昔对比，即用新中国成立前后的历史作直观的感性对比。这种比较并非不可。但这一方法却曾被滥用了，概念化了，因而使得今昔对比时，一说开头，就知结果。这样，也就始终没有用这一方法得出更深一层的、理性的东西来。当然，就根本制度而言，确确实实是今胜于昔。但就具体事物而言，由于事物发展的曲折性，仅仅时间上的新并不一定是合乎事物发展规律的东西。

新中国成立后横向比较多表现为一种浅层次的中外对比（例如将社会主义与资本主义作比较）。这样对比的结果，又总是中国现在的东西都比外国的好。甚至对那些实际上完全可以为我所用的国外先进的企业管理技术，也总是不屑一顾。其实，这些先进的管理技术却促成了一些资本主义国家例如日本在二十世纪六十年代的经济起飞。此外，还有一种隐含于意识深处的中外对比，只要一说外国的某项科技现在很发达，立刻就有人出来考证说：此项发明早在我国历史上的某某年代就有了！当时却恰恰忘记了应该去探究一下我国发明该项技术之后为什么没有发扬光大。粉碎“四人帮”之后，国门一开，发现过去那种专以自己的长处比较人家的短处的做法不对；于是，又出现了专以自己的短处比较人家的长处并加以绝对化的倾向。这种比较法运用的不当，引起了人们思想的混乱，并影响到了人们特别是一些青年同志的思想和行动。

现实中确实存在从重视纵向比较到重视横向比较的转化。这当然是十分必要的，但实际效果并不是很理想的。

这里的关键并不在于哪种比较方法更好，而在于对比较方法的运用上有缺陷。纵向比较的目的是要掌握事物的规律以预测发展，而不是为了某种需要而得出今胜于昔或今不如昔的简单结论。因此，我们应当在纵向比较中找到比感性认识更深一层的、系统的东西来。横向比较也和运用纵向比较一样，总是先从一个抽象的原则或概念出发，或是用枚举的归纳法得出一个结论然后固定化，通过表面化的横向比较，再演绎出不加重新思辨的结论来。比如，站在人类历史发展的角度来看，把资本主义社会和社会主义社会相比较时，很容易看出资本主义本身（主要表现在发展趋势上）的腐朽性、垂死性、寄生性。然而，曾几何时，人们一提起资本主义就是这“三性”，对于作为客观的社会形态之一的资本主义社会的一切都以这“三性”来加以全面否定。显然，这是不符合事物的发展规律的，是反辩证法的。因为“辩证法在对现存事物的肯定的理解中同时包含有对现存事物的否定的理解”。（马克思《资本论》第一卷第二版《跋》《马恩选集》第二卷第218页）这就是说，对事物及其发展，既不能简单地全部否定，又不能简单地全部肯定，而我们传统中运用比较方法时出现的偏差之一，恰是片面性或机械性。

其偏差之二是，没有注意到比较方法的层次性，即对比较方法缺乏量的概念。对于比较法，可以用之以对事物进行“形态”的比较，亦可以用之以对事物进行“质态”的比较。而以往多把比较法运用在对事物进行片面的、现象的比较，而且只注重定性的比较，缺乏深入的、定量化的分析比较研究。此外，也没有区别日常生活中的比较和作为科学方法的比较法的不同层次性。

其偏差之三是，只强调纵向比较与横向比较的区别，没有注意其联系。

总之，以往在比较方法运用上的偏差，在于未能充分重视两种方法之间的辩证统一关系，犯了形而上学的错误。

二、纵向比较与横向比较的辩证统一关系

纵向比较与横向比较是建立在共性与个性对立统一关系基础之上的。其间既有区别又有联系。

纵向比较和横向比较的区别有三点。

首先，纵比指的是对事物发展历史阶段间的对比分析，横比则是对现实或历史的截面上事物在不同环境中的发展状况加以对比的研究。由于事物的发展总是阶段性与连续性的统一，因而在事物的不同发展阶段之间应当进行纵向比较。每个事物内部又都存在着相互矛盾的两个或两个以上的方面，因而应当对这两个或多个矛盾的方面所处地位、属性等进行横向比较；同样，不同事物之间也总是既区别又联系的，因而也应当在两个或多个事物之间进行横向比较。

其次，对事物进行纵向比较，可以使人们对事物的历史发展过程有个规律性的系统性的认识，有助于把握事物发展的历史和对之进行未来的预测。而横比则不然。由第一层次的现象的横向比较可以得出感性的认识。通过第二次的实质性综合性的横向比较可以获得形成不同事物发展历史的具体条件及其特

殊性的认识。纵比以鉴别事物发展历史上的不同形态及其相互联系。横比以鉴别同一事物矛盾双方的不同地位、作用、不同事物的不同质态及其相互联系。

最后，纵向比较只涉及一个事物，是对事物深度化的认识。而横向比较则不仅可以在事物内部进行，而且可以在事物之间“游刃”，它是对事物的广度化的认识。

纵向比较与横向比较之间又是互相联系的，这种联系性是由事物发展的纵向联系与横向联系这一交叉联系性决定的。

事物不但有其客观的自身历史发展过程，同时又与其他事物之间存在着密切、繁杂的横向联系。因此，每一种事物也就不仅存在于本系统的发展中，而且存在于本系统与他系统的交互作用之中。因而要想获得对事物的“形态”加“质态”的相对稳定的认识，就必须在对事物的发生发展变化的不同阶段进行纵向比较的同时对事物内部的各个方面以及与其他有关事物进行横向比较。

我们不妨把这种同时对事物进行“纵比＋横比”的比较法称为交叉比较。它反映了纵比和横比两种基本的比较方法的联系，是人们实现对事物科学认识的一条重要途径。

交叉比较，大致有两种情形。一是以纵比为主辅以横比。二是以横比为主辅以纵比。这两种交叉比较的方式，需因认识目的不同而决定取舍。

以事物的自身发展历史这个小系统来看，只有进行纵向比较又横向比较，才能更深刻地认识事物的发展规律及事物之间的相互影响、相互制约的情况。为此，应该在对一事物自身的每个发展阶段上的矛盾双方的消长之具体情况作出横向比较，并在横比的基础上进行纵向比较，以更好地把握事物的全貌。这正如毛泽东所讲的那样：“不论做什么事，不懂得那件事的情形，它的性质、它和它以外的事情的关系，就不知道那件事的规律，就不知道如何去做，就不能做好那件事。”（《毛泽东选集》,《中国革命战争的战略问题》）此外要区别两个事物的特殊性，认识其相互影响，必须在对两个事物（两个系统）各自发展的阶段作了相应的纵比的基础上再进行横比。这样才能既了解事物的相互影响（共性），又区别事物的特殊规律（个性），并以此为前提，为工作中的决策提供可靠依据。事实上，将两个事物作完整的横比时，正是以纵比的结果作基础的。否则，简单化的横比或纵比，都不可避免地导致认识上的片面性，或使人盲目自信，或使人缺乏信心。不少学者指出过的我们民族中极易交替出现的盲目排外思想与崇洋思想，不正是中国近代哲学中的中西之争及古代哲学中的古今之辩的曲折表现吗？之所以出现这种曲折，从思维方式上找原因，这种失之片面的比较不能不说是一个重要原因。

三、运用交叉比较应注意的几点

正确运用交叉比较就必须按照唯物辩证法所揭示的事物的发生、发展、变化的规律，把比较法纳入科学比较的思维方式之中。为此，应当注意以下几点。

第一，对事物进行比较，必须实事求是，摒弃先入为主或概念化（教条主义）的比较方法。这里所说的交叉比较，绝非以往习惯的那种纵向比较与横向比较的简单相加。它要求拓宽以往习惯的纵比与横比的应用范围（即其使用的外延）。不但对国内进行纵比，而且对国外也进行纵比。不但对中外进行横比，而且对国内或国外各单位之间各行业之间也进行横比，对国外的其他国家之间也进行横比。并在纵比（横比）的基础上再进行横比（纵比）。这就是说，无论是宏观上还是微观上，无论是相同制度国家之间，还是不同制度国家之间，都可进行交叉比较。在这点上，我们还要做许多具体的工作。比如，就我们民族的意识而言，按台湾台中市东海大学贺陈词教授的观点，有两种矛盾心理：“一种是民族的优越意识与中国中心的困局所造成的自卫反抗；另一种是自卑意识与盲目崇新主义所造成的虚无感”。（转引自《世界建筑》一九八二年第二期）这一观点是否全部概括了我们民族意识中的矛盾暂且不论，从比较方法而言，这种“自卫反抗”心理与“虚无”心理的产生，不能说和没有科学地运用比较法没关系。再比如我们习惯的治学方法，即老把原著作为参照系，而把活生生的现实社会硬拿来和经典著作上的某些观点相比较，用书本决定现实。这种比较是否缺乏生机呢？真理由实践中来，它的检验标准也只能是实践。我们学习马克思主义经典作家的理论，主要吸收的是它的立场、观点、方法，而不是掌握几条原则然后到处套用，否则矛盾特殊性原理就要毁灭。而实践一再证明毛泽东提出的“结合原则”的重要性。就国际来看，扬弃传统的比较方法也有世界意义。因为现代社会的发展，正不断暴露着所有民族认识上的狭隘性，再先进的国家也不例外。从意识上说，现在在西方国家仍然有影响的“欧洲中心论”，同“中国中心论”，认识上的错误是一样的，都使得比较的结果带有先入为主的主观成分。就比较科学中的比较文学而言，法国比较文学学派在于“研究两个以上的文学影响关系”，最终总要归结到阐明某一作家接受了怎样的外来影响这一点上来（据［日］大塚幸男著《比较文学原理》第三章、第五章，陈秋峰、杨国华译，陕西人民出版社出版）。显然，这里的比较，无论以文学的比较中所涉及的面，还是从比较的归宿来看，都存在着片面和狭窄的不足之处。

第二，要区别比较方法的不同层次性。首先要注意的是，作为日常生活中仅有外部表象的比较即模糊比较，与作为科学研究方法之一的自觉比较二者的不同层次。就前者而言，它较多定性，少有定量的分析，其认识基础是经验。而自觉比较的认识基础却是理性，它的定性是建立于定量分析基础之上的。其次，要注意比较方法在运用时体现的层次性。列宁指出，事物的本质有层次的构成，有初级的本质，有二级的本质，以至无穷的本质（参见《学术月刊》一九八四年第七期陈锡文《正确理解本质在现象中》）。这就是说，认识是一个逐步深入、永远进化的过程。而且，对事物进行比较分析，也必须指出这是就事物的哪一层次的本质而言的。例如，就法学的比较研究来说，就有对不同社会制度或不同法系的法律进行比较的所谓“宏观比较”，又有对相同社会制度或同一法系内的法律进行比较研究的所谓“微观比较”，还有所谓总体的比较与部分的比较（如对法律中的民法或宪法进行对比研究）（参见八五年第五期《新华文摘》，《比较法学综述》）。单就其中的整体的比较与部分的比较来说，就分属不同级别的比较。前者是一级本质意义上的比较，后者是二级本质意义上的比较。区别比较方法使用上的层次性更益于说明事理。反之，则会只见森林而看不到树木，朦朦胧胧，只知其然而不知其所以然。

第三，运用比较方法，要体现唯物辩证法的普遍联系与永恒发展原则。这是运用交叉比较所应特别加以注意的。具体说来，要运用系统方法、运动观点、控制论方法指导比较研究。系统，指由事物内部相互联系着的各个要素部分组成的有机整体。系统概念，具体地反映了列宁所说的辩证法的最根本原则：普遍联系与永恒发展原则（列宁《哲学笔记》，《辩证法十六要素》)。用之于比较研究之中，则要求人们对事物进行比较研究时，对于形成事物的内外诸因素都进行相应的比较分析研究。由于事物都是运动变化的，在比较中还要注意其间的相互制约的情况。例如现代化建设，它是一项巨大的系统工程，又是一个巨大的控制系统。其中每个行业、每个部门、每个项目都自成系统又互成系统，是多维、多向、多因素、多层次纵横交错的立体网络状结构，有着十分复杂的交叉效应。从纵向看，现代经济是由市场预测、科学研究、技术开发、产品研制、工厂生产、储存运输、流通销售、市场服务、信息反馈等诸多环节组成的相互联系、相互制约的经济系统，是一个以市场到市场的经济循环圈。从横向看，现代经济要同生态、环保、人口以及社会发展中的诸多方面相协调，因而不能单目标单因素孤立地解决问题。不论纵向系统还是横向系统，又都在变化之中。现在，国际的经济之横向联系日益加强，各种经济成分交互作用。这些都迫使经济研究，不论是国家经济研究还是世界经济研究都得从传统中转轨，把它与世界政治、军事、科技、文化、宗教、哲学、民族、地理环境等结合起来分析、归纳、比较研究。而且它的作用也从解释决策走向影响决策。因此，在全球经济激烈竞争的时代，谁要想取胜，谁就势必在现代经济所提供的基础上进行立体的、多因素、多维的比较研究即交叉比较研究，找规律又找差距，找经验又找教训，在此基础上对经济发展进行科学预测进而作出科学的决策来。可以说，比较思维的广泛运用是社会进入全球性的相互影响、相互作用，特别是当今的信息广为流通的发展阶段的必然产物。交叉比较的思维方法，已成为现代化经济的领导者在决策时不可或缺的方法了。

交叉比较，相对于传统运用的形而上学比较法而言，它是辩证比较。只要在运用中充分注意了以上几点，就能得出合乎事实的结果来。

此文发表于《理论学刊》，1986年第4期

典型理论初探

典型方法是思想政治工作的重要方法之一。

然则什么是典型？典型的认识意义如何？典型工作中应注意哪些问题？思想政治工作作为一门科学，对这些问题必须回答。

本文就这些问题进行尝试性讨论，以就教于同志们。

一、典型的构成

1．典型有广、狭二义

广义的典型，指在同类中最具有代表性的人或事物，铸造同类的模式、规矩。

狭义的典型，在我们这里指的是思想政治工作的“典型”，简称之为思想典型。我们把它定义为：思想典型是特定社会形态中统治阶级提倡的综合行为规范的个性化，体现这些行为规范的价值指向和评价尺度。它是思想政治工作的重要方法之一。

2．思想典型与文学典型

二者可以互相转化。文学典型可以转化成思想典型。例如，《钢铁是怎样炼成的》这一世界名著中的主人公保尔，就是我国人民十分熟悉的思想典型。它鼓舞了无数的中国青年在艰苦环境中坚持战斗、工作和学习，并成为产生新一代中国青年思想典型的催化剂。思想典型同时又转化为文学典型。许多报道改革开放中仁人志士的报告文学，就是这方面的代表事例。其联系还在于，它们几乎能引发大致相同的情感效应。

3．思想典型的种类

有三种，即历史典型、形象典型、实体典型。

历史典型，指对现在思想政治工作有积极意义的历史人物和历史事例。文天祥一阙正气浩歌，不知引发了多少人的爱国行为；徐霞客的不畏艰险，鼓舞了多少人攀登在科学的崎岖之道；屈子的以死相谏、李清照的豪放婉约、诸葛亮的鞠躬尽瘁、李世民的贞观之治……洋洋五千年中国文化，塑造了许许多多中华民族光彩照人的典型，成为我们进行爱国主义教育等思想政治工作取之不尽的教育源泉。

形象典型，指文学、艺术和现代通信系统、社会信息系统所创造的对人们有巨大教育意义的典型形象。这方面，由同名小说改编、周里京主演的电视连续剧《新星》的主人公李向南，对处于改革和开放中的人们形成的巨大冲击力，就是突出的例子。某县曾将《新星》电视剧，列为该县整党整风的必看内容。甚至一时间，北京的不少小伙子兴起了一段不小的“里京发式热”。由此可见，形象典型是怎样地影响着人民群众的行为和情感。

我们将历史典型和形象典型明确规定为思想典型，不仅在理论上拓宽了思想典型的深度和广度，找出了思想典型和其他意识形态间的联系，还在于它所具有的巨大现实意义：它对于坚定民族自尊心和自信心，坚持文艺为人民大众服务的政治方向，反对“资产阶级自由化思潮”，具有巨大的现实意义。

实体典型，指现实存在的、有生命体的思想典型。根据典型层次的不同，又可以分之为抽象性典型和具体性典型。这里，具体性典型指特定区域内的典型，它对本区域内例如对本地方或本行业起直接作用。抽象性典型指立于区域之上、对全局起作用的典型。这种作用对全社会来说，主要表现在其精神方面。例如张海迪，虽然是自学成才的青年，但她那股锲而不舍、孜孜以求的精神，对各行各业建设“四化”的人们，都有激励作用。不过，它的作用特点，相对说来是间接的；它是经过思想上的反复影响之后，方能见之于行动上。

实体典型与上面讲的历史典型、形象典型相比，最大区别是其可感性、实在性。

三种典型，从人数构成上又分为单体性典型和群体性典型。华山抢险群体即属群体性典型。

总括以上分析，思想典型的构成如图一：

- 思想典型
  - 肯定性典型
    - 抽象性 / 具体性 典型
    - 单体性 / 群体性 典型
    - 历史典型 / 形象典型 / 实体典型
  - 否定性典型

图一　思想典型构成图

说明：肯定性典型=好典型；否定性典型=坏典型。
否定性典型构成、同肯定性典型构成。

4．典型的位置

典型是群众中的一个特殊层次。

群众由不同层次构成。不同层次间的多维联系，凝结成群众这一集合体。

构成群众集合体的不同层次有：后进层；中间层；先进层；具体性典型层；抽象性典型层（最后：科学的思想体系）。

用图表示如下：

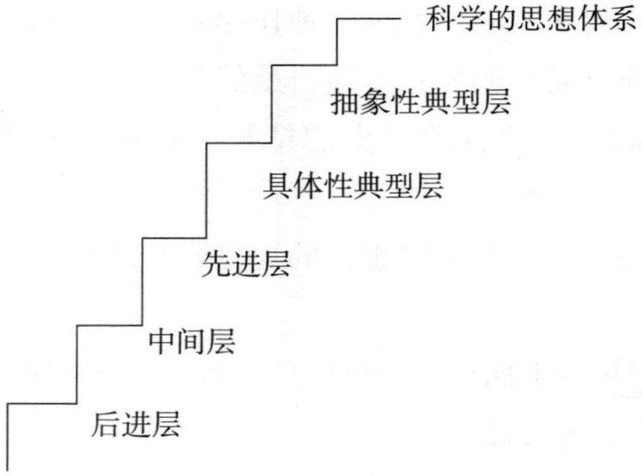

图二　典型位置图（群体结构图）

处于同一层次的人们，因意气相投、相互了解，相互间行为上的影响较大。同样一件事让一个与之相知的人去工作，和让一个这人不了解或不喜欢的人去做，效果会截然不同。这说明工作效果和人际间心理距离有密切的联系。归纳典型作用的情况，对照上图，得出两条思想典型作用规律：

I.每一较高层次对与之相连的下一层次的作用力最大；与相隔层次的作用力次之。反作用力亦然。

II.相连层次间，作用力与反作用力表现为直接性，相隔层次间的作用力与反作用力表现为间接性。

二、典型的特征

作为社会事物，典型是个性与共性的对立统一。典型本身的矛盾特征，体现了这一哲学基础。认识它，对于认识思想典型的作用，以及如何抓好典型做好工作，至关重要。

典型的特征表现为：典型是时代性和历史性、民族性和阶级性、抽象性和具体性、认识性和实践性的矛盾统一物。

典型的时代性和历史性。我们说，雷锋是我们党20世纪60

年代树立的典型，那是因为雷锋这个典型体现了我国60年代思想政治工作的时代特征。而雷锋精神对现代乃至将来，都有一定的鼓舞作用，正是因为他体现了社会主义历史进程中党和人民所需要的精神，如爱憎分明的阶级立场、言行一致的革命精神、公而忘私的共产主义风格、奋不顾身的无产阶级斗志。王安石是我国古代勇于冲破旧势力、锐意革故鼎新的典型，他身上体现了当时人们需要的、与社会历史进程相一致的改革精神风貌。

典型的阶级性与民族性。典型一经产生，便具有了其存在的独立生命，从而跻身于社会意识形态之中，对社会存在起促进作用。人的阶级性决定了典型的阶级性，自不待言。同时，人的共性也决定了典型的民族性和人类性特征。历史和当代，别的阶级的典型，在一定方面对我们工人阶级也同样起作用，就是无可辩驳的事实证明。如果片面强调包括一切意识形态在内的所有理论形态的阶级性，而拒绝承认与之共存的人类共性，那只会延缓我们建设有中国特色社会主义的进程。典型的阶级性与民族性（人类社会性）是矛盾统一体的两个方面，不可分割。

典型的抽象性和具体性。每一典型，在其所处或形成的时代，都有其实在的内容，这就是它的具体性。每一典型，从精神方面讲，又都会对人们起直接或间接的影响，这是它的抽象性。上面讲过的抽象性典型只是在这类典型身上抽象性意义为主罢了。

典型的认识性和实践性。典型的形成和作用，离不开群众的实践过程。从实践的过程看，典型是党从实践中制定的路线、方针、政策又放之于实践过程之后的一种经检验的积极成果。这种检验，表明了实践本身对主体实践中，将党的路线、方针、政策内化为自己的信念和准则，又物化为行为的具体肯定。这时，典型以整体出现于人们的视野之内，并以其所昭示的评价尺度和行为的价值指向而证明自己的认识意义。这正如马克思在《〈政治经济学批判〉导言》中说的那样："整体，当它头脑中作为被思维的整体而出现时，是思维着的头脑的产物，这个头脑用它所特有的方式掌握世界，而这种方式是不同于对世界的艺术的、宗教的、实践—精神的掌握。"（《马思选集》卷2第104页）典型在人们头脑中的反映，是直观的、立体的。而艺术以鲜明的形象，宗教以抽象的说教作用于人的思维。可以说，离开了典型之认识性和实践性的矛盾特征，典型的社会作用就会幻化为玄想的空中楼阁。

三、典型的作用

典型的作用包括引导作用、认知作用、情感作用、明辨作用。

引导作用。一切典型，都必须是个性鲜明的主体。而这一主体又必须具有一定的独创性和先进性，并表现一定社会生活的本质或规律。因此，当典型与社会历史进程方向一致时，典型就起正引导作用。否则，它就显示其负引导作用从而"帮倒忙"。这种引导性通过群众的理解而得以实现。这是它与命令之最大区别。

认知作用。引导作用体现典型职能的方向性。而认知作用则作为典型作用的内容而存在。由于典型与同一环境中的人有相似性，又有其强烈而鲜明的个性特征。这一个性特征是经过主观努力，经过与环境中相互作用而得以鲜明地显现、存在的。它同时还是对社会占统治地位的行为规范、评判标准、价值取向的实现。所以，典型本身对其下层次的群众来说，就成为他们认知所处社会实践的本质、方向的立体参照物，并由潜移默化使人们获得社会实践及种种社会现象的行为评价标准和价值取向。学、赶先进，学、赶典型，实质上讲，就是学习这些内容。当然，因典型是以整体性而出现于人脑的思维宇宙之中的，所以它提供的认知方式呈直观性、立体性，见异于哲学、社会科学、自然科学等社会意识形态对世界的把握方式。此外，典型的认知作用具有强烈的应用性质，一般说来，不必经过艰深的认知程式即可爆发其潜能。

情感作用。典型既不形成于单纯个人的自我奋斗，也不会单纯因环境的孵化而孕育出来。个人与环境的协调运动，才是造就典型的终极原因。苏联当代著名心理学家阿·尼·列昂捷夫论述个体时说："个体这一概念的基础是主体的不可分割性、整体性，以及主体有其固有特点这一事实"，是"生活的发展、与环境相互作用的产物，而不是环境本身的产物"。典型作为代表性的主体，当然不会例外。因此，处于同一环境中的人们，对于典型及其行为本身，就会滋生出一种亲切感、相知感、相似感，在愉悦的心境中产生模仿甚至超越的积极情感效应，为雄壮瑰丽的人生曲唱出高昂而优美的前奏。这一点主要由典型的品德和才能决定。

明辨作用。具体指其分明是非、辨析曲直、显示短长的作用。肯定性典型指示应该怎样做好。否定性典型则为此提供反证。典型的内核就是其蕴含的行为评价标准和价值指向。它像一面明镜，使人们的是非、曲直、短长，真伪、美丑、善恶得以直观地显影，策人猛醒，激人奋搏。

唐太宗李世民的一句名言可资总结典型，即"以铜为镜，可正衣冠，以史为镜，可明兴替，以人为镜，可知得失。"

典型的作用，通常是潜藏于典型的社会反映之中的。典型的社会反映有三种：依从、认同、内化。它们分别表示由低到高三种不同社会反映层次，揭示典型作用的三种主要形式。

依从。是以获得奖赏或免受惩处为动机而对典型行为简单随从、模仿的一种社会心理和行为。显然，这种社会行为心理是以头脑对典型之作为行为评价标准这一方面的感性反映为基础，并仅以此作为基础的。一旦对典型的奖赏和对不良行为的惩处宣告终止，这种对典型的依从性心理和行为即告结束。这里，主体的主观能动性、创造开拓精神并未随之调动起来，“觉悟”这一空间是混沌状的。

认同。和依从不一样，这是以要和典型的行为一样而且仅此而已为动机的一种社会心理和行为。这种个体或群体的行为，是以对典型的价值指向的理解为依据，而且侧重于对此的理解。具体表现是，这种行为的主体，能逐渐相信自己与典型“认同”的行为和观点。当然，理解这些需要过程。当主体深刻理解了典型的价值指向的意义，例如以奉献创造和开拓为人生的最大价值这些典型的抽象意义之后，他对自己行为的信仰就会坚定下来。随之而来的就是不懈的追求。这时的反映形式已跃升为“内化”的行列。例如，大学毕业的大小两位同学都分到了某单位。“同学”这一情分使他俩易于接近和理解。工作几年来，由于大龄同学在各方面很周到地照顾了小龄同学，他所具有并为社会所推崇的优良素质，例如：正直、热情、乐观、远见、果断等，便在小龄同学心目中以“典型”的面目出现。于是，“认同”效应出现，这便是所谓“近朱者赤，近墨者黑”。这里，认同行为表现出情感和意志的强烈倾向性。激发认同反映的心理源泉，在于主体对典型的喜欢和仰慕。

内化。指主体理解了典型本身的观点、行为以及其评价尺度和价值取向之后，自觉地将自己的相应部分与之相微相融，升华出自己新的、与典型指向一致的社会心理和行为。内化以其明显的自觉性、理性色彩而卓然独立。这是典型作用的理想状态。

三个社会反映层次，隐含有由低向高发展的潜在趋势。它们分别表现于不同层次的人们身上。人们的文化修养、志趣意向、心理状况、年龄条件、环境因素诸方面，更决定了人们对典型社会反映的复杂性。它们是各行各业、各单位、各部门做好典型工作的心理认识前提。这对我们典型工作中如怎样宣传典型及其事迹等，有很大的影响力，未可忽视。

四、典型的标准、局限和阻力

如何衡量典型作用程度，这是典型理论应该解答、又难说清的问题。从本质上讲，实践是检验典型作用的标准。现在的社会实践就是中华民族建设有中国特色的社会主义。如今，社会需要改革，人民呼唤改革，党号召开放和改革。改革已成汹涌澎湃之势，人们所有的心理、观念及至行为，都在接受改革的洗礼。思想政治工作的任务，就在于教育、帮助社会成员，认识到改革的历史必然性和时势紧迫性，从思想深处树立起改革和开放的必胜信念，抒写人生恢宏的篇章。思想政治工作的实质，就在于将国家的长远需要，集体的具体需要，个人的现实需要协调到最佳状态，以国家为核心，汇百川而归海。因此，检验典型作用的标准，应是建设“四有”队伍的成就、人们的精神风貌、社会的浩然正气，终结到一点，就是两个文明建设的情况。

局限。典型作用不可能把所有的人们都覆盖住。它对一些人可能起到狂风暴雨般的冲击，而一些人对此的反映只是微波涟漪。就是同一层次的人们之间，因内外因诸条件的差异，对此反映也千差万别。这就决定了思想政治教育必须按不同层次，采取不同方法。譬如，对不同生活经历、不同文化修养、不同成长环境、不同年龄阶段的青年，就不能以一个或几个典型来揽尽青年思想教育的全部内容，而应因势利导、因人善导：对高层次青年普遍激励以侧重理想教育；对中间层青年进行积极疏导，使其在与典型、与他人的比较中扬长避短；对较低层次的青年同志，则要采取个别工作的办法。总之，典型教育要和其他思想政治工作的教育结合起来，要和经济、道德、文化等方面的建设结合起来。

阻力。典型作用在实践中可能遇到的阻力有：第一，逆向心理，或称逆反心理，指与社会思潮、领导意见、群众看法对着干的一种不健康心理。有些青年人以在看法上和别人相异而自认有真知灼见，实则千里之谬。这种不健康心理有传染性。克服的办法是，指出“逆向”与“创造”的本质区别，和其有害的一面。曾有一建筑学院动力系毕业的同学讲到一个他自己很后悔的故事，说：七七年他考上建院。报志愿时，父亲说他干建筑专业比干其他专业更合适。因为他父亲了解他的空间想象力丰富和较好的绘画基本功的长处。可他当时想，你说这样子，我偏不照办！几年过去了，他却应验了他父亲的预言，后悔了！可见，逆反心理害人不浅啊！第二，求全心理。表现为有些人专挑典型或榜样的不足。这种求全，旨在否定。这种阻力的克服办法，是在宣传典型事迹时，一定要客观，要实事求是。不能撇开实际而任意拔高或故意美化其固有的不足为奇的短处。要知道，再理想的思想典型，也包含有落后的因素。这同再落后的人身上也有相对的先进因素、也有闪光点，是一个道理。同时，要使大家都学会科学的比较。辨别能力，直接反映个人成长的状况。思想政治工作，以心理角度看，就是要造就主体健全的个性。

五、典型工作的几个问题

典型，是在主体与环境交互作用下形成、产生的。它是一定社会本质和规律的反映。它固有的独立生命，表明它存在的客观性。社会历史发展又使得典型的存在有相对性的一面。运动永恒，一些新典型取代一些老典型是历史发展的必然。

我们的典型工作应注意以下几个具体问题。

第一，实。我们必须在详细地调查研究、反复地比较分析的基础上培养、树立典型。绝对不能生拼硬凑或草率从事。典型本身必须是在德、识、才、勇、谋、信、廉诸方面都过得硬，令人信服，使人仰慕，叫人喜欢。

第二，真。真即真理。就是说在选择典型时，必须站在社会历史发展的高度，面向未来，去发现那些体现社会本质和发展规律的仁人志士。如果一个人，时时事事，一切以自我为圆心，那么，就决然成不了典型。

第三，势。势即形势、大势、时代特征。势对典型的要求，即是典型要体现时代特征。时势变化了，就要推出新的、更能反映当前和今后时代需要的典型来。譬如，现在的典型就要体现出勤奋、创造、开拓的时代特征。

第四，稳。即指具体典型的存在状态，要有一定的稳定性。不能今天一个明天一个，弄得人无所适从。但稳不等于“典型终身制”，也不能理解为最高层次的典型就只能有一个。

第五，量。就局部来说，典型或榜样因行业和工作的多样性而有不同特色；具体性典型数与行业、单位数可以正比例确定其量。就全局看，抽象性典型因比具体性典型要求严格得多，故其量不可能太多。

第六，殊。指典型应具有的鲜明个性。首先就是要选择个性鲜明的先进人物作典型培养对象。一般总是由个别来表现的。只有鲜明的个性色彩方能使典型可感可知可信。思想政治工作的经验告诉我们，“高大全”式的人物，只能当小说欣赏。将个性特征消融在抽象的原则的宣传之中，只会产生离心作用，影响效果。其次，依据典型作用第二规律，我们应大胆树立自己的具体性典型，使得具体性典型与抽象性典型交互作用于人们的心理和行动，使得典型工作成为促进两个文明建设的有力杠杆。

第七，境。指典型作用的时空条件。典型发挥作用的必要条件，是理解。只有理解，方能激发出认同、内化的社会反映，真正调动人们建设祖国、振兴中华的积极性、主动性和创造性。所以，我们应创造一种领导与典型、典型与群众、领导与群众之间相互理解的环境。

第八，准。指在典型的宣传上要把握好度的原则，要准确宣传典型，更要准确把握宣传对象，做到知己知彼，讲究效益。当前，在典型的宣传上，一定要从典型与环境的协调关系入手。既要使典型的个性独立起来，又不能抽掉其赖以独立的环境条件即其外因的作用。纯粹的自我实现的提法是不符合人才成长规律的。因此，我们的宣传不能不注意这个联系性。同时，要把握准对象。如果电影院把“要发挥电影在精神文明建设中的作用”做一巨幅挂在电影院门口，那效果会怎样呢？

以上是典型工作应注意的几个问题。同样也是典型理论应解决的问题。

建设有中国特色社会主义的改革浪潮正漫卷神州。典型勇立潮头，释放着巨大的牵引力。

恩格斯说："一个民族，要想站在世界的最高峰，就一刻也不能停止理论思维。"是的，不能停止。

此文发表于《建筑设计管理》，1988年第1期

论主体比较思维及其优化

改革开放大潮把中国经济引向国际大循环的同时，也在悄然把民族心态送往外倾型的心理彼岸。比较科学的兴盛表明民族的理性醒悟已经开始了。主体意识的弘扬又成为人们由盲从走向独立思考，从人格残缺走向人格日臻完善的进程业已起步的标志。传统与现实的撞击，原则和问题的冲突，把辨析、选择、决策推到管理者与思想政治工作者面前。人们从时代飞旋的列车上看社会，明显感觉到它在围绕某个中心运转着。当其时也，比较思维便潜入主体所触及的各个层次各个角落。

这种特定的社会存在，迫使我们对比较思维进行理性思索。于是下列场景便渐次凸显出来：

——人们将自己已有的经验或是所闻所感之周围人的经验，与此外的经验或理论进行参照与反观，在各种各样的比较中决定着对直接经验的是否内化，对间接经验的是否取舍。

——人们在传统观念与商品经济所要求的观念的比较中进行着主体自身观念体系的再造工程。

——人们在接受社会主义思想政治教育、管理理论和行为准则的教育中，通过比较的认知机制使意志得以坚定或扬弃。

——人们由外界灌输而内化的信仰，也在各色理论的砥砺中，在理论与现实的触及中重新验证着。

——当人们进行抉择时，比较思考成为其首先使用的科学思维方式。人们对自身价值的认知，对实现自我潜能也都丰富着比较思维的结果。

促使主体自觉地或下意识地运用比较进行思维的原因，在于其所处的环境与时代。

当时代唤醒主体意识的同时，人们的内在需要便层出不穷了。于是，比较便成为主体对自己的期望、理想、信仰及行为进行校正、辩解和评价的常用方法，成为人们思想独立的表征。新的公平意识在形成。社会主义从空想回到了现实，人的自我概念得以强化。开放的社会系统，使人不得不重新审视事物的发展规律，社会的走向和人际关系的归宿。没有任何时代比之当今人们更重视未来的发展，但未来的发展并未减少人们对比较的运用。经济运行中比较效益的客观存在和国际经济实力的差距，导致求实的社会意识倾向，以人们更多地注重国家所处地位、历史成败得失和个人劳动收入这样的面目出现。多质多量多态多向的比较思维同时指示着色彩纷呈的人生。人的思想随商品经济和对外开放的发展而趋向复杂化，这一情况又投射到当今的人际关系上面。此种形势注定了单纯让人如何想、如何得出结论的不科学的灌输式教育成为不可能。生活的一切在沸扬在激荡。

把主体比较思维导向与民族比较思维相一致的方向上来，激发出主体之向上性的比较思维，应当说是优化主体的这一思维的关键。我们以为似可采取以下办法促其优化。

一、改进世界观教育

我们党以马克思主义为指导思想的世界观教育，至少帮助了两代人树立起本质上科学的世界观。但是现实的严峻性却在于，和其他理论一样，曾经确立的世界观也不可避免地在经受着新形势的重新检验和完善。其原因，不唯以往苏联式教科书观点对中国理论界长达几十年的影响，也在于世界确实和以往大不相同了。比如对当今世界经济和政治进程的观点、对于整个社会意识形态的观点，与以往相比就有很大不同。世界观实质上是哲学所供给人们改造客观世界和主观世界并使之和谐相处的观察、思考世界的方法。世界观对人们辨别分析能力的提高，只是这方面教育的一个方面的目的。同样应成为其目的的是：世界观的岗位化。

世界观的岗位化教育，指的是理论性观念性的世界观，与主体之岗位行为的结合。人们在这方面的许多尝试，为我们这一设想的可行性提供了论证。北京大学的同志把世界观的教育与学生的求知（学生岗位）有机地结合起来，在对西方马克思主义、萨特的存在主义等现代西方很有影响的思潮进行实事求是的评价中，将马克思主义作为指导思想并与之比较，使学生在鉴别中充分认识马克思主义科学理论的真理性和发展性。这同时也提高了学生的分析辨别能力，启迪了学生的比较思维。把世界观教育放在一定的“比较场”即比较环境中进行，是使人们的比较思维获得科学基础的认知前提。新形势下人们对世界观教育的不满甚至心理上的抵触倾向产生的重要的原因之一，是我们的工作技能没有能在科学的“比较场”中进行，没能将世界观教育和对象之特定社会存在相结合。

二、增强主体的思想政治素质

比较思维的重要性在于，它是竞争时代人们行为的先导，人们的社会比较行为缘此而生。行为发端于人的动机。需要是动机的孕育之所。而人的人生观和价值观又决定了比较思维的取向和取舍。

第一，要引导主体树立科学的人生观。一般说来，伟人总是以他同时代或以前时代的伟人作为参照系的。他自己的人生观中就谱写了他事业的雄浑激越的主旋律。为共产主义事业而奋斗不息的人，也总以当世英杰为榜样。凡夫俗子也都有自己行为赖以维系的崇拜物或内化物。这背后的定向就是由人生观作出的。同样，我们也可以从人所选定的参照物来反观其人生观。有多少种人生观即会有多少种比较法。人生观始终规定着比较思维的方向。人际间可理解的地方不少，但相互间某些方面存在的不可通约性亦属事实。比如，极端个人主义者极难深刻体会到集体主义的快慰；绝对对立的眼光不会领悟到事物间同一性的存在；融融月静静山之中忽然飘来几声清脆泉鸣所反衬出的幽美夜色，自然不会映入终日昏暗的心灵的审美意识中。这又说明人的人生观不仅规定着主体的比较思维，且亦构架了人的其他认知和意识。因此，引导主体自觉地树立起科学的人生观，是优化主体比较思维的基础工作。

第二，启发主体培养向上的价值观。价值观是主体运思之内在参照物。价值观指一个人对周围事物的是非、善恶、美丑、真假及重要性的评价，同时又指周围事物与自己关系的功利性或非功利性判断。具有不同价值观的人，会引发出自己不同的行为和不同的感情。面对同一种比较对象，仁者见仁，智者见智；或见贤思齐，或不以为然；或由此生发出昂扬奋发的勃勃英姿，或滋长其阻碍行为的“同层相抵效应”。凡此种种，概由价值观决定了人们比较思维的取舍。比较思维还由价值观决定了自身的社会意义。因此，启发人们树立起科学的价值观是优化比较思维的根本措施。那么，如何使得主体有意地培养自己的价值观呢？价值观源于主体所处的特定世界，如家庭、学校、电视、书报等，源于主体的社会角色，如工作性质、范围等，源于社会交往，如协会、朋友等。这些都是有用的培养液。将生产力标准内化为主体判别是非的标准，使向上性动机占优势地位。同时，科学价值观的树立还离不了主体自我塑造、健全人格的努力。

三、为主体创造宽松的比较环境

社会心理学和行为科学的研究成果证明，并非所有的观点、想法和思想倾向都会直接改变主体行为的进程和方向。改革大势驱使人们的比较思维出现多元化。时下多被指责的“攀比”这一社会的比较现象，未能在人们的斥责声中化为乌有。一方面因为社会的比较效益是客观存在的东西。一方面又反映出某些分配政策需要改革和完善。还因为把攀比直接等同于分配和消费领域的恶性攀比失之简单，因而生活对之不理不睬。向上性比较也属攀比之列，这种“取法乎上”的比较更多地激励着人们去追求去完美。当然，恶性攀比即单纯在分配与消费上的攀比只会使人意志衰退。总之，应允许人们多元多维多向地比较，在比较过程中提高比较思维的水平。没有比较的多元化，就不会有真正的百家争鸣，就不会有创造性的发挥和辨别分析能力的提高。

此文发表于《政工导刊》，1988年第7期

中国近代自然科学技术落后于欧洲的原因探讨

一提起中国以往的科学技术，我们便会自然而然地想起四大发明。但是，为什么我国历史上的科学技术没有为世界文明贡献出我们的第五大以明、第六大发明乃至更多的、标有中国人名字的发明呢？为什么中华科技发展到近代之后却逐渐失去了往昔的优势而落后于西欧呢？在中华腾飞之际，追寻其间原因，实属必要。

归纳起来，这些原因大致有两种，从内部原因看，这是由中国传统科技的特点决定的；从外部原因看，延续两千多年的中国封建社会是其母体，本文从政治、经济、文化、教育诸方面，探讨其原因。

世界近代科学技术发端于近代的欧洲。欧洲经历了千余年的中世纪黑暗年代，到了十四至十六世纪，随着先进的资本主义生产方式的萌芽，首先在思想领域爆发了代表革命的资产阶级利益的文艺复兴运动。在这一思想解放运动中，他们提出了人文主义的口号，其特征是提倡以人为中心，批判中世纪教会的末世观念、禁欲主义，强调人在现实中的积极意义，要求把人及其思想、情感、智慧等都从神学的桎梏下解放出来，以人性自由反对宗教压抑，这一运动使得哲学和科学赢得了独立地位，同时，也把大众的注意力，从神学引导到广阔的自然界，为欧洲近代科技的发展打下了牢固的思想基础。在此基础上，资产阶级大力发展大工业生产并革新技术以强化生产力，一系列新技术的发明和运用，迫使科学理论研究的速度加快了，为说明世界和向自然开战；人们搜集各方面的科学技术材料，从而形成了以搜集材料并进行实验为特色的西欧近代科技体系，其后的历史证明，西方的资本主义大工业生产方式是西欧近代科技发展的社会推动力。当时当政的资产阶级首先倡导发展科技并积极推进了它的发展。从事、参与或推动科技的发展成为人们重要的价值取向。

中国延续力极强的封建政体，到了衰落期即历史发展到近代之后，又滋生出极强的排异性。它阻碍了中国近代大工业生产方式的确立，也扼杀了近代中国科技的勃勃生机。

首先看其政治方面的原因。

要发展科技，首先就要求确立唯物主义的思想统治地位，就要解放思想。中国封建社会中统治阶级所执行的政策则是禁锢人心的政策，从春秋战国之交开始，到汉朝时基本已形成了封建的官僚体制。汉初的皇帝大都崇尚黄老之学，从其中的“无为”的人生哲学得出了“无为而治”的政治纲要，并在庶民中间使之伦理化，这对于需要创造才能发展的科技来说，无疑是不利的。为了自己的统治得以顺利进行，统治阶级不惜将国民变为只会安贫听命的驯服工具。人们的创造性生机遭到极大的抑制。另外，对劳动人民创造的科技进行灭杀，这当然不会使人感到宽松。这种宏观上过于神经质的控制极大地阻碍了中国科技的发展。

存在决定意识。中国封建统治阶级采取抑制科技发展之方策的原因，和我国历史上周朝的灭亡、秦朝的建立，以及中国前后多次出现的分裂有关。铁的发明是在公元前六四年左右，第一个获得霸主地位的诸侯就是第一个从事大规模炼铁者。这就是春秋时期的齐国。铁的大规模使用是周代时期分封制破裂的生产力原因，铁的技术的推广，促成了各诸侯纷纷独立。秦时，除大力推广炼铁的技术之外，又大力发展水利技术，政治上则实行法制和举贤任能的用人制度，这些都是秦统一天下的基础。周建制被历代统治阶级奉为楷模，这就决定了他们在总结经验时始终站在周室一边，从而得到出科技有害的结论。汉时，王莽在其新政时期召开了中国科技史上第一次科技大会，并号召人们发展科技，但在顽固分子的围攻下，他还是失败了，甚至连这次会议的记录也未留传下来。

封建社会统治阶级很重视知识分子，但目的则是巩固其封建统治，而且，这些知识分子一不包括自然科学方面的，二不是用其知识。为了扩充其官僚体制，封建统治阶级实行了科举制度，封建的文官官僚体制的形成主要靠了这些被认可的知识分子，这种制度始自汉高祖。自武帝初立，魏其、武安侯为相而隆儒矣，及仲舒对册，推明孔氏，抑黜百家，立学校之官，州郡举茂才、孝廉，皆自仲舒发之（《前汉书》卷五十六），这一制度未尝不是一种积极的任贤用能的措施，汉朝政治的稳固，与此有关。唐朝继承和推广了这些措施，其作用也由唐朝的兴盛表现出来了，被举者不乏本本主义者，这种情况明显地表现在宋明时期。程朱理学占据宋明时期的思想统治地位，程朱理学教导人们的是一切按祖宗的教导去办，向吾心求东西，向书本求知识，明时又制订出八股文的考试款式。它要求考生在解释"四书五经"时必须依朱熹的注释，而不得越雷池一步，这样，知识分子的思想便被禁锢在旧有知识这一点天地之中。对于真正的人才和科技成就，他们是看不起的，如朱元璋。《明史》载：明太祖平元，司天监进水晶刻漏，中设二木偶人，能按时自击钲鼓，太祖以其无益而碎之。近代中国，惰性向后看的积习在人们心中弥漫着，对面前的新事物，则唯恐避之不及。

经济方面。

中国封建社会的基本经济是自给自足的农业经济，这种经济反映在经济国策上就是“务盛内，不求外”；表现在家庭这一国家经济的基本单位是家庭农业与家庭小手工业相结合。这种经济坚持着自力更生，是其好的一面，问题在于国家重视的只是单一的经济的发展，而其他经济则被压制，“士农工商”的排列表明了统治阶级的基本的政治经济态度。为此，他们“上农除末”，“举本业而抑末利”，工商业大规模发展的现实条件就被破坏了。近代封建社会中我国东南沿海资本主义经济已经萌芽，如当地的丝织业的规模就比较大，但为此提供市场的也只限于封建统治阶级内部，而手工业工人阶层没有可能也不敢开拓民间的市场，因为这样做势必动摇封建统治的经济基础，所以，那些技术最强的工匠往往被集中起来，为统治阶级生产奢侈品。而这些工匠又是人身自由受到最大限制的工匠。这样，工匠们被封锁的同时，他们自身的科技经验也遭了殃，这些工匠们也多是奉命行事，不敢任意发挥创造性去制作被统治者称为“奇巧淫器”的新产品。据记载，在唐皇时，工匠为皇后制作了几个机器人。它们能按皇后的意图来打水、梳头等。再如，宋时有一卖毛笔的巧匠，曾自制了一台售笔机。只要人把一定的铜钱投到里面去，它就会自动地出售一支毛笔。这些科技产品倒是出现了，但仅是昙花一现，未得流传。

可见，自给自足的农业经济和自给自足的家庭农业与小手工业相结合的家庭经济这一封闭式国家农业经济，极大地阻碍了中国封建社会的工业发展，使之始终不能形成国家的工商业经济，从而阻碍了中国科技的发展和交流。统治阶级出于自己的利益，不但不去冲破这种小生产的狭隘性，相反，他们各项政策又加固了这种狭隘性，把农民固定在土地上，他们以此来稳固自己的经济基础。而“以小农业和家庭手工业相结合的分散的小生产为基础，除了产生专制主义的政府外，不可能产生别的”，这样，封建的经济和政治密切结合，形成了阻碍中国近代科技突飞猛进的一道最大的障碍物。

思想方面。

我国历史上春秋战国时期的百家争鸣，是我国文明史上辉煌的篇章，其时，诸子百家争相创立自己的学说，其中不乏崇尚自然科学和技术者，由于这种学术气氛的影响，科学技术等社会生产力得到了极大的发展，经济很繁荣，这时各诸侯国纷纷独立就是证明。百家中墨家一派，就十分重视生产技术的作用和从理论上对这些技术进行说明解释，《墨子》中就有很多关于科学的理论描述。以几何学为例，欧几里得的几何学被西方科学界推为科学的基础之一，而中国也并非古代就没有几何学的萌芽，《墨经》中就有对于点、线、面、矩形、圆、空间、积累等的欧几里得式的说明。虽然这种演绎几何学只是一个特殊的秘密，但是我们不妨大胆地设想，如果那种百家争鸣的学术气氛不被葬送于后来万马齐喑、儒家独尊的局面，这个成就就会被后来者发扬光大，我国的自然科学技术发展史的面貌，也一定不会是我们眼前的这个样子。

可惜历史捉弄了我们的民族。到了汉代，封建统治阶级在思想界的独裁统治便开始了，在开始建立文官官僚体制的同时，思想领域的厄运也开始降临，废黜百家，独尊儒术。孔子被招出来做了无冕皇帝。从此黄钟毁弃，儒家的说教成为封建统治阶级鄙视科学技术的思想基础，孔子视劳动者为下愚之人，儒家于是有视科学技术为“奇技淫巧”的心理定势，《礼记》就写道：“奇技奇器以疑众，杀！”在这喊杀声中，中国创造性思维被强行纳入了色调单一的框框之中，自然科学和技术逐渐挤到历史的一隅。及至宋时，封建社会的生命力开始衰落，程朱制订的一整套思想体制，继续对人民群众的创造精神围追堵截，当其和后来的官方教育黏合在一起时，便缓慢地释放出其浩劫性来。

盲目的自信导致的大国主义思想也成为近代科技发展的阻力。这种思想导致的行为就是对自己经验以外或别国的东西不屑一顾，不论对不对、先进不先进。唐朝有个叫李纹的华籍波斯人，他是一个著名的道家炼丹术士兼草药学家，其祖于隋朝来到中国安居。他著的《海药本草》谈的多属国外药物；公元十一世纪郑虔所著的《胡本草》，记述了波斯医学所用药物。可惜这些书都已散佚，公元七一四年有名及烈者，为朝廷“锻造奇器”，被儒家官吏排斥而未受重视。这种盲目自信的大国主义思想在清朝末年达到登峰造极的地步，以至于人家用大炮来打碎国门了，清廷官吏却还在用灭邪的方法去对付！这种思想的存在，影响中国不能像近代那样以“拿来主义”促其科技迅速追赶上来并最终超越先进国家。这种思想起源于中国文明发祥地之一的关中等地。古代关中，土地肥沃，水资丰富，又是盆地，祖先在这里建立了自给自足的农业经济。这可以说是中国几千年社会经济的雏形，这种经济的自给自足的特点，以及这一经济区地理的闭塞性，很容易造成一种满足心理，自然对外界事物就不大感兴趣了。后来经济区的转迁使得各经济区较前加强了联系，但这种心理却没有完全随之消失，特别是中国从周至宋这整个时期科技遥遥领先于世界的事实，又加强了这种满足心理，在培育出民族自豪感的同时，也产生了对外界万物简单否定的心理。《通鉴纲目》上讲：“圣王分九州，制五服，务盛内，不求外。”如果说这种思想在中国科技领先世界的情况下其阻碍作用还不明显，那么，到西欧先进的文化开始传入落后的近代中国时，其阻碍作用便立刻显现出来了。

教育方面。

在官方正统的教育中，学校教授的东西无非是充满封建政治文化色彩的“四书五经”。此外，除了把极少的数学知识传给学生外，其他的自然科学知识几乎是被排斥完了的，这种情况于明代尤烈，于是人们普遍地信奉着文重于理的道理，下面的学生是上层的官僚阶层的后备军，他们经过层层筛选，选出学四书五经学得最好的学生，作为他们延续其统治的新生力量。而这些新的脑壳却被千年前的古训充塞着，科技又怎能不落后呢！

于是，我们便看到上述几个原因交互作用下的令人痛心疾首的近代中外科技发展的差异：十七世纪，英国的弗朗西斯·培根创立了归纳法，它使得人们从众多的事实中得出一般的知识，恩格斯称培根为近代科学的真正奠基人。单就方法而言，正如李约瑟先生所言，归纳法作为研究方法的重要性，首先是中国人在语音学中阐明的，早于培根的归纳法的问世，陈弟于公元1606年应用归纳法编出《毛诗古音考》一书，他别证很多例子来说明一个字是怎样发音的。“十七世纪初期中国学者就系统地应用了归纳法，并使用了我们西方人在归纳法中所用的术语”（见李约瑟《中国科学技术史》），二者不同则在于，西欧的归纳法，研究了书本以外的东西，创造了一个崭新的科技乾坤！中国出现这种悲剧，是知识分子的创新思想遭压抑的结果。顾炎武和其他学者一样不愿在清廷做官，为了保险，便把自己的进取精神体现于古典文学的研究之中。当顾炎武研究语言学并重新订正了古字音时，哈维则出版了论血液循环的巨著，伽利略则出版了天文学和新科学方面的两大著作，在顾炎武完成他的划时代巨著《音学五书》的前一年，牛顿创立了微积分，并完成了对白光的分析。顾炎武在1680年为他的语言学著作的定稿写序言，而牛顿则在1687年发表了他的《原理》。中西方学者在同一时间里运用的研究方法极为相似，但结果和研究领域却相去甚远：西方人研究星辰、球体、杠杆和化学物质，中国人则研究书本、文学和文献考证，此等历史悲剧，发人深思。

中央十三大报告指出，把发展科学技术和教育事业放在首位，使经济建设转到依靠科技进步和提高劳动者的素质的轨道上来。当前的改革，正在生产力标准的检验下迅速发展，吸取中国科技发展史上的经验教训，将有利于人们自觉地推动科技的发展，复兴中华科技在人类科技史上的固有地位。

任正重，道更远，需民族全方位的努力。

注：此文初稿系1983年本科毕业论文，1986年复改，今收入。

“政治学习归宿”的三途径

笔者以为政治学习的“归宿”，似可循以下途径。

1. 政治学习必须落脚于建设。政治学习的结果要形成的认识，只有和存在相激相容，方能对意识发生作用。经济体制改革的决定中虽然明确规定了思想政治工作必须“密切结合经济建设和经济体制改革的实际来进行”这一基本原则，但如何结合本单位本部门的实际进行政治学习，仍是待解之题。今天，党中央规定了一切必须着眼于经济建设的工作方针，无疑，这也为思想政治工作规定了指导思想。

2. 政治思想工作必须落脚在单位目标与制度的输入。单位目标指单位的长期计划、中期计划、短期计划及其分解。政治学习无非是排除发展生产力的障碍、促进生产力的发展。具体目的，它首先要落脚于单位目标或叫单位理想上面。而实现这些目标或理想，又必须制定一整套制度，这些制度把个人目标或理想统一在单位目标之上，它使得个人作为要素，与单位这个系统之间形成有序状态。这里，制度便成为了单位系统的结构了。所以，政治学习又须落脚于实现单位理想的各项制度上。例如，在科技性的单位组织学习“两本书”，就非得结合有关鼓励科技人员为单位多作贡献的具体制度的输入，方能使政治学习不致落空。

3. 政治学习必须是将原则落脚到创造上。没有参与政治学习的人们的创造性领会和创造性实践，政治学习的内容就会悬于高空，可望而不可即。这里，须特别指出的是，任何政治学习，都是改造主观世界的手段，而不是直接目的。只可惜，有的同志把政治学习当作了目的，而且对这种颠倒失去了感觉和灵敏，到头来又对政治学习何以难组织的“工作”方法问题困惑不解，很难想象，只为工作而工作地组织政治学习会产生什么理论的效果。为什么刘吉和曲啸的报告能打动青年的心灵呢？我以为，他们正是将政治学习手段变为满载知识智慧和共产主义世界观人生观的对话或演讲形式，输入了青年心里。这方面，他俩是把原则结合于创造的典型。

此文发表于《青年工作月刊》1986年

文章合为时而著

——写作刍议

思想政治工作学是一门关于人的灵魂塑造的科学。思想政治工作者是做人的灵魂深处工作的科学工作者。自然，具有较强的写作能力，是从事政工实践或从事政工研究的题中应有之义。

陕西省建设厅政研会给我分配了一个“介绍写作经验”的硬任务，实在是无经可验，又不得不说，只好谈些体会，就教于同仁，并请给予指正。

一、提高写作能力的基本方法

1. 在训练中积累知识

和从事政工实践一样，提高写作能力，也必须向老同志学习，向书本上学习，在实践中学习，在写作的训练过程中学习，“学习学习再学习”。

我是学哲学的。政工需要哲学知识，并不等于说，哲学就是政工。我原先只是在业余时间从事些哲学专业的理论研讨，也写了些文章并发表了，曾有过失去专业的彷徨，只是在有了近两年的政工实践和逐渐把兴趣转到政工理论之后，方试着写些与政工有关的文艺作品，再后来就开始了写政工论文。但要说到“写政工论文”时，心里老感到思想负担够重的，因为政工的确是一门科学，因为它有自己独特的视野，特定的研究与工作对象和自身的逻辑体系，具备成为科学的基本条件。所以钻研它，比钻研哲学还难。

实践中我体会到，要入得门来，需如此这般。第一，需从党史中汲取有关的理论素养，从中我加深了对理论联系实际、实事求是等基本方法的理解。同时，也增强了信心。思想政治工作是党领导人民取得革命和建设的胜利的政治优势所在，绝不会是可有可无的。同样研究政工也不会是不必要的。第二，研究现实的社会存在。几年来。社会上出现了许多新情况、新问题必须进行研究。最大的问题是人的积极性没有充分调动起来。这为研究政工提供了迫切的社会需要。由此。我走上了探讨政工科学的道路。

六年来，已有二十篇文章在全国十几个省级以上的报、刊、台发表，计10万字。而这些都得益于我的六本《日思录》和几百张资料卡片。得益于我周围的几位很有理论造诣的领导和同志，得益于与我相知相交的青年朋友。所以我的体会首先是要在训练之中提高写作的能力，在训练中积累知识。

2．理解政工科学的特点

有两个，一是政工科学具有鲜明的党性，二是政工科学有其强烈的应用性质。

平常老有人把思想工作与思想政治工作相提并论，我以为二者不是等同的。不同之处就在于，严格来讲，前者不一定具备党性原则，而后者则非有党性原则或阶级性原则不可，舍此则称不上是党的思想政治工作。这一点决定了从事政工科学的研究，必须以我党鲜明的党性原则作指导。例如探讨在政工实践中如何做到“理解人、尊重人、关心人”的同时，不可忽略掉党性原则的主导作用。二者须相辅相成。这一点正是政工科学与其他科学的不同之处，也是提高写作能力需要的认识基础。

使思想政治工作成为一门科学的前提正是其实践性、应用性。思想政治工作科学，属于应用科学，不同于社会科学中的哲学、心理学、伦理学等基础科学。它要求政工研究必须对党的政治工作有所助益，要求从事政工研究必须从党的政工实践和现实的问题出发。

把握这两点是不容易的，但必须从一门科学的自身逻辑起点出发，才能复归于该科学。

二、对写作基本问题的技巧处理

写作，包括选择课题、筛选素材、布局谋篇、开头结尾、信息反馈几个主要环节。结合已发表的几篇文章谈谈自己对这几个主要环节的关键部分进行处理的体会。

（一）选择课题方面

写作的成功与否，第一位决定因素就是选择课题。这方面大致要处理好几个问题。

第一，要从基层政工的特点出发，有针对性地选择具有典型意义的课题。第二，要解决好大与小的关系。选择课题时，可以选大的题目。这样做，战术上可采取大题小做的办法，亦可成文，缺点是说不透问题，优点则是可锻炼从宏观上把握材料、运用材料的技巧。可以选小的课题，这样做，战术上可采取小题大做之法，其长处是可以说透问题，不足是可能钻入牛角。各有利弊，关键在于用心把握。第三,一定要选自己已熟悉的方面。只有这样，才能有自己的语言。第四，要扬长避短。第五，把握时势，将课题放在社会大背景之中进行研究。这五点之中，最关键的一点就是要选择有利于发挥自己长处的课题。这一点，哲学上称之为关节点或“度”。它决定着写作的成功与否。

在一九八七年写《典型理论初探》一文时的选题经过就是如此。当时，全国建筑设计管理研究会西北分会征集政工论文。单位上让写，我着实犯难了一阵子。想来想去最后决定从基础理论角度来选择课题。我当时的想法是，政工作为科学，不被公认的自身原因在于没有自己的基础理论研究。而从基础理论方面进行研讨，我有四年哲学专业的系统学习可做基础。接下来进入具体确定课题时选择的是“典型”，典型是政工实践十分强调的基本方法。但如何从理论上解答什么叫思想政治工作的典型呢？我曾查过有关论著，未找到答案。题目有了，接下来就好办了。文章送到年会上，被评为优秀政工论文，后又被中建总公司评为优秀政工论文，被连续两次收入论文集，并在三种省级刊物上先后转载。事实证明这样选题是有道理的。

（二）筛选素材方面

有了课题，只是明确了目标，要达到目标的路还很遥远。

处理素材与观点的关系一般有两种办法：一是从素材之中提炼观点；二是在观点统辖下收罗素材。就写文章而言，二者均可。从方法论看，前者用的是归纳法，后者用的是演绎法，两种方法都可用。当然先有的观点必须是有生活基础的。灵感也好，随想也好，只有生活的积累，才会产生。

第一，注意搜集生活素材。搞文艺创作要这样，搞理论研讨亦复如此。有句名言叫作“灵感只降临有准备的头脑”。其实有时的文章就是将日常所思所想串起来的结果。记录突然出现的好想法，或对一种现象的心得的搜集，方法很多。明末清初大学者顾炎武的方法是设立《日知录》。我仿照他的办法写了《日思录》。还有《随感录》啊，《琐思录》啊什么的都可以。“积水成渊，蛟龙生焉”。另一类搜集素材的通用办法就是搞卡片、搞摘录。还有一类是搞读书札记。搜集素材，多多益善。

第二，筛选素材的关键是标准明确。筛选素材的过程，就是对照标准进行取舍的过程。写作过程中常遇到标准变化的事。那就要重新筛选素材。筛选素材要精而当。我在写《再论“比较”》（发表于1 9 8 6第四期《理论学刊》，陕西省委党校校刊）时，搜集的素材远远大于成文的七千字。

所谓标准，就是文章的“立意”或“立论”。筛选相当于电影中的剪辑。

（三）布局谋篇

这就像打仗时的布阵一样。

1. 立意

在掌握的素材基础上归纳出立意，明确论点，以使文章获得一个核心，这一点不用赘述。布局谋篇中的关键是选择视角。

2. 视角

诗云：“横看成岭侧成峰，远近高低各不同。”成语说“仁者见仁，智者见智”。这背后的原因就是视角。可以说，视角决定文章的高下。所谓“文章有新意”呀、“立意清新、高远”呀，归纳到一点就是视角新。视角，可以“发前人所未发”也可能是“重蹈覆辙”。如何才能选好视角呢?

首先，要有个有准备的头脑，准备什么呢?要准备的有：平时的政治素质与理论素养；透视问题的能力或预见力；灵活而敏锐的思维感受力；研读有关或有联系的文章；分析佳作的独特视角。

其次，在比较之中确定视角。通常要避免选择与别人一样的视角。如果中国的武术家都去观察猴子，那只会有一种猴拳了，而没有其他许多的仿生性的武术流派。视角新则可能见识新。有句称赞的用语叫“独辟蹊径”，比喻独创一种新风格或新方法，也是视角问题。

选视角，较容易的是选独特视角，即别人没有用过的视角。比如选两种或几种学科的结合部即边缘，或选个别人未注目过的新视角。还有一种是“焦距”，也是与别人不同的视角。去年春天写了一篇文章，七月份发表在《政工导刊》第七期上（解放军西安政治学院主办的全军全国级政工刊物）题目叫《论主体比较思维及其优化》。单从“主体”“比较”“优化”这三视角看并无新意的，但是“比较思维”的视角鲜有人云，“主体比较思维及其优化”的新视角更使我快慰了一阵子。从选视角的方法上我采用的是综合法，而且又是我所关注的“比较认识论”方面的（先后发表了《试论比较》《再论比较思维及其优化》《优化政工对象的比较思维》等文）。

另有一种选视角方法，就是逆向法即从反面来选视角。今年三月写了一篇题为《智能发展中的非智能阻力》（发表于《中国人才》1989年第6期，系全国性刊物）取的视角即是“人才成长的隐秘障碍”这一逆向视角。

3．结构

有了视角，还得有结构来表现。筛选出的素材，如何在文章中安排上适当的位置，就看如何结构文章了。结构属形式，素材属内容。但这里的形式很重要。布局谋篇，要落脚到文章结构上来。就看你喜欢哪种结构形式。我喜欢的是简洁清新、逻辑上较严密的一类文章结构形式。在结构中，开头与结尾，又占有重要地位。万事开头难，结尾也难。下面专门谈谈这个问题。

（四）开头结尾

我每写一篇文章。在遵从简洁明快的前提下，都尽量尝试新的开头、结尾。

台湾三毛说过，她每写好一篇东西之后，最费心神的是找个好的开头。古人说文章写法时有“龙头凤尾猪肚”的说法。可见文章的开头结尾是多么重要。

先说开头。

尤其是给外面投稿。没有一个好的开头是不行的。开头还包括题目。要让人家一看题目就感到你的新意或独特来，当然，一定要文与题对、题目与内容相符。我投出的第一首诗的题目是《手掌上的王国》，写的是“书”，用的是诗化的题目。我在去年写的两篇杂文的名字是《悟》和《至纯则易污》，都是意在增加吸引力。有了醒目的题目之后，接下来就是要详细思考文章的第一部分“开头”了。

下面是两篇文章的开头。

第一，提要式

“本文论及的‘比较’，是作为一种认识方法和研究方法的比较法。”——《试论比较》

这种形式的开头，必须是能联系到当时的重大问题。上述开头联系的是当时的“比较文化热”。由此我提出了从认识方法和研究方法角度来研究“比较”的观点，背后用意旨在吸引人。

第二，设疑式

“不少政治家说，从天性上讲每个人都是伟人，不少艺术家说，从天性上讲每个人都是天生的艺术家。不少科学家说，每个人都有成为科学家的天性基础。无论怎样，成为杰出人物者毕竟是寥若晨星。所以然者何也?”——《智能发展中的非智能阻力》

如此开头，旨在设立悬念，以吸引人的注目。因为前三句作为事实人们都有所闻，第四句作为事实也是众所周知。这篇文章，正是要把这前后两个矛盾的事实放到一起，并试图解析。从平凡之中新奇设问，可能会吸引人们读下去。而且读完的本人绝不亏待，有突破“阻力”的方法的详述。

开头还有其他方法。所谓“运用之妙存乎一心”。

结尾。

或是“合”上开头，所谓“起承转合”的写法即此。或是自然了结，说完了便打住。或是“荡开一笔”的写法，看似离了上文，实则是要继续深思提出的问题。我在《典型理论初探》一文的结尾处用了“荡开一笔”的写法。

“建设有中国特色的社会主义的改革浪潮正漫卷神州。典型勇立潮头，释放着巨大的牵引力。

“恩格斯说，一个民族，要想站在世界的最高峰，就一刻也不能停止理论思维。

“是的，不能停止”。

这种形式，意在启发人继续思索，并试图给人以回味。当然，像开头一样，结尾也有各种各样的。

（五）信息反馈

一篇文章写好后，再反馈到作者头脑之中看是否说明了自己的意思，或是请人修改。有的是热处理，有的需冷处理。就依时间、地点、条件而定了。值得注意的是，这个环节是保证文章质量的又一个关键，有句俗语叫“自己的文章，人家的婆娘”。这是对修改文章的一个很好的提示。

三、几小误区

1. 当真正写时，为了用上自己感兴趣的某个材料，有可能画蛇添足。

2. 有了新想法之后，不去深究。

3. 脱离实际地为文而文，陷入玄谈，从事政工实践和理论的研讨，因其属于新学科故较容易，又因无多少借鉴故又较不易。有两句话，可能对大家也有用。一句是“世事洞察皆学问”，另一句是“文章合为时而著”。

此文发表于建设部主办《建设政工研究》1991年第2期，以《浅议怎样写文章》为题。引用该文第二部分

智能发展中的非智能阻力

——论人才成长中的隐秘障碍

不少政治家说：从天性上讲每个人都是伟人。不少艺术家说：从天性上讲每个人都是天生的艺术家。不少科学家说：每个人都有成为科学家的天性基础。无论怎样，成为杰出人物者毕竟是寥若晨星。所以然者何也？

隐秘障碍：自我否定心理

其实差不多每个人都有过情怀激荡的喜悦。特别是当人们一时间神思飞扬时，灵感就偏偏在这晨雾般的朦胧之中仙临思维的苍穹。中国古话讲："急中生智"，大抵亦然。您若有过与别人就某一观点的激烈争论，大概说出过事后连自己也觉得惊奇的连珠妙语吧？这就是灵机一动的具体表现。前四年就有过几个青年朋友认识到：工作时间的清闲，能抵制发挥人的创造生机。曾设想：要是把人们的工作量排得满满的，定会激发人的创造生机。创造性心理学方面的研究，也表明"满负荷"与人的创造性之间的必然联系。可只有张兴让发明了被总书记称为科学的管理方法。

原因是：大凡人们在思想火花闪现之后，并不去深究。勇气只在性情冲动（冲动之于成才十分必要）中留驻。一旦时过境迁，就永远再见了。从而导致对于潜能的自我否定。

自我否定心理，在人才成长的各年龄段都较普遍存在。常听到人在说："这篇文章的观点对于我并不新鲜，因为我两年前就想过"；"这个发明权应归我的，要是当初再深想一步"；"我年轻时常常思考这类问题，工作忙因此没搞出来"，如此等等。潜在优势就这样不觉间被摧毁了。

从人才成长规律更可以看出这种心理的危害来。一般地，当新想法出现后，或新信息被接受后，思维上大致要经过肯定、否定、扬弃这么一种思维过程，自我否定心理反映在这一创造思维上则是在第二步就使得思维断线了。

一次自我否定便是一次创造生机的自我扼杀、一次潜在智能的自我埋没。

在指明前进道路之后，标出道路上的陷阱就变得十分必要而迫切。

自我否定心理几种表现

常见的有：

一、“大概”“可能”。当新想法产生之后随即就是：“大概”这想法专家们早就搞出来了吧？“可能”别人早已想过了吧？这种情况之普遍，俯拾即是。真不知有多少人在这番画地为牢一样的自问自答中，毁灭了本应由自己作出伟大发现、发明或是伟大论著、学说乃至新的方法。

二、“我能行吗？”和上述的不同之处在于，对理论“市场”行情有了解，对自己的想法涉及的领域或学科的动态有所掌握，就是不信自己有相应的能力。

三、“假如失败了怎么办？”特征：“未成曲调先有‘情’”。过早进入角色，隔过奋斗过程中惊喜的欢愉不品尝，单想那“要是失败”所可能出现的情况：朋友可怜、同志的劝诫、嫉妒者的讥讽、敌意者的挖苦，更有那白白浪费的物质与时光，终归是“作罢”。创造的幼稚芽浸没于这黑色的思想洞穴之中。

四、嫉妒。第一是怕自己成为嫉妒的对象。于是有了好想法，又确知其价值，也宁愿将此无息贷款一般送与别人。第二是对别人的嫉妒。在嫉与妒的烟雾之中，好像满乾坤都充塞着“不平”和“愤恨”，看到的就只有自己的长处，与别人的不足，忿忿于别人在与己同水平或同基础条件下的哪怕是小小的超越。本可以与别人比试一下来证明自己的能力也很强，便为怨恨与恶意所取代了，到头来便成为嫉妒牵引下的无头之物。

五、想到了题目作不出文章。世上大概有三种人，即想到了题目又作得出来文章者，想到了题目作不出来文章者，做得出文章但题目总要别人来想者。至于两者具不行者不属本文讨论之列。

六、不屑一顾。对自己所有的新想法从来不做研究，到头来又大叹命运不济。无奈没有诸般威严又实在“空虚”，就只有对一切来个不屑一顾了。走到最后只剩下“盲目自尊”。

殊象所含的共性成因

许多表现形态大致由下列因素构成。

1. 强自卑心理。与自然存在的嫉妒等心理一样，自卑心理为人所共有，差异在于强弱与多少。自卑心理关照下的人，总有使自己伤感的方面影响着整个自身能力的发挥。性格上因此少了积极主动的进取。

2. 强好恶心理。有现代创造性成就的人，大都是在好恶之间的“中性人”（原则上的好恶除外）。爱因斯坦不仅是数学权威，而且也是很有造诣的、曾与名家同台演出的提琴手。以政治统御力见长的英国首相丘吉尔，在历史学的研究中也位居前列。五星上将麦克阿瑟在“二战”后奠定了日本的经济基础，可他在生活上却天真不减，以至于日本首相吉田茂送给他爱子的玩具马，他一玩就是几天，后来给儿子小阿瑟时还很舍不得。正是这位上将，被尼克松称为“美国历史上最伟大的将领之一”，“有时他的风度比他的成就更惹人注意”。两上美国《时代周刊》封面的邓小平的桥牌水平之高，使他成为了国际桥联颁发的唯一的荣誉得主。

有句哲言叫“一个人的性格就是他的命运”。杰出的人物淡好恶心理使其思维不受限制，似天马行空，纵横驰骋。而一般人之所以受制于好恶，在于老把别人眼色当剪刀，不停地裁剪自我，这实乃人生一大悲剧。

强好恶对成才的影响，若表现于学业上，则使人只看重自己的专业，而视别的专业为多余。若表现于学科带头人那里，那情景将会更惨。若表现于人际关系上，便使人陷于狭小的个人圈内，使人不相信“山外青山楼外楼”的生活良训；若表现于领导者身上，终将扼杀掉自身组织能力的提高。

3. 弱联想力、弱好奇心。牛顿在苹果砸到头上时联想到万有引力定律的雏形表述。就思维讲，联想、想象、假设乃至幻想，是所有科学创造的不可替代的智力基础。孟德尔班发现生物的遗传基因、哥白尼发现太阳中心说，托尔斯泰《安娜·卡列尼娜》的开头（这个开头使他思索一年之久），都是联想惠顾心灵的馈赠。同样一个闲聊，联想丰富者因此引发出诸多奇想；对于思维僵化者而言，除闲聊之外，再无其他。

所以如此，好奇心使然。失去好奇心，导致了不自觉中的自否。许许多多的人欣喜于向童年的告别，再没胡思乱想。殊不知同时也失却了创造性的第一位因子：童真般的好奇心。童真般的好奇心是无拘束的自由状态。由好奇心而生“兴趣”，而生“爱”，在热爱之中求得自我实现。思维在何时被驯化得俯首帖耳，心灵的活性便同时被窒息。

4．依附性。以随大流作为行为与思想的价值取向，同时又做出创造性成就者，几乎没有。吾曾用心找出那些依附性很强且胸怀宽阔者，结果令我大感失望。杰出人物都有自己的座右铭。松下幸之助信奉“光明正大”，马克思确认“走自己的路”，萨特尔牢记着博大的“爱”。独立性乃为创造性之极为重要的思维前提。

5．自信不足。这一点不用多说。

上面各点互相联结，共同酿造了自我否定心理。“马太效应”云：人越是成功就越易成功。成才的进度呈加速度状。自我否定心理对成才的影响却是反马太效应，形成智能进化过程中的魔域。

飞跃魔域：告别自我否定

每个人都可以有所成就，只要这样常想且常行，有耕耘必有收获。

1．“试一试”：培养勇气、信心。

在日常生活中，在紧张工作之余，在碎语闲言里，在社会交际时，都有激发联想、想象与幻想的因子永远游荡着。

偶遇奇想，一见钟情，“试一试”，功成名就。美国著名女诗人安妮·塞克斯顿那传奇的文学经历，源于她“试一试”的想法。二十八岁那年，家庭主妇的她有次看完了“怎样写一首十四行诗”的电视教育节目后，马上决定一试，从此后四十六年笔耕不辍。她在试一试中培养了勇气，认识了自我，树立了信心。以至于她能在照料孩子与家庭主妇的紧张工作中见缝插针，育出了一本本的诗集。安妮·塞克斯顿的伟大成功，起因于她当初试一试的情感冲动。

世界上有部奇书叫《中国科学技术史》，他被《伦敦观察家》杂志称为是“世界知识地图的再绘制”，作者由此成为英国科学院与英国皇家学会的会员，他的著作成为中国人自己写自己的科技史时不得不依赖的首要参考。而当时，只是由于他对现代科学为什么未起源于中国而是起源于西欧而感到奇怪。他所带的一个中国研究生告诉他：“那种认为只有西方发展科学技术的观点荒唐之极。”李约瑟说，这话改变了他的一生。惊奇之后的试一试，便拥抱了辉煌。

2.“我也行”：认识自我，树立信心。

马斯洛说：人都可以自我实现。可历史上的成功者总是少数。为什么？

美国相互作用分析心理学者在分析人的态度时总结出四种态度：

Ⅰ　我不行——你行

Ⅱ　我不行——你也不行

Ⅲ　我行——你不行

Ⅳ　我行——你也行

四种态度概括了人与人交往中的主要心态。最好的就是第四种了。就主体之自我否定心理而看，反应于上面则是Ⅰ与Ⅱ。要改变这种由幼时形成的基本人际态度，当然要付出努力。

回忆自己哪怕是微小的成功，加深对自己信心的开发。不难认知：不是任何方面都是我不行的。既有“我也行”处，就推进它、发扬它。以后每获得哪怕是小成绩，也不要忘了来个自我激励。当充分认识了自我的重要，释放了思维的活性，也就走出了自卑，树立了自信。

3. 存天真：保持好奇、人格独立、优化思维。

无论社会交往中如何地看不起“天真”，科学发展中的“天真”则是必不可少的。唯有好奇，才有兴趣，才能探索未知；唯有“天真”才能充分地想象甚至幻想。

走出魔域，需要想象力。收敛式思维、移植式思维、类比式思维等创造性思维都不敢离开想象力一步。直觉式思维更加如此。还有梦中思维，更是如此。美国科学家艾拉雷姆一次实验后进餐，无意中发现手上沾有两颗化合结晶体，尝了尝，挺甜，就这样宣告了糖精的诞生。奇特的举动导致伟大的发现，而这都源于人之“天真”、人之“想象”。

而有意识地去想象去推演所创造的伟迹，更是多了。诗一般的想象与哲学式的思辨的结合，生下了康德星云假说，由此推动着近代天文学的发展。哈维把哥白尼天体运行说与人体循环系统作比较，心脏血液循环说由此而生。

4．大视野：拓展心胸、开阔眼界、处理信息。

现代的人才，异于传统的地方，在于时代要求人才对处理各种信息的能力必须很强。科学发展的大分化与大综合并行不悖，使得传统的学科分野变化不定。时势要求主体的内在素质中要有政治家一般胸怀、能耳听八方；需要有哲学家一般的透视，能明察秋毫；还要有社会学家的远见，能预见未来。面对2600多个边缘学科，还有数以万计的专业学科，必能取舍与筛选。孤灯黄卷似的学问方式已不大适应时代和未来的要求。要有大视野，将视线投向时代的全景，伸入历史的纵深。

从时代之扑面而至的需要之中去激发责任感、危机感与成就欲。抓住思维天空之中的每一次闪光，将奇思妙想见之于行动，让自己生活于自由的思维世界。

此文发表于《中国人才》1989年第6期

比较思维：更新与完善

我们把用比较方法所进行的思维称为比较思维。

青年朋友不喜欢的是纵向比较。因为它在一段时间内被变成了浅层次的、一说开头就知结果的“今昔对比”。从十年内乱所造成的精神贫困中走出来的青年，被当今科技迅猛发展的劲风一吹，才发现原来习惯形成的“我们现在一切都好”的意识，并不能在现实中找到全部验证。于是，异于纵向比较而起的横向比较，立刻便被青年垂青。小农经济所铸成的思想桎梏为信息革命的热流逐渐融化。在眼前的横向比较之中，青年看到了祖国与外国的差距。

于是青年震惊了！在这一阵精神震颤所带来的暂时的思想平静之中，有的人继而奋起，高呼着“振兴中华、从我做起、从现在做起”的口号，投入改革的实战之中大汗淋漓地干了起来。而有的人，继之而起的则是思想上强烈的自卑感，对祖国怨天尤人，而在外国的东西面前，则自觉不自觉地成了现代图腾崇拜者！

从这些社会现象中我们看到了什么呢？从思维方式上看，一是比较思维已从过去的封闭型向开放型转化了，这是人们比较思维的更新；二是确为人们的思维带来生机的横向比较，也还存在局限性。这就提出了更新之后的新问题：如何完善比较思维？

有比较才有鉴别，我们先把纵向比较与横向比较这两种比较方法本身进行比较分析，看二者在认识上和情感上引起的积极和消极作用到底是什么。

先看横向比较。横向比较，指同一时空内的两个事物进行参照或对比找出异同。这种比较思维的效果，表现在认识上，是使人看到两个事物的相同或不同之处，比如看到两个事物的长短、优劣等。而同样一种认识，对于改革环境中的人们“见贤思齐”的情感，使人们树立起迎头赶上和超越的雄心壮志和朝气蓬勃地探索改革的良方。二是诱发出人的消极情感，比如以外国为尺度，专门以己之短比人之长并把结果绝对化，从而走入自卑的胡同，看不到大道上湍激的行进。这就难免对改革失去自信心。而且，再往深处想一想，便可发现，现实中使用横比（学术上的比较科学除外）说到底还是关于事物的静态的、浅层次的横比，没能深入事物的内部系统进行客观而辩证的横比。

再看纵向比较。纵向比较主要指将一事物发展过程的前后不同发展阶段进行参照和对比。这种比较思维的效果，在认识上使人看到事物发展的历史面貌和事物的现状，认识到事物的发展规律。从理论上说，这正是系统论的整体原则和结构原则的体现。而在情感上有两种不同形式。比如对我国三十多年来的建设实践进行纵向比较，有的人从中清楚地看到了祖国社会主义建设发展到现在已取得了伟大成就，从而增强了建设“四化”的自信心和责任感，而有的人则不然，过去吃粗粮，现在吃大米和精白面，行了！从而产生安于现状。一旦形成心理定势，则势必扼杀自己的创造性并影响到别人创造的发挥。

由此可见，无论是横向比较还是纵向比较，在认识和情感效果上都有其长处和不足。

那么，怎样去完善我们的比较思维呢？那就对这两种比较方法取长补短，结合起来使用。归根结底，横向比较与纵向比较是相辅相成的，孤立使用哪一种比较方法都会带来认识的片面性。我们这样说，是不是折中主义呢？不是的，结合两种比较法使用于思维，是事物存在和运动形式在思维方式上的反映。事实上，横向比较是以客观事物的横向联系性为存在的哲学基础；纵向比较则立于事物的客观发展过程及其规律性这一哲学原理之上，都处于自己各个发展阶段的纵向联系和本系统与他系统交互影响交互作用的横向联系这一纵横交错的联系网络之中。这样，也就从事物存在和发展的最后原理上决定了，要从全局上，整体上认识事物的全貌及其本质，把握其来龙去脉及其发展方向，进行科学的发展预测，就得在使用比较方法的思维时，既对事物进行横向比较，又同时对事物进行纵向比较。这就是说，这样的结合，不仅可能而且必要。比如，对于社会主义建设进行比较分析，先由纵向比较可以看出，当今我国已百废俱兴，人民生活普遍提高，购买力旺盛，生产蒸蒸日上。以电视机为例，1966年产量为0.51万部，到了1983年产量升为684万部；以手表为例，1966年产量为128.9万只。到1983年产量则升为3469.0万只。以猪羊肉为例，1966年产量为596万吨，到1983年则跃为1402万吨。在政治上开创了安定团结的政治局面，以我党历史上解决交接班问题为例，这一问题曾失败地解决过。而在十一届三中全会以后，才成功地解决了这个问题。这些都证明，无论政治形势还是经济形势，当前的时期都是新中国成立三十多年来最好的时期之一。这是我国人民继续进行“四化”大业建设的坚实的民族心理基础。同时，我们再用同时代的横向比较进行中外科技分析，又发现一方面我国在科技领域有处于世界领先地位的学科，例如航天技术生物学、中医学等，另一方面我国的不少地方还远远赶不上国外，比如在管理方面和许多科技方面。就社会发展的环境来看，从宏观上来看，我国的精神文明明显比国外的精神文明优越，而这些正是一个民族腾飞于世界的环境条件。这样一比，便可能激发出责任感和自信心，同时又避免了单独使用一种比较方法所带来的不足和消极影响。

世界科技正在大分化中大综合，比较思维也将在新的裂变之后走向完善。

此文发表于《政工导刊》1991年

关于知识分子积极性问题的调查

我院创建于1952年，现有职工920人。其中，各类知识分子790人。知识分子中三十五岁以上的有396人，三十五岁以下的有394人；有高级建筑师和高级工程师229名，建筑师和工程师240人；有党员179人，团员186人，民主党派成员20人。

根据中央关于搞好国营大中型企业工作的精神，我院思想政治工作研究会于1991年8～9月就我院知识分子积极性问题进行了专题调查。

一、当前我院知识分子积极性现状

总的情况是：知识分子的积极性得到了一定程度的发挥，其主流是积极、健康、向上的。具体表现是：全院职工的基本素质较好。正是基于此，在院党政领导下，1989年春夏之交的“政治风波”期间，我院的职工特别是知识分子经受住了党和人民的考验，院内局势稳定，广大职工坚守工作岗位，就是在高校一些学生来院鼓动的时候广大职工也不为所动，保持着正常的生产工作秩序。同时，职工的技术素质较高，有较强的竞争能力。经营上以自己的优势从近两年的低谷中走了出来。现在我院整个工作目标明确，知识分子的积极性较前两年有所增强。管理上加强了对外开拓，努力培养青年干部；加强思想政治工作，结合知识分子的热点问题开展思想政治教育。这些正进一步激发着知识分子的生产积极性。集中体现于近两年来取得的一系列设计成果上，不仅逐年都较好地完成了设计生产任务，在全国各级评优活动中，仅1990一年就获省部级以上优秀奖励25项，优秀设计国家金质奖一项，中建总公司一等奖二项、有三项科研业务建设项目获得建设部和中建总公司一、二等奖，一人获建设部劳模称号，一人被评为全国设计大师。在陕西建设系统争优创先表彰大会上，有一人获优秀党务工作者奖励，三名党员和三个党支部获优秀党员和先进支部表彰。去年，经建设部复查，我院成为甲级院全面质量管理达标验收复查合格单位。

知识分子积极性未得到充分发挥的表现是：

1. 在争取完成任务上存在着一定程度的被动性倾向。去年我院的任务来源喜人。这一方面鼓舞着大家的士气，另一方面生产所又为安排不下去而犯愁。现在来的设计项目由于竞争对手多，一般只要拿到的项目都是进度急，工期短，而且要求高。有的技术人员在工作上缺乏敢闯敢拼的坚韧精神，有的担心在组织管理上没保证，有的感到要在技术上保持创新没把握，有的尽管手头任务不那么紧，但也不愿主动承接任务；有的组织上安排了任务，又讲出了一些困难和“条件”。有的觉得自己已经完成的产值不少了，不想再多干，有的进度老拖期，你急他不急……虽然这不是普遍现象，但却影响着周围人的生产主动性。有的青年同志怕字当头，或只想要大任务、肥任务，要不到就感到“吃亏”了。一句话，缺乏争、创、抢劲头。

2. 存在着一定程度的精神疲软现象。遇到工作上的困难时，“不讲主观讲客观，不讲自己讲别人，不讲内因讲外因”或是“只当裁判员不当运动员”，“只动嘴皮子不肯动步子”，这样的情况并非一两个。对待思想政治教育不热心，甚至认为这纯粹是耽误时间。对待业务学习也同样兴趣不高，看不到知识更新的迫切性。有的人一说起社会上的不良风气是咬牙切齿，而自己的那些个“夜草”照“吃”不误。对于平均主义，谈起来是慷慨激昂，一遇到具体利益方面的事儿，又总想将自己也“平均”进去。一定程度上存在着一切向钱看的倾向，甚至存在思想上用挣钱多少而不是用为社会奉献多少来衡量一个人的价值。在对待“主人翁”问题上；对“主人”的权利强调得多，对“主人”的责任则说得少。整体讲，存在着一定程度的精神疲软现象。

二、原因分析

造成知识分子积极性未得到充分发挥的原因，主要有四个方面。

1. 前几年因教育的失误而致知识分子价值取向上发生偏差。前几年实际存在着一切向钱看的思潮，这使传统的知识分子那种忧国忧民的社会责任心和奉献精神受到冲击。逐渐地，有的人便以金钱的多少作为衡量一个人劳动或价值的标准，这就必然地导致实践上的钱多多干、钱少少干的劳动状况，于是，钱少的设计项目不好安排，设计人员对此更不会去主动承担了。这实际上是雇佣思想的另一方面的反映，是主体自觉不自觉地将自己商品化了。这样一种取向的实质，便是以实现所谓的个人价值为中心。于是，有的人为了自我的一己之利，一次次地找院领导要“孔雀东南飞”，要到沿海搞自我开发，得不到满意的答复便要软磨硬泡。这种价值观冲击着集体主义的传统的价值取向，弱化了人们的整体意识和社会责任心，从而使知识分子积极性的精神动力也遭淡化，使个人利益上升为一些同志取舍的最高标准。

2. 是高期望与现实条件之间的矛盾形成知识分子发挥积极性的心理障碍。知识分子往往容易理想化地看待社会，对社会的期望值较高。一方面对党风民风、对社会风气的期望很高，希望能够尽善尽美。在自身沐浴着改革开放带来的春风喜雨的同时，又为一些优良传统的丧失而苦恼。另一方面，各单位存在发展上的不平衡，又导致了注重比较的知识分子的情感失落。这种比较，往往是把比自己单位好的单位作为比较标准。尽管前几年曾就分配上相互攀比现象进行过不少批评，但这种现象依然存在，与这种横向比较形成对照的是，在社会风气方面人们则更倾向于纵向比较，向往五十年代的纯朴之风。这种比较的结果，则使人越比越感到“吃亏”了，越比越感到不满意。面对客观上存在着的脑力劳动与体力劳动的差别，简单劳动与复杂劳动的差别，决策管理与具体工作的差别，在如何使社会走向更加公平方面，也同样有高期望。这种高期望与现实之间的反差，是造成知识分子精神疲软的重要原因。

3. 对待知识分子作为工人阶级的一部分这个问题，还没有清醒的主观意识。有的认为知识分子是工人阶级的一部分，又是工人阶级的一个高级的阶层。有的强调工人阶级当家作主的权利而忽视其义务，甚至还不甚清楚主人翁所需要的主体之基本素质。无形中，将主人翁的地位与作用的问题、与要求解决具体的生活条件的问题混淆了，忽视了发挥主人翁作用的先决条件，主人翁地位与作用的本质内涵的体现与主体的有关素质的提高是辩证统一的。从认识上讲，这也在一定程度上抑制了知识分子积极性的发挥。

4. 实际问题的困扰。由于客观上诸多方面的原因，造成了在给知识分子解决住房、子女就业、评聘职务等方面“欠账”较多的局面。好多老同志的住房不那么理想。虽然正在努力改善这方面的条件，但总不能一下子都解决；而这些又都受到客观方面的直接制约。物质方面的发展有赖于经济方面的发展，从改革事业的全局着眼，首先是要发展生产；各项政策的调整、改善生活条件、更好地创造发挥知识分子积极性作用的外部环境，必然是一个过程。而在这一过程未终了之前，对主体之意识必然有所影响。同时，不同层次的知识分子受实际问题困扰的情形又有所区别，评上工程师的期望尽快升为高级工程师，评为助工的又想着早日成为工程师。住上房子的还想住得更好些，在外租住别人房子的则盼着早日解决住房问题。有了奖金，总想自己能够拿得多一些，等等。所有这些，都阻碍着知识分子积极性在更大程度上的发挥。

三、积极创造条件，发挥知识分子的更大作用

从以上分析可见，创造更好的外部条件以发挥知识分子的更大作用，促进生产力发展，不仅是一个过程，而且在当前要缩短这个过程，必须从精神和物质两个方面付出艰巨的努力。结合我院具体条件，应着力于以下几方面的工作：

1. 更好地发挥党的政治优势，加强思想政治工作。要坚持不懈地用党的基本路线教育和引导广大知识分子，坚定不移地走又红又专的成才之路。要在已经进行学习社会主义理论和马克思主义哲学的基础上，进一步引导知识分子努力学习马列主义毛泽东思想，坚持用马克思主义的立场、观点和方法来观察问题和解决问题，帮助他们牢固地树立起共产主义的世界观、人生观和价值观。要用身边的先进人物的先进事迹教育帮助大家树立起艰苦创业、努力奉献的集体主义精神，坚决抵制一切向钱看的歪风邪气，在思想上牢固地树立起整体利益高于一切的观念，正确地处理好国家、集体和个人之间利益的关系。同时，要结合解决知识分子的思想实际，努力探索在知识分子中开展思想政治教育的新方法、新

路子。要通过强有力的思想政治工作，通过发挥党支部的战斗堡垒作用，党员的先锋模范作用，团员在青年中的带头作用，通过大力表彰好人好事，树立正气，努力创造一种具有高昂士气的生动活泼、富于战斗力的环境氛围，振奋精神，激扬斗志。这样，就具有了发挥知识分子积极性、创造性、主动性的强大的原动力。

2．增强责任意识，提高竞争能力。这方面，第一要坚持贯彻执行党的知识分子政策，做好知识分子工作。科学技术是第一生产力，而知识分子又是第一生产力的主体。我院的生产力的基本构成因素是技术人员。因此，要从科技是第一生产力的高度重视并做好知识分子的工作，在完善生产管理的同时，大力加强科技是第一生产力的教育，在全院树立起争为一线人员服务的风气。第二要从“知识分子是工人阶级的一部分”的思想出发，教育每个知识分子当好工人阶级的一员，用工人阶级之“最勇敢、最无私、最具有牺牲精神、最具有革命的坚定性和组织纪律性”等优良传统武装知识分子的头脑，认清工人阶级是有中国特色的社会主义事业的中坚力量，认清在这一伟大事业中知识分子应当具有的思想、意识和精神。坚定知识分子的社会主义信念和信心。只有这样，才能发挥知识分子的主人翁作用，才能使知识分子在工作实践中获得无穷的力量，从而促进我院生产的发展。

3．努力改善知识分子的生活条件，以公正、公开、公平为指导思想，解决知识分子面临的实际问题。及时将院的实际困难与奋斗方向告诉知识分子，以便上下一心策马前进。要全心全意依靠工人阶级，走群众路线，依靠知识分子的共同努力，逐步解决面临的困难。

加强思想政治工作，是进一步发挥知识分子积极性的重要途径。也只有将思想政治工作与经济工作结合起来做，才能在更大范围内更好地调动知识分子的积极性。

此文发表于《建筑设计管理》1992年第2期

影响商品经济与精神文明协调发展的阻力因素

中央最近关于我们工作存在“一手硬一手软”现象分析，是对时至今日我国社会主义改革开放进程与现状的科学认识。要认真抓好两个文明建设，其认识前提便是从哲学与历史的高度来透视我国确立商品经济以来，商品经济与精神文明之间关系的运行情况。

一、存在与反思

十一届三中全会确立了商品经济在改革开放中的历史地位。几年来商品经济取得了新发展，同时精神文明建设也得到了一定程度的发展。而确立商品经济在全国人民心目中的地位，可以说是精神文明建设的一个重要成果。一九七八年在全国范围开展的真理标准大讨论，是近十年来的一次重要的、宏观意义上的精神文明建设，通过真理标准大讨论，重新确立了党的马克思列宁主义的认识路线和思想路线，长期以来被扭曲的许多理论问题逐步得到了纠正，其中很重要的一点就是，经过讨论和实践，证明了我国社会主义建设离不了商品经济的支撑，正是有了这两个最重要的精神文明建设成果，我们的各级各岗位的同志才能坚定不移地贯彻执行党和政府的改革开放的大政方针，以党新时期总路线来统帅各项工作，促进社会主义商品经济的有力发展。这一时期内的人民建设社会主义积极性得到了发挥，“思想解放运动”使得生产力得以解放。这是改革开放初期精神文明的又一重要成果。商品经济的最初运行不仅作为社会存在为人们提供着时代的精神课题，还为人们提供着研究经济基础本身的课题。对这二者，人们取得的共识是：以自力更生为主，争取外援为辅；以计划经济为主，以市场调节为辅。这两种共识反映了改革开放初期商品经济与精神文明之间的协调发展的情况。

虽然在具体时间上难于严格限定，但在近些年的发展中，二者在相互关系上出现了不和谐。在吸收引进外国的先进经验和技术时并未注意到消化工作，致使数以亿计的设备搁置不用。商品经济的运行方向再次成为人们议论的重大话题。经济运行中的主体——企业的被称为主人的工人们，心里越来越感到“主人翁”的纯宣传性。商品经济中的交换原则、等价原则等均以人们未曾预料的速度冲击着物质文明与精神文明的分界。雷锋“出国”了，信仰变得像股掌之中的玩物，道德则被金钱称量着，经济效益把社会效益赶得远远的。生产力标准被人片面地理解成唯一标准，作为其中最活跃因素的人的因素则被遗忘。中华民族五千年文明史被不负责任地冠以“黄土文明”，成为历史虚无主义者的不屑一顾。现实面前泼妇式的谩骂代替了科学的思考，所有对历史的肯定少不了蒙受“僵化”与“保守”的指责。鱼龙混杂，竟使一些理性主义者也失去理性，“只有向钱看才能向前看”倒变得像真理一般……直发展为“八九动乱”。

中央最近一再重申：所有这些，根本上是四项基本原则与资产阶级自由化的根本对立。这是根源。那么，从思想方面看，又是哪些原因起了这种作用呢？分析这些，是真心克服“一手软一手硬”现象的前提。

二、原因与分析

从商品经济与精神文明及其关系来分析，造成二者发展不协调的原因，大致有如下几个方面：

1. 度的失落。思维与存在之间的关系从来都是辩证的。僵化地或是不加分析地对立看待二者是不科学的，以现实看，商品经济与精神文明的关系，反映的就是存在与思维这一本原的问题。近年来，在各方面都强调思想观念必须与商品经济相适应的同时，却将思想原则与商品经济原则“一致”起来了。商品经济中的货币职能、交换原则等的应用范围超越了特定的领域，不仅渗透到了思想观念中，甚至被个别人运用到了社会生活、家庭生活乃至政治生活中来了。宏观经济的失控，催发了人们思想的更加失控，于是各种自由文化思想乘机登台，混淆着人们的视听。“文化热”变成了对“蓝色文明”的顶礼膜拜，对萨特的存在主义等现代西方哲学思潮以批判的接受转到了生吞活刮的信仰。新观念成了最时髦的社会流行语言，一直发展到这样的地步：凡是反传统的都是所谓的新观念。一时间，历史成一页白纸，没有了任何可承继的东西。“人不为己，天诛地灭”等一类在任何社会都会遭到唾弃的人生哲学居然堂而皇之地上了桌面。就连人的感情这一人世间最珍贵的东西，在“十亿人民九亿商”的形势面前，也有不少人喊“感情投资”。界线没有了。用人上德才兼备不提了，实行的则是重才轻德。度的观念不复存在。生产力被从生产方式之中孤立出来、绝对出来，成了唯一标准。实践标准不提了。这不能不导致指导思想上的迷失方向。这些都表现出一种随心所欲的主观主义。这表明，近几年商品经济与精神文明之间发展不协调，哲学上的原因是根本的原因：形而上学思潮泛滥，主观主义行为盛行。

2. 是非观念的迷失。道德建设无论什么历史阶段抑或是何种社会形态，都会以打破并建立是非观为表现方式。以一个社会的是非标准即可大致判断其道德实践的水准。“是”一般地表现为社会所提倡并为大众接受的道德规范的肯定和鼓励；“非”一般地表现为对与此不相符合的道德行为的否定。近年来，虽有职业道德的文化建设，却没有职业道德的实践或监督机制。虽有社会公道之呼声，却没有此项的社会保证。本来，“毫不利己，专门利人”“大公无私”“集体主义”等都是历年来所提倡的。传统的注意群众路线、发挥群体优势的优良传统，被近几年“正名”之风吹得七零八落；而一些早已被埋藏的极端个人主义的东西却又沉渣泛起。社会的舆论工具非但没有因势利导，反而大张旗鼓地为之提供阵地。在对集体主义进行攻击的同时，社会上的个人主义盛行。道德的变得不敢道德，而不道德的则变得道德般光彩起来，人们面对这些深感不安又无能为力。

3. 价值观的倒错。什么才是有价值的？如何实现价值？这是每个人都碰到的事情。可以说，价值观规定着人之行为的活动领域。价值观的重要表现形态即是人之行为的参照。近年来，对待什么是有价值这一点，形成了一种观念是：不论如何，弄到钱即是有价值，就值得；人的钱越多就越有本事。“不择手段”本是遭人唾弃的，前年却有家全国性大报就此还认真地讨论了一番。这不能不影响到人们的价值比较与价值选择。“尽快富起来”本无过错，这正是人类得以进化的动力。问题出在“手段”上。自己富起来首先以不影响别人富为前提。可是这一前提在某些社会名流面前却变得像一分硬币一般无足轻重，“名望”成了其膨胀私欲的底垫金。近来披露的一个又一个名流偷税漏税的事，说明了价值倒错的严重性。雷锋同志“助人为乐”的价值选择，一时期以来得不到发扬。另一方面，见死不救倒有几分道理似的。救人也被某些人开了价。只要一说起社会风气，人人可以表现得大义凛然，可一至行动上，老鼠过街并非人人喊打，更多的却是唯恐躲闪不及。自然形成这一令人痛心的倒错现象。

4. 人生观的堕落。共产主义的人生观为我国社会提倡了几十年。从客观方面，社会对于人生观的建议，首先以什么是“好人”这一最朴素的问题就可体现出来；以主观方面说，如何才能做好人。雷锋式的人物是社会长期以来所提倡的。雷锋的精神，老黄牛精神，铁人精神等闪耀着时代与历史光辉的典型，回答了上述两个问题。这些典型都正确地解决了国家集体与个人之间的关系。这正是真实的“好人”的标准。可是这几年，学雷锋活动却转入“地下”了。舆论上对此也冷落了；而在舆论上走俏的是以自我为中心的“设计”“实现”“完善”。艰苦奋斗的人生态度被享乐人生的纵欲观念所淹没了。人生的意义，似乎反留下了安逸和舒适，人际间的诸多联络诸多关系似乎被割舍得仅存在着孤伶伶的自己。这就注定会出现不少人的迷惘、叹息、苦闷和徘徊。精神领域少有阳刚之美的弘扬，更多的则是“含情脉脉”；社会心理上则是“有权不用，过期作废”“今朝有酒今朝醉”“人生的路啊为什么越走越窄”等。

5. 理想的流俗。远大理想曾经鼓舞了几代人的革命斗志，是中国取得革命胜利的伟大精神动力。新时期提出的“四有”新人的标准也一直在说，社会实践与此却存在脱节现象。“理想理想，有利即想；前途前途，无钱不图”的思潮逐渐腐蚀了一些人的灵魂。人的视野变得近视起来，胸中也只装得了一种东西。自我面前的一切纪律都不要了。目标被化解得只留下了孔方。

6. 世界观反映着人对整个世界认识的立场、观点与方法，以本源上决定着人的认识及其质量，左右着人的思想与行为。世界观之于人的影响可谓无处不在。马克思主义是一门严格的科学，它是人类迄今为止最科学的世界观。我们党正是靠了这一点才凝聚了全民族的智慧，取得了革命的胜利。这个法宝在近几年遭到了不应有的冲击。存在主义、人本主义、精神分析学派等现代西方哲学猛烈地冲击我国思想阵地的同时，我们舆论界的某些同志却丢掉了理性的批判这一武器，转而对之顶礼膜拜。社会主义被批评得一无是处，资本主义却被描绘得至善至美。世界观的退化与摇摆不定，成为近来商品经济与精神文明之间发展不协调的最根本的原因。

三、结论与思路

是非观的迷失，价值观的倒错，是人生观堕落的决定因素，由此也必然造成理想的流俗这一现象。而度的失落与世界观的退化，也不可避免地反映在人的行为上。商品经济所要求人的，最基本方面有以下几点：科学的世界观和对度的概念的准确把握。这无论从宏观上还是从企业角度都是十分必要的。主体的强烈的专业心、责任感，能与企业共命运，能与国家共荣辱，也就是主体要有好的理想。这理想又要正确反映出正确处理国家、集体与个人的关系来。再就是主体向上性的，社会性的是非观和积极的奋发的价值观。由于宏观决策上的失误和具体政策上对精神文明的空谈，对商品经济只停留在“资本主义可以逾越、商品经济不可逾越”这一结论上而并未作深入的研究。由于在理论、原则方面片面强调实践一性（例如只强调摸着石头过河），而不提高、不重视理论形态的相对性，漠视理论建设可以相对独立地超前发展（正像马克思所说的那个蜜蜂与建筑师的著名论点）。由于在经济主体的看法上只强调“家”的作用，而失落了群众路线、群策群力，同时在用人上重才轻德或只提才不提德。由于社会风气、社会治安上的头痛医头、脚痛医脚的实用主义作风而非从基础上综合论理，更由于对物质手段的看重对精神作用的轻视，这些加在一起，增加了商品经济对主体的要求与主体实际素质之间的反差。这种反差，成为商品经济与精神文明之间发展不协调的综合因素。当前要大力加强精神文明建设，加强思想政治工作，治理经济环境、整顿经济秩序，如何搞好这一大的系统工程？我以为，改革发展不协调的“因素”是一条重要思路。

优化思想政治工作对象的比较思维

人们在工作学习和生活中都在广泛地运用比较进行思维了。但这和思想政治工作的要求相比也还存在距离。如何优化思想教育对象的比较思维呢？我以为可以从以下两个途径进行。

一、引导对象对于比较思维本身进行正确认识

比较，作为人们日常的思维方式，和其他思维方法一样都是“工具”。自然，对它本身的认识是优化比较思维的先决条件。本体论上说，比较，不外乎事物之间的比较、事物各方面的比较和事物之不同发展阶段上的比较。马克思主义认为事物处于普遍联系与永恒发展之中。这实质上说的是，事物处于横向联系与纵向联系的网络之中。其中，普遍联系是指事物与环境的横向联系，永恒发展则指该事物发展链条上的纵向连续。事物相对静止状态的度，就位于纵横联系的交汇之地。现代系统理论更详细地解释了这个度，认为事物作为系统与环境具有相互作用的特征。

这给我们的比较思维提出了两个具体要求：比较思维必须遵从事物存在与发展的客观性，而绝不能是随意性的。对可比的东西，自然就不能只看结果不看过程。其次，对事物比较，就要比其要素，比其结构和功能，比其所处的历史条件、现实条件和发展趋势，自然，就不能只从某一历史横断面上进行比较分析。例如，单就生产力现状来说，我国与发达工业国相比，的确是不如人家，总体上如此，单项上就不见得如此。我国的卫星发射技术是先进的。如果从系统上比，社会主

义的基本制度则蕴含有优越性。就个人来说，每个人与别人相比，有长处也有不足。如果要比较人的素质，人的各方面条件都得系统地考虑进去。

没有对比较思维本身的正确认识，显然不可能使比较思维的结果令人满意。

二、引导对象提高政治思想素质

第一，要引导对象树立科学的人生观。人生观决定了对象之比较思维的取向。一般来说，具有远大抱负的人总以当世英杰为榜样，这背后的取向就是由人生观作出的。同样，有多少种人生观就会有多少种比较法。但人生观始终规定着比较思维的方向。因此，引导对象树立科学的人生观乃是优化其比较思维的基础工作。

第二，价值观决定了人们比较时的取舍，引导对象培养起自己共产主义的价值观，是优化比较思维的重要一环。同样面对两种事物进行比较，仁者见仁，智者见智。有的人“见贤思齐”，而有的人则不然。比较既会产生昂扬奋发的动力，也会滋生出所谓“同层相抵效应”。价值观又决定了比较思维的结果的社会意义。处于改革开放环境中的人，运用比较进行思维的时候会越来越多。中外文化的交流为人们提供了比较思维的外在条件。我们如果只看到对象在比较时出现的偏差这一面，不提出“为什么”的问题进行分析研究，那就不会对优化比较思维有决定性作用。引导帮助人们树立起科学的价值观才是优化比较思维的根本措施。

此文发表于《青年工作通讯》，1988年第2期

需要理论初探

——社会主义市场经济条件下政工改革的主体研究

需要，作为人的心理构成要素之一，与理想、兴趣、情感、动机一道，组成人之行为的动力系统。需要，是人之行为的重要原动力。

塑造健康而向上的人格，及时开发人的合理而向上的需要，凝聚人们对国家事业与单位事业的热情与恒久的努力，是思想政治工作的改革目的。

本文试以主体的角度，探讨人的需要，以就教于同仁。

一、借鉴：中国古代和当今国外关于人的需要的主要观点

中国古代思想中关于人的需要的观点确有不少，论述需要的作用的也并不鲜见。《国语·周语下》记载周太子晋的话说道："天所崇之子孙，或在畎亩，由欲乱民也。畎亩之人，或在社稷，由欲靖民也。"周太子晋把是否正确对待人民的需要"欲"进而搞好政治看作是国家兴亡的唯一的根据，这是就需要的作用而言的。中国先秦时期的思想家韩非，从其"凡治天下，必因人情"（《韩非子·八经》）的基本观点出发，认为人的需要，最基本的就是趋利避害。政治家、思想家管仲认为除了这种"见利莫能勿就，见害莫能勿避"的"凡人之情"而外（《管子·禁藏》），还有礼节和荣辱等关乎社会的、心理的需要，所谓"仓廪实则知礼节，衣食足则知荣辱"。他的论述，使得人的社会需要、心理需要获得了物质基础。哲学家王夫之《读四库全书》中把人的需要分为"声色、货利、权势、事功"这样生理的、物质的、政治的、功名的四个层次。戴震认

为“理者，存乎欲者也”，“君子亦无私而已矣，不贵无欲”。这是针对宋朝程、朱之“存天理，灭人欲”而言的，也是对人的需要与国家需要的关系而言的。我国古代思想发展史中，有许多对人的需要和顺乎民心即顺乎人的需要的理论阐述，不过都未形成关于需要的科学体系，当然也不可能形成体系。

使人的需要理论体系化的，是20世纪的美国。继管理学家泰勒提出著名的泰勒制的经营管理法则之后，在美国经管理论研究中，先后出现了X理论、Y理论、Z理论以及马斯洛人本主义心理学等有关需要的著名的理论观点。其中X理论认为人的需要分为生理需要和安全需要两种。其后的美国心理学家爱尔顿·梅奥在一九三三年出版的《工业文明的人性问题》一书中指出，人的基本需要，除了物质的需要而外，还有社会的和心理的需要，它表现于人们对和谐的人际关系的渴求。这一被称之为“社会人假说”的理论认为，人之需要以社会性需要见长。

美国人本主义心理学家马斯洛，从其“发挥一般人的创造性”（所谓“潜能”）的宗旨出发，在一九四三年版的《激励理论》一书中，将人的需要规定为心理学意义上的需要五层次论。

其中，为维持生存和发展而有的生理需要和为维护安全、防御侵略而具的安全需要为低级的需要。自尊与尊人的尊重需要和求得理解与归宿的社交需要一起被规定为中级的需要。谓之高级的需要者，指的是“促使他的潜能得以实现的趋势”的自我实现需要。

美国管理学家麦格雷戈正是在总结了马斯洛等人的观点之后形成他的Y理论的。它又称为“自我实现人的假设”。主要之点是：人的自我实现需要是当代管理中要调动的主要因素；

人的这种需要具有主动性、自我控制性并表现为创造性和情感性。

以“复杂人假设”著称的理论又称为超Y理论或Z理论或“应变理论”，处于不同场合中的不同角色具有不同的需要，是它的概括。这理论说，人适合于何种管理方式，取决于其本身的需要、能力和工作性质。因此，管理者必须在发现问题、研究和解决问题时，保持高度弹性，以适应不同的权力体系、心理契约和人群关系。它认为，人的需要有层次性、多样性、发展性；人在同一时间内有各种需要和动机，它们相互作用并结合为统一的整体，形成错综复杂的动机模式；人在组织中的工作和生活条件的不断变化，必然引起需要、动机及动机模式的变化；同一个人在不同单位或单位的不同部门，会产生不同需要；由于人的需要不同、能力不一，对不同的管理方式有不同的反应，对同一管理方式的反应也殊异。因此，没有一套适合于任何的时代、组织或个人的普遍行之有效的管理方法。

归纳以上中外需要理论，我们发现其共同点有：都以人性论为哲学依据；以管理为归宿；以单元→多元为其发展走向。

中外关于需要的理论观点，为我们探讨中国社会主义市场

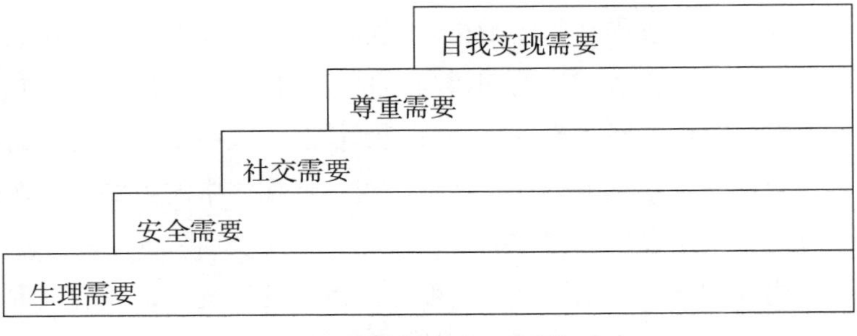

图一　马斯洛需要五层次构成

经济条件下主体需要从而改革政治思想工作，提供了宝贵而必要的借鉴。

二、一般需要论

需要，是人对自身及所处环境的一种期望心理，它反映人自身的生理或心理的期望，并由此而生出对客观存在的要求。

需要之源，是主体所处的自然状况、环境状况、生理状况、心理状况。

人与人之间的差异，表现在人们认知系统的不同，表现在人们调节系统的不同，更表现在人的动力系统即人的需要、兴趣、情感、动机的不同。需要是人的积极性的基础和根源。人为了满足需要而进行一切社会的活动。

从需要的存在状态而言，需要可分为外在需要和内在需要两类。

外在需要。外在需要指主体表现出的对事物和人的要求、期望，如饥而食、渴而饮。当人遇到了不痛快，就渴望找个人聊聊，工作中或心理上的受挫，又会促使主体去找领导或朋友一吐抑郁，实现其交流的心理需要，求得平衡。外在需要首先由语言的形式出现，可以由自然语言、书面语言、姿态语言来传递对事物或人际关系的希望、要求和期冀。

内在需要。内在需要则指未表现出的，主体对事物或人之潜在的或是不愿表示出的期望与渴盼。工作中经常出现有的同志虽有困难但为了工作硬是不诉说的情况，表明了内在需要的客观存在。它还指下列三种情形：正在形成之中的需要，正在孕育之中，正在内化之中的需要。

当我们从“关系”这一角度探讨需要的分类时，我们发现还有这些分别：主体需要、客体需要、群体需要、个体需要。

主体需要。指主体自身的需要。我们思想工作和经济工作中常说的个人利益，或相对于国家的单位利益，都属主体需要。它是人之积极性的最直接来源，人，在主体需要的牵引下而生活着进化着。

客体需要。指与主体相对应的客体之需要。国家的需要相对于企业来说，别的企业相对于自己企业来说，企业对于个人以及别人对于自我来说，都可归为客体需要之列。

主客体在需要上的区别不是绝对的。当主体需要能反映所处之特定环境的主要的需要时，主体需要便转化为客体需要。例如，由主体提出的合理化建议，一经采用并融入目标之中，便会以客体需要的面目出现。客体需要也会转化为主体需要。例如，当单位的产值指标落实到人之后，每人要完成自己的工作目标或任务，它就会内化为自我需要，主体会去积极争取任务，力争多完成任务。

群体需要。指一个国家、一个地区、一个单位、一个部门这些立于个人之上的需要。年度计划即是群体需要的反映。我们的群体需要现在即是：全国各族人民团结在中国共产党周围，以经济建设为中心，坚持四项基本原则，坚持改革开放，自力更生，艰苦奋斗，把我国建设成为富强、民主、文明的社会主义现代化强国。

个体需要。指群体组织内的成员个人或社会成员个人的需要。修养不同，文化各异，环境不一，使得个体需要变得实在是复杂得很。主体在八小时以内有自己的工作岗位的需要、学习的需要，八小时以外又有社交、娱乐、天伦、探索、学习、创造等需要。个体需要纵横交织，上下贯通，无时不有，无处不在。

群体需要与个体需要，常有双向转化的流动。一方面，特定范围内二者处于经常的转化中，群体需要若不转化为个体需要，它的实现就成了问题。个体需要不去向群体需要转化，则民主管理将失去基础。另一方面，视角或参照的不同，也使二者转化为对方。如单位的年度计划对每个职工来说是群体需要，但对国家和地区而言，又变为个体需要。

当我们继续探讨需要的内容时，我们发现就其性质讲需要有如下几大类。

物质需要。指人对物质方面的需要。它包含生理需要、安全需要、存在需要（即为生存而对外界的期望）、经济需要等有形物质的需要。物质需要是人类生存和发展的第一需要，没有它则人将失去来源和归宿，人的其他需要就将失去意义。这是从根源上讲的。在具体条件下，人只要获得了维持生存和进行发展的最起码条件，便会滋生出人的其他需要来。

精神需要。一是心理需要，含认知、情感等需要。二是审美求美的需要。三是指人们的交往即社会交往需要等伦理方面和自尊、尊人等道德方面的需要。人的需要中最复杂的莫过于精神需要。

成就需要，即功名需要。工作中常用的评比表彰奖励等，就是对人之主体需要的客观证明。没有人之成就或功名需要，又何来科学技术的进步呢？又何来政治家的政绩、文艺家的创造、思想家的运筹、企业家推动企业的发展呢？又何来一般人的理想呢？我们给为人民利益而去的壮士所奏出的生命最强音不是“永垂不朽”吗？竞争机制在各领域的普遍引入和使之公平地发挥作用，必将证明成就（功名）需要之普遍性、必然性和必要性。

发展需要。主体的需要并不绝对受眼下环境的限制。主体之发展需要首先表现在人类的行为之计划性，其次表现在群体行为之目标性，以及主体对别人和下一代人的需要所做的铺垫工作。人类的进化本身即证明了发展需要的存在。

四种需要的关系是：首先，它们之间表现为由低到高的存在状态。没有必要的物质条件则精神需要失去载体。成就需要和发展需要一般地说也是在前两个需要满足后才会体现出的。存在决定意识。其次，它们同时又有互为因果、互相促进的关系。并非只有充分满足了物质需要后其他需要才能有。这其中的“度”因人而异。最后，任何需要的实现，都会促进其他需要的提高，从而体现出这个需要结构内部之良性促进机制来。正是：“已经得到满足的第一需要本身，满足需要活动和已经获得的为满足需要用的工具又引起新的需要。”（《马克思恩格斯全集》卷3第32页）

从价值判断角度看需要，我们发现，可用三分法来看待它，即应当需要、正当需要、不当需要。

应当需要。指社会所提倡的主体应具有的需要。如先天下之忧而忧、后天下之乐而乐，就是一种应当需要。大公无私的人格需要属于应当需要。

正当需要。指一般社会水准上承认其合理性、合法性的主体需要。不先进也不落后的人所有的需要大都属正当之列。正当需要，说不上高尚，但亦不是卑下。它应该得到社会的肯定。是否可以这么说：当今政治思想工作的作用不理想，甚至不被一些人所承认，和一些地方的思想教育中不太注意中间层群众的需要的分析，甚或采取空想主义的态度有关呢？我们认为，只有一个社会能满足大多数人的正当需要时，这个社会才会是充满生机的。庆幸的是，这正是大的现实和趋势。

不当需要，指不合理亦不合法的主体需要。

总括以上分析，作需要结构图如下。

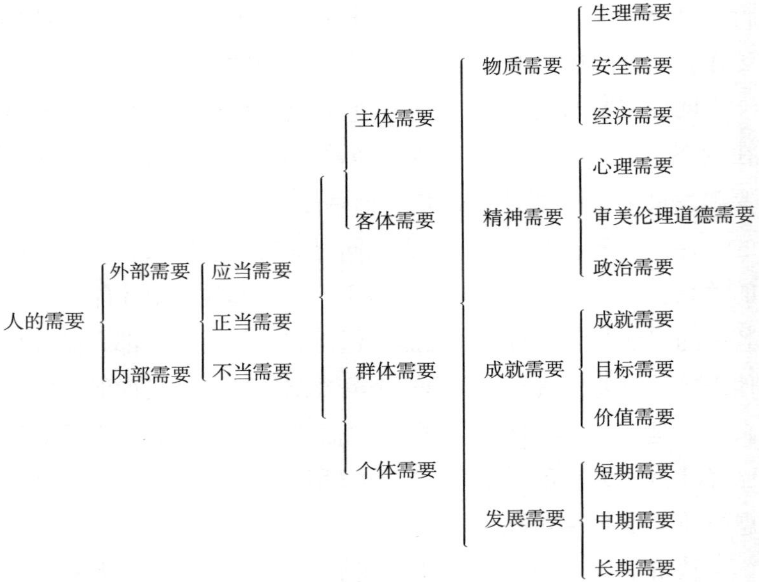

图二　需要结构

三、政治需要论

古今中外各朝各代，都有自己的政治思想理论。不同之处在于它所起的作用和理论性质。

我们所探讨的是社会主义市场经济条件下的中国之主体的政治思想需要。平时所说的政治思想工作，似可这样说，就是要把主体需要与客体需要、个体需要与群体需要、应当需要与正当需要结合起来，一句话，即把个人需要与集体需要、国家需要结合起来，聚万众于一心，汇百川而归海。

什么是政治呢?《现代汉语词典》解释道：“阶级、政党、社会团体和个人在国内及国际关系方面的活动。”列宁对政治的解释是：政治是经济的集中表现。我们现在所处的基础是中国特色社会主义市场经济。与此相联系并由此决定的人的思想应具有哪些素质呢？或说，人如何实现主体自身的现代化呢？

在当代青年知识分子中曾引起强烈反响的《人的现代化》一书指出："人们已经注意到，现代化的机构和组织原则，要真正有效地发挥作用，就决不能容忍传统人所广泛具有的那些特征：害怕和恐惧革新与社会改革；不信任乃至敌视新的生产方式，新的思想观念；被动地接受命运；盲目服从和信赖传统的权威；缺乏效率和个人效能感；顺从谦卑的道德；缺乏破除陈旧方式的创造性想象和行为；头脑狭窄，对不同意见和观点严加防范和迫害；凡事总要以古人、圣人和传统的尺度衡量评断，一旦与传统不符，便加以反对和诋毁；对待社会公共事务漠不关心，与外界孤立隔绝，妄自尊大；凡属与眼前和切身利益无明显关系的教育、学术研究都不加重视或予以蔑视排斥。"

这，就是改革中的人们面前的一面镜子。显然，这些都与市场经济所要求的主体的素质格格不入。

还须看到，造成上面那些落后的思想因素的原因，除传统因素外，似乎和我们长期以来所进行的教育也有很大关系。这就使我们对人的政治需要的研究显得异乎寻常地重要和迫切。

我们的人民是具有创造性的人民。我们的时代是呼唤创造性的时代。摆在我们面前的任务，是对潜藏于主体自身的政治思想需要的认知和促发。

政治思想需要分为宏观需要与微观需要两大类。宏观需要指全社会的需要。当前我们的宏观需要便是，建设中国特色的社会主义强国以满足人民日益增长的物质文化需要。微观需要指分解了宏观需要之后的单位需要和分解了单位需要之后的规定时空内的个人需要。

那么，又是哪些主体的政治需要使得分解后的需要又反过来化合成宏观需要呢？或者说，是哪些因素构成了主体的政治需要呢？

信念需要、意志需要、参与需要。

信念需要指人们对生活中赖以引导行为的信念的需要。人之生活，若无信念的定向和支撑，就“立”不起来，就会精神虚弱、不堪一击。古往今来，多少人在自己信念（信仰的意识化、观念化）的感召下做出了惊天地泣鬼神的伟业，又有多少革命烈士和中国共产党人为了打破旧世界、建立新天地，抛头颅洒热血，献出了宝贵的青春！一个集体若少了信念，其凝聚力就很成问题。信念有高下之分、强弱之别。

意志需要指人对追求的人格中占支配地位的意志的需要。或知难而进，或知难而退，或泰山压顶不弯腰，或马尾巴串豆腐提不起来者，意志使然也。意志的另一形态就是事业心。多少仁人志士在意志需要促发下成就了伟业甚至改变了人类运行的方向和速度。天才就是勤奋，勤奋就是意志需要的体现。人们对提高能力的渴求并孜孜不倦的奋争，也正是意志需要的外化。

参与需要说的是主体积极而主动地参与社会的政治、经济、文化等活动，能动地改造环境与优化自身，以求得存在价值的需要。这种需要的参与性，由主体作用与社会这个系统的不可分割性所决定，同时由主体的精神需要所决定。逆境出人才，只是说这个主体将主体需要与宏观需要及发展需要相结合的行为结果。改革年代人的参与需要表现得特别强烈，如民主政治、重大事情让人民知道，建立对话协商制度等，都是为适应公民的参与需要而产生的。思想进一步解放的结果，必将激发主体意识的深层觉醒，主体参与需要的更大范围、更大程度地外化。

三种政治需要浑然一体。

了解了政治需要的构成，也就获得了做好人的政治思想工作的认知前提。

政治需要构成图如下。

- 政治思想需要
  - 宏观需要
  - 微观需要
    - 信念需要
    - 意志需要
    - 参与需要

图三　政治思想需要构成

四、需要的特征与功能

需要有四个特征

反映性。需要是主体对所处环境及自身状况的期望在头脑中的反映，是人的发展的内在动力作用于客体的结果。反映的来源是自然界、社会环境、生产条件、思想观念等。需要的这一特征表明其内容的客观性。

指向性。指需要的方向性。一指向上性的需要指向上进；二指正当需要指向为几近水平性（特定区域内）；三指不当需要指向为下。最后，需要直接指向目的或目标。因此，只要我们了解了人的奋斗目标，也就可反推出其主导性的需要来。

系统性。首先说的是主体需要是整体性的，为生存和发展的各种需要集于一身。如人有衣食住行、学习、娱乐、社交等的需要。其次，表现在主体自身的需要既分层次又具联系性。而且，自然性的需要又循环往复。最后，说的是需要的动态性。分析需要也须辩证。

多元性。人的需要，有多质多量多态多向之异。表现在工作上的有之，学习和生活上也闪烁着它的身影。首先，多元性表现在需要是自然性与社会性的统一。其次，又表现为人类性与阶级性的统一。比如，要增强企业活力、增加企业收益就是古今中外企业经营者的共同理想。否认人类的本质属性中之人类性、共性（毛泽东谓之“人民性”，见《毛泽东的读书生活》一书）的客观存在，正是我们曾思维僵化和行动上付出沉重代价的最好的理论注脚。最后，指需要的多样性。不同的人在不同的时空内有不同的需要。而且，同一种需要表现于不同的人及在不同的时空都会有所不同。

反映性、指向性、系统性、多元性的有机统一，构筑成主体需要的表层特征，成为我们认识其作用的先决条件。

当需要经动机的契机而跃入实践的途中，便会释放出其巨大的潜能来。

从心理学来看，人的兴趣、情感等，都缘需要而生。因此，需要就成为主体行为之原动力。人们生活在由各种各样的需要交织而成的网络之中。需要推动着人们的生活进程。

当我们对需要进行动态考察时发现，需要有几种功能。

一是驱动功能。人的行为由动机始动。需要又是动机之动力。所以我们认为，需要才是人类行为之原动力。其中介是动机。动机的外化物则是目标和理想。大型跨国公司产品撒遍全球，重要原因之一就在于企业家们善于捕捉社会所提供的需求，注意社会需求感应，并将它内化为企业目标来推动自己员工的努力奋斗。需要与驱动力之间的关系是正比例的。需要越强则其驱动力越大，反之亦然。雷锋的需要是全心全意为人民服务，所以他短暂的一生中一直在无私而勇敢地奉献。张海迪之成就需要使她获得了精神支柱和动力，一个残疾人做出的成就使多少四肢健全而虚度光阴者汗颜。可以说，只要有人的地方，就有需要之作用的发挥。一旦舍却需要，则行为就会立刻幻化为无源之水。

二是凝聚功能。表现在，第一是当客体需要内化为主体需要之后，这种内在需要与外在需要就会同呼吸共命运。群体之分散的力量就会凝聚成一个坚强的整体，经过努力而实现大家共同的追求。当前我国的需要是建立具有中国特色的社会主义强国。这一共同需要激发了人民的极大热情，推动了经济体制和政治体制的改革。第二，单就主体的需要而言，其凝聚功能在于，它把人的主要精神聚拢到一点上，以期克服困难，促进需要的实现；它把志趣相同的主体牵引到一块儿来。“共同语言”“非正式团体”等的大量存在即其表征。而这些都发乎共同需要，其作用也当为凝聚。

三是导向功能。无论对于何种需要而言，都具有对主体之行为的导向功能。这种导向功能以需要转化为行为的目标或人生理想时最为明显。一旦目标或理想得以确立，人的行为便会朝着目标走下去，直到接近和实现目标，满足需要为止。此外，对不属于或有碍于这一需要实现的外来影响有排斥的作用，以保证行为沿着一致的方向走下去。而且，需要一旦目标化，后者还对前者有校正、检验等作用。

五、需要的行为过程

对需要的行为过程的研讨，是研究主体政治思想需要时应解决的重大问题。

需要是内外因交互作用后的观念存在物。主观见之于客观之时，即是需要之行为化开始之时。

应强调的是，第一是并非所有的需要都是合理的。有不当需要之存在。第二即使是应当和正当两大类需要，也并非都能实现。能实现的需要毕竟是少数。

一般说来，有两种合理又现实的需要可以行为化并求得满足。

一类是发挥属于自己长处的潜能的需要。如人们工作中对潜能的发挥，或业余时间对创造性的实现都是这种情况。

一类是内外合一或由外而内的需要，如先有单位的目标，进而内化为员工的岗位需要。各个岗位需要的实现，又会整合为单位的目标。

无论哪一类的需要，其制约条件都含有内外两因素。

从外部条件讲，制约需要行为化的因素，一是人际关系和谐度，二是别人对此的理解度。不和谐的人际关系会严重阻碍人之需要的行为化及其满足。心情舒畅了人们就会干劲倍增，加速需要的实现。

以内部原因看，有两个方面的原因。一方面，世界观、人生观、信念、意志对需要的产生具有定向、定性、加速等作用。世界观影响需要的地方，主要是对主体之自觉性的发挥。它具有开拓主体视野的作用。人生观则激发需要的产生，认同需要的内容或排斥需要的作用。一旦需要产生，对它的制约则表现为加速或延缓需要的实现。人生观的另一方面，即转化为价值观之后便滋生出人生需要来。主体常以人生需要作为参照来反观其他内外诸需要。信念是主体之理性和热情的凝结，是对事物和他人的深刻领悟和执着追求，意志是为达到目的、满足需要而自觉地努力的心理状态。这两种心理状态又都是稳态的，它们构成人之品质的重要方面。它们对需要的制约表现为其定性定量的作用。

积极而向上的人生观，对人的应当、正当需要起激发、发动、加速行为化的作用。

另一方面，个人的经验对需要起校正作用。一个需要的产生，特别是精神等社会性需要，都是包括个人经验在内的多方参照的结果。除此之外，理论的参照、别人经验参照、教育内容的参照、社会进程及环境的参照等也在起作用。

总括以上分析，作需要的行为过程图如下。

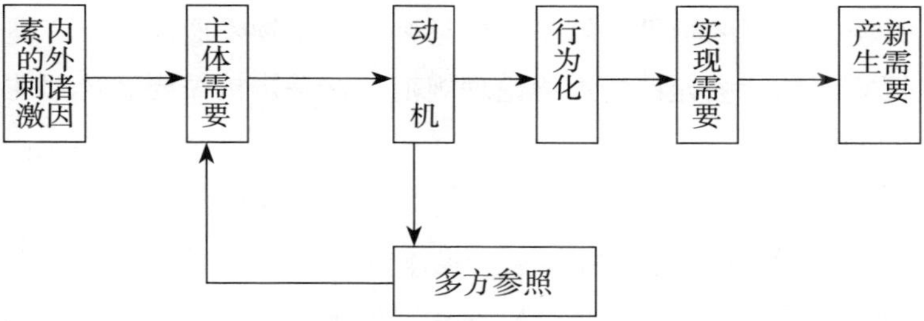

图四　需要行为过程

六、需要的对策

面对主体的需要，我们应采取的对策是激发，即激发人的向上性需要。例如，我们可由此贡献来激发先进层的人们的新的积极的需要，使得中间层的人生发出赶先进的内在需要来。“尺有所短，寸有所长”，这个长处即是向上性需要的生长点。

鼓励，或叫激励。对已激发出需要进行肯定、鼓励，方法有精神鼓励、榜样鼓励、关怀鼓励、支持鼓励、信任鼓励、目标鼓励与领导行为鼓励等。

引导。通过鼓励，把主体需要导向与客体需要（如单位经营目标）的结合区，导向社会的宏观需要的结合区。另外，由此还可使得主体需要合理化、完善化。

限制。 限制与主要的需要不相一致的需要的作用范围及其影响，以保证其行为化进而顺利实现目标。当然，与主要的需要不相矛盾而又没有不良影响，又可调动积极性的主体的其他需要，以尽量满足为好。如情感方面的需要。

择优。即选择主体之主要的需要并进行鼓励引导。目的是扬长避短，增强自信。

七、需要的标准

衡量需要的标准，就是看它是否合乎事物发展规律、心理发展规律和社会允许的道德伦理规范。这是辨析需要之合理性的根本标志。

具体说有以下几点：

1. 目的性。这里指国家、集体或个人的发展目标，含物质目标与精神目标两大类。它通常以目标、理想、期望或是计划等形式出现。人的需要呈网络状。人生活在需要之中，需要推动着人的进化，这种目的性的需要才有可能是现实而积极的需要。

2. 效益性。指经济效益与社会效益的统一。

3. 现实性。这是时空观对需要的要求。无论其他方面如何地美妙和宝贵，在现实条件下不可能实现，或它根本不体现个人能力包容之中的可能性或发展趋势，这样的主体需要也只能是海市蜃楼。

4. 道德性。这里的道德性指与社会主义市场经济相适应的伦理和道德，包括社会公德、个人品德、职业道德等，尤其是诚信。

四个方面组成统一的衡量需要的整体标准。

八、需要理论与政治思想工作

西方需要理论的发展很快，其主要研究目的是企业的管理。它们研究得很细，但未涉及主体的政治思想需要，且与我们就一般需要的分类也异。与之相比，我国的政治思想工作的长处在于，它能解决对主体需要有制约作用、定向作用、定性作用的社会主义的世界观、人生观、价值观问题。

从我们所探讨的一般需要与政治需要角度看，当前要进行的工作有以下几点：

着眼点是人，是以人为本，是人的现代化。

宗旨是造就有理想、有道德、有文化、有纪律的“四有”新人，培养人的改革精神。后者体现在开拓性、主动性、竞争性、严密性、原则性、自信性、坚持力等方面。

为此，首先要使世界观、人生观、价值观的教育岗位化——这是理论与实践相结合的必然要求，由此而使得主体需要与单位、国家需要合起拍来。

其次，需要理论表明，从事生产工作、行政工作的同志，无论是了解需要，还是满足与限制需要，都有自己的特定优势，在这些同志那里，思想与经济具有统一的特征。需要理论又表明，专职政工人员只有深入生产的各个环节才能使自己的工作深入人心。

再次，要创造生动、民主、真诚的人际关系环境，培养人之健康、向上、主动的个性，在紧促主要的需要即主导需要的同时，为人们创造实现多种健康的需要的工作、学习和生活环境。以政治需要的满足，来调动人的积极性和创造性。二十世纪八十年代于美日兴起的“公司文化”（企业文化）的新潮在今天的我国方兴未艾，表明人之多元需要正被越来越广泛地重视，并早已成为MBA课程中的重要一课。

市场经济的发展依赖人的需要的全面开发。政治教育的潜移默化靠人的需要的特定满足。

研究人及其需要，是时代提出的庄严任务。

1989年第一稿

2002年3月26日改定

主要参考书目：

1. 马斯洛. 人类激励理论.
2. 王极盛. 人事心理学.
3. 杨永明，刘志趋. 人事心理学.
4. 苏东水著. 现代西方行为科学.
5. 任继愈主编. 中国哲学史·先秦.

《建筑设计管理》1998年第1期

重要的在于因势利导

——现代从众心理与行为分析

以从众心理为基础的从众行为，是人的社会行为的一种重要形式。我们视群众路线为根本路线的中国共产党，通过对从众心理与从众行为的因势利导，取得了举世瞩目的伟大成就。当前我们国家的中心任务是大力发展社会主义经济，第一位的要求是社会的安定团结，这离不开群策群力和同心同德。因此，有必要对从众心理与从众行为进行分析研究。

一、自从有了人类的第一声呼唤，便有了社会的从众倾向。科学新领域的开拓，最初莫不由极少数志士起家，后来才有追随者和从众者。社会的发展与变革亦是如此。分析许许多多的从众倾向，不难看出，其心理因素虽然多种多样，但就其主体面言，无非是以价值观、趋同心、好奇心以及渴望摆脱孤独诸种因素作为基础的，这些心理基础一旦遇到外界诱因，便会衍生为从众行为，引发从众行为的诱因主要有：

目的因：人的目的或者动机，是促使其从众行为实现的重要因素。当外界事物能反映或恰好寄托主体的希望、企求和理想时，目的就成为催发从众行为的诱因。战争年代，来自五湖四海的热血青年奔赴延安，就是因为“共同的革命目标”寄托了为国为民的赤诚。另外，受骗上当作为一种常见的社会现象，概因受骗者贪占便宜的心理所致。可见，动机的高下决定行为的雅俗。

舆论因：舆论是唤起大众行为的重要手段。当代社会信息如潮，书、报、刊、台对人的影响，任何现代人都无法躲避。社会上这“热”那“热”的形成，舆论的诱发作用是重要因素。“比学赶帮超”这一思想政治工作的重要工作形式也正是以舆论因为支撑的。

情感因：人的情感在很大程度上左右着其行为。爱国主义教育所调动的是人的情感，运用的情感因的诱发作用。最能引发人类行为的是两种基本的情感，即“爱”与“恨”，它是其他任何情感都无可比拟的。世界上没有无缘无故的爱，也不存在无缘无故的恨。“五讲四美三热爱”是对爱之情感的激发，“扫黄”则在于调动人们对“黄祸”的恨的情感。“其身正不令而行，其身不正有令不从”，说明了领导品行对行为的情感影响。情感相通，领导与群众才能同心同德，这是成其事业的重要基础。

二、从众心理与从众行为之间的多因多果关联性，导致了从众行为的诸多矛盾特征。认识这些矛盾特征是发挥思想政治工作优势的重要基础。

1．行为选择——理性与非理性。从众行为的主体，对自身行为的认知是理性与非理性的对立统一。看热闹者，一方面自知就是看看而已，这是其理性的一面。但是为了啥？这是不必细想的。这又反映出其非理性的一面。以充实精神内涵、发挥创造性为目的的行为，一般地理性选择为认知前提，如娱乐身心或摆脱空虚为目的的从众行为，则多以非理性为其认知特征。

2．形成状态——突发性与渐进性。理性的从众行为，由心理发展到行为形成状态多呈渐进性，非理性的行为其形成状态则常为突发性。突发性的行为选择为人们避免其消极性后果增加了难度。比如，易使人们思想产生波动的小道消息的传播就是如此，热心此道者是不问消息之真假的，只要反映其主观意向，他就会一下子传一大片，就范围讲，突发性的从众行为，涉及的面一般相对要小些，而渐进性的从众行为则可能波及面大。宗教传播与皈依行为即是显例。

3. 行为演进——粘连性与间断性。去年3月23日《北京青年报》图片新闻：天坛公园皇穹宇东侧一棵古树旁，近来一些人听说某气功师对它发过气，便聚来“受气”，记者问一位女孩有什么感觉，答道“是家长让来的，站的时间长了只觉头晕”。图片显示“受气”者男女老少环立古柏者众多。这件事就充分显示了从众行为的粘连性之强烈。“典型效应”也是这样，说明了人们思想政治行为之间的广泛和持续的吸引性、间断性的行为演进，一方面表现在从众行为的是时隐时现，另一方面又从同一从众行为的连续性的中断中可窥。

4. 行为结果——积极性与消极性。由于从众行为主要靠精神性、意识性而非强制性的作用才得以存在，并由此而终结，因而其结果就必然呈现出积极性与消极性并存的现象。当从众行为与社会的主流、与社会所提倡的价值观念和行为准则相一致时，其结果表现出积极的一面。当舆论引出是非观混乱，传统价值观念受到冲击，而新的价值观尚未完全建立起来的时候，从众行为结果的矛盾二重性表现就会更多更直接。与安定的社会环境相比，非常时期非理性的行为选择（如随大流）较多。一般而言，非理性的行为选择，其消极后果的比率大些；而偏离了理性行为选择，也可引起严重的消极后果。

三、基于以上分析，从社会稳定和“四化”大业需要出发，必须注意强化对从众行为的因势利导。

第一，强化精神文明建设，培养积极向上行为。前几年，由于资产阶级自由化思潮的泛滥和我们工作中的“一手硬一手软”问题，精神文明建设受到严重削弱，一些人心理扭曲，行为消极，“金钱欲”“物质欲”“享受欲”盛行，不少人的从众心理和从众行为极不正常，使改革开放初心受到干扰。沉痛的教训告诉我们，精神文明建设事关我国社会主义事业的兴衰成败，必须强化全体公民对精神文明建设战略地位的认识，在马克思主义指导下，下大力把社会主义意识形态的精神文明建设切实搞好。同时，要重视从是非观、道德观、人生观以及理想、信念等基本方面入手，抓好国民特别是青年人教育，帮助人们确立积极向上的价值取向和生活目标，使人们的从众心理与从众行为始终与国家、民族利益相协调、相一致，最大限度地发挥积极性和创造性。

第二，优化内外环境，建设良好氛围。良好的环境因素是产生志趣相投从众行为的必要前提。集体的奋斗目标只有反映群众的共同理想和愿望时才能调动全社会的积极性。奋发向上的群体氛围造就和优化着每个人的内心世界。可以说，赏罚分明、公正廉明、思想透明、行为光明的环境，所引发的从众行为必然是积极的、向上的，一定能孕育出强大战斗力。为此，思想政治工作应当注意发挥先进人物的“典型效应”，以催化人们“见贤思齐”的从众行为；注重建设向上、和谐的内外氛围，以感染人们的心灵，诱发积极的情感认同。在此基础上，把广大人民群众的亲身实践同社会主义精神文明建设结合起来。

第三，抵制消极心理，诱导积极行为。由于以从众心理为基础的从众行为，其结果具有二重性，如果顺其自然则利弊兼有，如不主动引导而被坏人利用，则无利可言。因此，在工作中除注意发挥其积极性因素外，抵制和避免其消极后果是十分重要的。当前，我们的各项建设事业，要求人们有勇往直前的献身精神，艰苦奋斗的创业气概，持续不断的工作热情，乐观豁达的生活态度，为此，思想政治工作，一方面必须确立大系统观念，全方位开展工作，以辩证思维认识和处理现实问题；另一方面，应注意增加组织手段的向上、创新、独特的成分，以新的形象吸引人们，并由此增强行为选择时的理性成分，使得人们以积极的从众行为，投身于振兴中华的伟业之中。

《政工导刊》1991年第9期

努力探索青年工作新路子

——从事青年工作的体会

中国建筑西北设计研究院三十五岁以下的青年有近五百人，占全院总人数的53%。在青年同志中，团员有190名，青年知识分子有400多名。如何在青年知识分子中开展有效的思想政治工作，这是我院团委七年多来一直致力探索的工作问题。在长期工作实践中我们团委一班人在探索符合我院实际的青年工作新路子的过程中，感到“二三四”工作法不失为较有效的工作方法。

时时掌握坚定正确的社会主义政治方向，扎扎实实进行青年同志的世界观和价值观教育。“二观”即工作中的“二”的内容。我们时时牢记的是：共青团是中国共产党领导下的政治性很强的青年群众组织，担负着为中国共产党培养好接班人的历史重任。这就要求共青团工作在任何时候都必须坚持党的基本路线，坚持用马列主义、毛泽东思想来武装青年同志的主观世界，帮助青年同志牢固树立科学的世界观，并由此建立起科学的价值观，增强青年同志辨别是非能力，坚定青年的社会主义信念和建设有中国特色的社会主义的信心，引导青年搞好本岗位工作。共青团一刻也不能偏离自己正确的轨道，只有用科学的理论来塑造青年同志的政治灵魂，塑造好青年同志科学的世界观，才能抓住共青团工作的根本。几年来，我们将团的日常政治工作与国际国内重大事件开展的专题思想政治工作相结合，发挥支部与团委两级组织的作用，收到了较好的效果。

青年同志的成长、成才、成功，是青年工作的重要工作内容。人的青年时期的重要任务就是自身的成长、成才，目的是成功，做出较好成绩，报效企业、社会与家庭。因此，教育并帮助青年同志在岗位工作实践中健康成长、磨炼成才、拼搏成功，便是我院青年工作，同时也应是所有知识密集型单位青年工作的具体内容。这就是工作法中的“三”的内容。也只有这样，才能把“四有”标准与单位实际相结合。青年人在工作和生活中用科学、健康的知识武装自己，培养起自己与时代发展相一致的世界观、价值观，这就是青年人的成长问题。青年人通过工作实际，把自己的聪明才智与工作需要结合起来，在磨炼中使自己的业务知识和技能足以完成本专业的带有一定难度的任务，成为本专业的专门人才，这就是青年人的成才问题。青年同志通过奉献自己的劳动，创造性地完成了党和人民、单位组织交给的各项较大任务，确实创造出了较好的社会效益和经济效益，促进了集体的繁荣兴旺，提高了竞争能力，这就是青年人的成功问题。在全院近五百名35岁以下青年同志中，有三百多位经过专业知识技能培养的青年知识分子。经过专业培养只说明在特定方而打下了一个较好的基础。同样存在着“三成”的问题。实践中我们体会到，这“三成”问题不仅是我们共青团工作的重要内容，更重要的是它是人在青年时期的内在需要。这两种需要是应该也完全可以结合在一起的，因为它们是与党培养“四有”新人、造就建设有中国特色社会主义可靠接班人的时代需要相一致的。“三成”的关键是青年人的成长。青年人成长的核心是牢固树立科学的世界观和价值观。青年人成长的质量决定了青年人成才的质量和可能成功的程度。这就是“三成”之间的辩证关系。

围绕“三成”，我们确定了“搞好青年特色活动，促进青年岗位成才”的企业共青团工作指导方针，并开展了一系列活动。结合我院由事业单位企业化管理成为全国设计行业TQC试点单位的工作转化，团委在每年工作安排上都突出了对青年进行质量教育的工作，还和有关部门联合组织了以青年为主体的TQC基本知识应用讲演活动。为强化我院青年技术人员的岗位基本技能，我们首先从定量定性的调查研究入手，基本摸清了青年成长方面存在的主要问题。其次，坚持不断地开展了系列性的具有显著青年特色的活动：青年英语培训、青年概预算竞赛、青年仿宋字竞赛、青年设计制图展评等。竞赛促进了青年之间的比学赶超热情。目前，我院青年人已有200多位同志被院聘为建筑师和工程师；不少人的设计成果获得了部级、总公司级和院各类优秀奖。

第三，开展了提合理化建议活动，以增强青年同志的集体主义思想和发扬奉献精神。这些方面的工作，促进了青年同志的成长、成才和成功。院团委将“三成”问题作为我院青年工作和团的工作的着力点和“管理点”，帮助青年同志在岗位工作实践中健康成长、磨炼成才、拼搏成功，同时正好反映了我院经济工作与思想政治工作对青年工作的内在要求。

有形化、经常化、系列化、群众化，是符合青年工作实际的工作方法。青年同志除具有强烈的成长、成才、成功之基本的、向上性的主体需要外，还有着求知、求美、求乐的情趣需要，而这后一需要又往往对思想政治工作内容、转化为主体的认识这一点起着很大的制约作用。青年同志还富于竞争性和“表现欲”（这种表现欲也是开展工作的一个内在需要），不喜欢被动地接受而乐于主动参与。由此，只有使团的工作具有了相应的鲜明活泼的外在形式，才能成为青年同志乐于参与的实践。只有将团的整体工作部署划分为一个个经常性的活动，才能吸引青年同志参加进来。只有这些有着新颖形式的活动组成为一个系列，而不是东一个西一个，才能体现团工作的系列性和整体性。只有这些工作受到青年的拥护和热爱，使青年同志既是组织者又是参加者，变成青年同志的自觉行动，才能帮助青年同志在各自工作实践中健康成长、磨炼成才、拼搏成功，才能把组织的教育与青年自我教育结合起来，从而完成团的各项任务。此乃工作方法之“四”的内容。

按照这一“四化”工作方法，我们的工作取得了预期效果。1990年举办了首届文化艺术节，参加人员占全院人员的65%以上。1991年在评比表彰我院首届十佳青年活动中，80%以上的青年同志参加了投票推荐活动。

我们认为，正像任何一项工作，既有共同的方法论，也客观地存在着各自的矛盾特殊性，故须探索符合本行业本单位的青年工作和团的工作的新路子。而“二观三成四化法”只是我们的点滴体会而已。

此文发表于《建筑设计管理》，1993年第1期

面向社会主义市场经济
深化企业化改革

中国建筑西北设计研究院面向社会主义市场经济的发展，从提高效率、提高效益、增强竞争力出发，抓住转换经营机制这个关键，努力深化各项改革、积极探索发展新路子。

一九九二年是我国经济和政治发展史上重要的一年。这一年，以邓小平同志南巡重要谈话的发表为契机，以党的十四大为标志，揭开了中国特色社会主义事业发展史上的新篇章。从这一认识出发，我院及时组织全院干部和职工，认真学习邓小平南巡重要谈话、国务院关于转换企业经营机制条例和党的十四大文件精神，面对市场经济的发展，从转换思想、换好脑筋，来开始转换经营机制。通过认真贯彻中建总公司北戴河会议精神，分析我院情况，确定了转换内部经营机制、深化院的各项改革的指导思想：抓住发展有利时机，牢固树立市场观念，用活用足现行政策，开大“前门”，堵住“后门”，提高院的整体实力，发展院的生产力，改善院的工作和生活条件，增加收入，为国家多作贡献。同时，制定了院《深化改革总体设想》，明确了经营发展战略，这就是：搞好设计主业，全方位经营，多渠道创收。由此出发，推进了院的各项改革。

一、搞好设计主业　全方位经营　多渠道创收

随着国家建设事业的发展，设计任务源源不断。我们紧紧抓住这一发展的机遇，发展设计生产力。

在总结我院以往技术经济承包实践基础上，修订了《中建西北院技术经济承包合同》，在进一步明确承包期限、业务范围、主要指标、计产办法、财务核算等内容的同时，着重明确了进一步给各设计所下放的经营管理权。在坚持院长负责制的前提下，各设计所与分院等分支机构有合法经营自主权、各项经济收益权和分配权、内部机构设置权、内部人员自主使用权和聘用权。依据实际情况，确定了人均产值和生产指标，并规定：人均产值和所的生产指标由院一年一定，承包办法不变、同时明确了超产分成比例，实行上不封顶，歉收自补。实行质量否决权。并将产值收入与技术进步、人才培养、设计创优与工资总额全部挂钩。院所双方共同努力，顺利签订并兑现了承包合同。

各生产单位在经营过程中，大胆而独立自主地开展生产经营管理活动。院里多次给各设计所强调，所里可以用足用活两方面的政策，一方面是国家制定的各项宏观政策，一方面是院里给生产单位的各项具体政策。各生产部门，为完成与院的承包合同，想方设法、组织生产。各生产所都进行了二次承包，将承包指标分解到组，分解到每个生产人员，做到了人人目标明确，个个心中有数。在经营方式上，鼓励各生产单位积极探索，在保证质量的前提下，各生产单位都积极开展与外面设计单位的协作设计。在组织结构上，随生产任务而灵活配置技术力量。有的设计所还重新进行了所内的劳动组合，并在所内部消化组合下来的人员。院总部对生产所和分院实行的“宏观上管理、微观上搞活”的改革举措，调动了各生产部门的经营积极性，促进了设计生产力的发展。

对于院总部与分院的战略布局，以往我院都是坚持“立足陕西，巩固分院”。随着市场的发展，分院所在地创造的经济效益，较之处于内陆深处的陕西而言要好得多。而作为企业，其行为必须围绕提高经济效益而进行。在一九九二年院的《转换经营机制的总体设想》中，我们就在经营战略上来了个转移，实施灵活经营。一方面，还要继续稳住院总部这个大后方。另一方面，通过承包，将所与分院捆在一起。针对去年以来的改革形势，对院内干部明确指出：现在各生产部门要把经营的重点放到分院；院总部的生产经营的重点，要随效益的情况而定，哪里效益看好，即将重点放到哪里。为此，院在承包合同中规定了一九九二、一九九三、一九九四年必须给分院配备力量的最低比例，规定各所不得低于此比例。院总部给各所计划产值即以此为据。这就从我院经营与管理政策上保证了灵活经营的实施，为提高效益提供了条件。从实践来看，一九九二年四个分院生产形势和效益情况都不错。

在建筑设计工作中，院始终把繁荣建筑创作、提高设计水平放在重要地位，坚持了院、所两级创优的工作。首先从承揽任务时，即考虑要多接那些投资多、面积大、技术含量高、社会影响广的重要工程项目，以落实院的创名牌产品的要求。一九九二年承接了一批面积达10万平方米的建筑设计项目。其次抓住质量工作不放，以质量稳定信誉。坚持对全员进行质量教育，强调要把出手质量搞好，强调“用户”观念。坚持抓好方案设计，并严格校对、审核、审定工作，搞好工序流程管理。坚持按PDCA循环方法来检验工作，为强化创优创名和提高设计质量，今年院决定，将院副总调入设计所工作，任主要技术负责人。通过抓设计质量、抓创优创名工作，进一步提高了院的声誉。去年，设计优级品率为12.48%，有12项工程分别获中建总公司优秀工程设计一、二、三等奖。陕西历史博物馆，在获得了中建总公司优秀设计一等奖之后，又荣获一九九二年全国首届建筑创作奖。在向全国推荐的41项工程中，共被评出五项工程建筑创作奖，陕博为其中之一。

面向社会主义市场经济，发展设计生产力，依托科技与科研优势，开展全方位经营，求得多渠道创收，提高我院综合竞争力。这是我院制定的“搞好设计主业，全方位经营，多渠道创收”的经营方针。从现实看，传统上的单一经营，已不适应现时市场经济发展的需要。以往，设计院无论是向主业两头伸延，还是开展第三产业，都只是权宜之计。而基本建设的发展，则具有周期性波动。如果只有主业，则会机械地随其波动。而发展主业同时大力发展第三产业，则会提高我们的抗风险能力，分解风险冲击力，使设计院能够较稳地向前不断发展。过去我院对此工作抓得少，近一年来我院这方面作了一些新探索。

我们将房地产开发公司作为我院多元经营的突破口和主攻方向。在对投入、设点、规模、市场趋向、效益等诸方面进行论证并充分考虑院的承受能力之后，该公司已正式启动。

目前为止，我院已注册成立了全国计算机开发公司、建筑装饰有限公司、达美设计事务所等经济实体。院里要求，新实体一律实行总承包，坚持“一个法人、多种体制”，实行自主经营，自负盈亏。原则上，对新成立的这些公司，除房地产公司外，院一律不拨经费，并且新实体一律要有创收指标。

工程承包部成立已有几年。几年来，院做了一些中小型工程的监理、承包工作，但效益不太大。今年初，院加强了工程部的领导力量配备。

二、强化各项管理　推进各项改革

院在努力抓全方位经营的同时，又着重抓了内部机构、分配制度、干部制度和人才流动等方面的改革，以及争取外部宽松环境和优惠政策的工作。

机构改革。

市场竞争要求我们有高效率的管理机制，而设计院长期以来一直是事业单位性质的建制，存在着效率低、运转慢等弊端。如何解决一线与二线的矛盾，发挥管理部门、辅助生产部门和后勤服务部门同志的工作能动性，是全国勘察设计单位面临的共同难题。为适应市场经济的需要，为设计院实行企业制奠定基础，为提高办事效率和管理水平，我们本着“精干、高效、灵活”的原则，对我院现有管理部门和其他职能部门，从结构到功能进行了改革、调整。

首先对辅助生产部门与后勤服务部门进行体制改革。

以往事业型体制中，这两块是纯消耗性的部门，无创收可言。也因此，这两块中的职工工作积极性也得不到进一步的发挥。在原成品档案处基础上成立了生产服务公司，在原行政处、物资处基础上成立了生活服务公司。要求二公司实施经济承包，在保证院设计生产发展的同时，面向市场开展社会化的有偿服务，内部服务也采取内部结算制，并要定岗定员。从而使其从消耗性部门转为创收型部门，从纯服务性、辅助性部门转为经济服务型部门。经过一段时间的扶持之后，将其全部推向市场，促使各公司自主经营、自负盈亏、自我约束、自我发展，为院增加收益。

其次，对管理部门定岗定员。

管理部门的定量工作，是管理工作中的一大课题，难度相当大。我们组织专人对管理部门的岗位位置、人员定编进行了定性与定量相结合的调查摸底工作后，决定对管理部门按职能进行梳理、归并、调整和精减。目前，这方面的工作正在进行。

通过机构改革，我院二线机构由15个精减到8个，为我院今年按中建总公司安排实行企业制奠定了基础。

改革分配制度，完善激励机制。

改革分配制度与完善激励机制的工作，是一项具有长期性的不断进行的工作，要依据不同的工作阶段进行相应调整。在宏观上，我们从解决一线与二线的分配矛盾、一线内部各工种间的分配矛盾、二线内部不同部门与岗位之间的分配矛盾入手，努力搞好内部分配制度的改革。

院里坚持在分配上向生产一线倾斜。从去年第四季度起对各生产所和分院生产人员每月按工程设计实收的10%兑奖。这些办法，对调动设计人员超产的积极性，起到了一定的作用，一九九三年开始即宣布：每完成一个项目先按15%兑奖，年终超产后再按比例补齐全部提成。

在改革分配制度方面，我们坚持工作实绩或经济效益与个人收入挂钩的办法，坚持工作实绩与晋职、晋级、住房调整与分配等挂钩的办法，并在去年的住房分配调整上进行了尝试，效果较好，大家反映，干好干坏不一样。

干部制度改革。

竞争说到底是人才的竞争。“政治路线确定之后，干部就是决定的因素。”我们首先抓了对在职中层干部的工作实绩与综合素质的民主评议工作，采取部门群众评议、生产部门与职能部门干部互相评议、主管领导评议等多侧面的书面评议，以求使考评结果质量科学化，在考评基础上，结合内部机构改革，对管理部门和其他职能部门的中层干部进行调查，结合考评，从推动我院经济的发展出发，坚持有为者上、称职者用、平庸者下的原则，为搞好对在职中层干部的培养、使用和动态管理，准备在现有中层干部范围内实行重新聘任，同时大胆启用新干部，其标准一条是工作实绩或经济效益，一条是群众威信。两条缺一不可。

努力培养各专业的青年技术骨干和未来专业技术尖子人才，这是一项跨世纪的事业，关系到培养设计院下一代接班人的大局。在老技术专家带领下，一批年轻的技术人员正在成长为技术骨干，我们已提拔了9位青年技术人员担任了分院副院总和副所总，并放手让许多青年技术人员担任了设总、工种负责人等，坚持在培养中使用，在使用中培养。

在人才流动方面，我们作了一些探索。

如何搞好市场经济条件下的人才流动？这是摆在事业型体制设置的设计院面临的一项很难做的工作。由于沿海地区和一些设计事务所高薪吸引，我院一些同志以种种借口长期在外打工，或要求调走。我们面临着两难选择。首先我们要执行国家的人才流动的宏观政策，另一方面为保证服务于国家的重大基本建设项目，我们又必须留住人才。当然，现在要留住人才的关键，还是要搞好设计院的各项工作，提高经济效益和凝聚力，我们通过深化各项改革和转换经营机制，来抓好这方面的工作。一方面，我们制订了人才流动的程序。另一方面，我们在人才流动问题上，“开大前门”，制定了《关于我院人员调出的规定》。首先做好挽留工作，帮助解决具体困难留住人才。同时对于家中确有困难，本人有实际问题或在院发挥不了本人才华的，按规定予以办理调动，但在办调动中，院优惠政策不再享受。但为严肃院纪，对长期旷工（实际上是在特区或高薪单位打工）、经院工作又坚持不归者进行了除名处理。这一方法，变以往的“堵”为“疏”，取得一些效果。一段时间内，找院领导要求调离的人较多，有的同志一遇个人问题或要求得不到解决，就要提出调走。实际人才流动上“开大前门”之后，这种现象少多了。

同时，我们积极做好优秀人才的引进工作。人才的流出、留住、流进，是密切结合的一项重要工作。真正搞好此项工作，还有许多事要做。

争取外部宽松环境和优惠政策。

工作中我们感到，要搞好设计院的工作当然首先要练好“内功”。但我们设计院现在正处于新旧体制、内外机制的交错、碰撞之时，没有必要的上级优惠政策和宽松环境，我们是很难搞活、搞好工作的。从发展较快的东北地区的兄弟单位情况看，更是如此，而我院以往这方面工作做的很少，所以我们在着力练好内功的同时，从去年下半年开始，下功夫做了争取上级和地方优惠政策的工作。

去年，我国一些省市在全国率先制定了搞活勘察设计行业的若干规定。我们了解这一情况之后，与西安地区的兄弟单位进行了沟通，并就我们转换经营机制中存在的问题及解决办法、如何向地方政府争取优惠政策进行了磋商。我们和省市兄弟单位一道，积极向省有关部门汇报，反映存在问题，积极争取优惠政策。

同时，针对我院的具体情况，先后给总公司人事部和地方政府及有关部门领导汇报，反映我院的存在问题和设想，要求给予政策，得到了支持。有关部门确认了我院的效益挂钩承包试点办法，这为我院兑现一九九二年内部承包合同，为我院发展提供了政策保障。

经过西安地区的勘察设计兄弟院的共同努力，陕西省建设厅等七家单位联合颁发了勘察设计行业改革的十五条意见，这为陕西省的勘察设计单位的深化改革，提供了必要的外部条件。

以上是我们在深化改革、转换经营机制中的一些做法和体会，我们总的感到，与兄弟单位的差距还不小，我们只有迎头赶上。

三、存在问题

以上是我们在深化改革、转换经营机制方面的一些实践，但在工作中，感到还有许多问题要解决，特别需要有关政策部门给予解决，为我们创造宽松的发展环境。主要问题有：

1. 市场管理混乱，业余设计普遍。集体性质设计事务所，与国家级、省市重点设计院的不平等竞争仍在加剧。集体性质设计事务所因不负担所用人员的住房、医疗费等费用，而且在税、费等方面又有政策保护，所以他们用人的薪金可以做到较之国家正式技术人员来要高得多。而国家、省、市重点设计院则必须负担包括这些在外干活、与自己竞争的部分离退休人员在内的全部离退休人员的工资、住房、医疗费。所以，二者的竞争十分不平等。而政府部门则仍在坚持发放集体设计事务所的营业执照。这在客观上为院内人员搞业余设计提供了外在条件。一是事务所出高薪拉在职人员为其干活，二是院内在职人员由各种渠道来的业余设计，不必为盖图章而发愁。因此，建筑设计研究院在职人员不干分派的设计任务，而私自承接设计任务的所谓“业余设计”很普遍。这些业余设计，不少的还在上班时间搞，并难以查出。同时，不少同志还与院搞“合法斗争”，请“病”“事”假在外搞业余设计。由于个人在单位时间内能捞到的钱，较之给公家干活挣的钱要多得多，以此单位的设计任务不感兴趣，国家重点项目难以安排。

2. 沿海地区政策开放，人才流动对设计院冲击较大。内陆地区政策开放程度比不上沿海地区，在职工个人收入上，内陆地区处于竞争不利地位，不少年轻骨干把我们沿海分院当作跳板，到分院工作时便找新的单位为跳槽作准备。一旦联系好了，不管设计院怎样，反正要走。而跳槽过去的人，又来拉院内人员。这样子骨干被拉去了，院里成了培养基地，人才流失了，冲击力不断加大，使得人心不稳，队伍难带，直接影响到设计院正常工作的开展。

3. 单位的正当权益受损。由于设计市场管理的混乱，设计院在如何保护设计成果，如何保障单位设计的知识产权方面无法可依。建设单位认的只是设计图纸，有些科研成果、设计图纸，被搞“业务设计”的个人借去，转手换成了捞来的财富，对院则影响到了图纸的正常利用，单位效益遭到损害。这些又挫伤了坚持正常工作的同志的工作积极性。

4. 设计质量下降隐忧。一方面，不平等竞争造成了设计上的“短期行为”，一些人对提高设计质量不感兴趣，不动脑筋。一方面，生产奖金提高后，对技术管理人员的冲击力较大，技术管理人员不安心于搞技术管理，也都想搞设计。建设单位又满足于“不出问题”就好，质量高低不太注意。这些都是设计质量下降的重要因素。现在，院总们也要求承包项目单独干，管理人员也都纷纷要求“下海”。如此，则谁来提高设计质量？谁来抓科技水平的提高？到头来直接受损的还是设计院、终级受损的则是建设单位，是建设事业。

5. 精神文明方面，存在着滑坡现象。在价值观方面，特别是部分青年技术人员中，按“经济”办事的比较多，哪里给钱多就想到哪里去，奉献观念、集体主义观念薄弱了。这些都影响着院生产任务的完成。

市场经济正在发展过程中。竞争既是挑战，也是机遇。我们相信，经过我们上下的共同努力，一定能把工作搞得更好。

1993年5月

设计院办公室工作探索

单位行政办公室，是上下左右政务运行之枢纽，四面八方信息交汇之所在，在诸多管理部门与职能部门中位置显要、责任重大。因其“办公”之职能，又使得所有的与“办公”有关的大事小事都可能入其范围，从而形成了行政办公室工作内容的多样性与繁杂性。

如何在层次多样、性质不一的诸多工作中抓住纲领以带动全面工作，这是我们从事办公室工作的同志需要在思考中实践、在实践中探索以骥解决的问题。现将我们工作中的一些主要做法与思考就教于同仁。

一、当好参谋服务决策

去年是我国改革开放的新的发展时期。面对社会主义市场经济的发展，转换企业内部经营机制成为国营大中型企业的主要任务。受院长委托，院办公室在调查研究的基础上起草了我院《转换经营机制总体设想》。院办公室还与院工会一道组成了院深化改革研究小组，通过开座谈会、研究有关政策来寻找我院深化改革的主攻方向。经一个多月的调查研究，整理出我院《深化改革总体设想》，提出了整体深化改革的基本思路、主要措施和发展方向，提出了单位新的经营战略，即抓好设计主业、全方位经营、多渠道创收。院里以此为基础，制订并实施了机构改革方案，改革了原机构设置，使部门得到精简。同时，发挥各路能人积极性，发展了院第三产业。我们的调查研究工作，为院领导进行院的重大决策提供了参考。

同时还辅佐领导，抓全院大事，发挥助手作用。去年，东北地区的几家设计院在全国率先与地方或上级主管部门签订了工效挂钩承包合同。院办公室受命牵头与市有关部门联系我院的工效挂钩承包试点工作。经三四十次与驻地有关部门磋商，终于为我院今后的发展争得了优惠政策。院办公室还直接参与并执笔起草了内部技术经济承包合同的修订稿等重要文件，并得以实施。

围绕完成全院各项任务目标，办公室做了大量的协调、综合工作。

二、严格管理，提高效率

办公室工作变化多端，领导往往不定时交办事项，而要求办理好的时间又往往很急迫；除日常政务工作、事务工作之外，又有许许多多需要办公室出面协调的工作。我们感到，要搞好办公室工作，不能光靠“惯例”这种感性的管理办法，要提高办公室工作质量，必须严格管理，提高效率。

首先，我们建立了院办公室工作例会制度。通过办公室工作例会，请大家谈存在问题及解决办法，谈搞好工作的新办法或新思路；通过工作例会，布置办公室工作任务，检查安排工作的执行情况；通过工作例会，为院领导超前思考一些大问题，以供领导决策时作参考；通过工作例会，交流各方面情况并进行分析与综合，为院领导当好助手。这方面我们的经验是抓制度建设、先抓工作人员的思想建设。

针对办公室工作特点，我们在第一次办公例会上就提出了一个口号，确立了一种观念。一个口号是“马上就办”，要求工作人员对任何一项工作、条件允许可马上办的必须马上就办，条件不允许的也必须迅速作出反应，不仅要办得速度快，而且要办得效率高。一个观念是“办公室无小事”。由于办公室工作代表着院领导的形象，承办的大小事情都涉及院的整体，有时可能看似小事一桩，但办错了却可能影响整体形象，所以我们强调要树立“办公室无小事”的观念，一定要以对原则高度负责的态度、以严谨诚实的工作作风来对待办公室所有工作。这两个口号和观念提出已一年多，在日常工作中正起着思想发动的作用，工作实践说明，任何一方面工作，只有激发了思想动力才能办好。

其次，制订具体工作制度。实行主任与秘书的分层管理，目标是实行“一事一制”。

“一事一制”指的是办公室的一个方面的事情，如秘书、文书、接待、信息工作、收发、电话、车班等，不论哪一方面的工作，都须有形诸文字的简洁而具操作性的具体制度。要求每一项具体制度能把相应的工作程序化，使工作程序便于记录或检查。在坚持遵守以往收文登记制度的同时，我们重新制订了《关于收发文件的规定》,《院长办公会决定事项落实情况反馈表》之一、之二一套,《院领导交办事项落实情况反馈表》,《管理快报编辑制度》,《管理快报编辑流程表》,《院办车辆管理办法》,《会议通知登记制度》与《电话登记制度》等。这些制度与办法的制订，规范了工作程序，使做过的工作有案可查，便于发现工作过程中的不足和及时给予完善，明确了每个人的职责，增强了工作的针对性。

依据这些制度我们进行了较严格的管理。我们在工作中坚持“以政务统领事务、政务上搞好服务”的工作方针，围绕院的生产经营这一中心工作，开展政务工作；以管理来提高政务工作的水平。工作中，对领导交办的事情，我们要求大家要做到：交办事情有记录、办理过程有跟踪、办理结果有反馈，力戒工作的随意性。

对于办公室内部工作，我们更要严格管理。电话室和司机班是今年才由院办接管的。对于这两方面的工作，从接手之日起即进行了严格管理。对院办接管的车辆与司机，院办进行了较充分的工作准备。对司机实行院办与司机两方面的“双向选择”，并将“双向选择”原则贯彻整个使用过程。对以往人们反映较大的车辆修理工作，我们从接手之日起即进行了程序化的制度建设，制订了《车辆申请维修单》经司机班业务班长和院办车管人员两次把关认定后方能执单到指定的修理厂修理，结账由院办办理。我们还规定每周一上午和周六下午一上班，全部院办车辆必须到大门口等待车管人员核填公里数。强化了监督机制，纠正了“违章”现象。

通过严格管理，提高了办事效率，增强了服务决策的能力。

三、围绕政务，探索新途

院办公室的日常工作量大繁杂，如办文、催办、管好印鉴，起草重要文稿、接待上级领导、企业公共关系、部门工作协调、接待来信来访、办公用房管理、子女新生入学、计生爱卫保密、全院活动安排、通信收发传递等。不断探索新途径，才能围绕政务做好工作。

办公室是信息交汇中心。政务信息处于不断的流动之中，如何选择有效信息以辅佐领导，并将院领导的决策与政务信息及时传达到每个小组甚至每位职工？这就需要有一个快速信息渠道。我们创办了《管理快报》作为信息载体，沟通了渠道。《管理快报》的宗旨是快速准确地传递院的政务信息，客观报道各部门工作和生产一线的典型事例。该报现已成为全院职工及时了解院情动态的新的信息之窗。它并以其开办的“生产形势分析”、“方圆”、“新星系”、“生产状元访谈”等一系列新颖的栏目和鲜亮活泼的内容而吸引了全院职工的普遍关注。

下情上传、上情下达，做到政务信息的通畅，是行政办公室不可推卸的责任。我们在这方面也进行了新的探索。院办公室与院工会把一九九三年工作要点的内容与职工本职工作联系起来，联合开展了“知院情、提建议”群众性答题活动。并在下半年对“九二年度生产状元”进行系列报道基础上，又与院工会联合开展了“争当九三生产状元”的群众性活动。

“知院情”，就是把一九九三年院行政工作报告中提出的今年经营目标、经营方针、主要任务、对策措施具体分解让群众回答；提建议，就是根据院的实际情况和存在问题请大家提建议，主要是围绕经营开拓、科技发展、多种经营、设计创优、人才培养、精神文明、后勤保障和调动积极性、增强凝聚力等内容献计献策，提合理化建议。这次活动得到了院领导的重视与支持，各部门的领导带头参与。答题方面，从针对性、可操作性、联系实际等方面看均较好。为了答好题、提好建议，许多职工加班加点，态度十分认真，有的同志仅一项建议就写了十几页纸。院的党政领导同志看了答卷后，对职工的爱院之情、爱院之切感受至深。在院干部会、党员大会、职工大会上均对这次活动给予了充分肯定，认为这次活动组织得很成功，对院的工作将是个有力促进。从这次群众性活动中，我们评选出35名优胜奖、两名组织奖进行了奖励，并对其中的好建议进行归类，分期分批地进行落实且有跟踪，目前不少好的建议已被采纳实施。

四、关于办公室工作的认识

工作实践中我们对行政办公室工作形成了以下初步认识。

1．必须以政务统领事务。

行政办公室，位处院领导决策向下贯彻与各部门政务信息向上传递的枢纽。与各职能部门的专业管理不同，办公室有综合管理之重要责任。所从事的事情，既有宏观整体，又有“鸡毛蒜皮”，既有长期的又有短期的。因此，必须牢牢抓住办公室工作的“纲”，以期纲举目张。

办公室工作的“纲”就是政务。办公室的工作方针应是以政务统领事务，政务上搞好服务。而政务的核心即是院的设计生产之经营管理。

坚持这一工作方针，我们在工作中坚持“马上就办”和追求卓越，树立“办公室无小事”观念，认真对待办公室的各项工作。我们加强了办公室内部的制度建议，创办《管理快报》也都是围绕政务这个中心来展开工作的。这样就使得各项工作有了一个中心，摆脱了窠臼，避免办公室走入“事务所”的误区。

2. 当好领导助手是办公室的重要职责。

辅佐院长实施决策和决定，完成院领导交办任务和事项，当好院领导的助手，是办公室的重要职责。具体地，办公室作为助手的责任主要有“参谋”“协调”“督办”“总结”四项。

3. 需不断探索新的工作方法。办公室工作，因繁杂而易乱，因众多而易忘。针对此特点，我们要求工作人员，要在工作“程序化”上做好文章。

而院办公室与院工会开展的两项活动，都是紧密围绕院的生产经营管理进行的。我们认为，在新问题、新情况不断出现的今天，必须努力探索出新的工作方法。

此文发表于《陕西勘察设计》，1994年第1期

增强设计院在市场竞争中的比较优势

市场竞争日趋激烈是中国社会主义市场经济发展的必然趋势。竞争意味着机遇，意味着挑战，抓住机遇是取得胜利的关键，乃至于增强并发挥在市场竞争中的比较优势。所谓比较优势，指的是与竞争对象相比较而具有的优势。中建系统四个勘察设计大院，就人才、技术等方面较当地其他设计院来说，应当讲具有一定的比较优势。这是从总体上而言。但是，所有院都在讲发展这个硬道理，都在千方百计地使自己在市场竞争中赢得叫好。中建设计大院、要长期保持的不仅是人员规模，更重要的是在人才、技术上大院应有的地位，根本的办法就是强化设计院在人才、技术、经营三个方面的比较优势。就此略陈己见，请教方家。

一、增强人才的比较优势

中建系统内的大设计院共有多类专业技术人才2200人。其中，中国工程院院士1人，设计大师4人，教授级高工90人，拥有全国一级注册建筑师1003人。总计技术人员占四院职工总数的80%。这是我们增强人才比较优势的坚实基础。由此出发，从两个方面来增强设计院的人才比较优势：发挥名效应，加强人才培养。

1．发挥名人效应

中建各院都有在当地乃至全国具有一定知名度的设计专家兼学者型人物。这些专家，悠悠岁月中靠激情与勤奋，博采古今中外众家之长，结合时代要求和人民生活的需要，创作了一个个匠心独运的建筑作品，或是形成了处理高难度技术问题的特有本领，赢得了人们的肯定。尽管市场竞争是那样激烈，但仍有一些建设单位慕专家之名而到院委托任务，尤其是大型的、高标准的、难度大的项目。比如陕西信息大厦，高度为中国西北地区之最（190米），面积10万平方米，并要求设计为智能化建筑。程安东省长就把这一西北地区顶级类（这在全国也为数不多）项目委托西北院设计总承包，点名由张锦秋院士总负责工程设计工作。但总的讲，发挥名人效应仍然不够，所以增强中建设计的人才的比较优势，现在主要是从加大对技术名人的社会宣传力度着手，进一步发挥名人效应。

2. 加强人才培养

加强人才培养始终是所有企业增强竞争力的根本。设计院作为人才密集型企业，其人才培养的重点，在于对技术人员和管理人员的知识更新，难点是对新一代的各专业技术带头人的培养。

加强设计院的在职教育，促进知识更新，适应信息时代的发展需要，第一要搞好普遍培养。主要的是要对技术人员进行不懈的质量教育，树立名牌意识、精品意识，强化服务意识。通过设计项目解剖，通过专业业务学习来丰富设计经验，掌握世界技术发展最新动态。第二要抓好重点培养，可建立设计院与建筑类高校之间的横向联合，定期地请教授们讲授最新知识和技能，不断更新技术人员的知识结构。中建西南院在这方面已经走出了一条院校联合培养人才的新路子。本人认为这是适合所有中建设计单位的现实的选择。对设总、专业工程负责人等技术骨干定期进行培训，提高其驾驭能力，并且在基础上重点搞好对各专业的新一代技术带头人的培养，是当务之急。因为一方面各院都面临着老一辈技术专家即将全部退休，一方面现在各院都有一批成长为技术中坚的中青年人才。各专业可在年轻的高级技术人员中，选择2～3名有发展潜力、从事过各种类别建筑设计并具有较丰富设计经验的同志作为本专业技术带头人的培养对象，采取送到名牌大学进行综合知识的培养、在职攻读研究生课程等形式进行培养，侧重提高他们的理论修养，使之掌握本专业的国内外发展动态，结合专业实际开展设计科研工作，由此带动本专业现有人员整体水平的提高。有了新一代专业带头人，也就为新一代名人的产生奠定了基础。这里的关键，是要创造相应的环境和条件。任何能力都是在特定的环境和条件下形成的。第三，抓好经营性复合人才和管理性复合人才的培养工作。设计院实行的内部技术经济承包责任制，使得各个设计所成为经营开拓的主要力量，集开拓任务与完成生产于一身，而开拓任务，更多的是靠方案竞标得来的。所以对建筑师进行社会组织能力、社会公关能力的培养就显得十分必要，而对管理人员复合型素质的培养，主要是从组织能力和综合操作能力方面着手。第四，要为充分发挥注册建筑师的作用作好必要的准备。第五，如果不解决各院科研人才后继无人这个问题，势必削弱大院的比较优势，办法是从分配机制上解决科研人员的收入问题。

二、增强设计技术的比较优势

设计技术包括两个方面，一个是在整合设计过程中应用新技术、新工艺、新设备、新材料的综合能力，一个是指设计手段的微机化。

几十年的设计实践，使设计院形成了自己特有的设计技术优势，主要有高层、超高层设计技术优势，大型、特大型设计技术优势，区域规划与群体建筑设计技术优势，高层钢结构研究与设计技术优势，特种建筑设计技术优势，传统风格建筑设计技术优势，等等。可以说，这是中建系统大院的技术基础。强化技术的比较优势，主要就是强化这些独特优势。总的讲，主要有几个方面。第一，要通过不断地提高设计成品的技术含量，来提高设计质量。特别是在“高、大、新、特”项目上，要尽可能地采用新技术，如大跨度预应力空间结构技术、高层钢结构技术等。第二，广泛采用建筑节能技术。第三，名牌设计。认真处理好建筑的产品性、社会性与艺术性之间的关系，在经济、美观、适用、安全等要求之间，求得最佳结合点。认真处理好建筑创作中继承与创新的关系、单体建筑与环境的关系，突出方案的艺术个性。这在城市面貌日益趋同的今天，不仅可以尽可能地显示建筑的独特的地域文化价值，更重要的是作为设计院高技术、高艺术的标志，发挥长久的广告效应。

设计手段的先进是设计大院拥有的技术优势之一。设计过程中CAD的广泛应用，提高了生产率，增强了方案表现力，使人在项目方案阶段就能领略建筑物的风采。但这种优势地位不可能长期保住。因为建设部规定到2000年全国设计院都要采用CAD技术。大院现在就必须在开发新的微机软件上下功夫。

在增强设计技术的比较优势方面，有一个突出的问题是采用“四新”的风险性和难度，设计人员保险的办法，是尽可能轻车熟路采用常用的工艺、设备、材料、技术，这样一来，生产率是提高了，质量上也不会有问题，但设计产品（图纸）的技术含量就会受到影响。大量出现的类似的构图，类似的处理手法，致使真正能称得上是上乘之作的东西较少。如何解决这个难题？只有从分配机制上解决，可采用设立新科技推广奖励的办法，调动广大设计人员应用“四新”的积极性，以分配手段为内容，建立应用“四新”和技术创新机制，这是强化技术实力方面的非常重要的课题。这个问题只要一联系到中建几个大院近十多年来所获国家科技进步奖的项目越来越少的实际，就显得非常紧迫。不如此，大院地位如何保得住？

三、强化经营的比较优势

院本部加沿海分支机构的经营格局，在一定程度上分化了经营的风险性，“东方不亮西方亮”。所以，应坚持立足本部、开拓沿海、辐射周边的经营战略，即使遭到困难也应坚持。十多年的实践证明，没有分院，效益会受到削弱，社会影响更会受到限制。

设计院的内部产业结构上，继续坚持一业为主、多元经营的发展战略，依托主业开辟多种经营业务，分流人员，有助于生产要素优化重组。必须坚持效益为中心的原则。如果开辟了多种经营部门而没有效益，那就使设计院背上新的沉重的负担。

强化经营的比较优势，以人才的比较优势和技术的比较优势作支撑，而切入点是经营效益。

现在中国经济的发展，已把建筑业定位为国民经济支柱产业，建筑设计是建筑业的“龙头”，设计院可谓任重道远，而增强设计院在市场竞争中的比较优势，正是提高设计院经济效益、增强发展后劲，进而为中国社会主义市场经济发展作贡献的重要条件。从人才、技术、经营三个方面入手，切实加强工作力度，正是增强中建系统各个建筑设计院在市场竞争中的比较优势的重要途径。

此文系作者1997年中央党校国资委分校
中建总公司党校班毕业论文

七点论

——企业行政办公室管理工作的体会与思考

按照《A管理模式》创建人刘光起的说法，现代企业管理系统中有三大控制系统，即人事、财务、办公室，可见办公室工作的重要。实际上，在企业行政管理的运行体系中，办公室又往往是“排头兵”，所以有“高半格”一说。无论如何，办公室工作之重要，是大家的共识。因此，每个企业的一把手，对办公室的工作也就非常地重视。

行政办公室，其运行机制是行政综合管理，其基本职能是规范、管理、服务。我的体会和思考是：要搞好办公室工作必须抓好七个“点”，方能以点带面，集约而进。

1．圆点

行政办公室工作的“圆点”指其中心工作。这里的“圆”指的是行政。

办公室的工作职责范围。关于办公室工作，有人说是两项，有人说是三项。我认为，基本的应有四项：政务、事务、业务、服务。《辞海》中，政务、事务两条未设。《现代汉语词典》中的政务指“关于政治方面的事务，泛指国家的管理工作”；事务指“所做的和要做的事情”。结合企业办公室实践，可作如下设定：

政务——企业行政综合管理工作。主要指：贯彻上级政策、法令等；制订企业有关规定，贯彻企业领导指示；制订、修订管理制度；制定企业中长期规划及有关经营的战略、策略、理念、年度工作设想等供领导研究；总结年度或阶段性工作，提炼出经验；调研；督办；改革、管理、协调、CI

工作等。

事务——办公室日常工作。主要指：办理领导指示或交办的事项；日常接待与会务接待；企业公共关系；法律咨询等。这类工作量大面广。

业务——行政综合管理业务。如：院印章签盖程序把关，办公程序把关；电信管理与办理，通信管理与办理；车辆运行与管理；机构管理等。不同的单位，在这方面的内容有所不同，有的是“大办公室”，还管机关的财务、物资等。

服务——指办公室为领导和其他管理部门提供的一切服务。分为决策服务、事务服务、业务服务、其他工作服务。

单位行政办公室，其职责从内涵上分，有以上“四务”。从外延上分，还有“参谋”、“司令”、“外交”（企业外交）等职能。总之，办公室工作巨细、轻重、大小、远近工作诸元合一，构成其原则性、多样性、繁杂性有机统一的特征。这就是办公室工作的“圆”。而其“圆心”则是政务。找到政务这个圆心的目的，在于由此制订出办公室工作的“纲”，即工作方针。

本着这个“纲”（工作方针），组织实施办公室的各项工作。目的是活而有度、多而不乱。所以，这个圆点，统帅以下的五个“点”。

2. 切点

切点，就是工作的切入点。有了办公室工作的圆和圆点，如何切入？我们把“立规矩”作为切点。立的规矩主要有两个方面，一是制度，二是程序，解决的是“四务”问题，确保的是“圆点”。

首先我们解决一个整合问题。一是于1992年8月设立了办公室工作例会制度。例会，主要是传达贯彻院领导指示，总结上一段工作，布置下段工作；分析工作中的问题，提出措施等。二是实行主任与秘书分层管理办公。这样做的好处是，在确保办公室各个方面的工作形成统一体的同时，严格责任，体现管理分层次、责任分级别的思想，使得全体办公室工作人员分工不分家，分清“分内”，合作“分外”。

其次，订立制度与规范程序。这两方面的工作，是一个不断变化的过程，不可能一蹴而就。这些年来，我们不断地对制度与程序进行充实和完善，形成了现在的内部管理制度与工作程序。主要有：一是文件办理流程控制制度。制订了院的《文件办理流程控制表》，列有来文时间、文号、编号、主任签批、主管院领导批示、院领导阅示（传阅）、承办部门、承办结果、办文人、归文人及时间等内容。二是完善了制发文件的程序。三是文件档案微机管理办法。四是政务信息反馈制。强调“三有”，即领导交办有记录、办理过程有跟踪、办理结果有反馈，反馈分口头与书面两种。五是招待费管理审批制度。六是接待工作管理制度。其中关于会议接待，分为“八字”程序凡30多项（视会议情况不同而有所不同）。七是以量化与动态管理为特征的车辆运行管理制序。八是制订了电信管理制度并修订通信管理制度。八项规矩切入办公室的工作，保证了办公室工作有规可依，同时促进办公室工作人员在工作实践中“内练素质”。

3. 重点

找圆点定工作方针，找切点立规矩，为的是确保办公室的工作重点。办公室的工作重点，永远是政务。政务头绪很多，我们把政务归纳为六项：参谋、助手、管理、把关、协调、服务。这六项内容，既是政务工作的要旨，又是办公室工作的作用。发挥好这六项作用，也就能保证搞好办公室的政务工作。

第一，定位。办公室“四务”中，以政务为中心。工作方针是“以政务统领事务，强业务搞好服务”。在定位时，遇到两个问题：“高半格”与“不管部”。高半格，就是办公室在行政管理中，处于各行政部门的排头兵位置，办公室的综合与协调作用，显而易见。另一个是“不管部”。把办公室说成是“不管部”，有些欠妥。如果定位为不管部，那就势必要冲淡综合管理，会直接或间接地影响到整个行政管理的运行，会滋生部门之间相互扯皮推诿的不良现象。所以，我觉得，办公室工作要坚持以政务为主而不能陷入“不管部”的误区。

第二，抓好服务决策这一重中之重。所谓“高半格”，其意一是办公室的综合与协调职能，二是表现为服务决策、当好助手这一点。要起到服务决策的作用，就是把注意力集中到“三改一加强”方面来。

第三，强化协调，理顺职责，完善机制，以法治院。行政综合管理的重要任务之一，就在于搞好部门之间的工作协调，理顺部门职责，制订好各项管理制度，完善行政管理机制，达到以法治院的目的。这正是体现行政办公室政务为重的主要方面之一。

4. 支点

管理，以人为本；人，以思想为支点。

办公室工作，是原则性、多样性、繁杂性合三为一的工作。一般人看到的更多的是办公室人员“出头露面”的一面，很少看到办公室工作人员默默奉献的一面。可以说，加班加点对于办公室工作人员来讲是常事。人都有七情六欲。调动积极性，要从强化工作人员的思想政治教育、强化主动性入手，来巩固“支点”。

首先，确立工作理念，强化“助手”意识。要求所有办公室工作人员都要树立一个工作理念，那就是“办公室工作无小事”，用以强调工作的原则性。行政办公室工作代表着院长的形象。要当好院领导的助手，看问题、想办法就要有全局观念，要有原则性。

其次，强调“忠”与“勤”。办公室工作，涉密较多，要保密，要忠于职守。工作繁杂，事无巨细，一律要求办得漂亮，就得靠勤奋、勤快、勤俭。

最后，经常性地做好工作人员的思想教育工作。一是提高办公室党员发挥模范作用的自觉性。二是关心工作人员的疾苦，注意分析工作人员的合理需求。生活上讲“义气”，工作上靠规矩。在工作方法上，开诚布公；表扬人，一定要在公开场合，批评人，尽量是面谈。大家相处很融洽，人心顺了，一顺百顺，“支点”就牢固了。

5．力点

力点，指的是动力点，就像时钟的发条。

把思想看作“支点”，并非单单求得相安无事。用创新作“力点”，以推动办公室工作上新台阶，以推动工作人员的政治思想跃上新境界。

强调“以前的事只作参考，不作标准”。这样做，是为了推动办公室工作的创新。在处理好继承与创新关系的同时，我们对准“圆点”，面向“重点”，依靠“支点”，抓工作创新这一“力点”，使办公室工作有了新气象。工作中强调以生产经营为中心，围绕这一中心，开展工作创新。

6．难点

办公室工作的难点，在于服务。

服务的难点，在于对服务的“五度”即高度、深度、密度、维度、态度的把握。

服务，如前所述，分为决策服务、事务服务、业务服务和其他工作服务四类。从层次上分，服务又分为基层次服务、中层次服务和高层次服务三个层次。

基层次的服务，指的是“其他工作服务”。如收发传真、收发报文、跑个腿、传个话儿等具体事儿。这类事情，容易达到密度即细致、周到的要求。

中层次服务，指的是事务性服务、业务性服务。这类服务，要把握的是正确处理好管理（把关）与服务的关系。管理与把关，从维度上讲，是“由上而下”。服务，从维度上讲是“由下而上”和“彼此平行”。即是说，既要站在院的整体利益的角度“由上而下”地把好印章关、政策贯彻关、文件保密关，又要彼此平行或由下而上地当好助手或帮助把事情办得不出差错。对上时，要做到深度与维度、原则性与及时性的有机统一。对下时，要做到密度与维度有机统一，态度还要好，这就有难度了。因此，中层次服务是办公室服务方面的难点之一。

办公室真正的工作难点，在于高层次服务。高层次服务指的是服务决策、当好参谋这点。从“管理分层次、责任分级别”原则的角度来看，这个责任理应首先落实到主任头上，其次才是秘书。“服务决策”的内容，包括企业的经营战略、发展战略、中长期规划，及时总结推广工作经验，深入细致地分析形势，实事求是地确定任务，具体地想出措施等。当然，提供这些方面的参谋意见，目的在于为领导的重大决策和年度决策、工作决策提供第一手参考意见。没有这一点，办公室的行政综合管理就没有高度了，就没有“综合”的作用了。而这个难点工作，应当做好，必须做好；要做好，办公室主任的整体素质、综合素养必须高。这样才能使办公室的管理在企业整体的行政管理中，真正处于“高半格”的地位，也真正发挥这个“高半格”的作用。

7. 结点

结点即归结点。以上六“点”，共融于“圆”之中，而归结为办公室主任的综合素养。

干部的高素质，体现在以下八个方面，即德、识、才、勇、谋、信、忠、达。

德，即政治思想素质、个人道德品质、法律素养。应当努力用科学的“三观”指导自己努力实践“三个代表”，守正固本，守法修德。

识，即学识、知识、文化。要识大体、识全局、识态势。要有前瞻性思考，战略性思考，世界性眼光。

才，即才能、能力。既有帅才，又有将才。组织协调能力要强，动手的能力也要强。最好能成为行政管理的专家。

勇，即勇于战胜自我，勇于战胜困难，勇于创新。要勇于负责，有强烈的使命感。

谋，即谋略。要善于思考，思考当前而谋及长远、思考局部而谋及全局。有招数，才能推动工作，才能赢得竞争。经营战略，发展战略，从“谋”中来。善于归纳、分析、判断，多谋而善断。

信，即信用、信义。言而无信，不知其可。对上要讲信用，对下也同样要讲信用。

忠，即忠于职守，尽忠报企，尽忠报国。

达，即豁达，心胸宽广。紧张的工作中，要有观流自照、把酒临风般的潇洒，要以诚待人，经得起批评。

这八个方面是我对“干部高素质”的思考。其实，一个人要想完全做到以上八个方面，实在是很难的。正因为太难才称之为“高”。但至少应是办公室主任要努力的方向。

办公室工作，说平凡，其实干好了就不平凡；说简单，其实始终把简单的工作干好就不简单，需要探讨的东西很多。以上体会与思考，未免坐井观天，限于水平，谬误难免，恳请各位同仁批评指正。

此文发表于《建筑设计管理》，2001年第1期

以持续发展为目标
开展经营工作的做法

随着我国改革开放的不断深入发展和市场经济体制的确立，“八五”以来，在中建总公司的领导下，中国建筑西北设计研究院从强化企业经营观念、增强市场竞争取胜意识，转换内部经营机制，从内部机构设置和内部经营管理制度建设方面着手，推动着内部经营机制的转轨，初步构建起面向市场需要和适应院发展需要的全员经营模式的基本框架和运行于其中的市场经营机制。由此，推动着我院保持多年来持续发展的良好态势，使院的设计生产力和综合实力逐年提高、经济效益稳步增长，职工生活不断改善。现将我院面向市场搞好经营的做法作一简要介绍。

一、经营模式

与我国改革开放不断深入的过程相伴而生的，是国家基本建设投资主体从国家计划性投资的一元投资主体，向国家、外资（合资）、集体或私营单位投资的多元投资主体的转变。与此同时，经营模式也从计划经营→全方位经营→全员经营逐渐转变，使得企业的经营体制从计划经营体制→市场经营体制渐次发展。不同时期国家基建政策的调整，推动着企业适时调整自己的经营。

1. 经营布局战略的适时调整

国家自实行国民经济宏观调控政策以来，为基建市场带来了有利与不利形势并存的局面。从不利方面讲：一是宏观调控使得土建市场有一定程度的收缩，尤其是房地产开发趋缓，使建筑设计任务减少；二是建设部关于设计单位分支机构的政策调整，主要是实施单项注册的规定，给各分院的经营开拓造成了一定的负面影响；三是陕西境内的设计市场依然是僧多粥少，竞争日趋激烈。从有利方面讲：一是国家公布实施向中西部倾斜的政策，为西北地区的发展提供了新的历史机遇；二是陕西省每年的固定资产投资虽然远不及沿海地区，但呈稳中有升态势，为设计院带来一些福音；三是国家将住宅建设作为新的经济增长点，规模住宅设计项目可能增加。

以上两方面对我院的影响是：我院分支机构年总产值最高时约占到全院总产值的“半壁江山”，后来则下降至1／4左右；院本部年总产值占全院总产值的比例有所上升。这样，调整经营布局的问题就成了客观的要求。

面对以上总的国家形势和我院实际，院领导审时度势，及时于“九五”初期，将院的经营布局战略调整为“立足陕西、辐射周边、办好分院”。这一调整，于当年初见成效，于翌年大见成功。

2．初步构建起全员经营模式的基本框架。

国家基本建设市场投资主体多元化的发展，我院内部分配制度的不断完善，特别是内部核算制由院一级核算向院、所两级核算的转化，使我院经营格局的转化成为必然：在以计划经营处为承接设计任务的部门向全方位开拓经营格局转化以后，又出现了院、所、组、项目负责人、设计人和全体职工自觉支持和参与开拓院设计任务的局面，我们称之为全员经营模式。其特征是：全院职工，特别是广大设计人员，想方设法捕捉设计任务信息，主动出击为院承揽设计项目，成为自觉行动。

我院的全员经营模式，主要包括以下几个方面内容。

参与开拓经营的主体全员化。与计划经济时期院的计划处（后称计划经营处，近年调整为经营处）是承接设计任务的单一渠道不同，现在的任务来源是多条渠道：院领导、所领导、组长、设计人、项目负责人、全员。其中，开拓经营的骨干力量在所一级，主体力量是所长、所总项目负责人。全员各项工作，坚持以设计生产为中心，“承接到设计任务就有效益”的观念为全体职工所接受，一线、二线人员密切配合，为追寻任务不辞辛苦，许多人还利用节假日。以1997年为例，经设计所一级承接的任务量占到全院任务的80%左右。

主业方面，实施精品战略。通过名品、精品的社会效益和影响，增强经营开拓的力度。在不放弃了解到的所有设计信息的同时，院里集中主要经营力量，瞄准大型特大型群体建筑项目、高层超高层建筑项目、重点工程项目、特种工程项目，进行重点突破，尽最大努力承接一批年度支撑性的项目，保证院生存与发展的任务需要。遇有这类项目，一切工作都为之让路，院领导亲自出马，参加项目谈判。

内部产业结构方面，以主业为依托，扎实进行两头延伸，优化内部产业结构，以期提高市场抗风险能力，增强长远的发展实力。在搞好技术咨询和工程总承包业务开拓的同时，注意挖掘经营潜力，促进开办的多个多种经营实体从安置型向效益型的转化。我院多种经营的骨干部门建筑电气研究所，近几年一年上一个新台阶，年增长均在20%左右。

全员参与经营开拓、重点发展主业、注重院内产业结构优化，构成我院全员经营模式的主要内容。为使这一初步建构的市场经营机制有效运转，我院着力强化内部运行机制。

二、经营机制

所谓经营，指筹划并负责某项工作使之顺利进行。我院建立的经营机制，因其指向市场，姑且称之为市场经营机制。其构成要素主要有以下几个方面。

1. 坚持实行内部技术经济责任制，调动经营积极性

这是我院实行的基本的经营管理制度。几年来，我们不断完善并实施这一制度，把分配与质量、效益、创优、服务全部挂钩，并根据每年的不同情况，核定各所的经营确保指标，将确保部分与超产部分的分配比例，在院于当年初签订内部经营责任合同时即予以明确。院方则确保在年底兑现合同内容。这一合同形式出现的基本的经营管理制度，实际上已将院的管理制度法制化，实质是以法治院。它使得设计人员的生产积极性和创造性，在合理分配这一层面上得以有效地调动起来，以内部的制度形式解决了院、所与职工个人的分配关系，使得所领导与设计人员干有目标、拼有回报。

2. 建立并运行科学的质量保证体系，夯实竞争基础

质量是设计院生存、发展和竞争的基础。我院始终把提高设计质量作为经营管理的重中之重的工作，常抓不懈。一是坚持实行分级管理的质量管理制度。院总、所总、项目负责人、设计人，构成技术质量管理的管理链。今年起，我院变三级技术质量管理为院、所两级质量管理，提升了全院质量管理的级次。在生产全过程中，我院坚持实行“事先指导、中间检查、成品核审”三个环节的控制管理。1997年第三季度开始，我院按照GB / T 19001—1994 ~ ISO 9001—1994标准，制订了我院新的质量保证体系，并于1998年6月1日起进入运行状态，使我院几十年来重视技术质量管理的优良传统，得以在国际通

行的质量保证体系内发扬光大。

3. 促进设计创新创优，提高竞争实力

首先，抓好方案创新工作，增大市场竞争夺标率。多年来，我院注重市场需要的教育和引导工作，强调建筑师要在方案构思与业主的要求之间求得最佳结合。瞄准“高大重特”项目，由院总挂帅，集中群体智慧，创作出既能体现大院高水平，又能充分满足业主对建筑物各项功能要求的设计方案。通过院内多次方案竞赛，综合出最佳方案，参与市场投标，提高了中标率。

其次，增加科技投入，加强科研攻关，壮大设计技术优势。抗震设计研究、黄土地基研究、高层建筑设计研究、传统建筑风格研究，并称我院四大科研强项，在国内享有一定声誉。近年来，我院一方面抓科研成果向设计生产的转化工作，另一方面，针对设计需要和发展需要，充实中青年科研力量，组建了抗震研究、地基研究等课题小组，新成立了钢结构课题小组和建筑节能等科研组织，并结合实践开展了活动，促进了院的设计创新创优。近两年来，我院在财力紧张的情况下，共投入上千万元资金，用于更新设计手段，现在，设计人员占有的微机接近人手一台。设计中全面采用微机绘图，增强了方案表现力，有力地提高了投标中标率。

最后，注重“四新”的广泛应用，提高了设计产品的科技含量。由我院设计的西安钟鼓楼广场，被建设部叶如棠副部长称赞为“集地下空间资源有效利用、旧城改造、保护文物古迹、改善生态环境、繁荣商贸旅游于一体”，“满足了城市多功能配置，具有良好的社会效益、环境效益和经济效益”。

4. 悉心服务业主，增强市场影响力

优胜劣汰是市场竞争的铁的规律。但产品之新之优，从来没有包括“优胜”之“优”的全部内容。面对激烈的市场竞争，沉着应付，站稳脚跟，不为一时一地的成败所左右，竭诚敬业，为业主提供符合规定要求的设计产品和服务，这是中建西北院的一贯作风，赢得了业主的信赖，取得了良好的效果。陕西省人大办公楼，虽经过半年多的波折，但我院设计人员始终不改初衷，悉心服务业主，在无任何报酬的情况下，应业主需要做出了高质量的三轮方案。最终，省人大办公楼筹建处将此项目委托我院设计，终点又回到了起点。1997年，我院经过投标夺得陕西省邮电管理局的重件处理中心和网管大楼两个大项目，后者建筑面积12万平方米。与业主配合中，我院的高质量与高水平服务给业主留下了深刻印象。省邮电局于1998年7月毅然将18个地市县的邮政办公综合楼项目一揽子委托给了我院。在发挥金牌效应的同时，我院注重发挥名人效应，有效地促进了经营开拓。

由以上的责任制、质量保证体系、创新创优、服务等基本要素构筑的我院市场经营机制，在推动我院持续发展方面，发挥着巨大作用。随着经营实践的积累。我院的全员经营的模式和市场经营机制也将逐步完善。

三、经营效果

根据市场变化和发展形势，发挥市场经营机制的推动作用，形成全员经营的经营格局，立足、站稳、占领本部市场和各分支机构所在地的市场，以本部为中心，向周边省区辐射，使我院的设计生产经营保持了持续稳定发展的态势，于1997年取得了“三·二·一”的好成绩：

生产经营方面，取得了全院总产值同比净增2300万、主业总产值同比净增1900万、本部主业总产值同比净增1600万的

“三项突破”，实现了阶段性跳跃式发展；

整体工作方面，全院总产值同比跃升40%，院由市级文明单位晋为省级文明单位，实现了“两个飞跃”；

社会影响方面，光大了“一种效应”。中建西北院人以敬业、求实、创新、奉献精神，竭诚为业主、为社会服务，创造高质量产品，信誉和影响力日益扩大，光大了“中建西北院”这一金牌效应。业主直接委托我院设计的情况逐渐多起来。

四、经营体会

回顾往昔，感慨良多。主要体会是：就建筑设计院而言，坚持以人为本的经营理念，实施全员经营的基本策略，发挥人才最大潜力是制胜之本。通过综合运用新技术成果来搞好方案创新、提高设计产品的新科技含量，是提升市场竞争夺标率的关键。从设计实际和发展需要出发，搞好应用科研，是壮大设计技术优势的重要途径。高质量而耐心地为业主提供全过程服务，是增强市场竞争力的首要条件。而坚持持续、稳定、健康发展的企业发展战略，是企业常胜不衰的必然选择。

“路漫漫其修远”，中建西北院将在不断解决新问题的过程中，取得新成就！

此文发表于《建筑设计管理》，1999年第2期

运营于“好”致力于“快”构建于“和”

——中建西北院构建和谐企业的探索

社会和谐是中国特色社会主义的本质属性。构建社会主义和谐社会，是我们党从中国特色社会主义事业总体布局和全面建设小康社会全局提出的重大战略任务，贯穿中国特色社会主义事业全过程，而建设国有企业之和谐企业是其重要组成部分。中建西北院自“九五”以来，紧抓发展第一要务，促进本院又好又快发展，致力于建设和谐企业。

一、中建西北院构建和谐企业的实践

1. 提升班子领导力，确立发展目标，明晰价值取向，搭建企业与员工共赢共享和谐的事业平台

第一，加强院领导班子建设，提升班子整体领导力。首先从抓院领导班子建设入手，提高“战略决策、经营管理、市场竞争、推动企业创新、应对复杂局面”五个方面的领导能力，坚持“情、理、法”的统一，着力打造团结而富有开拓精神的领导班子。“十五”以来，我们更确立了建设西北院“和合”领导班子的建设目标，坚持民主集中制原则，处理好党政一把手之间的关系、一把手与副职之间的关系、新老班子成员之间的关系，营造团结向上、宽容默契的工作氛围。

第二，确立发展目标，明晰价值取向，搭建和谐共进的平台。将政策要求、市场形势、经济走向与西北院实际紧密结合，不断创新发展理念，科学规划企业发展，推进实施经营战

略，有力地指导了西北院的持续发展。同时，我们倡导和推行“共进共赢共享”的和谐方略，探索战略与实践的链接、“知”与“行”的统一。以“持续、稳健、快速发展”的科学发展意识，统一全院职工的创业意识、锁定“建强目标”，打造事业高地，合志于发展。发挥技术比较优势，紧盯“高、大、重、特”项目，打造创新高地，合心于发展。围绕“建强”目标，修订规章制度，坚持依法治院，充分发挥企业制度的导向与激励作用，调整利益格局，完善分配政策，更新人力资源配置，充分调动大家的积极性，合神于发展。由此，逐步推进建构企业与员工共进、共赢、共荣的和谐共享平台。

2. 面对“经济体制深刻变革、社会结构深刻变化、利益格局深刻调整、思想观念深刻变化”的现实，持续抓好“四个团队”建设，不断增强核心竞争力。

一是抓好干部团队建设。贯彻落实中组部《党政领导干部选拔任用条例》等，加强干部教育、培养、使用和管理。举办干部培训班，对干部进行德能勤绩廉的全面考核，实施考核聘任制度，注重岗位锻炼和任前考察、上任谈话。坚持干部述职交流制度，共享经验、相互促进。同时，我们特别注重领导、干部、员工之间的经常性的思想沟通，特别注重干部的“垂范传带”作用。

二是抓好党员队伍建设。重视基层支部建设，结合院内机构改革，及时调整支部设置。坚持严格的组织生活会制度，将支部工作、思想政治工作、精神文明建设工作，与经营管理工作同布置、同检查、同考核、同激励，强化支部书记与部门领导干部“一岗双责”意识。加强党员管理，开展保持党员先进性教育活动，努力建设发挥党员先进性的长效机制。

三是抓好人才团队建设。始终将人才队伍建设置于院持续发展的战略高度、作为提高企业核心竞争力的工作重点来抓。推进实施“人才强院”发展方针，不断优化人力资源结构；大胆提拔一批优秀青年同志担任技术领导；顺利解决因老一代技术骨干人才退休出现的人才断层问题，培养一支以中青年为主的各专业技术带头人队伍。组织技术、管理人员出国考察，开拓视野：选送青年技术骨干攻读在职硕士学位：建立技术人员年度业绩写实考核数据库，实施培训计划，举办新规范、新技术讲座和专业技能竞赛活动……通过各种方式，不断强化职工的专业技术素质，努力营造人才成长成功的宽松环境，促进人才队伍建设。

四是抓好员工团队建设。结合我院实际，开展思想政治工作，排疑释惑、化解矛盾，紧盯“建强”目标，调动各种积极因素，开展先进事迹宣传教育，通过各种形式，建设“四有”员工队伍。积极开展创建学习型企业活动，大力倡导创新精神。坚持全心全意依靠职工办企业的方针，重大决策必“问政于民”，员工为企业发展出谋划策的积极性很高，每次职代会征求职工提案时，都收到一批有价值的建议。建强目标落实到了员工的岗位工作和价值追求中，企业发展与员工发展实现了统一。

3. 强化企业文化生成机制和成长机制，建设充满活力的优势企业文化，营造和谐人文氛围

首先是确立并实践核心发展理念。自“九五”开始，我院即提出“持续发展、协调发展、长远发展”的思路，启动理念和企业文化的建构工作。先后推行了“精心设计、诚信服务”的经营理念，“竞争取胜、持续发展”的员工奋斗理念，“胜过昨天”的员工追求理念和“快乐工作”的精神生态理念。

其次是加强制度建设。不断完善以技术经济责任合同为主

的基本经营管理制度，有效地调动了各经营团队在市场竞争中拼搏取胜的能动性。持续贯彻了ISO 9000系列质量管理体系，奠定了西北院品牌不断壮大的坚实基础。落实“科技兴院，人才强院”发展方针而修订完善的创优管理办法等，有效促进了原创力和市场竞标力，不断提升着西北院的社会美誉度。全面修订并实施的行政管理规章制度体系，保障了西北院各项工作忙而有序、行而有效。

最后是增强软实力，持续营造和谐、向上、共进的企业人文环境。以“岗位建功立业”为依托，推动发展理念转化为业绩。持续开展有声有色有形的、具有西北院特色的文化体育娱乐活动，构建宽松、快乐的和谐氛围。开展“讲文明树新风”文明单位创建活动，如参加义务献血、组织植树造林等社会公益活动等。

4. 努力改善员工生产、生活条件，积极做好稳定工作

职工工作、生活条件和环境逐步改善。建立了内部局域网、因特网以及院信息网络管理平台；新建了院科教中心；拓宽并重新铺设了道路，对办公区庭院进行了绿化美化。关心职工身体健康，坚持为职工进行体检；改造、装修了职工食堂和单身职工公寓；投入300多万元对各家属院配电设施进行扩容改造，更换电线、改造锅炉房，对各家属院逐一进行综合治理。不断改善职工的居住条件，加大住宅建设投入，先后新建住宅楼十余栋，计单元套房414户、建筑面积37861平方米。

职工收入稳步提高。

加强离退休职工管理和服务工作。关心老同志健康，组织年度体检；组织春游活动，丰富他们的文化生活；历次住房改建、新建中都划出部分住宅改善离退休同志的住房条件；为老红军、抗日老战士、老劳模、老专家以及生活困难的离退职工

和遗属发放补助金并进行慰问，院里每年拿出200多万元支付离退休职工统筹外各类费用。

重视信访工作。对来访同志热情接待，对群众来信认真对待、及时处理。

二、中建西北院构建和谐企业的成效

经营规模上新台阶，效益稳升。中建西北院“九五”期间的经营规模和效益稳步上升，“十五”期间实现了跨越式发展。2006年，完成设计产值2.637亿元，是2000年的2.59倍；完成设计收入2.259亿元，是2000年的3.029倍。在建设部2003年度全国勘察设计企业营业收入排名中，进入前100名的建筑设计单位有8家，我院位于第7名；进入纯勘察设计收入前50名的建筑设计单位有6家，我院位于第5名。

创优创新成绩优异，品牌壮大。产品合格率保持100%，相继完成了一批大型重点工程项目，获得国家级大奖9项、省部级奖66项、中建总公司级奖51项，大大增强了中建西北院品牌的影响力。

企业管理制度健全，政通人和。确保了党的路线、方针、政策在企业的贯彻落实，开拓有力，管理有序，员工心畅、气顺、劲足。我院荣获“全国建设系统精神文明建设先进单位”等称号，继续保留了“省级文明单位”荣誉称号，先后被总公司党组授予“思想政治工作优秀企业”等称号，被国资委授予“中央企业先进集体”，被陕西省总工会授予“模范职工之家”荣誉。

三、中建西北院构建和谐企业的体会

紧抓发展第一要务，发展战略目标适宜，保持企业稳健、持续、快速发展，是构建和谐企业的必要硬件，是企业的肌体。

领导班子“和合”，形成坚强的领导核心，持续有效强化“四个团队”综合素质建设，是推进和谐企业建设的基础支撑，是企业的筋骨。

持续有效推进企业文化建设，规范秩序、提升士气，不断满足员工合理而向上的需求，使员工精神需求与企业发展的理性目标要求相契合，使灵活性与确定性相统一，是建设和谐企业的动力传带，是企业的神经。

及时化解影响改革发展稳定的消极因素，是和谐企业建设过程中一项不可或缺的重要工作，是企业的抗体。

此文发表于《建筑经济》2007年第10期

中建西北院加强领导班子建设的做法

中国建筑西北院成立于1952年，现有在职员工881人。其中：中国工程院院士1人，国家建筑设计大师2人；有高级职称以上技术人员304人，中级249人；国家一级注册建筑师（工程师）179人，二级注册建筑师21人；注册监理工程师等41人。

我院现任领导班子有7人，是一套班子两块牌子设置。这届班子的基本框架形成于1996年。

在班子建设方面，我们的主要做法如下：

一、合心合志：强化奋进创业精神基础，增强班子思想政治素质

西北院地处西北，是一个大院、老院，由于地域关系，本届班子上任伊始，即面临着建筑市场竞争激烈“僧多粥少”、院与沿海发达地区和其他兄弟院相比存在着产值规模差距大、历史欠账多、包袱重的严峻现实以及“孔雀东南飞”、技术骨干队伍不稳定的尴尬局面，当时社会上盛传的设计单位小型化、大院解体改制“风雨欲来”的舆论倾向客观上也给我们带来了“大院到底能坚持多久”的压力。如何尽力稳定人心、稳定队伍、尽速推进西北院改革发展、尽快提高西北院职工收入，成为摆在班子面前的首要任务。院班子从统一思想入手，认真加强思想政治建设，一方面认真学习贯彻党中央和上级党组织的一系列重要精神，通过班子中心组理论学习和深入研讨，明确西北院作为国有企业所肩负的特殊政治责任、经济责任与社会责任，强化院班子的政治意识、大局意识、责任意识、科技强企与人才兴企意识，同时通过干部研讨班、

职代会等多种形式进行专题研讨，凝聚干部、群众智慧，确立“九五”期间“力争年产值过亿、创建省级文明单位”的发展目标，以此鼓舞职工群众；另一方面客观分析市场形势，分析国家即将实施的西部大开发必将给我们带来的千载难逢的机遇，班子成员统一思想，振奋精伸，凝心聚力，心往一处想，劲往一处使，迎难而上，奋力拼搏，同时，广大党员的拥戴和上级党组织的信任给党政主要领导和班子成员增添了无穷勇气和力量，使大家搞好西北院的信心与决心由此更加坚定。

党政主要领导志同道合，凝志建设，聚焦建强。院长、书记均于1994年进入院班子；院长于1996年主持全院工作；书记于1998年主持党委工作。两位主要领导始终牢记中建总公司信任、牢记全院员工重托、牢记国企领导职责：“中心”“核心”，均定位在“发展”之心，深知：①和则稳，和则兴，注意思想深层沟通。②离则散，分则衰，强调大事上讲原则，小事上互体谅。③对信任和重托的最好报答，就是持续稳健地推动西北院发展，将中心、核心定位在发展的第一要务上。把三个有利于标准，作为衡量工作成效得失的标准。以和谐、默契、持续、合力的相互配合、相互促进，作为人生、事业的共同价值追求。主要领导志同道合，是领导班子“和合”的引擎。

二、以发展为第一要务，以生产经营为中心，实施战略管理

院班子坚持科学发展观，牢固树立“重要战略机遇期”的意识，以推动西北院发展为第一要务，以生产经营为中心，以市场为导向，紧盯高校、房地产等投资热点和政府大型公建领域，明确市场主攻方向，细化年度目标。1995年下半年至1996年年初，面对国家实行压缩全国基建规模的宏观调控政策

这一宏观形势，院班子审时度势，及时作出了调整经营布局的决策，确立了“九五”期间“力争年产值过亿、创建省级文明单位”的发展目标，实施“立足陕西、辐射周边、办好分院”新的经营布局战略，这一调整于次年年初见成效，为我院“九五”期间稳健持续发展发挥了积极作用（“九五”期间，院本部的经营比重一直稳定在70%左右，周边省区和分院的经营比重大约在30%左右）。2000年，我们通过广泛征求职工意见，编制了《院“十五”发展纲要》，提出了“努力建设一流建筑设计强院”的奋斗目标；2003年，提出“两大板块”经营布局战略；并同时提出持续建设一流强院的目标；2004年，提出“科技兴院，人才强院”新的发展方针，两年来，从强化机制建设入手，对“科技兴院，人才强院”、做强做大西北院的目标进行了细化，分解目标到各项工作上。2005年年初，提出了以信息化为引擎、推进西北院科技快速发展的新思路，力争在WTO后过渡期，进一步提高设计生产力，巩固市场占有率。如果说我院“九五”期间的生产经营是“一年一小步”的话，那么“十五”期间则是“大跨越、大发展”，2000年，全院完成生产总值1.17亿元，2003年，经营业绩比2000年翻了一番，在国家实施宏观调控的情况下，2004年继续保持了这种良好发展态势，比1996年翻了两番。

三、充分发挥班子集体驾驭力，带好队伍，确保稳定

落实民主集中制。坚持“集体领导、民主集中、个别酝酿、会议决定”的原则，强化班子合力。党政一把手以大局为重，互相理解、互相支持，从而带动、促进班子整体的团结与和谐。每次决策前，两个一把手事先进行充分细致的沟通，取得一致意见；依不同事项、分别找班子其他成员进行个别酝

酿，完善意见后，正式提交院长办公会或党委会进行研究。班子成员之间、领导与干部、领导与员工之间常常以谈心形式，沟通思想，传达工作要求，化解矛盾，理顺情绪。增强班子团结，发挥班子合力，一言以蔽之，就是通过“八法”：

“大事上多商量，小事上互谦让”“思想上深沟通，以合力保运行”；

“群策群力策划，民主科学决策”“分工而不分家，分工同时协作”；

“以制度来管理，用人格去感化”“求大同存小异，求创新存特色”；

“工作上为同志，生活上做朋友”“聚合多专业知识，规划高目标发展”。

达到“五个一体化”：

战略思维一体化：持续建设一流强院；科技兴院、人才强院；

管理运作一体化：各项工作均围绕推进两个文明协调全面发展；

人生追求一体化：执政兴院强院，追求“胜过昨天”；

价值取向一体化：实践“三个代表”重要思想，做强做大西北院；

用人标准一体化：坚持干部“四化”标准，结合院情选贤任能。

抓干部，用人才。实施“科技兴院，人才强院”战略，根据岗位特点选贤任能，大胆启用优秀中青年人才，为他们搭建事业平台和人文平台。一是着力培养新一代各专业技术带头人队伍。1997年以来，相继选拔了18位三十多岁的优秀技术骨干担任各专业院副总，其中13位属驻设计所院副总。同时，我们选拔了一批懂业务、会经营的青年同志担任各类领导职务。现在，各所和各分院行政、技术领导基本都由20世纪80年代以后大学毕业的中青年同志担任，成功地解决了因20世纪60年代毕业生退休而产生的断层问题。二是加大对骨干层技术人才的培养力度。我们与西安建筑科技大学联合培养在职工程硕士，选送了31人。三是在项目设计总负责人和工种负责人两级，设立正、副两人，有意识地多设置技术管理岗位，在生产经营实践中锻炼他们的才干。四是根据市场情况和发展需要，不断完善技术经济责任制，用制度调动员工的积极性、主动性和创造性，打造企业与个人共生共赢的平台。

无论是干部选拔上任、提职履新还是岗位调整，院领导都要对其进行任前谈话，肯定优点，指出不足，以利于干部健康成长。

抓稳定、暖人心。稳定是大局，没有稳定就没有发展。2002年，我们进行了机构整合、人员分流工作，经过40人耐心细致的思想工作，顺利完成了这一棘手工作，确保了稳定。“非典”期间，班子及时采取九项措施，职工们高兴地说：“有这样的领导当家，我们心里踏实！”还有离退休老同志的5号文问题。当时老同志情绪激动，但我们没有回避，而是正面对待，耐心倾听，召开了全体老同志参加的茶话会，并在力所能及的范围内予以解决。

干实事、办好事。院班子始终把实践“三个代表”重要思想、为职工群众办实事摆上重要位置。继改造、装修南办公楼之后，院里又投资100多万元修建了科技教育中心、装修了职工食堂，先后为各设计所更换了新的绘图和办公桌椅。先后集资建成了2、3、4、8、10号住宅、北关25层点式住宅，数百户职工喜迁新居，使职工住房紧张状况大为缓解。在办公区域种植了绿地、花卉，使工作环境和职工居住环境得到很大改观。

四、加强企业文化建设，营造全院上下团结奋进的良好氛围

作为省级文明单位，院班子注重运用多种载体开展活动，增强企业的凝聚力和战斗力。充分发挥党政工团的合力，积极开展群众性精神文明创建活动，积极参与地方“讲文明、树新风”等活动。坚持发挥政治核心作用实施“创优争先”工程，大力评优树模，弘扬正气，每年对先进党支部、优秀党员等先进集体及个人进行评比表彰，促进工作中的比、学、赶、帮、超。我们以重大节日及纪念日为契机，组织开展富有西北院特色的、丰富多彩的文体活动和大型庆典活动，使职工在潜移默化中受到熏陶、教育，极大地激发了广大职工的集体荣誉感和对院的归属感，增强了团队精神。我们热心回报社会，积极开展扶贫济困、献爱心送温暖活动。除院内设有精神文明建设基金、见义勇为基金、扶贫济困基金外，还先后为陕西省、科工委、中建总公司“济困助学基金”、西安市新城区“见义勇为基金”、救助宁夏同心县百名失学儿童返校、98抗洪救火、整修黄帝陵、举办第20届世界建筑师大会、陕西安康地区等各项捐款近百万元，捐物近万件。积极响应当地政府号召，两次组织职工无偿献血，派驻工作组到陕西省洛南县石坡镇香山村帮助灾民重建家园等，中华民族的传统美德在我院得以生动体现。深入细致的思想政治工作，有声有色的企业文化活动，使职工始终保持了朝气蓬勃、奋发向上的精神状态，为我院两个文明建设提供了重要的思想保证，注入了强大的精神动力。

此文发表于《建筑设计管理》2005年第6期

实施人才强院战略
推动经营持续发展

一、科学认知人力资源形势

“九五”初期，我们面临的市场经营形势对人力资源的需要是：第一，长期存在的市场“僧多粥少”的局面，客观上要求我们必须壮大院的人才优势和技术优势以提升核心竞争力；第二，从当时国家政策走向看，高校扩建和房地产业的发展将成为新的经济增长点，要求我们必须前瞻性地构筑人才高地，以期抢占市场发展的热点。第三，当时开发西部的舆论走向，为我们提升技术优势和扩大人才储备，提出了新的任务。

与此同时，我们面临的人力资源状况是：第一，人才结构不合理。一部分是20世纪60年代参加工作的老技术人员即将集中退休，70年代的大学生极少，还有一部分是80年代以后毕业的中青年技术人员。院的技术优势和人才优势面临传承和保持规模的严峻挑战。第二，开始出现的民营、外资设计企业，加剧了人才竞争，使我院面临着人力资源外流的潜在危机。第三，由于地处西北，我们在吸引人才方面存在“先天不足”的缺陷。

经营持续发展对扩大人力资源的要求，与人力资源相对短缺及人才外流潜在危机，形成了矛盾，成为制约我们发展的瓶颈因素。我们采取四个方面的措施，加强开发与管理，消除瓶颈，壮大优势。

二、发扬传统优势，着力自我培养，构筑经营发展需要的人才队伍

1．充分发挥技术老专家的作用，保持和传承院的传统优势

一是整合人力资源，为名人搭建优势技术平台。多年以来，以张锦秋院士为代表的传统风格设计技术优势是西北院传统优势之一。1993年，院里专门成立了华夏设计所，作为院士的工作班子，并在院整体办公环境较差的情况下，首先为张院士配设了较好的设计与科研办公条件。二是将一批老专家以“院顾问总工”的荣誉回聘到院，院回聘的顾问总工，集中代表了西北院的传统技术优势。另一方面，顾问总工按专业分别负责院管工程及所管重点工程的设计审核、审定、质量把关、业务培训讲座，牵头组织实施科研与业务建设等工作；另一方面通过他们的传、帮、带，促进了新一代技术人才的成长。这批老专家是西北院的宝贵财富，为西北院的发展壮大和培养年轻一代的成长，作出了巨大贡献。

2．改革创新人力资源管理机制，以自我培养中青年技术人才为主要形式，提升院技术、管理人才整体素质

我们从高端、骨干和基层三个层面，分层加大培养各类人才。一是着力培养新一代各专业技术带头人队伍。在1996年对全院中青年技术人才进行摸底考察基础上，于1997年起，选拔了18位三十多岁的优秀技术骨干担任各专业院副总，当时最年轻的仅33岁。那时，仍在岗的老技术人员对提拔青年人表示充分理解和支持。同时，选拔了一批懂业务、会经营的青年同志担任行政领导职务。2000年至今，我们共选拔聘任中层以上干部32人，所副总以上技术干部58人。现在，我们各所和各分院行政、技术领导都由中青年同志担任，他们已成为西北院生产

经营和管理的主力军。由此，我院的传统优势在高端人才层面得以传承和光大。

二是加大对骨干层技术人才培养力度。我们与西安建筑科技大学联合培养在职工程硕士，共选送了31人。在项目设计总负责人和工种负责人两级，根据工程规模和性质设立正、副两人，有意识多设置技术管理岗位，形成老中青传帮带的技术传承链条。我们先后组织所副总以上技术干部及中层以上管理干部75人分批到欧洲考察学习，87人随工程出国考察，这些同志回国后通过讲座、放幻灯片、在局域网上发布等形式将自己的考察体会与其他同志共享。日常工作中，则通过相互研讨技术方案、集约群体智慧，互相促进。由此，构建起中年技术骨干率领下的青年技术骨干人才方针，与中年技术带头人队伍形成两级梯次。

三是结合工作实践，加强对基层技术人员和管理人员的日常业务培养。①有计划地定期请院内外的院士、教授和知名专家举行学术讲座、新规范培训、新技术培训。2000年以来，举办培训、讲座共46场，2149人次参加。②通过年度评优，结合工程实例，对青年技术人员进行工程实例分析讲授，明晰技术创新着力点；通过投标中标项目实例，演示投标技巧，传播中标经验，提升经营成功率；对于因种种原因未能中标的项目，则着重分析原因，找出主攻方向。③精心组织注册建筑师、注册结构工程师等各类注册培训工作。我院每年参加注册考试的通过率均居陕西省榜首。④聘请教授对管理人员进行培训。⑤对新进院大学生，从院情院史、技术优势、技术规程、规章制度、企业文化等全方位地进行上岗前培训，传承西北院优良作风。二十多年的实践证明，“进门教育”对新员工的思想影响是长久的。

四是完善激励机制，规范人才培养。院先后制定了工程创优奖励办法、各级岗位质量管理办法、各级岗位上岗资格培训管理办法、科研业务建设管理办法、员工继续教育管理办法、各级技术岗位责任等一系列人力资源开发与管理规章制度，持续人才培养。

五是引入竞争机制，促进青年拔尖人才脱颖而出。凡是重要项目的投标，针对项目规模，组织全院性或所内方案竞赛，为青年技术人才施展技术才能，创造公平、公开的竞争机会，从而发现新秀，重点培养，同时强化青年整体的竞争意识，激发创造力。

3. 努力做好人才引进与招收工作，壮大人才队伍规模

严把进人关，努力保证进人质量。通过专业考试、考核等，2000年以来，择优引进本科以上毕业生、研究生173人。通过媒体进行招聘人才。近年来引进有实际工作经验的技术人员51名。目前，各所特别是各分院外聘人员已成为解决自有人力资源不足的重要补充。

4. 坚持党管干部党管人才原则，构建和谐向上的企业文化，提高人才队伍的思想政治素质，强化企业的人才聚合力

始终坚持发挥党组织的政治核心作用，始终将人才队伍建设置于院持续发展的战略高度，不断强化人才培养力度。严格年度考核工作，帮助促进各类人才不断完善自身素质。以持续建设一流强院的共同奋斗目标，聚合技术人才队伍的聪明才智和创造力。始终坚持两个文明一起抓，坚持干部“一岗两责”，干部、党员全方位做好思想政治工作，及时化解各种矛盾和困惑，消除消极因素。着力构建具有西北院特色的企业文化，树立“岗位建功立业”理念。通过开展“创优争先”活动与劳动竞赛活动，表彰先进党支部、先进集体、生产状元单

位、优秀党员、先进个人、青年生产状元，依靠典型引路，发挥党员先进性，发挥干部表率作用，以有声有色的创优争先活动、劳动竞赛活动、文体娱乐活动，弘扬“爱院、敬业、求实、创新、奉献”的西北院精神，着力营造和谐、向上的企业文化氛围。真情实意关心技术人才，通过举办春节团拜会、青年成才演讲、中秋单身员工聚会、青年集体婚礼等形式，以温馨的人文关怀，浸润技术人员的情怀。建构技术人才院内部流动机制，以降低外流风险；对想调出的技术骨干，逐级谈话，多方挽留。通过大量深入细致的思想工作和企业文化建设，营造西北院和谐向上、充满活力的文化氛围。

三、效果

“九五”以来，我们全院各级干部同心同德，全院员工齐心协力，以充满活力和创新力的人才队伍，有力支撑了我院经营工作的快速、持续、稳健发展。院继2000年首次突破亿元大关之后，于2003年合同额和营业额又均突破两亿元大关，设计主业实收达到1.87亿元，创造了“九五”年均递增18.6%、“十五”以来三年间翻一番的经营业绩。今年前9个月，新签合同额同比增长43%，在手合同已达3亿。

以发展为第一要务，选贤任能，使西北院干部与人才队伍充满活力。常常是晚上有许多人自觉加班加点。蓬勃的发展状态，使大家干有方向。有效的激励机制，使大家干有实惠。

共同奋斗目标和体现人文关怀的企业文化的有机结合，增强了员工的归属感和成就感。广大技术人员从心里感到院的发展壮大就是实现自己人生价值的机遇。面对外单位的高薪招揽，许多技术人员不为所动。他们说，在西北院工作，成长快，机会多，氛围好。20世纪90年代初，曾经外流的青年技术人才于“九五”期间，又有一部分回到了院里。他们说，离开西北院在外面干，好像离群的孤雁一样，回到院里才重新体验到家的温暖，还是在西北院更有成就感！这些同志中，有的现已是所长或分院院长。我们靠管理、靠机制、靠人文关怀，搭建起院与员工共荣共赢、共同奋斗的事业平台。

此文发表于《建筑设计管理》2005年第3期

后记

读者宾客，请听振海弱弱地说声：兹将心路历程、思路历程，托运中建西北院和合号专列，伴您同行。

一

中国自1978年年底党的十一届三中全会为肇始的改革开放基本国策，到现在还在深入推进中。这场史无前例的巨变，引导中国从当年占世界经济的1.8%，到今天成为世界第二大经济体，占世界经济的14.4%（2015年数据）。这场巨变的指引力与牵引力，就是邓小平理论。国家经济形态经历了从计划经济体制到社会主义商品经济再到社会主义市场经济的递进。目前指向全面建成小康社会和实现两个一百年的中华民族伟大复兴目标。

三十多年改革开放，从个体层面说，经历了从凭票购买到自由购买、从想买买不到到想买啥随时都有机会的巨大变革。自由生活，从梦想变成现实。国家强盛、民族振兴、信心回归，庶几成为现实。从民生角度看，是从生活短缺到生活富裕的实现。从国家城市政策上看，经历了城市化、城镇化、新型城镇化的不断更新。从经济主体角度看，国有企业在内的所有性质的企业，都在不断地开拓未知领域过程中不断探寻适宜的存在方式。从行业角度看，建筑业因此获得抢抓了跨越式发展壮大的战略发展机遇期。虽说是古今中外所有国家形态的兴盛都留下了城市繁荣这一共性坐标，但是人类在占全球人口四分之一的中国大地上进行的这次全国性的新型城镇化进程，真正是“千年等一回”。

从单位体制改革层面说，国家事业单位企业化管理改革，历时19年时间完成。我在国家事业单位亲身参与（实施或分管）了企业化管理改革16年。

1980年的国家建设部直属之“西北建筑设计院”，作为全国36家事业单位企业化管理试点单位之一开始运行，经费上由上级拨款改为拨改贷。1982年院由直属建设部调整为直属中国建筑工程总公司，院名改为中国建筑西北设计院（1992年加入“研究”两字成为现名）。1985年起，我院开始完全的企业化管理，实行自主经营、自负盈亏、自我管理、自我发展。1999年，单位性质变为完全的企业性质。与此同时，思想意识领域逐渐经历了“树立商品意识”“主动承揽设计任务”“转换经营机制”“一业为主多元发展”“立足当地辐射全国”“树立市场竞争观念”“主业辅业分离改制”“后勤社会化”等改革创新。真真是“日日新又日新”。

改革开放以来的勘察设计改革，成为全国各行各业改革开放的先驱。当时最流行的思维方式是“与国际接轨”，外国的月亮比中国的圆。1991年12月26日，曾经十分强大的苏联突然解体，接着是“东欧剧变”。国际风云际会，邓小平南巡讲话发表，引发中国新一轮改革开放。期间的勘察设计行业，与国际接轨思潮中产生了一种判断：国有大中型勘察设计研究院必然分解为国际通行的小型的专业化的设计事务所。行政领导机关据此制定了到2000年完成这一方向下的设计院改制政策，并要求设计大师们带头成立个人的设计事务所。我称之为“大院解体论”。1995年5月，我院由戚嘉鹤书记、周耀南副书记、我、王婉学、乔文博、翁全武组成学习调研组，到中国建筑东北设计研究院进行了一周的学习调研。中建东北院主业系统实行院所（分院）两级法人经营；经营结构转换为一业为主多

元经营的产业结构，成立了5家房地产公司，创立了外资设计公司；有院借款给职能部门人员成立了私营公司36家；全院新成立各种公有、合资、私有、外资四类公司共计54家，目标是在2000年国有大院解体前占得先机。而当时更先进的经验是，广东顺德设计院由国有改制为民营。同时，民营的设计事务所“如雨后春笋”一般出现。“蜕变”、“重构”、“凤凰涅槃”，这就是当年的描述用语。这场大变革，对心灵的震动之强，怎么形容都不过分，因为这关乎国有建筑设计大院的生死存亡与前途命运。我不得不静下心来沉思国有大型建筑设计大院究竟应该向何处去。

直面这个赖以生存的设计院命运前途的重大问题，是痛苦的，但是必须在郁闷之中保持豁达，在渺茫之中打开导航，在迷雾之中保持除雾灯不灭。道理浅显明了，而感受刻骨铭心。在此后长达半年的比较思考中，我求证反证，逐渐得出了一个明晰结论：只要中国共产党在中国施行共同富裕与推进城市化进程（这是四个“现代化”的目标与支撑）不变不断不减，国内的国有设计大院就不会解体，并且会发展壮大，除非国有大院自己搞不好。而经过十年“文革”与苏联巨变鉴照的中国共产党，基本路线一定是不变不断不减的，没有相反。出现相反情况，必然自取灭亡。与少数的国家级大院继续壮大发展的同时，民营私营设计公司会有很乐观的发展机遇，与国有大院竞秀争辉。这种情况会持续大约三十年左右。再往后，少数国有大院仍将稳健发展壮大。得出这一结论的时间是1995年年底。

通过严肃认真的比较思考并参考名家研究成果而得出的上述结论，结束了迷茫与痛苦，恢复了自信与激情。从此，在国家建设部召开的大院改革研讨会、座谈会、征求意见会等场合

上，我以“大院发展论”同台应对“大院解体论”。2016年春，国家住房和城乡建设部副部长来院看望工程院院士、院总建筑师张锦秋先生，我作陪，还说到这段。这里要说明的是，揭示这个思考与结论，实乃还原历史，绝非事后诸葛。而这正是我谢词几次调到上级或政府部门工作机会的信念所在，当然还有自知之明和兴趣所归。

正是这样的时代变革场景，磨砺着淘漉着涤荡着自我。到现在而今眼目下，从事企业管理工作凡33年，历经七个不同岗位锻炼，每于岗位尽心履职躬行之余，尽量以接触到的古今中外经验与当世贤达楷模作参照，思考管理面临问题的个性与共性解决之道，或者汲取、总结、提炼优秀管理的经验，渐次探寻出管理哲学这一学术建构新途径，以此为乐不辍。

在四川大学哲学系哲学专业的四年学习，训练了尽可能从世间万物之普遍联系与永恒发展的角度，看待、感知、认识、判断现实自然、世间万象与人际百态，训练了从实际出发具体问题具体分析的普世方法，从最坏处着想向最好处努力的普世着眼点。对中国近代科学技术落后于欧洲的原因之寻幽探微的检讨中，让人认识了比较思维的独特认知价值。对中国五千年文明史主流价值与传统优秀文化的喜爱，让人思考过去、现在与未来的历史走向的逻辑必然与时事或然。对物竞天择、适者生存的自然进化规律性的认识，让人珍惜人类生存的庆幸与个体生命的珍贵。而儒家道家法家墨家兵家释家诸多思想精华，让人归仁于大中华民族的精神滋养。

知行合一、哲学思维与企业管理的融化，促使我从宏观理论到微观实践的日益结合，进而促使我选择从管理哲学层面与角度思考如下课题：市场需要的、社会公认的、可持续性的，同时是适合中建西北院发展需要的战略思维、发展战

略、策略路径、实施措施，和社会公共需求基础上的所有企业固有之精神动力、文化艺术、伦理规范、气质品格、品牌影响。

自幼家教浸润的对圣贤哲理与古典诗文的喜好，使得我在追求严密的理性思维的同时，得以行吟于大好河山，放思于斗室尺屏。

二

我从参加工作到现在，一直在中国建筑西北设计研究院工作，大致分为几个时期：

（一）青年工作时期（1983年7月～1991年10月中旬）

我于1983年7月毕业于四川大学，7月19日来到院报到，7月21日正式上班。先担任院党委宣传部干事，三个月后，我被院党委正式确定为院团委负责人，1984年3月3日团委改选担任院团委书记一直到1991年10月中旬卸任团委书记。这期间我负责全院团员青年工作。与工作实践平行推进的是理论创作与文艺创作。主要有：一是以辩证唯物主义与历史唯物主义的方法，以社会文化与社会心理的视角，对社会思潮背后的心理认知进行分析，从认识论层面试图探索“和而不同，和而求同”的求解之道。我写的第一篇论文是《试论比较》，用时四个月，先后七易其稿，篇幅最多时达到七千字，最后成稿是3700字，一投而中，正式刊登了3500多字发表在中国社会科学院哲学研究所主办的《哲学研究》1985年第4期上。这是我写论文写得最苦的一篇，也是我来院后的开山之作。二是以“青年如何成长成才成功”为课题，结合青年工作实际进行理论研究。写得最快的一篇论文是《智能发展中的非智能阻力——论人才成长中的隐秘障碍》，三千多字，仅用了三天，两易其稿

后一投即中，发表于中央组织部主办的《人才研究》1986年6期（后更名为《中国人才》）。而三天成稿的背后是我对这些问题的八年苦苦思考探求。刊发了这篇论文之后，该刊的一位编辑两次来信“希望有这类内容的连续文章”。三是思想政治工作研究。1986年在院党委办公室主任李慧敏、时任宣传部部长戚嘉鹤的鼓励下，我写了第一篇思想政治工作论文《典型理论初探》（请戚部长帮忙修改），并首获中国勘察设计协会思想政治工作研究会优秀论文奖，李主任从新疆会场给我带回来的奖品，是一套黑色带金色兰草的茶具。第一次写思想政治工作方面的论文，就获得优秀论文奖，这让我初识了自己的潜力，从此激情大涨，曾列有“关于创设我国思想政治学的初步提纲”，并与分到中建西南院的同班同学宁望楚兄探讨过创立“思想政治学”的宏大学术理想。此后思想政治工作理论研究文章多次获奖。四是青春放歌，主要是诗歌、散文、人生随笔等。在汪雄飞鼓励下，我写的第一篇散文是写于1983年秋天的《马台春秋》，发表在1984年建设部办《建设报》上。五是主编（与张书社共同主编）了《马克思主义哲学立场观点方法》一书（陕西省建设系统内部出版发行一万册），编写了《中建之路》一书之“科技篇”计6万字。

作为这些理论与文学创作活动的基础之一是：创建了业余团校，创办了院文化艺术节，参与创办了院电声小乐队（队长王树茂）与周末舞会，创办青年专刊《绿》（孟毅锋任美编并创作连环钢笔画），组建篮球队、排球队、乒乓球队、围棋队、桥牌队，启动院“十佳”青年评比表彰等。其中文体类工作都是与院工会密切合作开展，符联民主席给我以全力支持和鼓励。这段时间是我来中建西北院工作成长过程中的关键时期。这一时期的高步文书记、贾耀启书记、李慧敏主任、戚嘉

鹤部长、胡耀星副部长、周雪梅部长，付联民主席、田俊德副主席、马光华副主席，徐永基院长、徐乾易院长、花恒久副院长（后任院长）、周耀南副院长（后任院副书记工会主席），人事室李智主任、张秀梅副主任（后任院书记）、孙巽老师，设计室主任张志乾、何文俊、孙一民、崔丁武等，计划统计室张小禾主任、技术情报室张儒义主任等诸位领导，都从不同侧面不同方面给予了我很多工作上的指导关心与生活上的排忧解难。许多领导和同事都有工作、学习、生活上的细致入微的帮助，还有承载着西北院几十年奋进、团结、温馨文化基因的许许多多的趣闻。给予我教诲最多的是院党委书记贾公耀启先生，贾书记儒帅风范人格魅力对我影响很深。团委委员李安、卢银蓉、曲宏光、吴世颖、汪雄飞、牛海峰、陈亚民、王俊耀、王建安、曹新月、田园，工作上密切配合，合心合力合志，青年干部部门领导薛黎明等，支部委员魏安运、刘战峰等、全院青年工作工会工作骨干与积极分子，给予了我很多的支持关心和理解鼓励。

记得我任院长办公室副主任（主持工作）开始不久的1992年秋季，时任院总建筑师张锦秋主动鼓励我从事建筑美学与建筑评论研究，并热心推荐建筑美学教材与导师。记得发表第一篇论文后，周六晚上我与二室青年给排水助理工程师熊中元（现任院长）在北大街上散步，与他分享发表在国家级刊物上的第一篇学术论文的快乐，听他讲技术发现新想法、相互欣赏并相互鼓励理论研究与申报发明专利。感恩之心，成长之苦，同行之乐，仁义之道，使人获取不竭的志力、动力、精力。

（二）综合管理时期

时间是1991年10月借调院长办公室，1991年12月2日调任院办副主任，1992年8月中旬任院办副主任主持工作，1996年3

月任办公室主任至1999年3月。

这时期，由思想意识形态工作转到了行政工作，工作量大大增加。记得第一次写行政工作报告时，就没有通过。当时对我的自信是个很大的打击。好在有"日日反思"的习惯，有三镜之鉴的幼训，之后的公文写作逐渐进步。与此同时，理论创作从理论探讨转向了中建西北院企业实践经验的总结提炼升华。随着出差机会增多引发的眼界拓展，随着对中国传统优秀文化的潜心研读，诗歌创作方面也由新诗而转为古体诗，以至于经常有梦中作诗的情形。古体诗词创作，大都是在出差途中完成，属于亦行亦吟。古体诗的创作，让人体会与感悟着古代诗人们的机敏、激情、智慧、体认，我以为，旧体诗的生命力，绝不会因为新诗的出现而消亡，内涵广远与音律和谐，方便快捷与睿智新奇，变化无穷与平仄韵味，这些都是古诗得以贴近群众、贴近时代之所在，是历史自信与文化自信的重要源泉。

（三）党务政务辅佐时期

这时期，大体与第二时期情况相当，主要区别在于：理论创作方面向广度、深度、高度的持续拓展，文艺创作方面向心理哲理事理的延伸。这时期的管理实践主要是创新工会与团委等群众工作内容与形式。同时，分管院的新区建设全面工作，包括从与经发地产合作协议的重新谈判到策划、方案竞赛、开展设计、以五个流程管理为抓手实施建造过程管理、景观与管网、合约管理、成本控制、变更控制、工期控制、搬入等以设计为龙头的工程总承包建设全过程全流程系统管理。

孙文杰总经理2001年主政中建总公司时在总部干部大会上的讲话，提出总公司发展管理"三化"方针，强调规模、品牌、效益、选贤任能考核、裁短管理链条、取消行政级别、明确总部服务职能等，比我看过的所有管理学与管理哲学，都印象深刻。

一直没有忘记的是，2005年10月我在中建总公司首届企业文化高峰论坛上演讲整理成文字在《中国建筑》杂志发表后的年底，我到成都参加总公司会议，时任中建西南院院长官庆先生（现任中建总公司党组书记、董事长）对我说："振海，你那篇演讲《关于企业文化及其建设的两点思考》，我看了两遍，真的非常好！"这个鼓励增强了我的演讲自信，成为我之后在院内外作"和合文化"二十多次演讲、和不计其数的较小范围演讲的初始动力。这个心理小秘密今天公开。那段时间，对和合企业文化的总结、提炼、升华等，如痴如醉。只是当时浑然不知此状也。

这时期我在分管工作方面，得到院办主任司引瑞，财务处长李安，人事处长王婉学与刘战峰，工会副主席冯仕宏，宣传部长高治国，经营处长赵政，纪委常务副书记宋庭训，审计处长怀小鲁，常务副处长肖兴会，经济所长轩煦，房地产公司经理赵俭，监理公司姜维、黄春金，二所副所长安军，四所所长郑振洪，五所所长田虎刚，七所所长嵇珂，华夏所所长王军、华夏所总党春宏、工作室屈培青主任，物业公司经理张建国等部门和有关设计人员、监理人员、建造单位的过程支持。

（四）主持党委全面工作时期

上任伊始，总公司党组书记郭涛给了我四句教诲。我以此为镜，不时反思修正。期间，与院长和合共进，院党委一班人团结一致开展了以下几方面工作：努力做好企业党建工作，坚持德才兼备以德为先选贤任能，推行"团结好、业绩好、作风好、公认好，充满激情、充满活力、心系群众、志存高远"的干部队伍建设方针；实施干部MBA主课三年培训；开辟院所

两级领导干部到陕西省委党校、西安市委党校学习两条选送路径；实施“西北院设计”金品牌与“西北院和合文化”新品牌两大品牌协同推进策略；荣获省级文明标兵单位、开启争创全国五一奖状和争创全国文明单位两大实践创新工程；开启张锦秋建筑理论系统研究与院和合管理理论体系研究两大理论创新工程；启动深入开展向张锦秋学习与组织推荐新设计大师赵元超两大组织活动等。并持续拓展对接政府、市场与业界。

同时持续进行文化创新工程。对于中建西北院的企业文化作了全面系统的总结、提炼、升华、创新。从企业的基本问题入手，探讨建筑设计工作的基本问题；从企业、员工、社会、家庭四维链接网络中，从起于企业、归于社会的逻辑发展中，从时代精神、优秀古典、职业道德、家国关联的结合点上，深入研究西北院自成立以来的发展历程及其作品荟萃、经验积累、精神积聚、文化积淀，总结、提炼、升华中建西北院企业文化，与班子成员不断切磋琢磨与补充修改，院长熊中元与我多次探讨、推敲具体提法，“新三纲五常”的称谓及部分表述即源于院纪委书记赵政同志的想法；王军副院长对和合管理模型几次提出建议与思考。曲宏光副院长提出过好观点，随时与院内外各界人士广泛交流，征求意见，于“十一五”时期，基本成型了“中建西北院和合文化”的内涵与外延，并明确列入院“十二五”发展规划。通过院内外的二十多次的演讲宣贯，逐渐获得了干部员工与社会各界的日见增多的认同。

策划推动了“青年建筑师方案推介演习”（团委青联人事处科技处联办了八届）、“我爱我家·摄影展评”、“我爱我家·青年论坛”系列活动（院团委院青联合办分别举办了两届四届）等和合文化青年实践系列活动。

策划并开启总编了和合文化载体书系院内部永续性系

列图书“和合文化系列丛书”:《和合映事》(已出三卷)、《和合仁事》(已出四卷)、《和合往事》(已出两卷)、《和合影事》(已出两卷)、《和合匠是》(已出一卷)、《和合文是·诗与建筑》、《和合文是·散文与建筑》、《和合文是·词与建筑》(文是口袋书系列即出)。策划实施中建西北院和合文化与两全一站式EPC两项由省工商局向国家工商总局商标注册工作。担任国务院国资委“国有企业企业文化管理标准编制”副主任委员，参加该项国家标准的编写工作。时任陕西省省长的赵正永，在建院六十周年纪念日前一周时间，于2012年5月23日莅临我院视察指导，代表陕西省委、省政府对中建西北院和合文化给予了高度肯定与殷切期望，他指出:“西北院‘和合’文化，振海书记真的是非常善于思考，非常善于提炼，非常善于创新，这个内容我非常赞同。‘和合’文化中的‘新三纲五常’把传统文化、时代精神、现代要求和职业道德建设紧密结合在一起，我觉得这个真的很有创意，要进一步发扬光大！李瑞环主席对‘和合’文化有深入研究，你要找机会向李主席汇报汇报，他一定会很感兴趣!”“弘扬好你们的‘和合’文化与‘新三纲五常’，希望中建西北院今后发展得更快更好!”

2016年3月，陕西省委统战部副部长白慧芳来院调研，推荐中建西北院以和合文化做好统战工作为题，在中央统战部官网首页刊登。5月11日，中央统战部门户网站以《幸福空间和合实践——中国建筑西北设计研究院企业文化建设工作纪实》为题，分“和合”企业文化的来源、“和合”企业文化的思想内涵与努力践行“和合”企业文化三个部分，介绍我院以“和合文化”做好统战工作的经验。

2016年6月，中建西北院以《基于绿色与和合文化的中华建筑文化创新发展管理模式》，申报陕西省质量奖，荣获陕西

省质量奖第一名，给予的颁奖辞云：

1. 公司始终坚持绿色建筑设计理念，将绿色技术与设计创意高度融合，开展绿色建材甄选、运用绿色建筑模拟技术(室内外通风模拟、室内采光模拟、室外夜景照明模拟、建筑能耗模拟、建筑幕墙光污染模拟等)，立足绿色建筑技术专项研究与应用、绿色建筑星级标识评价、绿色建筑标准编制，整合资源、引领绿色设计产业，成为行业标杆。

2. 公司形成了以“和谐传承共生，合作创新共赢”为内核的“和合”企业文化体系，凝聚人心，激发创新潜能，践行天人合一、古今和融、中外和协为灵魂的和谐建筑理念，拓展幸福空间，极大提升了企业软实力，成为文化引领创新发展的楷模。

3. 公司首创了具有中建西北院特色的EPC模式（即以设计为龙头，基于BIM和P6基础上绿色化、精益化管理的“双全一站式”工程总承包模式），聚集、整合、管理建筑全产业链的资源，关注建筑全生命周期，从根本上避免了窝工、返工，缩短了工期、降低了成本、确保了质量，极大地节约了社会资源，树立了行业供给侧改革创新发展模式的典范。

2016年9月28日，院获“中国企业文化竞争力十强”，我同时荣获践行五大理念2015年度企业文化创新人物。

正是在这一阶段，不断有朋友同事索要“诗集”。于是，一咬牙一跺脚开始请同事们帮忙，凡三载，收集打印、整理、编辑了这部《兰溪集》。

为什么名之曰《兰溪集》？盖因中国建筑西北设计研究院于公元2011年2月22日搬入的商域新都，正是经开区白桦林居之兰溪区。兰溪，中国建筑西北设计研究院人之新的共有家园，君请看诗文卷《新区行吟致樊院长张书记》一诗。

三

《兰溪集》共计30余万字，分四卷，即《论文卷》《和合卷》《诗词卷》《散文卷》。《论文卷》与《和合卷》共收录论文40篇，绝大部分论文已经公开发表。《诗文卷》共收录诗词300余首，分江山行吟、商域行吟、伦常行吟、赋四个子项，涉及江山吟诵、经营赞颂、家庭亲情等，大部分诗词发表于《人民日报》《陕西日报》《西安晚报》等刊物上。《散文卷》共收录散文42篇，包括哲理散文、游记散文、乡村散文、生活散文等。《兰溪集》时间跨度大致从20世纪80年代到今天。

愿《兰溪集》带给读者们思考与乐趣，哪怕会心一笑足矣！

四

本书即将付梓之际，历经三四年查找、整理文稿过程终于画上圆满句号。点点滴滴顿时涌入心头，喜悦和感动交织，喜悦的是众多好友、同事催促的任务终于“交差”了，感动的是众多朋友、同事为此书付出了辛劳与汗水。

首先感谢改革开放总设计师邓小平，没有改革开放，我可能没有考上大学的机会。去年看电视连续剧《历史转折中的邓小平》时，我常常热泪流淌。

感谢生我养我的故乡——河南安阳安丰乡前净渠村故乡的父老乡亲。感谢小学、初中、高中时期的各位老师和同学们。故乡常入梦，相见两唏嘘。

感谢我的第二故乡成都与母校四川大学及哲学系的各位老师与同学们。母校赠予我的远不止是知识、容量、胸怀、眼界、思维利器。

感谢陕西省委省政府的正确领导，三秦大地的天时地利人和，有力有情引领与滋养了中建西北院65年来的发展。

感谢中国建筑工程总公司原董事长孙文杰先生、中国建筑工程总公司原党组书记郭涛先生为文集题词。感谢所有关心支持、帮助提携的历届中建总公司领导。经常关心与鼓励我的诗词写作的还有：中国建筑工程总公司原董事长党组书记易军先生（现任住房与城乡建设部副部长），党组书记董事长官庆先生，总经理王祥明先生，党组副书记刘锦章先生，副总经理曾肇河先生、李百安先生，邵继江先生总工程师、设计集团总经理毛志兵先生、副总周文连先生等诸位领导。

感谢中国建筑工程总公司原纪检组长刘杰先生为《兰溪集》之“诗词卷”作序。刘杰先生是第一位鼓励我出版诗集的人，是经常给我布置作业鼓励我写诗的人，也曾帮我多次修改诗文。

感谢中国工程院首批院士张锦秋先生在百忙中于八十高龄为本书作序，手写三满页，字字感人心。

感谢中国建筑西北设计研究院和历届院领导，历届各部门领导，感谢所有的同事。没有中建西北院，就没有我三十多年的成长与工作学习生活。特别要强调：正是樊宏康院长、张秀梅书记和合共进创造的跨越式发展绩效与团结宽松氛围与重视培养年轻干部，才有了西北院和合文化的生长与新区的开辟。

感谢本文集编辑过程中给予的帮助：党委工作部姬淑云部长、高治国部长、院团委李杰书记、院青联刘怡主席、党部欧阳东秘书，院办主任郭毅、人事处长李勇、科技处长孙金宝、院青年管理与文化研究会秘书长李元昭、院青联副主席鲁孟瑶、纪委专干王虎刚、人事处干事周乐、图文公司经理宋庭

训与编辑智力，为本书提供的长期帮助与支持。其中：论文卷、和合卷由李杰、李元昭收集、编辑，周乐参加校对。诗文卷先期收集由姬淑云、刘怡，中期收集由贺西琴、鲁孟瑶，后期系统收集由李杰、欧阳东、王虎刚完成，后期整理编辑由欧阳东完成。散文卷由李杰、刘怡、欧阳东收集，欧阳东打印编辑成卷。各卷编辑统筹大量工作与联系事宜由欧阳东、孙金宝完成。图文公司智力负责成稿的排版、装帧、美编设计等工作。感谢各位同志们的辛苦帮助！

感谢杜耀峰、党朝晖、张立、魏焱、贾妍等编辑记者。贺平安先生为本书倾力策划、编辑，感谢中国建筑工业出版社的费海玲编审和张幼平编辑，幼平编辑用心之细让人感动。

最后，要感谢我的曾祖父、曾祖母、祖父、祖母、父亲、母亲对我的养育、教育、培育之恩，姐姐、弟弟、妹妹对我的手足之情。感谢妻子、女儿对我的理解支持，以及对我不时陷入沉思与突发灵感深更半夜起来写作的包容，妻子常常是我的第一位读者，也常常把我当作她的学生来鼓励、鞭策与引导。

谨以此书献给中国建筑西北设计研究院，献给所有同事、同志、同行、同道。

特别要献给坐化天国的母亲。母亲从河南安阳来陕西西安跟随我生活十八年，原期待母亲能亲眼看见儿的文集出版，奈何天不假年……长恨孝亲无补处，空将心痛对遗物！

这里特别说明的是：我需要衷心感谢的人，不止于以上提到的人……我在默想中使劲还原历史，由于时间与记忆，暂时没有说出名字的帮助者还有很多，且夫说到名字而表谢不足不准者也多。我知道这是十分遗憾，现在又十分无奈的事。谨此

祝愿所有恭宽善良仁达义勇的人们快乐健康幸福!

书香撩思绪，岁月幻风景。中建西北院和合号专列行进中。各位宾客，请填写“心灵交流服务意见卡”并赐宝贵意见……

时在2016.11.19

兰溪集

和合卷

王振海 著

中国建筑工业出版社

读王振海同志《兰溪集》有感

上善若水

有容乃大

孫文傑

2016年11月22日

知行一体
稳健致远

为王振海同志兰溪集题

郭涛
二〇一六年十一月

序

《兰溪集》是王振海同志自1983年参加工作以来三十年创作的集锦，共三卷四册，有论文、散文，还有诗歌，洋洋洒洒，精采纷呈。振海同志是从川大哲学系本科毕业，分配到中建西北院工作，从团委书记干到院党委书记。八十年代末的这批大学生是在特殊年代造就的特殊群体。他们小小年纪就下过乡、进过厂、吃过大苦、耐过大劳，千辛万苦考上大学，苦读四年之后有了一份工作。他们百倍珍惜这个工作岗位和劳动成果。他们突出的特点是有艰忍不拔的毅力和临危不惧的精神。另一个特点或称为特色也罢，就是大都有一些业余爱好，不论文武，写作、歌舞，并不亚于专业人士。振海同志是此中之佼佼者。

我比振海同志早来西北院20年，算是老一代的人了，但居然有两点极为相似：一是从学校到西北院，一直干到退休；一是在这个大家庭的关怀和培养下都得到了长足的进步。也许正是由于这个原因，阅读《兰溪集》的文章就多了一份亲切感。像论文《合力打造西北院和合文化》、《关于院青年建筑师方案推荐演习活动》，像散文《七路情思》、《袁家村游记》都是发生在我身旁的事情和人物。收录的论文没有高谈阔论之篇，都是从现实出发，针对问题、解决问题之作。文笔潇洒，生动活泼，十分耐看；描写的西北院诸多人物也都亲切感人，不落俗套。振海长于写诗，以古体为多，颇具唐风。不但诗品、诗格，而且赠诗的方式也很有文人的雅量。他的同事遇到工作上的问题，或受到生活的挫折时，往往会收到振海劝慰或励志的诗词。在西北院的朋友圈把这些诗称之谓"书记的人文关怀"。

《兰溪集》的样书是在2016年秋季最后一天放在了我的案头。这天，蓝天白云，窗外银杏叶灿烂金黄。按古老的中国传统，这一天该是冬季之始。我一边拜读文章诗词，一边想，这本《兰溪集》是三十年的涓涓细流汇成的美丽湖泊，集腋成裘，来之不易。但是从长远看，这也许是振海同志阶段性成果。他曾经对一些朋友说过，等放下工作担子，等时间充裕些，打算就陕西的城镇建设、建筑设计为题写一些有规模、有层次的东西。当今正是陕西城镇化快速发展时期，盼望振海同志再续新篇，高歌猛进！是为序。

张锦秋

2016.11.14.

聚英集美归兰溪

与振海相识于1983年7月，他分配来中建西北院的当年，这是20世纪80年代的事情了。我比振海早来西北院一年半，77届。振海先当老师后考上四川大学，是79届。青涩而朝气蓬勃，友善而认真严谨，成为我们交往的起点。转眼间，三十多年过去了，我与振海在新班子直接共事也有八年了。工作、学习、生活上，在相互欣赏、相互鼓励、相互促进中，我们传承着不忘当初的友谊，至今走过了三十三个春秋。

记忆中大概是2012年年底，中建总公司纪检组长刘杰领导来西北院视察工作时曾经说过："振海什么时候出诗集呀？到时候我来给你写序"。我在旁边鼓动振海说："你赶紧出诗集吧，我也给你写序。"而这次要出版的竟是三卷四册40多万字一套的《兰溪集》。中国建筑西北设计研究院新区，位于陕西省西安市文景路凤城九路白桦林居兰溪苑，振海兄把自己的集子命名为《兰溪集》，颇有深意。

仔细品读这套包括论文卷、和合卷、散文卷、诗词卷的合集，内心确实被字里行间洋溢的哲学睿思和潇洒情怀所感染，为他在企业管理哲学这一学术领域所取得的成就而高兴。（注）

人一生中有很多记忆被定格，或欢乐或悲伤，或理智或随感，难能可贵的是记录存储。振海把对工作、学习、生活的认识灌注在笔尖屏端，历久弥坚地亦行亦知亦思。诗文卷与散文

注：此集原拟为论文卷（上）、论文卷（下），正式出版时改为论文卷、和合卷。由此，原拟由三卷组成，现更为四卷体。

卷里，那些与心灵的对话，不仅有对人生道路的回顾，也有对社会万象的感怀。快乐、宁静、简单、挫折、激情、主见、不悔……彰显的是对人伦道行及社会百态的沉思，从满怀理想到得试抱负，从青春少年到纹布额头，过往留痕，依稀可触。

行万里路，格万千物。将世事人情镶嵌于岁月的年轮，人事也便借由文字而成为历史，又从历史走向未来。于是，蓦然发现，曾经淡然一笑的记忆也变得很绚烂和有意义起来，曾经深幽的苦闷也轻快起来，曾经遭遇的刺痛也变得需要感谢……《兰溪集》沉淀了他的心路历程与思路历程，过滤了过往的辛酸苦涩，而一以贯之的是对不曾抛弃的梦想和期盼的秉持。

振海于1983年7月，由国家统一分配来中建西北院工作，同年10月被院党委任命为院团委负责人主持团委改选工作，1984年3月任院团委书记。工作之余，开始了研究社会与青年成长的理论历程。1991年12月调任院办公室副主任，1992年8月主持院办工作（1996年3月任院办主任），1999年3月任院党委副书记（兼任院办公室主任至2005年）。他的思考也转入管理哲学领域，开始企业管理实战研究。2007年5月担任院党委书记以来，他结合中建西北院实际，一方面加强国企党的建设，以面向未来视野，深化干部制度改革、推行领导干部年轻化、拓宽干部成长途径，实行“校园多元化生源多元化”吸引优秀毕业生进院、增强创新基因活力。

一方面，在对西北院几十年企业管理实践进行总结提炼创新基础上，与班子与干部群众切磋琢磨，逐步创立了中建西北院和合文化知行体系；于2009年开始，启动中建西北院和合管理理论研究、与张锦秋建筑理论系统研究这两大理论创新工程；2012年启动实施中建西北院“创建全国五一劳动奖状单

位”与“创建全国文明单位”这两大实践创新工程；启动向张锦秋学习与宣传推荐新大师这两大组织创新活动。同时，振海勤于读书，敏于思考，孜孜不倦地钻研古今中外文治经典，在日积月累的工作实践与学习借鉴中，形成了自己的管理哲学研究系统，他的理论研究成果也日益受到各界的关注。

振海以哲学学者特有的大局观、长远观、系统观与辩证思维，从履行央企的经济、政治、社会、文明四大责任的层面，给中建西北院提出了许多很高的要求。在我看来，振海是个学者型领导，兼具哲学、教授、文艺修养。中建西北院不仅仅是一家建筑设计单位，更是人类城市建设发展演进的创造者、承载者、见证者。建筑需要灵魂内涵，管理需要哲学思辨，振海正是自觉担当了这样一种历史与时代使命，构筑起“和谐传承共生，合作创新共赢”的中建西北院“和合文化”理论与实践体系。而其中的核心内容是“新三纲五常”，即“善为德纲、用为才纲、义为志纲”的“新三纲”，与“常怀感恩之心，常念牵手之缘，常思成长之苦，常想同行之乐，常行仁义之道”的“新五常”。由此，把传统尚品、时代精神、职业道德、家国情怀化为一体，将企业、员工、社会、家庭四元需求融会贯通，让员工在工作中感受快乐，在进步中体味幸福。近几年来，院内外的同志们更加感受了西北院的温馨氛围，也更加感受到了全院干部群众的向上向善向前的阳光激情。西北院和合文化于2012年获得陕西省委省政府主要领导的高度肯定。2013年，西北院首次荣获五一劳动奖状；2016年年初，中共中央统战部官网刊登了中建西北院和合文化专题。2016年8月以“基于绿色与和合文化的中华建筑创新发展管理模式”荣获陕西省质量奖第一名；2016年9月，荣获“中国企业文化竞争力十强”……这都是对中建西北院院党委院班子以

先进企业文化——和合文化引领国企持续发展实践的肯定，而振海本人也因此被评为“以五大理念引领发展2015年度企业文化创新人物”。

“士不可以不弘毅，任重而道远”。如今，历经三十余载，振海以其坚韧不拔的毅力，沿着“知行合一，思行合一”的耕耘轨迹，集结了这套独具意义的文集，令人感动，引人思考。我凭近水楼台，先睹为快，与君分享。

振海同志现任中国建筑西北设计研究院党委书记、副院长，陕西省十二届党代表，陕西省十一届政协委员，陕西科技大学教授，陕西建筑科技大学教授，英国皇家特许建造师。受聘甘肃航空公路旅游集团公司任首席高级顾问。

回顾振海取得的成绩和走过的道路，我愈加相信：欲成大事者必待繁复的熔铸，锁定目标，抱持信念，勤奋进取，师长补短，必将在日有所得、胜过昨天的过程中，再创佳绩、复惠社会。

2016.11.16

目　录

兰溪集

关于企业文化及其建设的两点思考

——在中建总公司企业文化建设十周年峰会上的演讲

没有稿子演讲，可能会讲不好，还请各位领导与同仁谅解。我讲两点思考。

第一点思考：形而上的思考

当我面对“企业文化建设”这个企业的时代课题时，首先想到的是对六个关键的概念必须有所界定：企业、文化、企业文化、国有企业、国有企业文化、国有企业文化建设。

从实践层面讲，企业是个经济组织；文化是人类思维与实践的积淀；企业文化应是企业成长中有益经验及成功实践的积淀。国有企业是个经济组织，同时又有其政治属性和社会属性，而国有企业文化则是国有企业成功实践、有益经验的积淀。显然，这些都是历史形态的。

而国有企业文化建设，则是指向今天和明天的。

刚才郭涛书记讲了建设先进企业文化的九条标准，很精辟，很受启发。

有一则故事很有意思：

两位员工感到上司老是挑毛病，心中不高兴啊。于是两人请教师傅，师傅只说了一句：“不过一碗饭”。员工甲听后，感到师傅说得对啊！不过就是一碗饭吗，我干吗要受上司的气呢？他回乡了，经过长期刻苦钻研实践，成为一名在当地有名的绿色农业开发专家。员工乙这几年牢记师傅教诲，遇事常想“不过一碗饭”，何必计较，不如提高自己，十多年过去了，他被提升为公司经理。一天，甲见乙问：“你咋不听师傅的话呢?”乙答：“我正是听了师傅的话呢。”二人理解不同，官司打到师傅那儿，师傅讲：“不过一念间”。

“不过一念间”，有趣又有哲理啊！人，靠一念而行动。联想到企业文化建设，不正在于建设好员工的“一念”吗？那么，国有企业文化如何构建呢？

要建设好，先得弄明白其功能或是其有用性。如何理解呢？

企业文化，就其本质上讲，是属于管理科学与管理实践范畴的。但同时又是一种特殊的管理实践。特殊在哪儿呢？

第一，企业文化要解决的问题是“知”与“行”的问题。而一般管理技术或管理实践解决的是“行”的问题。

第二，企业文化的作用具有柔性，而一般管理则表现为刚性。

第三，企业文化的功能，就内涵讲，应该是“促进发展”，促进的是企业与员工同步的、持续的发展，解决的是员工的理念与企业发展要求发展方向相统一的问题。而源于员工主体思维的理念，是易变的。一般的管理则是某段时间内相对不变的。总的讲企业文化的功能之内涵，应该是“促进发展”。

就其外延上讲，应是“励志”与“造势”。

励什么志？励拼搏之志，励奋斗之志，励奉献之志，励发展之志。

造什么势呢？造和谐之势，造合力之势，造宽容之势，造向上之势。此势者，气氛、环境、氛围也。

励志与造势，统而言之，则为四个塑造，即思想塑造，道德塑造、情感塑造、氛围塑造。

这里，我想强调的是宽容。遥想五千年文明古国，发展到明清时，综合国力日降，特别是清朝中期以后，由国民经济总值占世界的26%直降至不到4%！其中一个重要原因，就在于当时的社会缺少宽容之势啊。以建筑设计院为例，大型项目大部源于投标竞标，所以，我院于1996年即提出“竞争取胜、持续发展”的奋斗理念，同时特别强调宽容和理解，要宽容就得要宽容失败。“该出手时就出手”，强手之前敢于“亮剑”，单是这种精神就可歌之颂之。“失手”之后，一句安慰，一声理解，激发的不正是再战而胜之的勇气吗？西北院位处周秦汉唐勃兴之地，中华开放历史先河的丝绸之路起点，在开创新中国的中国共产党13年红都之域，所以我们传承着宽容。

第四，企业文化建设的基本问题应是：社会、企业、员工三者的和谐统一、发展统一。这就又引出另一个十分重要的问题，即企业文化建设的终极目标应当是构筑社会、企业、员工三者之间持续和谐共赢的平台。请注意，我思考的结论是：企业文化建设的终极指向是：社会、企业、员工三者的持续和谐共赢。

第五，企业文化的建设方式，应当是党政群互动联动、互通联通。这里，特别得强调，要“联通”，不要“移动”。为什么？你如果把企业管理与企业文化建设“移动”，它俩就不在一个发射与接收平台上了，就不仅仅是“两张皮”了，就成了川剧的“变脸”了。所以，要让员工认同，那就得党政群联动。显然，企业文化建设是思想政治工作的一个新平台，但光靠思想政治工作，不足以建设好企业文化。

第六，企业文化建设的对象是员工的理性思维，这一理性思维得存贮于企业发展的邮箱之中，与之匹配。不匹配，则存贮不了。但不是员工的任何理性思维都能存入的，必然是与企业发展相一致的、与企业发展需要相兼容的。

以上是我对企业文化建设之形而上的思考。

这样的思考有没有用呢？有用啊，有什么用？

我说：把企业文化建设作为一个思考对象，想清了其形态、性质、功能等，便可在企业文化建设的过程中，把握好火候，不至于烧煳了或是欠火候，那样都不好用不是？至少，建设起来，不至于将企业文化弄得像金角大王的魔袋子一样，什么都能装进去。

第二点思考：形而下的思考。

当今世界大势之一，是经济全球化，再就是政治多极化。还有一化即是文化民族化。文化民族化，规定着中国国有企业文化建设的基本内容与基本走向。形而上的思考的目的，在于搞好我们国有企业文化建设。

搞好国有企业文化建设，我认为主要在于抓好两个机制的建设：一是企业文化的生成机制，二是企业文化的成长机制。在生成机制方面，主要由总结、分析已有成功实践及有益经验，然后升华、归纳，然后注入与企业发展相一致的理念性的要求，最后形成文字。这方面，我觉得我们中建总公司党组领导大家积“九五”期间努力，生成了充分体现施工企业特色的中建企业文化，事实证明是成功的。在西北院，则是同期形成了我们建筑设计企业文化的基本构架。

所谓成长机制，即是将企业文化的诸内容在实践中不断丰富、升华、完善、扬弃，使其持续地、适宜地发挥作用。

从企业管理的整个系统来看，企业文化必是不断生成和不断成长的，是个生成与成长交叉发生、交互促进的动态过程。

而企业文化成长机制，我认为有五大要素，着重讲五个要素在企业文化建设中的作用。

五个要素指领导、典型、分配、制约、目标。

第一是领导。企业文化要求领导层的是“以身作则”。

企业文化，就其占有率讲，覆盖的是企业内部的100%。

因此，企业文化有其大众性的属性。员工看领导啊。企业文化建设内容是企业领导审定之后才颁行的，所以作为企业领导层，包括企业高层及中层管理骨干，必须以身作则践行企业文化，以此影响、感染、引导员工践行企业文化。所以，“领导”在企业文化建设中的作用就是“身教”。我们西北院，倡导和践行的是“和合”文化。和即和谐的和，和，口加禾，即任何人都要有饭吃，现在到小康社会的水平了，就还得吃得好些；谐呢，就是人人都讲话，讲什么呢？讲企业发展，讲员工自己如何发展并适应院发展。另一个“合”指的是合力合心合志。倡导这个“和合”文化，西北院班子集体首先践行之，我们几年来以此来建设西北院“和合”领导班子的做法，得到总公司党组的肯定。由此我们也感到欣慰，欣慰的是，西北院班子在学习总公司领导自强不息、发奋图强等高尚品质方面，学习力还不错。

第二是典型。我说的典型，是员工层面的典型。作为群体的人，毕竟在认识上是有先有后，行为上是有高有低的。我们要树典型，就要从一般员工能接受的、感到心理距离小的层面去树立，也就得从员工层面先树典型。这些典型，能让员工感到“我自己努力一把也能和典型比齐了”。这里，我想，我们的企业文化，首先包含“精英文化”因素在，但不是说企业文化就等于精英文化，或者说企业文化就等同于“企业家文化”，特别是国有企业更是如此。毕竟企业文化的实践主体是广大的员工，所以，企业文化显然是“企业家文化”与“员工文化”的有机统一。用员工层面的典型，更能引起一般员工的“你行我也行”的思维倾向，更有利于促进一般员工在工作态度、人际态度、情感态度、道德态度向身边的典型看齐，并可将典型的亲和力与感染力最大化。

第三，分配。我指的分配，包括物质分配与精神分配两类。物质分配，在企业主要指经济分配。毕竟人类的基本需求，正如马斯洛所讲的“五种基本需要”中最基础的需要是物质需要，以一定的物质作基础，精神才有依附，这是符合唯物主义的基本原理的。精神分配，或叫作荣誉分配。企业文化的先进性，或者说向上性、鼓舞性、凝聚性、促发性，正是企业文化的生命力所在啊！这个精神分配的概念是否合适，还请大家共同商讨。但至少我认为，提出精神分配这个概念是有现实意义的。哪家评选先进没有名额分配呢？但我讲的精神分配，更想强调的是，我们在评比表彰先进典型时，必须照顾到各个层面，各个层面都得有典型。我们西北院正在做的工作之一，就是规范从“九五”初期开始开展的“争先创优”系列活动的荣誉设置问题。总公司自“十五”开始，开展了“创先争优”活动，从此我们也这么叫这一系列活动了。我刚才讲到，企业文化建设的长效机制就在于建设好企业文化的生成机制与成长机制。规范我们企业的创优争先活动的奖项设置，并定期按计划的开展，包括争创——评比——表彰——宣传——员工认知——员工接受——总结——进入新一轮争、创、评、表等，这个PDCA循环，正是企业文化建设系统中成长机制的核心结构。

第四，制约。以上三个要素，解决的是“应该怎么样”的问题。而用好制约机制，则是解决“不该怎么样”的问题，解决的是员工态度的下限问题。约束的功能与激励相反相成。

第五，也就最后一个要素，即用企业发展的长远目标，牵引与驱动员工的信念、态度、情感、道德与之一致，由此获取提升企业核心竞争力、构筑“和合”企业的持续动力。不少人可能都知道，近代西方一个很有名的科学家曾经用很长时间设计“永动机”，这与物理学上的能量守恒原理相左，当然也就不可能成功。但是，正像中华民族文化中有“天行健、君子以自强不息，地势坤、君子以厚德载物”这样一种进取、宽容、创新的精神，中国人不是有自己的“精神永动机”吗？我想“打造百年老店”，可持续发展，都得着力于经常加固这一“精神永动机”，也就是说，要把先进企业文化建设永远做强做细做精。我们西北院的做法是，从以人为本的角度出发，以每个人的工作岗位为平台于一九九六年即提出“胜过昨天”这一人人都可做到的追求理念。“胜过昨天”，没有“追求卓越”那么响亮、那么高雅，但更能体现人性化，特别是对全体员工而言更易于接受和做到。三年前，我们又提出“快乐工作”的理念。试想，我们的绝大部分员工，特别是骨干员工都能带头做到始终“胜过昨天”，那么企业的明天不是更美好、更快乐、更幸福吗？

更好到什么程度呢？如果咱们的员工，能动情地对企业说：“不辜负我的柔情你的美”，能感激地对企业说“你是我的玫瑰”，而且广大员工都能时常从心里这么说，那么我说，咱们的企业文化建设就是成功的！

谢谢大家！

注：遵中建总公司政工部张勇平主任指示，依2005年10月牡丹江中建企业文化建设十周年高峰论坛会现场演讲内容，整理出此篇文字，保持了演讲时的原汁原味，以便更好地求教于大家。

识时识势识实

——在2008年工作会上的讲演

这里，结合我院当前发展和长远发展、2008年度我院党的建设各项工作，我讲一些意见。这些意见没有成稿，只是一些思考，可能提的问题比较多，供大家会后继续思考，春节过后我们还要办干部培训班，在干部培训班上将继续交流研讨，现在我讲以下三个部分，主题是：以科学发展观统领西北院全局，增强发展信心，提高发展意识，创新发展思路，推动西北院又好又快科学发展。

一、明确任务，增强信心，提升素质

大家知道，去年我们党刚刚开完党的十七大，对我国今后五年的发展作出了战略部署。在十七大报告当中，胡锦涛总书记代表党中央对今后五年的发展提出了一系列新的观点、新的论断、新的战略思想和重大举措，概括起来就是十七大的主题：高举邓小平理论和“三个代表”重要思想伟大旗帜，深入贯彻落实科学发展观，继续解放思想，坚持改革开放，推动科学发展，促进社会和谐，全面建设小康社会。十七大报告中新的概括、新的思想，正如刚才樊院长在传达总公司领导讲话当中概括的，新时期最鲜明的特点是改革开放，最显著的成就是快速发展，最突出的标志是与时俱进。今年我们将要迎来我国改革开放三十年的纪念日。新时期我院的发展历程同样是体现了“三最”这样的总特征。十七大报告中最具纲领性的是对科学发展观作出的系统全面的论述，对我们2008年及今后工作有很强的现实指导意义。比如说解放思想，樊院长在分析我院存在的困难和面临的问题、环境的时候，特别强调了我们要进一步解放思想。进一步解放思想，对我们在2007年突破了三亿大关这么一个新的平台上如何进一步推动西北院又好又快科学发展至关重要，希望引起大家的足够重视。

作为西北院的干部团队，面向持续发展，首先一点是增强发展信心。思考如何继续解放思想来推动西北院进一步发展，是新年年初我们面临的紧迫任务。

搞好国有企业是十七大报告中的一个重要部署。十七大报告第五部分第六项叫“完善基本经济制度，健全现代市场体系”指出：“坚持和完善公有制为主体、多种所有制经济共同发展的基本经济制度，毫不动摇地巩固和发展公有制经济，毫不动摇地鼓励、支持、引导非公有制经济，坚持平等保护物权，形成各种所有制经济平等竞争，相互促进新格局”。这里面有两个毫不动摇，第一个就是巩固和发展公有制经济，我们院是国有制企业。第二个是毫不动摇地引导和支持非公有制经济。我们院面对的市场很重要的一块就是非公有制经济。从中央大的方针到去年召开的中央经济工作会议上发布的信息，在大的宏观方面的方向，为企业的发展提供了利好的消息。重学这段的意思，是我们要明确理解把握国家宏观经济趋势、宏观导向的同时，坚定搞好我们西北院的信心。下来一段是“深化公司制改革，健全现代企业制度，优化国有经济的布局和结构，增强国有经济的活力、控制力、影响力”。这正是我们持续发展的信念所在。改制的目的是为更好发展。樊院长作的工作报告当中提出的今年“我们可否尝试兼并”等新举措在内的六个方面的部署，我觉得集中的就体现在我们作为一个有影响的国有大院，就是要继续提高我院在全国特别是在陕西、在西北市场上的影响力、控制力和活力。十七大报告关于搞好国有企业的基本方向进一步明确了，那就是要毫不动摇地发展，这是西北院发展的大的方向和大的宏观环境。

第二点是如何结合我院实际贯彻科学发展观，即如何把科学发展观转化为我们的基本素质。我想首要的有两个方面：增强在座的各位领导干部的政治意识；强化两级领导的政治素质。如何增强政治意识？我觉得主要还是三个层面。

第一是“识时”，我们必须认清时代的要求，认清国家的要求，认清总公司的要求，我们在思想上必须清醒。

第二是“识势”，要认清形势，应该说从中央到地方到总公司领导都强调了我们发展面临新机遇、市场面临新挑战、职工又有新期待，这是对新形势的一个总的概括，具体来说我们院面临的发展形势，樊院长作了比较多的论述，这里面我再补充强调两点。总公司系统内兄弟单位的发展，今年从横向比较的角度讲我们面临的压力还是相当大，班子和职工都有压力，怎么办？我们只有化压力为动力，没有别的选择。另外大家注意到没有，作为我们对标企业之一的上海现代集团，从2006年开始实施了两大战略，一是“全国化”布局战略，用两年时间在全国23个大中型城市设立了分院或办事处；二是推动“企业文化”战略，通过他们牵头的三届建筑创作论坛，现代集团、中国院、北京院这三家全国建筑设计单位主办，号称“全国三大院”，由此提升了他们的知名度，这是否也是我院今后发展面临的一个现实的挑战？我觉得在认清形势时候对我们对标企业的动态我们还是要更多的了解，这一点各位领导都有一定的了解，包括部院和北京院在全国称作为三大院，原先是八大院，如今提“三大院”就撇开了咱们中建几家大院。这样的布局形势和文化攻势也是我们院面临的一个压力。再说说机遇。陕西省2008年的工作部署，对今后我们开拓经营方面提供了一些信息：2008年陕西省全社会固定资产投资4000个亿，2007年实际完成3600个亿（年初也没有这么高），按这个来推理的话，2008年陕西省不会低于4000个亿（这个规模大体上相当于上海2000年左右的投资规模），今年要建一批重点项目（50个），像秦川机床厂新基地建设、延安一百万吨乙炔项目、榆林的延化供材项目、秦始皇遗址公园、陕西文化艺术中心等，陕西省今年在固定资产投资上的力度应该说还是比较大的，设定的增长幅度是11%，年终估计要高于这个数字，这里提请大家要关注。毕竟我们院总产值、总实收的一大部分来自陕西，这些信息将来会通过院网上的平台给大家发布，会前我给有关职能部门的领导作了布置，今年第一季度，请职能部门抽时间将周边省市固定资产投资和重大项目情况进行搜集整理，及时在院信息平台上以专项信息的形式发布。

第三是要"识实"，就是要认识西北院的实际现状，对存在的问题特别是差距再次提请大家要高度重视并深入思考。提高我们的政治意识就是要提高所有干部的责任意识、使命意识，而提高我们的政治素质主要在于提高把握大局、履行责任的能力。以科学发展观统领全局，首先就是要全方位持续地提高领导干部的政治意识和政治素质，归结为提高我们领导西北院科学发展的能力。这是第一部分。

二、将贯彻落实科学发展观转化为我院的持续发展力

这里主要是提些问题，与大家一起思考：以什么样的方式实现西北院又好又快科学发展？多年来我们院实行的是以产值论奖，在过去干部培训班上有不少同志提出了这个问题。我对别院的做法也关注了一下，包括中建总公司在内的各单位基本上也都是以产值计奖为主，侧重面虽有不同但基本方式相

同。但在西北院新的平台上恐怕我们必须在薪酬体系上、在分配体系上作出进一步变革，在分配体系上更多地体现出对院持续发展的激励导向。企业的基本问题是规模、品牌、效益，三者既对立又统一。十七大报告中提出的新的概念之一叫作“创意经济”，院班子在学习的时候赵元超赵总对这个提法还是感觉敏锐，“创意经济”对我们院来说，应引起高度的重视，这是我们要创新发展思路的一个重要方面。我们院的产业结构中一直毫不动摇地坚持以设计经营为主，同时多元化格局，院建筑设计以外，已有监理、电研所、房地产，包括项目管理；我们面临的任务是在坚持做强做大主业的同时，如何做大做强这些业务？这其中有一个思考与大家交流，一是“一流强院”指标都有哪些？我院从“十五”开始就提出了“努力建设全国一流建筑设计强院”的发展目标，两年以后我们又修订为“持续建设一流强院”，靠全院上下这么一个共同的发展理念，激发了大家的工作热情，引领了西北院“十五”以来的持续发展。反思我院持续建设一流强院的实践，我想：我们现在更应以哪些指标衡量一流强院？是否可以这样说：一是经营辐射力一定要广，作为一流强院，经营辐射力应是全国的；二是市场竞争力要强，特别是对接高端市场的能力要强；三是市场美誉度要高；四是获得国家级的奖项要多；五是总体效益和赢利能力要强，还有就是主编的全国性规范要多。清华大学的一个教授讲市场竞争分三个层次，第一层面是价格的竞争，第二层面是技术质量的竞争，第三层面是规范标准的竞争（最高层次的竞争力）。对这个分析我是比较认同的，比如海尔，同样是在做家电，它的价格就是比其他的同类产品高，卖得好，因为它有家电规范主编者的优势。有了这一点就有了话语权。思考这些的目的是要找准我们“持续建设一流强院”新的突破口和着力点。对接高端市场主要体现在核心竞争力，核心竞争力是什么？概括论述我院的核心竞争力可否这样：方案和艺术的创新竞争力，施工图的技术质量竞争力，还有就是市场服务能力。其实归根结底还是要回到“创意经济”中去，必须在创意、创优、创新方面有更多的体现。我院作为一个科技型的企业，在市场开拓方面面临的主要矛盾是什么？我个人认为是设计创意、政府政策和业主需求之间的矛盾、三元结构的矛盾，这个概括是否合适？我院有一些投标中标和投标得票多但最后又失标的经验，如果以这种矛盾分析框架作为表达方式的话，还是比较适用的。抓住主要矛盾，针对一流强院应有的标准，全方位地开拓我们的思路，周密地策划我们的方案，我院持续建设一流强院的进程一定能够更大推进。

三、党的建设和企业文化建设

2008年党委工作要点，春节后将要召开党委会议就这个问题进行研究并将在广泛征求各支部意见的基础上作出部署。2008年我院党的建设和企业文化建设大的思路是，始终坚持围绕经营生产这个中心，抓好两级班子，带好四支队伍，促进持续发展，保障整体和谐。第一个，两级班子建设，持续地抓好院级班子建设和所级班子建设，这是贯穿全年的工作。同时抓好总公司开展数年的“四好”班子创建工作，并向所（分院）级班子中深入。第二是干部队伍建设，在干部队伍建设中启动提升干部整体管理水平的系统培训，选MBA中的四门主课，即管理原理、人力资源、企业财会、市场营销。这些主课培训对于整体提高我院干部队伍管理知识水平与技能，必将产生长远影响，这项工作的意义正在于强化、优化我院核心竞争力构成中的核心要素。2001年我们曾经进行的“A管理模式”的培训，得到了院绝大多数部门领导的认同，今年我们还是走这么一个实用型、系统化提升干部管理素质的路子，从今年开始用三年时间，在开展这项工作的同时在适当的时间启动对院管后备干部同样内容的培训。在党的建设方面、支部建设方面，一如既往地抓好各个方面的工作，突出强调的是今年是我院生产机制调整的第一年，在分配中、配合中遇到这样那样的问题和困难，对这些问题我们一方面要按照院的思路来对待，另一方面要求各位干部和党的、工会的、团的等组织主动多做思想化解工作，沟通工作。第二就是在党组织发展方面要在做好党组织整体发展的同时，更加关注"将党员培养成业务骨干、将业务骨干发展成党员"的工作。在职工队伍建设方面还是以持续建设有活力的优秀团队为宗旨，推进各个方面的工作采取一些新的方法。最后一方面就是持续推进构建和谐西北院的各项工作，和合企业文化的建设与推行工作。

以上意见中的一些思考和看法，基本上都是战略大局层面的思考，不一定对，还请大家批评指正，主要想以此引发大家对西北院长远持续发展的战略思考。

企业发展与个人发展

——在2008年新员工培训班上的演讲

引言

我给进院新员工“讲课”已有十多个年头了。近几年，我把讲的题目定位为“企业发展与个人发展”。这个题目的坐标是国家、集体和个人的关系，指数是企业与个人共赢共进，连线是团队和谐与活力。

今天还是讲“企业发展与个人发展”这个题目。我想采取漫谈的形式，与大家一道交流成长体会，这样可能会活泼些。

我想说三句话：一是定位、定标、定神；二是成长、成才、成功；三是合心、合力、合志。

三句话合起来，想扣住“企业发展与个人发展”这个题目，不一定对，如果讲得不对，请大家批评。请大家互动起来，想先问一下各位新同志，来到院里你们最深的体会是什么？请自由发言……

新员工：“办公环境拥挤。西北院是很多年轻人向往的地方。”

你的感受真切，是否在院实习过呀？

新员工：“感觉大家加班的很多，大家都爱院、敬业。”

你的感受从现象到心理，是这样的，这是西北院的动力所在。

新员工：“感觉到踏实，无论工作还是平时的生活。”

新员工：“工作代表了一种信仰，尽职尽责，有一种归属感在里面。”

你们二位的感觉比较深刻，这是我们努力要达到和保持的。

新员工：“员工比较随和，但是压力感觉到很大。”

同感啊！

新员工：“管理人性化，压力大。”

新员工：“来院看到了希望，院提供了一个很好的平台，只要努力，能获取更大的成功。”

好。刚才大家谈感受很踊跃，尤其是刚才这位小伙子和这位小姑娘说的加在一起，就是我们看到的院的物质环境现状：办公场所比较拥挤。但我们院新的办公大楼正在建设，最多两年应可建成投入使用。

我刚说到的三句话，是我的体会，也是期望。请大家发言说了最深体会感受，说得都很到位，应该说既有表象又有内涵，既有现象又有本质。让我想的话，可能还有一点就是：这些都源于各位新同志从学校到企业的变化，存在决定意识。人们到了新的地方，马上就会发现新地方的特点。说明大家的思维活跃、感触敏锐。后天就是你们人生新里程的出发点，要审美今后一路风景，自然得有个好心态。

那企业与学校的不同是什么呢？第一个不同是企业给你压力，同时给你动力；有一分付出可能就会有一分收获，当然这份收获是企业与职工共有的，不像学校里的考分。第二个不同是需要大家各自的自律。当然企业内部无时不有竞争，正像市场无时不存在竞争一样。但企业更多的又是一个大团队，更多时候需要集体协作精神。作为一个企业，要长远发展、持续发展、科学发展，必须强调团队作用。这一点，是发达工业国家管理科学特别强调，并为当今企业所特别需要的，这点大家也会马上真切感受到。企业要发展，须不断反思企业自身、团队自身的优势与不足，作为团队中的一员、系统中的人力要素，也是同样。当人生中面临一个关键点的时刻，尤其如此。所以今天我要说的，大都集中在精神、意识层面。

一、定位、定标、定神

1. 先说说定位问题。

其实你们从幼儿园到小学再到初中、高中又到大学，不少同学还从大学本科到硕士，有的再到博士，定位问题都处理过。大家进入企业，就需要重新定位。定位首先是心理定位。

近日看报道，今年地震灾区高考考场山墙上写有一幅标语："祝愿每位考生考出好成绩"。这话说得多让人感动啊！可细想，这只能是良好的祝愿，真的大家都考出好成绩，那就不用考试了。每年的春节晚会上，主持人都讲"祝大家心想事成"，谁听到谁高兴，但这个"大家"中什么人都有，"大家"全都心想事成了，也麻烦了，就走到反面了。所以，还得有辩证思维。

先有"八零后"，之后又有"九零后"，再有"七零后"。最近又出现了"六零后"。不知道大家怎么感受这个称谓，其实不论哪个年代出生的人，都是在中国传统文化与时代文化交织浸润中长大的，自然有其中一贯的东西存在。中国传统文化中，儒家文化之所以传延两千多年而不衰，正在于其对人生的启发性。比如，孔子讲"知之者不如好之者，好之者不如乐之者"，说的就是一个心理定位问题，最有益的是"乐之者"这个层面。我把这称为"学生心态"，认为定位存在"学生心态"比较好。"世事洞察皆学问，人情练达即文章"，说的是处理人际关系，团队关系的问题；"书到用时方恨少，事非经过不知难"，说的是知识与技术修炼问题；"技之不精由于多心，心之不一由于多视”，说的是学习方法与态度问题。这些都与“学生心态”有关。前几年我给新生讲时用“归零思维”这个概念，归零，目的是扩容。到了企业要学习的确实很多，把多方面的学习当作负担还是当作乐趣，效果会截然不同。保持“学生心态”坚持在实践中不停地学习，在应用中不断地集合，好之乐之，在工作中就会获取不竭的动力和活力。

企业不是学校，企业也是学校。我院是全国一流大院，我院定位为“持续建设一流强院”，这就要求我们的员工同志们心理定位上保持“学生心态”，价值定位上争做一流员工。青年职工是企业的未来，保持住归零思维和学生心态也就保有了“七八点钟的太阳”那般的鲜艳、明丽、活力和气象。

国际竞争国内化，国内竞争国际化，这是咱们企业面临的基本市场态势。在青春人生的竞争中，大家考上了重点高中、重点大学，因为有目标作激励。你把困难当作困难时，那困难也真成了困难。你把你当作什么样的你，你也就可能会成为什么样的你。圣哲先贤的话，有道理呀。这些讲的都是定位问题。

2．定标。也就是确定人生追求的标准。

“取法乎上，仅得其中；取法乎中，得其下矣。”为什么？目标确定后，努力过程中会有不确定性，冲击、冲抵以往的努力效果，以致“仅得其中”“得其下矣”。所以，一般意义上人生目标的确定是件很不容易的事，如果要确立一个合适的目标的话。

但在西北院，作为员工，确定一个合适的人生追求目标就相对容易些，因为“存在”的现实条件是实在的，主要是“技术专家型”“管理专家型”“业务骨干型”“业务支持型”等几类。工作总是平凡而繁杂的，但“天下兴亡，匹夫有责”，企业兴盛，员工之任。

青年当有英雄的气概，英雄的气概是什么？正如曹操所讲："夫英雄者，胸怀大志，腹有良谋，有包藏宇宙之机，吞吐天地之志者也。"诸葛亮咋说呢？"夫志当存高远"。拿破仑说得更直白："不想当将军的士兵不是好士兵。"老拿这话说得对他自己是合适的，但要放之四海，就不一定皆准了——没有士兵哪来将军？都是将军了也就都是士兵了。所以辩证思维很重要。朱熹讲"尽信书则不如无书"，这是创造性思维、辩证思维，还得一切从实际出发。做方案好的是骨干，搞钢结构、大跨度空间结构好的是骨干，水、暖、电专业，也可在建筑节能、节地、节材、环保生态方面有建树，做施工图好的也是骨干，都为设计院所必需。希望大家在今后工作中以本专业专家作为今后的努力目标，更希望这几届进院，包括今年你们这届新员工在内的青年人当中，将来能有大师级人物。

3．定神。

有一个故事讲得好，我在前年中建总公司一个会上讲过，现在还想讲给大家听。说是有两个人在一个公司工作。甲说："上司总是批评我、训斥我，我干嘛非要受这气？"乙说："我也经常挨批评，那是人家在帮咱为咱好。"两人争论，谁也说服不了对方，官司打到师傅那儿，师傅说了一句话："不过一碗饭"。二人都觉得有道理。甲想："是啊，不过一碗饭嘛，此处留不住自有留住处。"于是跳槽了。乙想："师傅说得对，干啥也不容易。"于是坚持了下来。十年后，自创了绿色农业开发公司的甲与担任原公司营销副总的乙相遇后，对当时师傅的话又争论起来，官司又打到师傅那儿。师傅听后说道："不过一念间。"

一念不同，两味人生。人生一开始，就说在座的，本科生和研究生，研究生中有硕研有博研，应当说有差别，原来的学校间、学校综合实力、办学理念、学风及个人情况存在差异，所开课程的内容大体差别不太大。但教与学的不同，差异就有了。而在从事建筑设计开始时可能差别不太大，为什么时间一长，不过五年时间，同时进院的同志之间差别就出来了？我把这称为“五年现象”。本科进院一般情况下五年后即到中级职称的申报年限。反思以后出现的差别，“不过一念间”。这就是我想说的“定神”，“神”即思想、精神。《礼记·大学》讲“知止而后有定，定而后能静，静而后能安，安而后能虑，虑而后能得”，充分说明了“定神”的重要性。“凡事预则立，不预则废”，也是以定神为前提的。

神定而后标定，标定而后位定。

二、成长、成才、成功

我们的年轻同志，特别是在成长为“专家”之前，就面临着这“三成”的问题。即使成为专家了，可能也会有更高内涵的“三成”问题。

“三成”，首要的是勤与俭。勤以成行，俭以养志。所谓“业精于勤荒于嬉，行成于思毁于随”。

1. 成长。

我想说的成长，不仅指经验的、技能的成长，还包括阅历的、心灵的成长。有企业就有文化，正像有社会就有文化一样。企业文化不仅是企业现在的文化，更是所有成员，包括在职在岗、干部与职工、离退休老同志，不论年龄差别，共同创造的、多年积累下来的文化。咱院“持续建设一流强院”的发展目标，更离不开强有力的文化支撑。而文化是需要每一位成员去实践、去丰富、去发展、去创新的。企业经济要成长，企业精神也要成长。企业要成长，新同志也要成长，在企业成长的共有平台上茁壮成长。

影响成长的心理要素：视野、胸怀、性格。

视野要广。现在是经济全球化、文化交流全球化、知识更新全球化、文明撞击全球化的时代。成长环境离不开这个大环境的影响。这就需要有世界性的视野。思想无疆，可以思触四极，视达八方。“不谋全局者不足以谋一域，不谋万世者不足以谋一时”，说的就是“思路决定出路”。胸怀要宽。比尔·盖茨在几十年前就预见到互联网可以改变世界。现在的互联网则把世界的改变汇于一屏，一打开它，世界的雄浑激越与繁杂细碎、亮丽明媚与阴暗冗杂、雅与俗、卓与凡，一并展现。或借此成就，或以此消遣，或由此沉沦，不一而足。思辨清晰得当，显得比任何时候都要迫切。这就是现实的成长环境，特别是知识型单位，离不开电脑。电脑影响人脑的程度越来越高。

要成长加速，需要宽大的胸怀。比如，我常说我们的方案构思要与业主需求、综合效益有机结合，在结合的过程中难免有不同意见，听取、分析不同意见，可以完善我们的思路；听取、分析反对意见，则可以使我们的工作尽可能少出差错。固执或经验主义地对待事物，会延滞成长。学术界多年来兴起的“比较学”，反映并推动着文化交流的全球化。市场竞争、国际竞争中强调“比较优势”。我们的新员工在成长中应逐步形成各自的比较优势，如果再注重不断地修补自己成长中的“短板”，则会加速成长。

性格要好。我觉得能融入团队、和谐团队，甚至为团队带来活力，应是好性格的一个重要方面。“性格决定命运”，为什么？这就是智能进化中的非智能因素，幸运只给有准备的人。准备什么？准备个好性格就是其中一个重要的内容。性格是什么？性格是人的思维定势，是人的习惯。以前思考人才成长中的隐秘障碍这个问题，发现“自我否定心理”是具有共性的性格障碍之一。这几年继续思考这个问题，觉得“自负心理”“完美心理”“猜疑心理”“嫉妒心理”“自满心理”等也是性格障碍，这些是否也具有一定的共性？如果不对此加以克服，会影响成长进程。

2. 成才。

现在大学一毕业，可以说是成才了。因为所有高校的办学介绍都是培养社会需要的高端人才。你看，大家不仅是成才了，还是高级人才呢。但是究竟成才的标准是什么？比如，企业需要的是有潜力的人才，你进院里了，是不是能满足企业的这个人才标准呢？那还得经过实践的进一步检验。企业的属性决定了企业的人才观与高校的不尽相同。

企业的人才，起码有如下的层次之分：基础性人才（或叫支持性人才）、中层人才、高端人才、领军人才等。“才需学也”，不学何以成才？这里，要多向老同志学习长处。在岗位工作中学习，这可能是最重要的学习。这谁都知道，但效果就是不一样。原因就在于有总结与没总结。这总结可就学问大了。总结好了，就升华了。在设计院，能解决专业前沿问题的，是成才了；能在设计实践中应用新技术甚至集成应用新技术的，是成才了。这两种都可进入“人才资本”范围。如果同时又能开拓市场或开拓经营，那可就是企业高端人才了，如果能创新技术引领专业新发展，那就是技术领军式人才了。当然，更多的是支持型人才。反过来说，如果交给你工作你完成不了，这能不能叫成才呢？我以为，成才的核心要素，一是善于学习，二是善于总结。由善于学习和善于总结，达到成才的目标，这就离成功不远了。

3．成功。

这里强调的不仅是个人的成功，更重要的是团队的成功。企业讲究系统性，整体性。只有在团队成功的基础上才能取得个人的成功，个人依赖于集体，集体是“1+1>2”的集体。这其中体现了辩证思维。关于集体利益大于个体利益的观点，在管理科学创始人之一的法约尔的理论里面，是很显著的。

1983年，美国的恐高症患者伯森·汉姆徒手攀上了纽约的帝国大厦，创造了当年的世界吉尼斯新纪录。而他则是美国的抑郁协会会员，编号为1042。他的曾祖母徒步100公里赶来祝贺，无意间也创造了吉尼斯纪录。记者惊异于这位94岁老妪的勇气，问她是怎么坚持走完这么长的路的，老奶奶却说：“走一步是不需要勇气的，我走一步，再走一步，再走一步，不停地走，一百公里也就走完了。”成功需要信念，更需要坚持。胜利常常在于再坚持一下的努力之中。

成长是工作过程，成才是能力标志，成功是综合效益。

三、合心、合力、合志

在企业发展与个人发展这个题目中，定位、定标、定神这“三定”和成长、成才、成功这“三成”，重点的解决是个人发展。个人发展以企业发展为基础，企业与个人的结合点，则是合心、合力、合志，即个人要与企业团体合精神、心理（合心），合智力、体力（合力），合志向、目标（合志）。

员工在企业，整个工作过程都会遇到国家、集体、个人的关系问题。能正确处理好三者的利益关系，也就能获得个人与企业共荣、共赢、共进的准确坐标了。这和我们的世界观有密切关联。常说要处理好主观客观的关系，我以为主观、客观、旁观三者的关系要处理好，才能得出符合事物本身的认识。这是我们处理工作、学习和生活之根本的方法论。

由此出发，我以为，作为建筑设计企业，建筑师的创意、业主的需求、项目的效益，这三者的关系，是我们建筑设计企业提高市场竞争力要解决的基本问题。

要做到“三合”，就得不断升华我们自身的综合素质，包括“心”的各种细节。“细节决定成效”。对每项工作，大的方面可能大家都会想到，差别在于细节。细节体现的是态度，是品格，是档次。当今竞争更加重视工作的创新。首先得有思想的创新，而后才有其他的创新。我们强调“三合”，要合到哪儿？就是要合到“持续建设一流强院”的发展目标上来，合到“爱院、敬业、求实、创新、奉献”的西北院精神上来，合到“精心设计、诚信服务”和“竞争取胜、持续发展、快乐工作、胜过昨天”的企业理念上来，合到西北院“和合文化”上来，实现共创西北院美好明天，实现企业与个人共赢、共进、共荣的具体目标上来，创企业与个人的同步辉煌！我们正是这样一步步走来，还当这样前进！

四、结语

关于“企业发展与个人发展”这个主题，今天就讲到这里。这个题目，其实也是企业管理科学关注并将继续研究的问题。李冰父子当年治理都江堰，有一句名言叫作：“深淘滩，低作堰，遇弯截角，逢正抽心”。人的思想犹如流水，人生进程就如治水。愿与大家共勉之。

此文发表于《建筑设计管理》2008年第6期，系根据在中建西北院2008年进院大学生培训班上的演讲整理

文化为媒 “礼”“乐”以化

——“和合”促进中建西北院稳健发展

首先说领导文化和企业文化的关系。文化有广义和狭义之分，企业文化也有广义与狭义之别。简单地说，我认为企业文化是领导文化的源泉，领导文化在引领企业文化的时候，一起倡导作用，二起升华作用。但国有企业职工是企业的最终创造者，同时是推动者和执行者。这是我对这个关系的基本认识，下面我从几个方面来说一下。

第一个就是介绍一下概况。我们中建西北院成立于1952年6月1日，于1980年5月16日被国家计委和财政部确定为全国第一批事业单位企业化管理试点，从此以后开启了西北院企业化的历程。这当中经过了这么几个时期：一个是从企业化试点到1992年，这个时期应该是从计划经济到商品经济再到市场经济逐渐转轨的时期，这个时期在文化上主要是解放思想和市场意识的定位；从1992年到1999年，管理上实行的是ISO-9000质量管理体系，这段时期我们企业文化建设方面主要是在传承、总结西北院传统文化的同时，修订、制定和完善了一系列的规章制度，同时开启了“企业文化”的自觉建设。具体来说，一是制作院徽，二是制订规章制度并把西北院的具体要求反映在图纸上、反映在文具中、反映在环境里；从1993年开始到现在，从质量管理方面来说，进人了和国际对接的时期。这其中，从1995年开始，西北院的企业文化建设就完全按照中建总公司的企业文化战略部署来进行。

到现在为止，我们西北院的企业文化有哪些呢？我想主要还是这么几点：一是形成了西北院的企业精神，就是在1993年经过全院的大讨论，然后由领导进行总结提升，归纳为十个字，叫作“爱院、敬业、求实、创新、奉献”；1997年，国家实行宏观调控的时候，建筑勘察设计行业市场出现低谷，这个时候院领导层提出并着力推广的理念就是“竞争取胜、持续发展”；进入21世纪以来，就是到2000年的时候，由于西北院终于在实收方面上了1个亿，这个时候我们又提出“快乐工作，胜过昨天”这么一个企业理念。要说西北院的企业文化应该说没成严格的完整体系，但是还是比较明确的。刚才我讲的西北院的企业精神和企业理念就是到现在为止我们西北院在企业文化建设方面的主要成果。当然，如果要提炼，也只能说到这里，但是企业文化是活生生的实践，那么这里面我就想说，我觉得企业文化和企业管理这两者之间的关系应该是共生的关系。就是没有企业，就是当时作为事业单位，也有单位文化。但是，企业文化只有落实到具体管理流程中才能发挥作用。

再者就是说企业文化功能的问题。我认为主要是两个方面：一个是激励事业，一个是关怀人生。由这点出发，我们西北院在改革开放三十年来，也不断进行着企业文化的探讨。那么在这当中，我们作为企业，特别是作为建筑设计企业，要解决的基本问题是什么呢？我个人认为，我们作为建筑设计院，是设计师的创意、业主的需求和项目效益之间的和谐统一。企业要发展必须解决这么一个三联并行的关系。这个关系的梳理，是源于这么一个方法，我们认为，处理一切问题，包括企业问题在内，要处理好主观、客观和旁观的关系。就像《道德经》上说的“一生二,二生三,三生万物”，你想一想也确实是这么回事情。在解决这个问题、追踪企业发展的过程当中，我们有过悲壮，也有过辉煌，但是我们坚持以人为本始终抓培养、发扬好西北院的核心竞争力，由此推动了西北院三十年来持续地、进入21世纪以后快速的发展。最近为准备这个发言，我又翻了一下我们院的院志。1980年的时候，西北院的收费是280万元，到2007年的时候西北院实收是3.2亿元，这是伴随着国家的飞速发展取得的业绩。1978年的时候，我们国家的国民生产总值是3645亿，到了2007年的时候我们国家的国民生产总值已经提升到24.95万亿元。可见，国有企业的发展一刻也离不开国家的政策导向。所以我觉得谈到企业文化建设方面，把握好改革、发展、稳定这个大局，处理好国家、集体、个人三者之间的关系，搭建好企业和员工共赢、共融、共进的平台，这是企业文化要解决的基本问题。

那么，如果要评判企业文化究竟建设得好与不好，标准是什么？我个人认为，主要是两个方面，一是看它的持续发展力，二是看它的团队凝聚力。一说到企业文化问题的时候，就像其他问题一样，既可以从理论方面说，也可以从实践方面说。作为企业，从实践方面看，要评判企业文化的功能，我觉得主要是这两个方面。

那么说了那么多，西北院企业文化建设的成效怎么样？我觉得，在总公司的正确领导下，通过西北院全体员工的共同努力，我们已经形成了稳健经营、快速发展的经营风格，形成了重和谐、有活力的精神，形成了西北院的“和合”文化。人有个性，企业也有个性。我们这十多年把西北院的文化特色，定位为“和合”，这“和合”的内涵就是“合心、合力、合志、和谐”，按照这么一个对企业文化的理解，我们围绕持续发展主题，持续开展争创“生产状元单位”，争当“生产状元”“青年生产状元”及“先进工作者”“争先创优”等活动。围绕营造氛围主题，持续开展各类讲、谋、赛、演等文、体、娱、学活动。办好《院讯》、网络，以“礼”（制度）治院，以“乐”（活动）活院，文化为媒，礼乐以化，调动各方面的积极性，不遗余力地继续推动西北院的快速发展。

回顾这么多年企业文化建设的历程，我们也感觉到还有这样那样的不足，比如说在体系方面还有很大的不足。这次听了各个兄弟单位的介绍，确实是受益匪浅。我们将在以后的文化建设当中，学习好各兄弟单位的先进经验，进一步吃透总公司关于企业文化建设的战略部署，紧紧抓住发展这个第一要务，紧紧扣住“以人为本”这个具体要求以推动西北院全面持续、协调稳健、较快发展。

此文系在中国建筑高层论坛上的演讲，2008年10月

合力打造西北院"和合"文化新品牌

——在院团委表彰先进暨首届青年论坛上的讲演

下面，我想给大家讲一下"和合"文化，原来准备讲1个小时，最多1个小时10分钟就可以讲完，但是今天咱们这个会已经持续了两个多小时。接下来，我准备用20分钟的时间把西北院"和合"文化给大家作一个汇报。讲几个方面：第一部分：内容；第二部分：来源；第三部分：目标。

第一部分：内容

咱们西北院建设"和合"队伍这个目标，已经正式列入西北院"十二五"发展目标。"和合"有哪些方面的内容？分两个方面：

第一个是内涵。内涵包括两句话，六个概念十二个字，十二个字对应的是十二地支。具体来说，就是咱们院大厅已经贴出来的：和谐发展共生，合作友谊共赢。六大概念就是：和谐、合作、发展、共生、共赢、友谊。这是它的内涵。内涵是怎么来的？咱们西北院的"和合"文化建设，应该说起始于1992年（从1992年开始，这个概念就出现了），正式以"和合"来概括西北院文化的时间是在2005年，那个时候对"和合"文化的概括和现在是有区别的，那个时候的概括是：合心、合力、合智、和谐。2011年初开始，咱们对十多年的企业文化实践，特别是对十多年来的经营实践、生产实践、管理实践，包括党的建设，工会、共青团的工作，精神文明建设和企业文化建设的实践过程，进行了新的反思，在这个基础上重新提炼了"和合"文化的内涵。这两句话的理论基础，还基于设计工作的基本问题，设计工作的基本问题就是处理好设计创意、业主需求和建筑效能三者之间的和谐统一。第二个理论基础，我们做任何事情，都要处理好主观、客观和旁观三者之间的辩证统一关系。基于这两个理论基础，在2011年年初，对咱们西北院的“和合”文化进行了新的概括，进行了新的阐释，就是前面提到的两句话六个概念十二个字。

第二个方面是“和合”文化的外延，包括一“总”四“分”共五个部分。一“总”，就是咱们最近几年在不同场合提到的，今年院里着力推行的“新三纲五常”，这是一个总的。哪新“三纲五常”呢？首先是“新三纲”，是这么提法，就叫善为德纲，而始于孝；用为才纲，而始于学；义为志纲，而始于仁。落实这“新三纲”的途径要求做到“三个保持”，那就是要始终保持孝子的心境，始终保持学者的心态，始终保持君子的心怀。哪“新五常”呢？是从“三纲”出发，日常工作中要做到五个方面的要求。第一个常，常怀感恩之心，敬老爱亲，敬岗爱业。第二个常，常念牵手之缘，恩爱夫妻，教养子女；当然这个和咱们还没有找到对象的有点挂不上钩，不过不要紧，没找到对象的抓紧找哦！第三个常，常思成长之苦，建功岗位，报效单位。第三个常的提法呢，在社会上讲的时候会有所变化。第四个常，常念同行之乐，友善团队，珍视缘分。第五个常，常做报恩之事，宁静心灵，升华生命。这“新三纲五常”解决的是咱们的理想和行为规范。“和合”文化的第一个外延，就是这一“总”，总要求各个层面要推动，要实践。在这个基础上，又分为四个层次的不同要求，对院所两级领导班子“和合”文化具体要求是，要建设一个和而不同、和而求同，有创新力、有开拓力的两级领导班子，具体要求有几个方面。第一句话，要和而不同，和而求同；第二句话，工作上靠规矩，生活上讲情谊；第三句话，尊重各人个性，执行集体决定；第四句话，要相互欣赏，相互给力，相互补台。这是对院所两级领导班子，包括咱们副处以上所有领导的具体要求，特别强调要互相欣赏，因为只有欣赏，才能出团结的力量。对于咱们的干部队伍要求在三个方面当好头，按照党对干部要求之外，第一个强调面对困难，要“勇”字当头；面对矛盾，特别是名利矛盾的时候，要“让”字当头；面对意见，特别是批评性意见的时候，要“容”字当头。再推行三个开拓，就是全院干部要带头，通过学习、思考和实践，要不断开拓眼界，开拓思路，开拓胸怀。对党员队伍的要求，第一句话是中央提出来的叫创先争优，咱们再加上一句，叫创效争荣，为单位创造效益，创造好的影响，要为咱们所在的这个家，增加新的荣誉。对于一般职工的要求是，要快乐工作，胜过昨天。全院每个人的工作，咱们提倡和鼓励，今天的工作要做得比昨天的好，明天的工作希望做得比今天的好，大家都能做到这些的话，咱们持续建设一流强院的共同事业就会越做越大。

第二部分：来源

刚才提到的，想特别强调的来源，第一个是从1992年，特别是从1990年以后，咱们院在建设“和合”文化方面，首先是院班子带头，在各个方面进行的探索。首先是院经营战略，立足办好分院，多元发展。总的思路现在还在继承和坚持。1996年经营形势非常困难，所以当时院里面强调全员经营，全方位经营。在“九五”发展规划当中，院里面确定的发展目标是：努力建设全国一流建筑设计强院。经过全院职工的努力，到2000年的时候，终于实现了咱们院，可以说是从来没有取得过的产值达到了一个亿。院“十五”发展规划纲要当中，咱们明确提出了发展目标是“持续建设一流强院”，发展方针是“科技兴院，人才强院”。为此，在经营机构、经营机制、分配制度、用人制度等各个方面都进行了一系列的改革和探索，以2005年张秀梅书记代表院党委在总公司所作的报告为标志，标志咱们“和合”企业文化建设取得了一个阶段性成果，当时中建总公司要求咱们院做一个关于领导班子建设的典型发言，张书记当时的报告是——努力建设西北院“和合”领导班子。接下来，进入2009年以后，咱们院结合深入学习实践科学发展观活动，院班子全体经过广泛的调研，听取各个层次、各个方面的意见，认真研讨，形成了咱们西北院的发展新思路：“拉通产业链条，完善产业结构，提升整体效益，建设‘和合’队伍”。从这一年开始，咱们在西北院的文化建设上，又一次明确地把“和合”文化作为文化特质，并且正式载入西北院“十二五”发展规划当中。第二个呢，就是咱们各部门，特指经营和分配激励机制的改革。从2010年开始，咱们院实行了“正效联动”的激励机制，这个创意最开始是熊院长提出来的，然后院班子集体研讨，最后实行了“正效联动”的激励机制，这个激励机制的实施，对于凝聚大院的竞争实力，对于增强大院的凝聚力起到了非常大的作用，由这个激励机制出发，咱们西北院的和谐企业建设必将跃上一个新的阶段。第二个来源大体来讲，基本上就是这样。

第三部分：目标

第三部分，我讲讲咱们怎么建设咱们的目标。为什么要提出“和合”文化？正像哈佛大学管理专家所讲的，企业之间的竞争，最高阶层的竞争就是文化的竞争，文化是什么？通俗地讲，就是指企业在长期的实践当中，形成和积累下来的优良的传统、优秀的经验和做法。广义的文化，当然还包括了各方面，制度层面、物质层面，等等。因此，我觉得管理专家强调的最高阶层的竞争是文化的竞争，道理就在于文化最后要落实到人的综合力，具体到咱们院来说，西北院的职工所具有的技术水平、职业操守，然后咱们推动“和合”文化建设的目标，总的目标就是要合力打造西北院的这一文化新品牌，为什么要这样做？就是寄希望于咱们院在继续做好咱们的质量管理，经营开拓，生产管理，精神文明建设，企业文化建设，党的建设，做好这些所有的工作，壮大“西北院设计”金字招牌的同时，咱们西北院同时具有“和合”文化这么一张新的文化名片。据我了解，咱们西北院的“和合”文化做出以上的内涵和外延的这种定义，应该说在全国还没有第二家。因此，从这个意义出发，咱们合力打造出西北院和合文化新品牌还是有可能的，咱们西北院要持续建设一流强院，需要全院职工、所有同志的不懈努力，同时需要咱们长期具有温馨的氛围、舒心的环境。所以，合力打造西北院和合文化新品牌又具有它的必要性。在此，我们希望，经过咱们全院职工的不断努力，在壮大和弘扬“西北院设计”这块金字招牌的同时，用5到10年的时间，打造完成西北院“和合”文化这么一个新的文化品牌，如此，我们西北院努力建设一流强院的共同事业将会取得更大的成绩，我们西北院这个金字招牌将会更亮，我们的影响将会更大，我们的生活也将会更加幸福。我们西北院作为国有大的设计院，我们的企业尊严指数也将获得进一步的提升。寄希望于大家，让我们共同努力，打造西北院两大品牌，谢谢！

院办李元昭根据录音整理

时间：2012年5月3日　地点：院一楼报告厅

关于中建西北院“和合文化”及其建设

——在院党建工作推进会议上的讲演

各位领导，同志们！七·一将至，首先向在座的全体党员干部和全院党员致以节日的问候和良好的祝愿！正像刚才熊院长所讲的，在党的建设方面，按照中央的要求，今年有一项非常重要的工作，就是落实关于中央提出的基层组织建设年的工作。大家知道，咱们院作为国有企业，在贯彻落实党的路线、方针、政策方面和现在国家实行的发展方针是保持了一致的。国家提出的经济建设、政治建设、社会建设、文化建设、党的建设还有环境建设“六位一体”的建设方针，落实到我们院同样得要抓好经济建设、抓好政治建设、抓好文化建设、抓好党组织建设，同时要抓好我们的社会性建设。这其中推行好我院的“和合”文化是其中的一项重要内容。

“和合”文化的内容，就是院正门大厅所标识出来的“两句话”“十二个字”“六个概念”，叫作“和谐发展共生，合作友谊共赢”，它的外延是“一总四分”结构。

关于“和合”文化的内容，我在这次会议之前，从去年开始，分别在不同的场合，在《院讯》通讯员大会上、多次所级层面组织的活动中、《和合映事》的编写动员会上、在离退休老同志会议上、在抢救西北院优秀文化工程推进会上，都分别宣讲过。今天借此机会，对咱们院的“和合”文化作一个全面的汇报。下面分三个部分：第一部分是院“和合”文化的来源；第二部分是院“和合”文化的内容；第三部分是院“和合”文化的建设。

第一部分："和合"文化的来源

关于中建西北院"和合"文化的来源，往上可以追溯到1980年，这一年我院成为实行事业单位企业化管理试点单位。咱们院的"八五"发展时期，也就是1991年开始，1991年前后咱们国家在国有企业这个层面上，全面开展建设"企业精神"这样一个活动，与此同时，咱们西北院的企业定位也逐步明显化，我们的文化建设也在一步一步地进行。1992年以后，随着咱们院的经营发展、经营实践、管理实践、党的建设实践的推进，我们的文化建设发展到了相应的进程。

第一个来源就是咱们院的经营实践。

1992年邓小平南巡过程中，提出建设社会主义市场经济的国家任务，随后通过党的"十四大"把建设社会主义市场经济列为中国特色社会主义建设的重要内容。同时号召各企业、企业化管理的事业单位要"转换经营机制"。这个过程大概在2000年左右基本宣告完成，基本建立了社会主义市场经济体系。这是国家的层面。在咱们院，从事业单位企业化管理逐步走到单位性质完全企业化是一个十五年的过程。其中从1992年到1995年间，是咱们院完全通过市场竞争去承接项目的全面开始，从1996年至2000年，这个过程持续深化。1991年至2000年当中，国家实施了两次经济紧缩，当时叫作"治理整顿"，所谓治理整顿就是主要针对当时全国的基本建设过热化、国家采取的压缩全国基本建设投资即压缩"楼堂馆所"的经济调整政策。建筑行业每次都是受到了很大的直接影响。对此，院里提出实施"全员经营"的策略。与此同时，当时咱们院职工的观念也由等、靠、要，逐渐转化到靠市场竞争来取得设计项目。根据当时这么一个经营实践，根据这一个市场需要，院里先后强调要树立并强化“忧患意识”“竞争意识”“主动出击意识”“服务意识”“业主就是上帝”等观念，“承接到项目就有效益”、“竞争取胜、持续发展”、“精心设计、诚信服务”等观念。2000年以后，随着国家西部大开发的逐步实施，作为建筑设计企业，赢来了历史上少有的大发展机遇期。并且，我院在“项目制”、专业所等机制上也作了不少探索。从2000年开始，咱们院职工的市场经营观念可以说得到了完全的确立，直到现在。在这期间，咱们院也相应地采取了增设经营单位、增加生产所这一新措施，最近几年院里也在加大增设经营单位这一方面的推行力度。到现在，已构建了土建所、专业所、创作室，还有专业所不同形态所构筑的多元的、灵动的经营机制。

第二个来源：管理实践。

西北院一直坚持人事、财务、经营、技术、印章“五个统一管理”，坚持不搞内部多级法人。从1980年开始到现在，咱们院随着经营的需要，相应采取了管理变革，一方面是适时调整生产机构，另一方面适时改革经营管理部门，特别是2000年以来，咱们院实行了两次职能管理的改革，同时修订了院的经营管理制度，其中咱们基本的经济管理制度就是技术经济责任制，与此相适应的有财务管理、经营管理等方方面面的制度。

咱们院从“九五”初期，正式提出要“努力建设全国一流建筑设计强院”的目标，实行了五年，卓有成效。2001年开始，在院《“十五”发展规划纲要》中正式确立了“持续建设一流强院”的发展目标和“科技兴院，人才强院”的发展方针，这个发展方针和发展目标得到了持续的实施，并继续载入了我院“十一五发展规划纲要”“十二五发展规划纲要”。到现在，大家看得很清楚，就是企业的发展为什么要强调诚信，咱们建筑设计企业为什么要强调“精心设计，诚信服务”，因为企业就像一个人一样，当然要有个性。人应当有个性，人更应当有好的个性，企业也是一样的，做企业和做人的道理在基本层面没有两样，而我们要“持续建设一流强院”必须以“精心设计，诚信服务”作为起点，同时也作为归宿，因为只有这样才能落实咱们院“持续建设一流强院”的发展目标，同时也是咱们全体西北院人的共同事业。

第三个来源：企业文化建设实践。

可以说面对当初由以计划或委托为任务来源的形势，到逐渐走向以市场竞争获取任务，最近几年这种形式逐步又在改变，委托任务又开始多了起来，是因为我们的品牌效益发挥了更大作用，2000年以后，委托任务也增加了。

当初第一个推行的适应市场需求的观念，叫作“竞争取胜，持续发展”，后来院里又提出“快乐工作，胜过昨天”，然后，2000年以后，咱们在文化建设方面就正式开始了以“和合”为中建西北院文化特征的这么一个文化推进。2005年，对“和合”文化推进进行了第一次总结与提炼，以当时张秀梅书记在中建总公司党委书记会上所作的《努力建设西北院“和合”领导班子》，和同年院在中建总公司首届企业文化高峰论坛上所作的《关于企业文化及其建设的两点思考》为标志。从2011年元月开始，咱们院领导班子对咱们院近60年来的发展历程作了新一轮的总结思考和提炼，于2011年初正式形成了对“和合”文化的新概括，就是两句话：“和谐发展共生，合作友谊共赢”。

第四个来源：人生成长过程。

咱们不管年龄大还是年龄小，成长的规律都是一样的，无外乎六大概念、六个方面的培养和学习，以前强调在学习过程中五个大的元素，“天地君亲师”，我觉得这个还不够，还得加上一个“友”，那就是“天地君亲师友”。任何人的成长都离不开这六个方面。

第五个来源：理论来源。

一是方法论，就是主观、客观、旁观三者的有机统一。这同以前的表述稍有不同。主观与客观统一，还得加上一个旁观，大家都知道，有句古话叫作：“当局者迷，旁观者清”，强调“旁观”，“旁观”无牵无挂，可能会更加冷静，也有可能更加完全。人类社会，说多也多，现在全世界近60亿人口，中国就有13亿，说少也少，少则就是你、我、他，如果只强调主观客观，就把第三个人撇在一边了。现在咱们玩的3D，3D更加立体化，更加直观化，主观、客观、旁观统一也就反映了3D这么一个现实。

第二个理论来源是“适用、经济、美观”三者之间的有机统一。

三是设计工作的基本问题。咱们院作为建筑设计企业，面对的基本问题是什么？我以为建筑设计的基本问题就是“设计创意、业主需求和建筑效能三者之间的有机统一”，这是第三个理论来源。

以上是五个来源：经营、管理、文化、人生、理论。

第二大部分："和合"文化的内容

（一）内涵。“六大概念，十二个字”。首先说“和合”。“和合”不是我们院的独创，它作为哲学概念也好，文化概念也好，不是在现在才有的，在咱们中华民族的文化发展史上，“和合”的概念至少有3000年的时间，可以推断至少在夏朝就有这么一个概念。实施和合政治的，当推春秋五霸之首的齐国总设计师管夷吾管仲。见于文字的关于“和合”文化的表述出现在《墨子》等等，上，基本内容就是“和谐”与“合作”，当然其本意主要强调在人际关系上“和谐友爱”和分配上的公平，这是原来的本意，突出“和谐”与“合作”两个方面的基本内容。改革开放以后，在国家领导人当中，全国政协李瑞环主席对“和合”以及“和合”文化讲得是最多的，在各种会议上都讲，包括五六年前，李瑞环主席出了一本书，叫作《学哲学用哲学》上面就有关于“和合”的阐述。这是关于“和合”的概念。

那么下来讲为什么必须要提“六大概念，十二个字”？

“十二个字”试图用“天干地支”中的“十二地支”对应一下，“六大概念”，就是试图与“六合”相对应。什么叫“六合”呢？指宇宙的方方面面，即“东西南北”加“上下”，上下四方的“宇”和古往今来的“宙”完全概括。

“和谐合作”刚才咱们谈到了。发展是企业永恒的主题，同样也是每个人一生的主题。在西北院，咱们院强调发展，同时强调和谐发展。“合作”即合在一起而劳作，独行侠干不成大事。那为什么又要强调“友谊”呢？一方面作为一个单位，咱们需要队伍，得是个团结的队伍，同时得是个充满友谊、充满人文关怀的大集体，通过合作，大家都能成为好朋友，合作不光是同甲方的合作，当然首先要特别关注同甲方的合作，通过合作来共同缔结友谊。对内部，每个岗位之间，每个部门之间，通过合作，大家相互间理解增加了，相互间关心增多了，自然而然地也会产生友谊，办企业也好，为了大团队，小团队也好，最后咱们要做到“共赢”“共生”，也就是团队共进。“和谐、发展”，“合作、友谊”，而达于“共生、共赢”。上面就是关于“六个概念”的这么一个通俗的解释，这是它的内涵。

关于内涵，可以说在全国还没有以这么个内涵来定义“和合”文化的，到现在为止，只有咱们一家。所以，咱们还是有文化自信的。那么它的外延，也就是怎么落实内涵呢？

（二）外延。外延的结构是“一总四分”结构。先说“四分”，也就是四个层次。

第一个层次就是对院所两级领导班子的要求。对院所两级领导班子，咱们的建设目标就是要建设“和而不同，和而求同，领导力强，亲和力强，创新力强，务实真干”的这么一个团队。具体来说有几个方面的要求。这些要求对在座的院所两级领导班子来说，应当成为大家的一个自觉追求。把要求变为追求，在这一方面，我和熊院长早已共识首先践行。

有那么几个方面的要求：“工作上靠规矩，生活上讲情义”；“和而不同，和而求同”；“尊重各人个性，执行集体决定”；“相互欣赏，相互给力和相互补台”。这是对院所两级领导班子的要求，由这些要求来落实“和合”的宗旨。工作上靠规矩，规矩是什么？是党和国家的路线、方针、政策，是各级政府的规章制度，是咱们院的规章制度。这是规矩。提规矩与情义，咱们院既讲规矩又讲情义，因为任何事情，不可能100%地靠规矩就能搞好，国家提倡的“以法治国”和“以德治国”相结合就是这个道理。为什么强调“和而不同”呢？因为要发挥个人所长、创造性思维。为什么强调“和而求同”呢？因为要聚合大家智慧，统一认识，统一行动。这两句说的就是“和而不同，和而求同”。院所两级领导班子，能成为领导的，首先应该说是大家的艰苦努力、全院职工的信任支持和各级领导的培养的结果，同时也都有各人的个性。那不能说当了领导就抹杀了有利于工作的个性。管理工作、经营工作、科技工作，有共同性，那就是要求不断地创新，创新就要求“和而不同”，院所两级班子就要强调“和”，但不能为了团结而团结，咱们团结的目标要时时盯着“持续建设一流强院”，要时时想着建设西北院和谐企业。这是咱们的“和”，所谓“不同”就是要尊重和发挥个人的长处，尊重和发挥不同专业的长处，尊重和发挥不同性格的长处。所以强调“和而不同”，就是这个意思。那么为何强调“和而求同”呢？因为共同的目标是把西北院搞得越来越好，实现咱们院的“持续建设一流强院”的共同目标。所以咱们强调，尊重个人个性，执行集体决定，“和而不同、和而求同”。咱们为什么要强调领导班子成员之间相互欣赏？全国各级各类所有的领导班子都是强调团结的，那么怎么才能达到团结？要团结，首先心理上应该相互容纳，相互欣赏。其实不光是两级领导班子，咱们在座的，包括每一位青年同志，谁都有自己的长处，如果咱们领导班子成员之间能坚持相互欣赏对方的长处，那么这个班子就一定是团结的班子。如果咱们全院每一位职工都能真诚地欣赏咱们周围同志，不管是党员还是非党员，都去欣赏周围每一个人的长处，那咱们中建西北院就是一个团结的整体。所以相互欣赏非常重要，对于团队来说，欣赏出合力；对个人来说，欣赏产生快乐。这就是关于院所两级领导班子的，这是第一个层次上的要求。

第二个层次，对全院干部队伍的要求，是以下几句话：要求全院干部队伍要做到“三个开拓”、“三个当头”和三事。

三个开拓即不断开拓思路，不断开拓眼界，不断开拓胸怀。全院干部无论是领导还是作为骨干力量，我觉得第一个咱们在工作上要“胜过昨天”，这是一个基本要求，首先要不断地学习，由学习达到不断开拓思路的目的。咱们平常出差机会比较多，出差是咱们不断开拓眼界的很好机会。为什么强调胸怀呢？当然这是院所两级领导班子必须要首先做到的。咱们全院有一千余人，加上外聘的已超过2500人，咱们的干部队伍要团结带领好全院职工。西北院的发展靠全院的干部队伍来团结全院职工。而要“团结带领”，没有广阔胸怀是不行的，如果哪一个干部的胸怀狭窄，不能容人的话，那么群众迟早会叫他下课的至少不买账的。当然咱们院的领导干部，胸怀还是比较宽广的。包括上一次赵正永省长来院，对咱们院的干部队伍给了很高的评价。这些就是“三个开拓”的要求。

“三个当头”。面对困难要“勇”字当头；面对意见，特别是批评性意见，要“容”字当头；面对矛盾，特别是名利方面的矛盾要“让”字当头。当干部的“当头儿”的，最起码要这样当，当干部就得要吃亏，就得要多干。遇到困难，能不能“勇”字当头，带领大家克服困难，这是对“当头儿”的一个考验。各种各样的矛盾，除了名与利，其他方面的矛盾都好解决，而恰恰在名与利面前才能彰显一个人、一个干部品德的高下。所以咱们强调面对矛盾，特别是名利矛盾的时候，要“让”字当头，要上让下，大让小。也就是说面对名利矛盾的时候不要和群众去争，要让。其实这个相对来说也不太难，也容易做到。比较不容易的就是面对意见，特别是不同意见和批评性意见时能真正做到“容”字当头，在这一方面其实检验的是胸怀、眼界和思路，而这一方面，相对来说就难一些。说它难，是因为始终做到这一点很不容易。咱们为什么每年要举办干部培训班？目的是什么？也就是帮助大家不断地持续提高各方面的修养，包括咱们海纳百川的胸怀。这是对干部的要求。当然，还有就是“干好事、干成事、不出事”。以上是对干部队伍的要求。

第三个层次，是对党员队伍的要求。两句话："创先争优"，结合咱们的企业又加上"创效争荣"，这是对所有党员同志的要求。

第四个层面，是要求全院职工队伍"快乐工作，胜过昨天"。"胜过昨天"，为什么这么提呢？它与"追求卓越"相比，差距很远，"追求卓越"，说起来很带劲，听起来也带劲，但是为什么不这样提呢？因为"追求卓越"对于一个大的团队来说可能最多就是20%左右的人可能做到，这20%左右的人都是全院的骨干，大家都能做到"追求卓越"。但对于全院职工来说，要人人都去追求卓越可能做不到。因此，咱们不这样提，咱们思考后，从"九五"期末提出"胜过昨天"，"胜过昨天"这个要求，咱们院无论是哪一位职工都可以做到：就是今天做到的事情比昨天好一些，明天做的事情比今天好一些，就如同古语里面说的"苟日新，日日新，又日新"。如此，在全院职工中做到"胜过昨天"，在咱们西北院的竞争优势就会一天比一天强，咱们"西北院设计"的金字品牌效应就会越来越大。

"和合"文化外延是"一总四分"结构，刚刚讲了"四分"，现在讲"一总"。"一总"就是对包括上面四个层次同志的总要求，也就是对全院职工的总要求，也是咱们"和合"文化的特色和优势的集中体现，叫作"新三纲五常"。

"新三纲"：第一纲，善为德纲，注重品质中的德。第二纲：用为才纲，解决德才兼备问题，才的原则目标是有用，品好则大用，有益于人，有益于团队，包括有益于家庭，有益于社会，所以强调用，用为才纲。第三纲，义为志纲。德才都具备了，还得来点动力，动力靠啥？靠"志向"，志向的纲是"义"，道义，大义，应当，公正，公平的意思，所以第三纲叫“义为志纲”。老的“三纲”是“君为臣纲，父为子纲，夫为妇纲”。

“新五常”指的是：常怀感恩之心；常念牵手之缘；常思成长之苦；常想同行之乐；常做报恩之事。这就是“新五常”。老的“五常”有几个提法，表达比较多的就是：仁、义、礼、智、信。

下来简要地给大家作一解释。

“新三纲”为什么这么主张?“新五常”为什么这么强调?

今年5月份我给省上一位领导汇报时听了一席话：说在中国历史上，凡是革命时期都是以打破当时不合时宜的行为道德规范作为突破口，但一旦革命成功，或改朝换代后，进入长治久安的建设阶段，当政者一定会继续弘扬优秀的传统美德。无论是家庭、个人还是社会，必须要有坚持的东西，要坚持的东西：第一个就是善，善良，第二个就是做一个有用的人，第三个就是要把咱们本事使出来造福于人们。目的不仅仅是为了做事，为咱们团队、单位，同时为社会来贡献，分享。因此，才有我们的“新三纲”的提法。

强调“善为德纲”。为何强调“善为德纲”呢?因为现实生活中有很多不善的现象。举个例子来说，哪一项工作没有搞好，上面追查下来，可能会有几种不同的现象：一种是我作为头，我来承担；二种是“这事我已经按照领导要求布置过了，下面的人没有干好”。当然还有这样那样的原因和现象，比如说“压根就不关我的事”，同我没有关系。碰到困难与挫折了，是否“勇”字当头，这就是检验干部素质的一个标准。该承担的时候就敢于承担、敢于担当，说明这个领导是善的，是好干部。如果不是这样，就说不上善了。所以咱们强调“善”。

“新五常”：

第一“常”：“常怀感恩之心，敬老爱亲，敬岗爱业”。因为人一生当中，首先是受之于父母，一生下来直到参加工作、结婚，结婚之后，到工作结束，生活也好，工作也好，事业也好，是离不开家庭的，而家庭凝聚力在于亲情，一个人不论在哪里工作，都离不开家庭的全力支持。常怀感恩之心，从敬老爱亲做起，自然延伸到敬岗爱业。其实大家在这一方面是做得不错的。

第二“常”：“常念牵手之缘，恩爱夫妻，教养子女”。这个牵手之缘，确实值得一生去珍重、尊重、敬重。所以特别强调夫妻要互相恩爱。咱们院的嵇珂所长，在一次活动会议上说到《新白娘子传奇》里那句“百年修得同船渡，千年修得共枕眠”，夫妻一张床上睡一辈子，那是一千年才修来的缘分，难道不值得去珍重？结婚是千年修来的缘分，它说明的是一个问题：人世间最珍贵的缘分就是姻缘，你说值得不值得去敬重？老公要对老婆好，自不必说，女同志要对丈夫好一点，如果长期对丈夫不好就会出大事，就可能离婚了。这里有一个段子，念给大家听：“女同胞们，可要注意身体了，锻炼好身体，对待好老公，否则的话，别的女人就可能：住咱的房，睡咱的郎，花咱的嘎（钱），打咱的娃。”男的也要注意了，老婆还是自己的好啊！

不管丈夫、妻子，既然选择了对方，就一定要恩爱，我觉得这是最基本的。夫妻恩爱，尊老爱亲了，家庭就幸福了，人生就快乐了。同时强调教养子女，要养好、教好子女，生而不养，养而不教，教而不严，父之过，母之过。这种情况，虽然不多，但是确实或多或少都有存在。你有胆儿生娃，那就得好好教育，培养娃才是硬道理啊！

第三“常”：“常思成长之苦，建功岗位，报效社会”。人的一生中从咱们院来说，年轻人一进来第二年就认定为助理工程师，都当“师”了，然后四年以后就是“工程师”，再过五年就是高工，高工以后还有要晋升为教授级高工，这是职称方面的。当然还有管理方面的，领导力强、沟通能力强又得到大家公认的，那就逐渐当“头”了。但不管成长到哪个阶段，都是与周围人的帮助密不可分的。因此，保持报恩的思想，强调建功立业思想。同学朋友帮助，进入设计院就是全院职工的帮助，所以就要常思成长之苦。最后要把它落实在岗位上，在岗位上建功立业，同时反馈社会。咱们倡行“精心设计，诚信服务”，因为企业不是独立于社会的，是受惠于社会的。

第四“常”“常想同行之乐，友善团队，珍视缘分”。人的缘分各种各样，结婚是最大的缘，各种样子的缘分都有，同样值得大家珍视。在同一单位工作，是一层缘分，在同一部门工作又增加一层，在同一部门而有时邻桌，缘分层上加层，所以我们强调缘分来之不易。如果我们珍视缘分，那么咱们团队所在的部门、设计所、分院，一定是快乐的，如果全院职工都珍视这种缘分，那么西北院的氛围一定是非常温馨的。同样珍视缘分，珍惜与甲方业主之间的配合协作。

第五“常”：“常做仁义之事，宁静心灵，升华生命”。如果按照“五常”从“第一常”做到“第五常”的话，那么这个人就可以称得上君子了。

刚刚讲了“新三纲”、“新五常”，那么如何从“新三纲”过渡到“新五常”呢？强调“三个始终保持”。

“善为德纲，而始于孝。”所以要“始终保持孝子的心境”。孝子的心境是什么？是“孝悌”，入则孝，出则悌，见父母孝顺，见兄弟姐妹就要友爱。推而广之，在一个组织当中就要遵守各项规章制度，尊重好老同志，老同志同时要关心好青年同志，大家要相互关爱。

“用为才纲，而始于学。”强调的是“始终保持学子的心态”。有了学子的心态，有不断学习的动力，那么就可以做到咱们的“三个开拓”，就可以做到咱们的“和而不同，和而求同”，就可以做到“胜过昨天”。

“义为志纲，而始于仁。”仁者爱人，仁者君子，所以要“始终保持君子的心怀”。君子的心怀，“达则兼济天下，穷则独善其身”。当然这是以前对君子的定义，对现在也有现实意义。

由“三个始终保持”就可把“新三纲”衍化为“新五常”。“新三纲”解决人格塑造问题，而“新五常”是规范人们日常行为规范问题，我们全院职工唯有高尚的人格塑造，唯有得体的行为规范，才无愧于中建西北院作为省级文明单位标兵这一殊荣。

第三部分：建设好咱们西北院的“和合”文化

“和合”文化，从形态上来说，属于文化范畴，但是文化范畴必须有实实在在的载体，才能够落地生根。咱们强调的“和合”文化，可以说，把个人、单位、家庭、社会有机地连接到一起，把个人的修行和团队的共进有机地连接在一起了。因此，它一定有它很强的长久的旺盛活力，它一定会对“持续建设一流强院”产生不可估量的推动作用。也坚信它会为“西北院设计”这个金字品牌，为光大品牌效益增光添彩。因此，咱们提出来的“两大品牌”同时推进：一是持续壮大“西北院设计”这一金字招牌，一是要合力打造西北院企业文化新品牌——“和合”文化。

有了建设目标，怎么建设？第一个：将各方面的规章制度进行全面修订，要结合制度修订，把“和合”文化的要求融入制度层面，融入持续开展的各项活动。第二个：要聚集、要传承西北院优秀的文化传统，要实施抢救西北院优秀文化工程。关于后面这一项，今年6月15日召开了“抢救西北院优秀文化工程推进会议”，目的就是把西北院以前发生的感人的事情，有意义的事情，经营、管理、文化建设、党的建设，包括工会、共青团等工作的建设过程中涌现出来的有意义的人和事，同样以故事的形式传承下来、传至后世，传向永元。第三个，开展有关的和合集体、和合班组、和合家属等创建活动。第四个，继续出版好“和合”文化系列丛书。

今年结合咱们院六十周年院庆，出版了系列丛书《作品集》、《院志续编》、《论文集》和“和合”文化丛书《和合映事》（第一卷），把我们在“持续建设一流强院”过程中涌现出来的光鲜靓丽的事情记载下来，发扬光大。由此落实咱们“三个文明”共同发展，推动咱们院“持续建设一流强院”的共同事业。目的就是共同提升咱们西北院在社会上的尊严指数，共同提升西北院人的幸福指数，把西北院做强、做大、做久！

谢谢大家！

此文系2012年6月26日在党建工作推进会议上的讲话，
由李杰根据录音整理

关于西北院“和合”文化与“新三纲五常”

今天讲咱们西北院的“和合”文化，讲“新三纲五常”，分为几个部分：第一是问题的提出；第二部分是“和合”文化及其基本来源；第三个是咱们青年的任务。

首先，我讲第一部分。为什么今天要强调西北院的“和合”文化？今年是建党九十周年，恰逢今天（12月26日）是毛主席诞辰日。今天的日子，历史上很重要。前一段，十月中旬中央召开了十七届六中全会，做出了“关于社会主义文化大发展大繁荣”的重大决定，其中强调国有企业要建设好先进的企业文化。前天，中央召开了“国有企业实践社会主义核心价值体系”的专题会议。今天借这个机会，跟大家宣讲一下西北院的“和合”文化。这是我讲的第一部分。

第二部分，关于“和合”文化。我们西北院实践“和合”文化已经有十多年的时间。最开始提出是在“九五”期间，但对“和合”文化内涵概括表述方面，还是有一个变化的过程。2011年年初，结合我们院十多年来“持续建设一流强院”的建设实践，我们对“和合”文化的内涵作出了新的概括：“和谐发展共生，合作友谊共赢”。这样就把咱们西北院的“和合”企业文化的表述基本固定下来了。这个新的概括应该说可以涵盖咱们西北院的发展历史，特别是咱们西北院“九五”以来实施的“持续建设一流强院”的建设实践。两句话，六个概念，十二个字，概括的是西北院工作包括对内对外工作的方方面面。

现在讲它的来源或者说讲它的实践基础。

第一个来源就是咱们院在不断推进“持续建设一流强院”过程中战略思想的变化。“九五”初期，我们院在制定“九五”发展规划的时候提出了“努力建设全国一流建筑设计强院”的发展目标，当时实行的发展战略是“立足陕西，辐射周边、办好分院、多元发展”这么四句话。进入“十五”以后，咱们院把发展目标又重新明确为“持续建设一流强院”，把发展方针重新明确为“科技兴院、人才强院”，同时在发展战略方面仍然推行刚才说的“四句话”。“十一五”末期，院党委、院领导班子结合学习实践科学发展观活动，在广泛征求全院干部职工尤其是各单位各部门领导干部意见的基础上形成了西北院新的发展战略，叫作“拉通主业链条，完善产业结构，提升整体效益，建设‘和合’队伍”。从此，在发展战略思想方面确立了“和合”文化的战略地位，并且这个发展新思维，已经确立为西北院“十二五”期间的发展战略。

第二个来源：西北院的经营实践。为落实发展新思路，西北院在“拉通主业链条，完善产业结构”方面，经过历年的努力，已经初步搭建起了新的业务平台，那就是“投资、工程总承包、新技术应用”，包括新技术的产业转化。那么第三句话呢，就是提升整体效益方面。西北院是围绕“做强做优做久”的目标，来加强主业、辅业经营管理，来搭建新的板块的。因为单靠咱们建筑设计这一个业务单元，一旦市场有波动，咱们就会受到影响。所以搭建新的业务结构、产业结构，一方面是要壮大咱们院的经营规模，提升整体效益，更重要的还在于应对未来可能发生的风险。同时，对已有公司如监理公司、电研所、图文公司等，由“扶持型”转化为“创效型”公司，为此提供源泉的是在“十一五”期间咱们院已经步入一个高速发展的快车道。2000年收入第一次到1个亿，2002年第一次到2个亿，2004年、2005年到3个亿，2010年到5个亿，今年超6个亿没有问题。今年各设计所的生产形势相当好，到现在为止新签合同额合计就18个亿，年底可能再增加1个亿左右合同额。另外还有工程总承包，今年签订了5个亿的合同额，加起来在手的任务超过了26个亿。

第三个来源，就是在2010年开始实施了新的激励政策，称为“正效联动的分配机制”，这个机制的实施，其效果在于有效地规避了以前各所之间在竞争时存在的或多或少的内耗现象，转化为所际相互主动支持的良好态势。

第四个来源：在从2003年起开始探讨“专业所”建制，2007年创办“创作室”的基础上，经过近三年来密集地推进，搭建了富有活力的经营生产组织体系，土建所、中心、工作室、技术专业所、产品专业所和创作室等，通过这样一个多元共存经营机制的搭建，有效激发了经营活力，有效促进了咱们院的“和合”队伍建设。

第五个实践来源：西北院十多年来在扎扎实实地推进物质文明发展的同时，同步推动着精神文明建设的持续发展。这期间，咱们院顺利通过了两次省级文明单位的验收，上个月成功地通过了陕西省委省政府组织的“省级文明单位标兵创建工作”的检查。在检查的时候，省委宣传部常务副部长宴朝同志对我院的文明创建工作给予了高度的评价，并对西北院和合文化给予了高度肯定。我院为此深受鼓舞。

结合青年面临的任务来着重讲一下推行的“新三纲五常”。

2011年新进院职工今天都在座，希望大家在进院之日起就要牢固树立爱院之心，牢固实践报企之志，这样才能在继续完成咱们年轻人，可以说你成名之前必定面对的“成长、成才、成功”的任务。要取得成功，就要用到大家都知道的那句话，就是：好机会只给有准备的人。智力学识大家都已准备了不少，很多青年同志都是研究生毕业，还有优秀的本科生。但是大家来院工作在五年之内会深深地感受到从学校到企业是一个不小的人生转变，因为它要完成从学习到应用的人生重大转变。在这个过程中，我相信大家会体会到咱们的“准备”还需要进行。当然，我们老同志在内的全院所有职工也应当活到老学到老。从哪些方面进行准备呢？我觉得应该从这几个方面进行，那就是应当始终保持孝子的心境，始终保持学子的心态，始终保持君子的心怀，做到常怀感恩之心，常念牵手之缘，常思成长之苦，常想同行之乐，常做报恩之事。这就是我们所说的“新三纲五常”。

下面简要解析为什么要在“三个保持”当中首先强调要保持孝子心境。

大家可能都注意到过这么一个现象，最近三年左右咱们国内的主流媒体上演反映家长里短的电视剧越来越多，之前引入的“韩剧”，“韩流”电视剧也都在讲家庭这方面。为什么？这是一个比较有趣的现象，也是应当引起咱们年轻人思考的现象。因为社会的细胞是家庭，家庭是人生一艘永不沉没的航母，是事业成功永远的加油站，人的一生是起于家庭还归于家庭，进出家庭之间就必须履行对家庭、对单位、对社会的责任。要想为社会作出贡献，要想实现人生的价值，第一位在新的准备方面一定要保持孝子的心境。退一步说，如果一个人没有孝子的心境的话，我敢说这样的人一生当中不会有多少朋友，一定是孤独而且少有作为的。

第二个为什么要强调始终保持学子的心态？我把学习的心态称为“归零思维”，那就是早上先把它归零，一睁眼就要注意学习新的知识。古代商汤王刻在浴盆上的自勉箴言，叫作“苟日新，日日新，又日新”，说的是每天都要学习新的知识，来增强我们的技能。学子的心态，在西北院也就是提出十多年的“胜过昨天”。咱们院先后提出了“精心设计，诚信服务”的质量管理方针，提出了“竞争取胜，持续发展”的企业追求，同时特别强调“快乐工作，胜过昨天”。怎么“胜过昨天”呢？首先要一辈子一直保持好学子的心态，才有可能在实践上做到“胜过昨天”。

那为何要强调始终保持君子的心怀呢？它的内涵是什么？八个方面，就是《大学》所讲的：格物、致知、诚意、正心、修身、齐家、治国、平天下。这就是君子所当作为。这八个方面，首先要具备的，就是毛主席反复说过的“胸怀祖国，放眼世界”，这是需要的眼界。保持君子的心怀，要做到“三个开拓”：要不断开拓眼界，要不断开拓思路，要不断开拓胸怀。由“三个开拓”才能做到八个方面要求的君子的心怀。联系咱们西北院，咱们要继续推进的是“持续建设一流强院”的发展目标这一全院职工的共同事业。这份事业，要求咱们全院职工，西北院的各级领导干部，西北院的全体党员同志，特别是全院青年同志，首先要有远大的眼光，要有高远的见识，要心存高远，脚踏实地。

我想再给大家分析一下：建筑设计的基本问题是什么？

我以为是三元统一的关系：建筑设计的基本问题，是只要你一开机就面对的，或重复面对的，也不单单是咱们院遇到的。哪三方面的统一呢？那就是业主需求、设计创意和建筑效益三者之间的“和合”统一。我希望咱们的青年同志要牢牢把握这么一个基本问题，这个基本问题的出发点是业主需求。咱们在实践中经常会碰到这样那样的、有各种想法的业主，因文化程度、社会经验不一样而有不同想法的业主，形形色色的业主，少有的业主很难打交道，更多的还是很好交道的。而设计作品或设计产品的最终评判者，是直接与间接的用户，是直接的用户对建筑物本身的效益（含直接效益与社会效益）的影响，所以，设计创意、业主需求、建筑效益三个方面贯穿建筑物的产生、建造、使用、维护的全过程。在相互交流、交锋、交融，同业主进行各种方式与形式沟通中才有可能更好地完成我们的设计，所以在这个方面要做到“三个开拓”：开拓胸怀，开拓眼界，开拓思路。咱们在设计当中要快乐工作。为什么要倡导快乐工作？因为工作当中会有这样那样不快乐的事情，所以咱们应该保持一个快乐的心态。有了这种积极乐观的心态，就会冲淡、克服遇到的不快乐，只有这样，才有可能把咱们的工作，无论是设计还是管理，搞得越来越好，最终达到“胜过昨天”的人生追求。

这就是“三个保持”，也就是我们所说的“新三纲”，为何要把它叫作“三纲”呢？因为所谓的“纲”就是原则。三个保持就是我以为的人生应该坚守的三个原则。

由“三个保持”出发，要践行好“新五常”。

第一个常是：常怀感恩之心，敬老爱亲，敬岗爱业。

第二个常是：常念牵手之缘，恩爱夫妻，教养子女。这个不难理解。

第三个常是：常思成长之苦，建功岗位，报效社会。重点说一下。来了西北院之后，可以说各位就有了人生发展的平台，在这个平台上，希望大家一边工作，一边天天继续学习，学习是一生的事，来到单位，从现在开始，我们都应该有报效单位的思想。因为在今后的工作和发展过程中，只要大家有新的想法，院里面会相应地为大家搭建相应的发展平台。正像刚才我所讲过的在经营机制方面可以说是我们已拥有了多元共存的经营生产组织构架，目的就是要不断激发咱们的经营活力、经营潜力、创业活力、创新潜力。在这个过程中，我想大家工作时就要把活干好，把活干优，要精细化设计。在精细化设计方面，我特别提醒大家，“精细化设计”特别重要，非常必要。因为它直接关系到中建西北院的品牌问题，而精细化设计是一个不断持续的过程。咱们西北院的设计深度、精度、高度在社会上是有目共睹的，可以说，“西北院设计”这块技术质量金字招牌是我们“持续建设一流强院”的坚实雄厚基础，也是咱们院在六十年来经历了三四代西北院人艰苦奋斗、勤奋工作的结晶。大家不要小看这个品牌效应。这个品牌效益，可能光在院里面这个大团队中不会体会得特别深刻，如果你从客观、旁观的角度来看，就会更深切地认识到感受到“西北院设计”的品牌效应。它有凝聚力、有感召力，感召谁呢？感召业主主动过来委托任务。这是一个方面，这个方面大家今后会感受比较深刻，相信以后大家体会越来越多。还会有两个方面的体会，那就是与咱们同台竞争的时候，西北院在陕西享有的尊严指数特别明显。有这样好的品牌效益，品牌效应，咱们就必须去呵护，去弘扬，去发展，去光大！从哪些地方做起？从精细化设计做起，我想这个应该是不难的，但是如果大家面对每一个项目都这么做，那就是一个不简单的事情。青年同志也唯有如此，才有可能用十至二十年时间成长为大师级的人物。成功人士的经历，可以说没有一个不是这样的，这就是第三个“常思成长之苦，建功岗位，报效社会”，从精细化设计，从精细化工作做起。

第四个“常”是：常想同行之乐，友爱团队，珍视缘分。这里特别强调每个人要去维护好，自觉维护、自觉增强集体的力量、集体的荣誉。咱们青年人喜欢张扬个性，对这样的想法应当辩证地看。在技术方面搞方案创作的时候，无论是建筑，还是结构、水、暖、电、概算，可以充分张扬个性。但在人际交往方面，每个人张扬个性的同时，一定要注意别人也要张扬个性，为此呢，特别要相互谦让，强调大家一定要强化“团队”意识、团体意识。因为无论学习、工作还是生活，都不是单打独斗能成功的，所以大家要增强团队意识。怎么增强团队意识呢？重要在两个方面：一要强化遵守纪律，一要始终不忘人生的理想。我记得1992年到宁夏出差，刚好碰到张贤亮，给我们几个人都写了8个字：“坚持梦想，争取辉煌”，所以也送给大家，希望大家能在报效单位、报效社会和友爱团队当中，牢记这8个字。大家如能始终这样做了，一定会取得渴望中的成功。

第五个“常”是：常做报恩之事，宁静心灵，升华生命。因为每个人，如果你坚持不忘、牢记所有帮助过你的人，从做一个善人开始，那么我想这样的人会吃啥啥都香，无论在哪里睡觉都会非常踏实、甜美。因为心灵在报恩当中得以宁静，得以升华，这样的人生才是最快乐的人生。怎么才能做一个善良的人呢？我觉得这个问题值得强调。人性本身就有善恶，性本善还是性本恶，这个问题在中国已经争论了三千多年的时间，而且还要争论下去，为什么呢？因为人本身有善也有恶，这就是为什么人要不断地升华自己，不断地行善去恶的根本原因，也是人生需要不断修为的原因。举一个简单的例子，把某某事情办得不漂亮，办砸了，要查一查什么原因，这时就会看到两种情况经常出现。一种是做得不好，遇到要担责任就往外推，这是一种，这种一定称不上善人所为。还有一种情况就是一有问题就反思自己并承担责任。在这两种态度当中哪些值得肯定？我觉得要比较的话，首先要反思自己是最值得肯定的，当然不是最好的。最好的最科学的应该是客观地分析成败的原因。这就是为什么强调做一个善人的必要性。

如何做一个善人？三句话：一，与人为善。与人为善和与人为恶这是判断个人品德的分水岭。二，替人着想。替人着想，能反映出一个人的好多素质。三，帮人一把。

三句话，谁能做到呢？谁能做到了就是善人所为，谁能一辈子做到了就是真善美之人。我们要建设“和合”队伍，首先这个团队的主旋律是善良。当然这些都是有前提条件的，不能违反原则，不可能无论是非谁都帮，但同志之间、同事之间、朋友之间能帮的时候还是要帮，大家共同成长，大家共同成才，大家共同成功。

我们今后要面对这样那样的困难和问题，我希望大家面对困难要“勇”字当头；面对矛盾，特别是名利矛盾，要“让”字当头；面对意见，特别是批评性的意见，要“容”字当头。

各位青年朋友，中建西北院“持续建设一流强院”需要全院职工付出不懈的努力，西北院已经取得了辉煌的业绩，咱们院“十二五”发展规划中确定的到“十二五”末，年实收十个亿的目标，可以说问题不大，而且可以说会提前实现。能不能确保，或提前实现，关键有待于全院职工的共同努力，对此咱们全院青年同志责无旁贷！

最后两句话与大家共勉，叫作“路虽远，行则必至！事虽难，干则必成！”

谢谢大家！

本文系2011年新员工年末座谈会上的讲话，
李杰根据录音整理

建幸福企业　做快乐员工

——2011年12月21日在恒瑞公司的演讲

第一部分：建幸福企业。

企业和员工实际上都是有个性的。作为人、职工或者职员，都是组织的成员，每个成员都有个性。同样，每个组织也当然具有自己的个性。当然企业有大有小，规模不同这是客观存在的。像恒瑞公司能稳健运行十多年，说明企业的个性良好，为社会所接受。企业在市场生存和发展当中有不同的存在状态，如北大某经济教授说："市场竞争分三个层次：成本竞争、技术竞争（特别是特色技术），第三个层次是标准的竞争"。这个提法我很欣赏，它客观反映了不同的企业在市场中不同的状态。最好的当然是制定标准的企业，但是这种企业数量相对来说非常少，但是无论处于哪个状态的企业，只要这个企业追求的目标是和社会吻合的，并由此不断完善，那么它就是有生命力的。如果这个企业能不断强化和社会之间的沟通，特别是和市场之间的沟通，那么这个企业的发展潜力就是无穷无尽的。再说咱们公司，我看到办公楼里的三句话："为城市创造优美，为客户创造价值，为员工创造机遇"，我觉得这三句话提得非常好，这是你们追求的方向，也是市场行动的旗帜。从这个角度讲，公司紧扣咱们的行业、咱们的业主和主力军提出了优美、价值和机遇，这恰恰是咱们企业发展当中需要特别关注的，也是咱们建幸福企业的三个着力点。就说第一个"为城市创造优美"，提这句话肯定是着眼于咱们的行业，咱们行业的产品就是建筑设计，建筑设计可以说百分之九十都是集中于城市，除了社会主义新农村这类设计项目在农村，其他的就很少在农村了。你们能集中瞄准行业、业主需求和员工的机遇，这抓得非常准，能从中体会到企业的个性、追求。我刚听花院长讲，除了十几名老同志，其他都是年轻人。咱们这个行业非常累，但是也是很有成就感的一个行业。当然创造价值主要是靠咱们年轻人，特别是在方案阶段，靠的就是年轻人的智慧、年轻人的激情。

建幸福企业。我个人认为首先要抓准企业的几个基本问题。企业的第一个基本问题：规模、品牌、效益的关系，三者对立又统一的关系，这是一个基本问题。这个基本问题对所有企业都是一样存在的，在企业之初，第一步就是把规模尽量做大，否则的话市场声音就小。然后紧接着，企业做到一定的规模必须要关注品牌，如果说企业的个性是有生命力的话，那么企业个性的生命力就体现在企业的品牌上。在这个前提下，要尽可能追求企业好的效益。

第二个基本问题，就是处理好国家、企业和个人利益的关系。

第三个，结合咱们设计企业来说，设计企业的基本问题是什么呢？我个人认为是业主需求、设计创意和建筑效益三者之间的对立统一，这个我不知道大家是否想过。对于这个问题我已经思考了五六年，我力图概括咱们设计企业的基本问题，最后我归纳了这三个方面。首先是咱们企业的出发点和归宿，咱们的生存和发展，基点是业主。当然业主是多种多样的，有的是政府业主，有的是国有企事业，有的是民营企业……各个方面，这是从企业类型上看。从企业的经营范围来讲那就更多了。但是不管怎样，所有这些只要能找上门来，或者咱们投标中标的，不管他是什么状态，都是咱们的业主。因此，咱们起于业主、成于业主，当然，如果败也败于业主。因此，业主是咱们设计企业的第一个支柱，是咱们生存的基本前提。第二个要素就是设计创意。在设计创意当中，首先是建筑师的创意，同时还有结构、水、暖、电，包括概预算，都要出技术方案，这些设计创意就咱们设计企业来说，必须是统一的。在咱们设计企业，龙头专业是咱们建筑师的创意，当然仅有建筑师非凡的想象，没有结构的支撑，这个想象就只能是平面的，达不到3D。然后建筑结构结合在一起了，水暖电跟不上，可能结果就不会最优。比如说，咱们装修的时候，水上说你这个梁下沉了六十厘米，不能在梁上打洞，我只能绕着布置管道，这样一来，建筑内部空间的高度就自然被压低。包括暖和电都要用管道，如果咱们的设计创意仅仅着眼于土建设计，而没有事先把装修设计考虑进去，咱们这个设计就有可能影响将来建筑本身的效益。因此，设计创意是咱们生存和发展的第二大支撑，也是咱们最根本的生产力所在。第三个就是建筑效益，或者说咱们产品的效益，包括产品的使用效果、社会人士对它的观感认识等各个方面。现在社会上讲究绿色设计：绿色、环保、低碳，同样也是咱们在设计过程当中，需要充分考虑的。这是就建筑本身而言。同时，建筑从来不是孤立的，必须在环境融合之中体现单个建筑的作用，单个价值的效能。设计必须通过施工形成产品，那么它的效益才能不断地充分展现出来，它的效益展现是一个过程。反之，由于它的建筑效益、它的展示是一个过程，咱们的设计从一开始就要紧盯着这个（过程）不放！因为最后咱们的设计是不是成功的，到底是不是为业主认可，是不是为社会赞赏，最后都要体现在建筑物的效益中，我将它称为建筑效益。刚才我把它们拆开来讲，三个元素，现在我们把它们合上：业主需求、设计创意和建筑效益，有机统一或者叫对立统一，是咱们建筑设计工作面对的基本问题。在这里，我还想强调一下业主需求。为什么叫对立统一呢？因为两两三三之间有统一关系也有矛盾关系。首先是业主需求和方案创意（的矛盾）。以前，尤其是十几年前，有种说法特别普遍，特别是搞建筑的，能做方案的建筑师经常说的一句话是，现在的业主水平不高，没文化，不懂建筑。曾经有一段时间，我听到过很多人这么说。从那个时候我就开始思考，如果我们建筑师一开始有这种理念或者想法的话，那么你在方案过程中就会很痛苦，你会觉得无法和业主沟通，但是领导交办的你又不得不去完成，你就得苦思冥想，所以在你设计过程中因为有了这种想法，就会纠结痛苦。第二个更不利的，就不光是对建筑师自己了，而是直接影响建筑师工作的价值，或者说建筑设计的实现。当然最近十来年这种说法可以说很少了，这有两个方面的原因：一个是咱们平时强调的也比较多，第二个更加根本的是市场、业主都在提高。但是即使当年业主水平不高，咱们设计的出发点也一定要得先从业主的需求出发，为什么？因为如果你不满足业主的需求的话，那一次两次不用可以，多了的话，我看你这个人，作为建筑师，你再说自己有多高的价值也没有机会体现出来，最后等于虚拟价值。这是为什么把业主需求放在基本问题的第一位的原因所在。反过来讲，业主需求应该是咱们方案创作的起始点。但是这当中为什么强调它的有机统一、辩证统一？如果你完全听业主的，那更不可取，也就失去了自身价值，所谓和而不同。所以，和业主之间的配合上，就要又交流又交锋，端正态度多沟通，必须要这样！在这种思想碰撞，包括争论当中，咱们建筑师的创意和业主的需求之间才能真正达到更高层次的统一。

关于建幸福企业，我就说到这。因为花院长是企业家，我不敢在您面前班门弄斧。只不过，我认为建设企业应该抓住这些基本问题。特别是咱们建筑设计企业，这些问题是不可须臾忘记的问题。企业不断解决好这些关键问题，企业与社会之间、企业与员工之间就都和美了，和美了就幸福了。

第二部分就是做快乐员工。

首先是方法论的问题。咱们以前都学过哲学，我本人是学哲学出身的，可能我的发言当中会更多用到哲学的概念。咱们为人处世，同样涉及一个方法论的问题。以前讲主观和客观辩证统一，这二十多年来，我越来越感觉到这个提法有它的缺陷 。我个人认为，咱们基本的思路应该是三元的，这就是主观、客观、旁观三者的统一。引入旁观这个概念主要在于强调侧面或者多侧面的作用。我说到这，大家会自然联想到那句老话“当局者迷，旁观者清”。为什么要引入这个概念？世界上有五十多亿人，但实际概括一下，也就三个人：你、我、他。第二个，从咱实际生活当中，产生矛盾的可能是你我，好多情况下，解决问题的时候，是要用到他。建筑设计工作的基本问题是业主需求、设计创意、建筑效益的有机统一，它也是三元的，大家知道至少得有三个点才能成面，三个面才能成体。先圣老子说过，一生二、二生三、三生万物。因此我觉得在方法论上应该是三位一体。 最近我思考这个“三”字，这个“三字”确实是非常神妙，可以说好多方面，包括咱们的工作、学习和生活，它也是三个方面，这个“三”可以说概括了人一生所有的基本问题。包括咱们退休以后，虽然不从事领钱的工作了，咱们在家还得做家务吧，看孙子也是工作。所以工作、学习、生活它也是三元的，要从这个主观、客观、旁观出发。我认为，做快乐员工时时要处理好的就是国家、企业、和自己的利益关系。国家处理这个问题有它的办法，企业有企业的方法，员工应该有他自己处理这个问题的尺度。

在此，我又要提及你们公司的这三句话："为城市创造优美，为客户创造价值，为员工创造机遇"。尤其是前两者大家要能实践好，这就具备咱们做快乐员工的一个基础。至于机遇，大家可能听到过这样一句话："机遇只给有准备的人"。我也经常在想：准备什么？从哪些方面准备你才能获得机遇？因为对企业来说，处于市场竞争，对员工个人来说，难道咱们就处于竞争之外么？你往这一坐，这个场就充溢着竞争气氛。当然，我们提倡良性竞争，大家要互相帮助、互相爱护。我觉得大家首先要准备思想政治素质。尽管咱们是民营企业，但企业是经济组织，企业离不开政治，从来每个国家的经济都是政治经济，马克思研究经济就叫政治经济学。所以我想第一个就是必须要有比较强的、不断提高的思想政治素质。这个空不空？我说一点都不空！概括而言就是一点两线，"一点"就是觉悟，觉什么悟？如果我们每个员工把自己的发展和企业的发展每天结合，那你就觉悟了，觉悟什么呢？至少，在你成功之前，企业是你成长、成才、成功的根本，是平台。是不是所有的人每天都有这样的觉悟呢？可能不尽然。两线：责任感、使命感。很简单，一个"觉悟"，两个"感"，这就是思想政治素质。使命感，什么叫使命感？春秋战国时期可以说是文化非常灿烂的时期，从社会角度来说，是非常具有创造力和爆发力的时期。当时每个国家之间互相派使者（现在的国际外交使者是外交部管），当时都是国王自己亲自管，派哪个使臣到别国完成任务，这个本身就叫使命，承载着这项使命的人时时牢记这个使命，就叫作使命感。责任感就不用讲了。所以，我觉得一个企业要做品牌的话，如果想做品牌，那就说明这个企业上升到了企业发展的第二个阶段。那么，怎样才能做成功呢？必须要有一批觉悟非常高，使命感和责任感非常强的人，在一百多人中，起码要有十来个这样的人。强烈的使命感和责任感是支撑一个企业做大做强不可或缺的因素。

第二个方面是“善”，也就是说到人性方面。实际上说人性本善还是本恶，从来都是争论不休的问题。为什么？我认为每个人身上都同时具有善和恶的成分，修养的本质，是扬善抑恶。善的方面咱们不作过多解释。恶的表征，你比如说两个小孩儿从来没有见过面，到了幼儿园为一个苹果能动手打起来，这反映的就是人性恶的方面。因此人性先天有善亦有恶，我觉得这才是真实的。 因此我强调，要准备的第二方面就是“善”，如何做到，我想了三句话：与人为善、替人着想、帮人一把。我想这是准备善的三个方面。这三个方面能做到吗？我想问一百个人一百人都说能做到，但是一日为善，能否发展到日日为善，时时为善，这就是人和人之间存在的客观差别。这个差别应该说完全可以消除，至少是可以缩小。因此咱们说人要修炼、修养自己。咱们在日常生活中，也经常遇见这样那样的人，有的人一说就是别人差，一开口、一总结经验就是别人做错了。也许再好的人时不时出现这种时候，因此我就强调，与人为善就要时时警惕自己。替人着想是第二个层次，如果这个人能在某件事情上替人着想，也就是换位思考，你就会赢得在这个事情上别人对你的理解。那如果这个人每天在遇到所有的事情，特别是遇到利益关系的时候，能替人着想，能容能让，那我敢说这个人就具备了当领导的基本素质。我们认为所有的领导应当是、也必须能为别人着想，否则的话你就没有群众基础，这是从下限来说。从上限来说，当领导就得替大家着想，替大家办事。反过来讲，所有的员工也必须支持领导，为领导分忧，为领导分担，如此这个团队才是和谐的。前一段中央一台演了电视连续剧《下海》，剧情中有一句话给我感触非常深。男主角被任命为新创办的劳动服务公司的总经理，这个小伙就去找厂长问：“有那么多比我能干的人，您为什么就让我担任?”这个女厂长说了句：“因为你能替别人着想。”我觉得这句话非常有道理。思考这句话好几天，结果发现“能替别人着想”这条，还真能当作选拔干部的重要标准之一。就是从能否替别人着想这个角度，就能把人的品格分出三六九来，所以这是准备善的第二个方面。第三个是“帮人一把”，当然这是有原则的，不是说去帮别人偷鸡摸狗，而是要做好事！至少在共同奋进的团队中，别人在做好事的时候，别人落难时需要帮忙的时候，去帮人一把。也许你会想到现在这个社会，有老头老太太被撞倒你不敢去救她。但是我也看到新闻说，有小伙子在救人前，先拍照留下证据，然后再聪明地去帮助她……不管怎么样，社会没有互相帮忙的话，就太寂寞，也太危险了。现在中央强调要建和谐企业，要建学习型企业，咱们公司就是在认真实践，所以让我来公司发言，这就是一种实践，也至少给我一个机会来思考一些问题。

有了这两个方面以后，就是我想强调践行的“新三纲五常”。

所谓“纲”就是原则，是“品与格”，“常”是行为。

讲老的“三纲”：君为臣纲、父为子纲、夫为妇纲。直译就是领导是群众的原则，父亲是子女的原则，丈夫是妻子的原则。当然第三点在当代不合适，现在男女平等，遇事要充分商量。前两个在三纲当中如果从做榜样的角度来诠释，我觉得应该继承。当然其封建糟粕确实应该抛弃。

老的“五常”，“仁义礼智信”。你说一个人要讲仁，就是仁者爱人，要有博大的胸怀。要讲义气，遇人落难、陷困，你要能帮人一把。如果说帮人一把是比较容易做到的话，在能做到的情况下都帮人一把，一直能这样做，这个人就是讲义气的人。当然讲义气也应该先守规矩，比如像领导班子建设，我这几年说得比较多的几句话，叫作“工作上靠规矩，生活上讲义气”。如果光讲义气，那就不行了。像梁山好汉，最后就因此散伙了，单纯讲义气肯定不行。再说当代，在改革开放初期，在广州几个年轻人一商量，一个企业就起来了，可惜过不到两三年就散伙了，失误就在于没有规矩，也就是没有规章制度。礼，就是规章制度，礼不光是见面作揖。大礼是国家的政策方针，小礼就是见面打招呼。对企业来说，企业文化也属于礼的范畴。智就是智慧。信就是讲信誉。这是古代的。

我今天要说的和以上这个有大不同。我说这个之前，要说个视屏现象，大家肯定注意到了，最近这三五年的电视剧，已经越来越重视反映家庭人伦建设，从中央台到地方台，你打开电视好多都在演“中国家庭”这样的题材。为什么家庭题材的电视剧越来越多呢？因为社会一旦要进入建设长治久安的历程，它必须从家庭做起。反之，社会在鼓动革命或暴力革命的阶段，它一定是从破坏当时家庭秩序开始。这是一个有趣的现象，一个冷峻的事实。

接下来，我要说的新的“三纲”是：要始终保持孝子的心境，始终保持学子的心态，始终保持君子的心怀。这就是新的“三纲”。我刚才说，所谓纲就是原则。打鱼的时候，把网串起来的那个粗绳子就是纲。毛主席说纲举目张，为什么纲举？你要把那个绳子举起来，网才能张起来。我这里说的新三纲即“孝子”“学子”“君子”，是做人的“三纲”。

首先要做到三个保持，做到三个保持的前提下，你再满怀激情地投入工作当中，我就敢说你是一个快乐的员工。为什么要保持孝子的心境呢？因为一个人要做快乐的员工，首先应是一个“孝子”或是具有孝子心境的人。如果一个人对自己的父母都不孝顺的话，那么我敢说这样的人，你的知心朋友少之又少。再夸大点，哪个组织愿意用这样的人呢？给了你生命的父母你都不孝顺不孝敬的话，又何谈我刚说的“觉悟”和“两感”呢？因为父母给你生命、抚育你长大，最后好不容易你参加工作了，你们要好好对待父母。在此，我想到一个问题，在座新参加工作的，今年工作的第一个月工资，你们是怎么花的？我就想到了一首老歌《卖汤圆》，歌中的主人公就把第一个月卖汤圆的钱孝敬父母了，所以这个小伙子（现场有个小伙子是给了妈妈和奶奶，受到书记表扬——整理者注），我觉得你做得非常对。所以这就是第一个纲——孝子心境。这种心境我觉得人应该始终保持，特别是你第一个月拿到工资的时候要强化，起码你第一年参加工作要把老爹老妈、家中老人孝敬一下。

第二个“纲”就是学子的心态。《礼记·大学》上讲，“苟日新，日日新，又日新”，意思就是每天都要学习新的东西，每天都有新的进步。在座的绝大多数都是年轻人，你们即使博士毕业了，到了企业也依然要继续提高素养。年轻人始终都要面对“三成”的问题，也就是“成长、成才、成功”，这是所有年轻同志在没有成长为名人之前始终面对的基本问题。要做到不断成长，加速成才，争取早日成功，就必须每天保持学子的心态，每天对新的知识、新的技能，晚上三省，早上归零重新学习。保持归零思维，保持不断进取的追求，那你就做到了始终保持学子的心态。一定要不断地学习。有一位哲人说过，你懂得越多，面对未知也就越多。

第三个“纲”保持君子的心怀，标准是格物、致知、诚意、正心、修身、齐家、治国、平天下。这就是君子的心怀。《大学》中所列这八个方面，“格物致知”就是要学习，探求真理。物就是万事万物，格就是探求，致知就是从格物当中体现新的知识。诚意正心就是要一心一意，心要正，意要诚，态度端正纯真。底下的是孔子的原话：修身、齐家、治国、平天下。这八个方面完全做到也许不大可能，但是下面三个方面是每个人都可以做到的，那就是：面对困难，“勇”字当头；面对矛盾，特别是名利，“让”字当头；面对意见，特别是批评的意见，“容”字当头。我觉得这是保持君子心怀最基本的标准。

以上是新“三纲”，这是要准备的大的方面。下面是新“五常”：

第一常，常怀感恩之心，敬老爱亲，敬岗爱业；

第二常，常念牵手之缘，恩爱夫妻，教养子女；

第三常，常思成长之苦，报效单位，关爱社会；

第四常，常想同行之乐，友爱团队，合作共事；

第五常，常做报恩之事，宁静心灵，升华生命。

这就是几年来本人提倡和推行的“新三纲五常”。这当中，对第三、第四、第五略加解释。第三个中，成长确实是会遇到非常苦恼的时候。各位在座的都光荣成了公司的一员，但是这个过程中也吃了很多苦。然而这里面吃苦最多的，应该是你们的父母，也包括教育你们的老师，帮助过你们的同学、朋友……他们都为你个人的成长给了各种各样的帮助。这样的帮助你们能忘吗？但是光不能忘记不行，你们要归结到报效单位。为什么？因为在这之前我们都是学习，学习不管多少年，都是为了用。学和用，用是学习的目的。如果你想用好，这个平台就是单位，单位给你开工资，给你实践的平台，给你实现理想的条件，你想想这是多么快乐的事情。因此，要干好、干优工作。创新、创优，最后创业，这难道不是很快乐的事情吗？这是上限。再说下限，“今天工作不努力，明天努力找工作”，因为任何组织都不会长期容忍懒惰的人或平庸的人。因此必须用自己的勤劳、智慧、力量来报效单位，自己效力的单位越来越强，才能使自己收获越来越多的效益，包括名和利。还有团队，为什么要常想同行之乐呢？可以说，凡是一生中取得一定成绩的人，这个人一定是非常重视团队精神的。俗话说“一个好汉三个帮”，做任何事情，特别拿咱们建筑设计来说，除了建筑专业，咱们还得和结构、水、暖、电、预算一起好好相互配合，大家好才是真的好嘛！为什么最后我强调常做报恩之事？如果每个人都践行“新五常”的话，那他就不会感到受委屈，他就会很愉快地把工作做好，无怨无悔，吃得好、睡得香！因此，常做报恩之事，心灵将非常宁静！生命也就得以升华！

在幸福企业里工作的员工，是快乐的。拥有快乐员工的企业是幸福的！

时间：2011年12月21日　恒瑞公司

与会者：李杰、刘怡、李强、师磊、张成刚、刘春新

刘怡根据录音整理

努力践行“新三纲五常”（一）

我今天想跟大家交流的题目是：努力践行“新三纲五常”。

首先，为什么要践行这样一个新的伦理道德？上个礼拜，咱们陕西省第十二届党代会成功召开，省党代会上提出了今后五年陕西全省经济、政治、文化、社会、生态和党的建设这六位一体整体建设的目标，概括起来就是要“全面建设西部强省”。具体分解为三“强”一“富”一“美”。三“强”当中有经济强、科教强，这两点和咱们在座的全省各高校有密切关系，和我们中建西北院同样有密切关系。我们是一个高科技企业，我们中建西北院和西安建大、西安交大和西北工大等好几所高校已经开展了九年的联合培养研究生工作。第三“强”是文化强。一“富”一“美”分别是要百姓富、山川美。在这之前十一届党代会上省委提的是要“建设西部强省”，这次提出来的叫“全面建设西部强省”，在“全面建设西部强省”当中就和我今天要与大家交流的有密切关系了，那就是要“文化强”！什么叫“文化”？通俗讲就是长期形成的好的风俗、习惯、经验、规范等，然后用文字、用制度加以描述并推广，这是它的内涵。文化概念的外延包括有形的文化和无形的文化，包括物质文化和非物质文化、精神文化等。

今天我要说的文化叫“新三纲五常”，这是我们中国建筑西北设计研究院的“和合”企业文化的基础。西北院今年六十华诞了，设计了许多建筑都成了风景！（插入“川话频道”：这算是插播广告吧，广告之后更精彩！）为什么要提出这个问题？今天上午我跟省上一位领导在汇报交流想法的时候，他说了一席令人震惊的话，这就是：历史上一个国家在革命时期，它一定是以破除当时已不合时宜的行为准则开始的。具体来说，要破除的就是人际关系的行为准则，包括个人、单位、家庭、社会。但是一旦革命完成，社会进入长期建设阶段，特别是长治久安的建设阶段，一定得从强化传统美德开始。这是一个有趣的历史现象，也是一个严酷的历史事实。你说有这个阶段好不好呢？在当时必须如此，“不破不立”，“破旧立新”，绝对是必要的。现在为什么中央也好、各省各地市也好，都越来越重视个人修为和家庭道德、社会道德的建设？因为要长治久安必须从这里开始。

我提的“新三纲五常”是相对于老的“三纲五常”来讲的。老的“三纲五常”大家都知道，“三纲”就是“君为臣纲，父为子纲，夫为妻纲”。这是老的“三纲”，我只是在这里重复一下，在座的女领导不要有意见哦。“五常”就是“仁、义、礼、智、信”，这是老的“三纲五常”。这个老的“三纲五常”可以说是有效地支撑了两三千年的中国历史和中华民族的延续、发展和壮大。尽管老的“三纲五常”的提法最终形成比较晚，但是它的精髓至少从周朝就开始实践了。那么现在反过头来再看，老的“三纲”至少最后一纲大部分在座的都不会同意。如果现在一个家庭，女同志比较厉害，那么也可以妻为夫纲嘛！这一来就有争论了。事实上，老的“三纲”解决的偏重于“纪律”问题，包括老的“五常”，仁、义、礼、智、信，解决的也偏重于理想的行为准则的问题，它仍然偏重于纪律，强化自我的约束，就像孔子讲要“克己”。但是从现在时代来讲，我觉得邓小平同志的那两句话说得更实在也更有用些：干任何事情，“一靠理想，二靠纪律”。就是说理想和纪律都得重视。

那么，“新三纲五常”内容是啥？先说新“三纲”。第一

"纲"就是"善为德纲，而始于孝"。这当中三个主要概念就是"善""德""孝"。第二"纲"是"用为才纲，而始于学"，就是说"才"必须要有用有益，对谁有用有益呢？是对大多数人，顾全大多数、配合大多数的人。大多数人，是社会的人、单位的人，所以说"用为才纲"，"德才"的才。第一个"纲"解决的是"德"的问题，第二个"纲"解决的是"才"的问题。这里的一加二就叫德才兼备。第三个"纲"叫"义为志纲，而始于仁"。义指大义、道义、情义，即是仁者爱人、仁者君子。

这是我说的新的"三纲"。下面略作解释。

第一"纲""善为德纲"。现在从中央到地方选拔干部，都特别强调"德才兼备"，"以德为先"。然则"德"以什么为先？培养"德"从哪里入手？所以我就思考这个问题。当然，"德"有大德小德，有一般的德也有高尚的德。我想，"德"实际上是"品"的一种，为什么"德"和"品"要联系起来？因为"品"要分格。一分格，就把"德"的大小高下进行了区分。从家庭、单位、社会来说，"德"首先是善良。因此我这里强调"善为德纲"，所有的善里面孝是为先的，"百善孝为先"。那试想，与咱们非常要好的人，他又是一个不孝敬的人，会不会发生这种情况？我想基本不会，因为一个不孝敬亲人的人，谁还能期望跟他做好朋友呢？所以这是第一"纲"。

第二"纲""用为才纲"。主要是要强调学习技能，技能必须有益于大家。这个比较简单，我就不再多说。

第三"纲""义为志纲"。在之前解决了德和才的问题，接着要解决人生前进方向的问题。人的前进方向在哪里，取决于他的志向在哪里。诸葛亮说过"志当存高远"。我前几年去我们中国建筑系统的兄弟单位中建西北公司，他们总经理名叫马哲刚，马总在西北公司门口的照壁墙上写了两句话：“心存高远，脚踏实地”。这确实也说明，要干事情也好，要为人处世也好，“志”是不可少的。而在志向当中，立大志也好，立小志也好，任何人都有志，比如卖菜的，他也有志向，他的志向就是今天多卖点钱。这也是志，你不能说这不是志。但是必须要强调的是“义为志纲”，必须要有“大义”！到现在这个时代，我觉得干一番事业得要有全球视野、世界眼光。实际上这个“世界眼光”，在中国传统知识分子眼中一直非常强烈。最集中的历史体现是春秋战国时期，当然那个时候的世界眼光和咱们现在的世界眼光不可同日而语。现在的“世界”远远大于春秋战国当时，现在的世界眼光确切地说最少是全球眼光。这是新的“三纲”。

新的“五常”指的是：“常怀感恩之心，常念牵手之缘，常思成长之苦，常想同行之乐，常做报恩之事”。由“三纲”，到“五常”中间的桥梁是要做到三个“保持”，从第一“纲”出发，那就要“始终保持孝子的心境”。所谓孝子的心境就是要“入则孝，出则悌，泛爱众而亲仁”。这是第一个桥梁。第二个桥梁，从第二“纲”出发，“用为才纲，而始于学”，就是要“始终保持学子的心态”，每天都要有新的收获、新的心得，就像古语所说的“苟日新，日日新，又日新”。我觉得要把这么一种精神转化为实践，得始终保持学子的心态。第三个桥梁是指要“始终保持君子的心怀”。可能大家都知道，中国知识分子骨气很硬，从孔夫子到现在经常强调的是“穷则独善其身，达则兼济天下”，这个“达则兼济天下”，就是我想说的君子的心怀。

有了这三个“始终保持”做桥梁，来把新的“三纲”变成新的“五常”，就从理想延伸到了行为。“五常”解决的是行为规范，“三纲”解决的是人格追求，而三个“保持”解决的是从理想到现实行为的过渡桥梁。

先说第一“常”：常怀感恩之心，敬老爱亲，敬岗爱业，这就联系起了个人、家庭和单位。第二“常”：常念牵手之缘，恩爱夫妻，教养子女。这个牵手之缘首先指男女爱情婚姻关系，同时也指咱们小时候拉着父母的手，咱们大了、父母老了，咱们要牵着父母的手。养儿才知父母恩，所以要恩爱夫妻、教养子女 。第三“常”：常思成长之苦，建功岗位，报效社会。成长苦啊，吃很多苦！特别是在座的各位，都是博导、硕导，学习上吃苦，学习技能吃苦，这却让我们在成长的各个方面得到激励和成长。第四“常”：常想同行之乐，有句歌词是“同行是首歌，相伴有你和我”。大家人生路上能在一起同行，这是一种缘分啊！所以要“常想同行之乐，友善团队，珍视缘分”。第五“常”：常做报恩之事，宁静心灵，升华生命。

下面我逐一简要解释一下。在解释之前，我想说说归纳这“新三纲五常”的方法论。

大家都学过哲学，都知道在方法论上就是强调主观和客观的统一。我本人对这个问题已经思考了十几年。很早前我就想，这个说法好像不完备。因为人类社会，说多也多，现在是五十多亿人，说小也小，就三个人：“你、我、他”。“你、我、他”三方就概括了这个人类社会。而主观和客观统一，只解决了两个人的问题，却把第三个人撇到一边去了。你看这起码是不完美的吧。咱们经常强调“当局者迷，旁观者清”，为什么旁观者能清？因为他既不是“主”观也不是“客”观，他和主、客都没关系，因此他更能冷静地看问题。还有一句话叫作“不看人对己，要看人对人”。这句话强调的是只有这样来看，才能把一个人的品德和修为看得比较真切准确。因此，这十几来年我一直在思考：客观地看问题的方法，应该是主观、客观和旁观三观的有机统一。由这个方法论出发，我归纳了新的“三纲”和新的“五常”。特别是新的“五常”，它所触及的就是你、我、他，触及的是每个人所处具体环境、具体团队成员，从家庭、个人到单位、社会，全方位的、3D的关系。这里首先和大家交流一下，我是怎么思考的，以方便大家理解我的意思。

现在来说说“新五常”。

第一“常”强调的就是常怀感恩之心，敬老爱亲，敬岗爱业。因为人一生当中，首先是受之于父母，然后是兄弟、姐妹、爷爷、奶奶、姥姥、姥爷，然后一进幼儿园，再往上一直到大学毕业，甚至是硕士、博士。其中要经过多少人？要和多少人进行交流、学习和互相激励？这当中老师应该是在教育培养自己成长方面，注入心血最多的，应该说不亚于父母。儒学中讲究的“天、地、君、亲、师”，如果按照五行“金、木、水、火、土”来说，可以和五行挂钩的，就是“天、地、君、亲、师”，当然最终落实到“师”，就是老师。人的成长过程中，受惠于他人的太多。而从学到用，一旦参加工作，要发挥个人作用的时候，如能秉持一种报恩的心态，能常怀感恩之心，那么我相信，这样的人从一开始就会得到他人的喜欢和认同，而也只有自己的所作所为和追求能得到周围同志的普遍认同，这个人的成长才会更加顺利，那么他的人生理想才能更快、更好地实现。

第二“常”，为什么要强调恩爱夫妻呢？特别是要强调相互恩爱。其实人生起始于家庭，到了最后你总有退休的那一天，你总要回归家庭。而家庭的支撑基础就是婚姻，有美好的婚姻才有幸福的家庭。所以特别强调夫妻要互相恩爱。这让我想起《新白娘子传奇》歌词里那句“百年修得同船渡，千年修得共枕眠”。它说明的是一个问题：人世间最珍贵的缘分就是姻缘。因为没有婚姻就没有家庭，没有家庭就没有亲戚朋友，没有亲戚朋友就没有社会。所以，婚姻一开始，就要让这婚姻成为人生壮丽的行程，而不是吵吵闹闹地度过一生。当然话好说，我老婆也经常和我生气，但是她要生气时，咱不能跟她一起生气啊。那怎么办？咱们离开一会儿，好在我老婆在她生气我要离开的时候，她不挡我，要不然那也很麻烦。那怎么做到这点？这就是结婚前先说好（当时没来得及说现在补上也是可以的），一个家总要有几个基本原则，对吧？有道是“幸福的家庭都是一样的，不幸的家庭各有各的不幸”。反过来说，不幸其实也是有它的共同方面：那就是志不同道不合。如果两口子真是志不同道不合的话，那我觉得还是和平分开。但是你分开还要再找，那么这个时候就一定要更加注意我强调的“恩爱夫妻”，否则的话，我们活得就太累了。接下来为什么要强调教养子女呢？生而不养，养而不教，教而不严，这种情况，虽然不多，但是确实或多或少都存在。然而不管什么原因，你敢把孩子生出来，你就得教好！总不能亏了人家娃吧？这是第二“常”。

第三“常”，就是“常思成长之苦”，要建功岗位，最后落实到报效社会。为什么？因为前面说到，成长过程中要感谢很多人：父母、家人、老师、同学、亲戚、朋友、同事、领导，然后好不容易参加工作了，那只能给人家好好干嘛！退一步说，参加工作以后，咱们年轻人中有个别的总是想时时处处张扬个性。但是你要知道，你想张扬个性，谁不想张扬个性？但是一个团队，就有团队的规矩，那就是你的自由以不影响别人的自由为前提，你的个性张扬以不影响别人的个性张扬为条件。当然这些可能说得比较空，落到实处来说，如果参加工作以后不管干什么，不在岗位上干得漂亮，你工资上不去，评职称就会比别人晚，待遇自然就比别人差。你一次比不上，两次比不上……反过来一看，和别人差了一大截。一上班，咱心情不好，为什么？和别人相比咱们能力不差啊，为什么工资就比别人少啊？回到家里，老婆不给好脸色看，因为工资拿得不多！所以咱们强调，常思成长之苦，建功岗位。你在岗位上要建功立业，从高尚的标准来讲，你是为这个团队作出了贡献。世俗地讲，你才能有多些的收入。所以我们说建功岗位，但是同时要报效社会。为什么呢？首先你建功岗位了，你挣钱多了，你才可以报效父母。然后像咱们成年人挣钱，不说多少，这个不好比，但是起码得足够养家糊口，把孩子培养出来，这是应该担当的家庭责任。当然远远不止于此，一个人不可能没有亲戚朋友，常怀感恩之心，除了父母，同样要报答的就是老师等人。我最近十几年一直没有回老家，但是以前每年回去的时候，第一件事情肯定是回自己家看父母，而第二件事情肯定是去老师家看老师。那么今天我来演讲，专门带来了两个年轻人，其实和大家交流的时候，我也想通过这种方式，给你们年轻人在传承：要建功岗位，同时要报效社会。因为你的成长，是凝聚了社会的力量，这个社会是非常具体的，家人、亲戚、朋友，老师、同学、领导等。这就是实实在在的具体人的具体社会。这是第三“常”。

第四“常”就是“常想同行之乐，友善团队，珍视缘分”。我们在院里面工作当中，我们大会小会经常讲，要重视缘分。为什么呢？人一生的工作时间，据有关专家统计，小于等于十二年，我不知道是怎么算出来的，也没有去演算，咱姑且就认为他说的是对的吧。那么在这有限的十二年时间当中，大家能工作、学习和生活在一个单位，这是第一层缘分。第二层，在一个大的单位当中，能在一个小的团体当中共同去工作，那是不是又是一层缘分？那么在这个小团体中，你刚好又和别人一个办公室，抬头一看就能互相看见，这又是更近一层的缘分。所以我们强调缘分来之不易，而且这种缘分只是工作时间才有的。退休以后，可能好多时空就只能成为美好的回忆。比如退休以后，你就不可能说（插入“陕西话频道”），伙计，咱们还是弄两张桌子，咱们面对面坐坐！那肯定是不现实的。所以第四“常”就是特别强调要重视缘分。

第五“常”，强调要常做报恩之事，宁静心灵，升华生命。为什么常做报恩之事，就能达到心灵的宁静？最近我在思考，人生当中最难忘的两种表情就是“哭”和“笑”，当然在此奉劝所有的女同志和爱流泪的男同志，要少流泪，毕竟笑比哭好嘛！这是最难忘的表情。最难忘的情怀是“爱”和“恨”，最难得的心境是“平”和“静”，要心态平和。在纷纭复杂的现实当中，在浮华漫行的现实世界，咱如果能手捧一本书，在喧闹当中，尽情去品看，你说这难得不？如果能达到这样一个境界，那我说这个人情怀是宁静的！而一旦人达到平和静的精神境界的话，我说他就初步具备了君子的心怀。这是新的“五常”。

最后，由新“三纲”经由三个“保持”，而达于新“五常”。新“五常”最后追求的目标是什么？应该是普济天下。这就是君子的心怀。“君子”标准按照《礼记》所说，有八个方面：“格物、致知、诚意、正心、修身、齐家、治国、平天下”。这是宋代大理学家归纳的。但是我觉得他这个归纳太理想化，还是孔老先生归纳得比较实在。孔夫子的《论语》不足三万字，我通看过两遍了，至今仍在看。论语最后，孔子给出了怎么做君子的标准："扬五美，摒四恶"。这是《论语》最后一篇，建议大家感兴趣的话，可以回去翻翻。他所说的"五美"分别是"君子惠而不费，劳而不怨，欲而不贪，泰而不骄，威而不猛"；摒"四恶"分别是："不教而杀谓之虐，不戒视成谓之暴，慢令致期谓之贼，犹之与人也，出纳之吝，谓之有司"。

谨以此和大家共勉！不当之处，请大家批评指正。

发表于《建筑设计管理》2012年第6期。此文系2012年5月16日在陕西省总工会教育系统工会主席培训班上的演说，
由刘怡根据录音整理

努力践行“新三纲五常”（二）

——在陕西科技大学的讲演

首先说明，这不是作学术报告，准确地说，我下面讲的是来自实践的报告，这样说更准确一些，这是第一点说明。第二点说明，我讲的是我们院近二十年基于企业文化的实践和两次对企业文化的提炼与升华。第三点说明，没有稿子，也没有投影，引证的一些内容因为没有黑板，我讲慢一些。后面，请我们办公室秘书把它整理出来。我讲类似这个题目，是从2005年开始的，这一类的讲演一直以来都不用稿子，不是为了作秀，而是想给大家说心里话。开场白完了，现在是11点钟不到，我争取用50分钟时间汇报完。

现在，我想说以下几个方面：第一方面是缘由，第二方面是内容，第三方面是路径。我今天讲的题目仍然沿用去年全省高校工会主席座谈会上演讲的题目，叫《努力践行“新三纲五常”》。

第一部分　缘由

大家知道，习近平总书记去年11月履新以后，提出了“中国梦”的构想，第一次提是去年11月底，到目前归结为：国家富强，民族复兴，人民幸福。人民幸福包括在座的我们全体。然则，人民幸福包括什么？不外乎两个方面，一个是人民手里要有钱，一个是人民心里要快乐。

那么，咱们提新“三纲五常”，作用是什么？是帮助大家在工作、学习和生活中，获取幸福感，增强幸福感，这就是它的功用。

第一点，为什么提倡新“三纲五常”，这主要针对老的“三纲五常”而言。老“三纲五常”，即“君为臣纲，父为子纲，夫为妻纲”。君臣、父子、夫妻，这是老“三纲”。老“五常”的说法比较多，比较普遍的有两种，一种是着眼于遵守社会行为规范的，叫“仁、义、礼、智、信”；第二种说法着眼于社会层次，叫“天、地、君、亲、师”。流行的说法是刚才说的第一种说法。

老的“三纲五常”，有没有作用？首先，老“三纲”之“君为臣纲”，如果把“君”理解为上级，“臣”理解为下级，仍然是有用的，上级和下级的关系，现在可以理解为当领导的要为群众作表率，从这点来说，“君为臣纲”是有作用的。同样，“父为子纲”应该结合时代要求合理继承。因为，男人在家庭当中，虽然不是老大，比如有两个娃的话，可能排到后面。但是，男人在家庭建设方面起的是支柱作用，男人在培养孩子阳刚之气方面，是女同志不可替代的。“夫为妻纲”现在解释起来可能就有点问题了。现在这个时代，可能“妻为夫纲”这种情况也是有的。因此呢，老的“三纲”中的第三“纲”原封不动放到现在可能是有问题的。

再说老的“五常”，“仁、义、礼、智、信”单独分开理解都是没问题的。但是，“仁义礼智信”的内涵肯定是有变化的，当然今天限于时间关系，我就不展开说内容方面的变化了。我要说的是，老的“五常”从出发点和归属来说，着眼点是基于个人的修为。而现在的大工业时代，人们需要的不仅仅是个体修为，同时需要团队的修为，因此老的“五常”就有它的局限性。“新三纲五常”试图解决“老三纲五常”的局限性。当然，首先是继承老的“三纲五常”合理的内核，同时也克服它的局限性。

第二点，说说“新三纲五常”在我们中建西北院是怎么提出来的。

我们西北院的企业文化名为“和合文化”。内涵就是两句话：“和谐发展共生，合作友谊共赢”，外延是“一总四分”的结构。先说“四分”：第一层次就是对院所两级领导班子提出的要求，第二层是对全院干部队伍，第三层是对党员队伍，第四层是对员工队伍，不同层次分别提出不同的要求，而这些要求应该说更多的是源于对西北院企业发展实践的总结。“一总”的要求是，西北院全体职工共同遵守“新三纲五常”。

第三点，作为企业文化，为什么要在企业之外讲？因为新“三纲五常”，着眼于这么几个关系。第一个着眼于“个人、家庭、单位、社会”四维结构，这是它的存在基础；第二个，着眼于人的成长所需要的条件和环境，简单地叫作人的成长环境，包括六个方面，即“天、地、君、亲、师、友”；第三个是方法论来源，在于主观、客观、旁观三者的辩证统一，可能更有助于认识自我和认识事物。这就是“新三纲五常”可以在企业之外践行的原因。

正是基于上面讲的第三点，我们下面要讲的“新三纲五常”，具有人类的普适性，它是跨单位、跨企业、跨界别甚至是跨国界的。因此，“新三纲五常”的践行对于人的成长必将起到加速的作用。直观地说我们思考这个问题，着眼于如何帮助人快乐成长。这就是“新三纲五常”的功用。

第二部分　内容

现在讲讲“新三纲五常”

首先讲“新三纲”：“善为德纲”，“用为才纲”，“义为志纲”。

为什么要提“善为德纲”？人要成长、要成才、要成功，首先要品德好，其次还要有本事，最后呢，还得志向远大，因此新“三纲”解决的是德、才和志及其统一协调的问题。

德怎么去修为？大家都知道品德，其实不管好人也好，坏人也好，君子也好，小人也好，杰出人士也好，一般的老百姓也好，英雄人物也好，一般士兵也好，各有各的品德。人人都有品德，关键是品德要分格，分格以后就有高下之别。

那么，如何培养好的品德？我们概括为从知善、行善、积善开始。好的品德要体现为善。老子讲“上善若水”，为什么？接着他强调“水利万物而不争”，这是道家所言。孔子讲的“善”与“仁”，应该说更多的时候是一个意思。“仁者爱人”，那就是要关心人。孔子经常讲：“君子要成人之美，不成人之恶。”那出发点是什么？是善。所以我们讲，新“三纲”的第一“纲”是“善为德纲”。“善为德纲”从哪开始？善是德追求的标准与归宿，善从孝开始，善为德纲而始于孝。孝是儒家特别强调的，有大孝和小孝之分。一般指孝敬父母，“入则孝，出则悌”。古代，老人住上房，子女要经常去上房看望老人，所以叫入则孝。什么叫悌？那就是对兄弟要友爱。孝悌共同构成了人培养善最基本的内容，也是它的出发点。这是第一“纲”。

第二“纲”就是“用为才纲”。

为什么把“用”作为“才”的标准？咱们要强调的是，你要是有才能的话，这些才能首先须对社会有用。要能发挥它的作用，要能用得上、用得好，而且要让别人愿意用，又用得有益于团队，这样才能解决主观、客观、旁观相统一的问题。“用为才纲”而始于学，如何增长才干？如何增长有用的才干？用现在的话说，不仅要有益，而且还要有效。联系咱们学校培养学生这件事，培养出来的学生，他们的能力能够满足社会需要的话，那么就业率就会高，这是从个人层面来说。从组织使用方面，作为一个组织，不管学校也好，企业也好，事业单位也好，政府部门也好，都要使用人。使用人肯定要重用有才能的人，重用有才能的人，首先品德要好，德行要好。强调第二点，用为才刚而始于学，应该说学校是人成就才干的一个重要场所，同样不可分割的就是家庭，另外还有朋友圈。学校，家庭，单位，朋友，共同构成了人成才过程的四大因素。

综合素质方面，我想强调的是增长才干“始于学”。如果不学习的话，就有很多弊处。比如“好仁不好学，其弊也愚”，一个人很爱好仁义，但是不去修炼，那最后他的弊端在哪里？可能是自己愚昧；“好智不好学，其弊也荡”，特别喜欢聪明，但是不去修炼，最后就会陷入放荡不羁的境地；“好信不好学，其弊也贼”，一个人特别强调说话算数，说到做到，也要分时候，什么情况，什么事情，如果单纯强调而不分是非的话，最后就会陷入沽名钓誉；“好直不好学，其弊也绞”，如果一个人喜欢耿直，但是不去修炼，最后会陷入钻牛角的习惯；“好勇不好学，其弊也乱”，一个人特别崇尚勇猛，但是他不去学习、不去修为，最后就有可能会造成犯上、犯左右、犯下，也就是攻击人、出乱子；“好刚不好学，其弊也狂”。这就是孔子强调的“六言六弊”。这六言六弊集中说明了为什么“用为才刚，而始于学”。为什么要强调经由学习、锻炼、修为、反思来增强才干？从技术层面我就不讲了，我想强调的是性格习惯方面如果不去修为就会产生这些弊端，你说好仁、好智、好信、好直、好勇、好刚这些都是很好的呀，但是你光有喜欢而不去修为，那最后就有六种弊端可能产生，这是从反面来说的学习对塑造人格、塑造综合素质的作用。从正面来说，应该从哪些方面来达到，来增强才能呢？这就是《礼记》上强调的，叫“格物、致知、诚意、正心、修身、齐家、治国、平天下”八个途径，来增强学识才能和修养，这是第二“纲”。

第三“纲”，叫“义为志纲”。“义”指的是道义、仁义、大义、主义、情义。但是更多的，咱们指的是团队之义，为什么强调了“德”和“才”以后，又强调“志”呢？如果说德和才是人成长、成才、成功的必要条件的话，那么志向就是人成功的动力所在，曾子说“士不可以不弘毅，任重而道远”，讲的就是这个道理。孔子特别强调“志于道”，把志向立在道上，道理规律，真知灼见。君子要志于道。“据于德”，以德为自己的根据地；“依于仁”，遵循仁的要求；“游于艺”，要有多样化的兴趣，这样才能使人的性格不至于太没意思，就像《菜根谭》上讲的“做人不可太枯”，还要“兴于诗，立于礼，成于乐”。这“七于”当中特别突出的首先是志向。这是新“三纲”。

如果说“新三纲”解决的是人的理念的话，那么新“五常”主要解决的是人之实践的行为规范、伦理。

“新五常”：“常怀感恩之心”，“常念牵手之缘”，“常思成长之苦”，“常想同行之乐”，“常守仁义之道”。

这个“五常”，从低到高有一个逻辑递进的顺序。

第一“常”：“常怀感恩之心，敬老爱亲，敬岗爱业”。

一个人在学习、工作、生活当中，如果没有感恩之心，我敢说这样的人是没有几个朋友的。即使现在有，以后也不会有多少，即使你一段时间有不少朋友，也不会有真心朋友，也不会长久。感恩之心，确实非常重要，有了感恩之心，才能谈到使命感、责任感。这是常怀感恩之心。从哪开始做起？不仅从家庭，还要从团队做起，那这个感恩之心就不仅仅限于家庭。刚才讲过，这个新“三纲五常”的提法，是基于人成长的规律，也是基于“个人、单位、家庭、社会”四元结构，从第一“常”开始，就是把四个方面连起来，作为思考的出发点和落脚点，因此第一“常”，就是“常怀感恩之心，敬老爱亲，敬岗爱业”。我想这样说大家不难理解。

第二“常”：“常念牵手之缘，恩爱夫妻，教养子女”。第二“常”特别强调家庭，强调一个人在家庭中应该起的作用、应该尽的责任。夫妻要恩爱的道理，大家都知道，结过婚的咱衷心希望大家不要离婚，当然如果实在过不到一块也只有离了。凡是结过婚的人都知道，一旦步入婚姻殿堂，主持人，双方家庭，亲戚朋友，领导同事，都会表达共同的心声，就是祝愿“白头偕老”。最近我在看《孔子家语》。《孔子家语》这本书是《论语》之外介绍孔子言行的书，很有意思。孔子是这样讲的：“妻也者，亲之主”，妻子是家里的顶梁柱；“子也者，亲之后也。”“不孝有三，无后为大”，可能就源于此。突出老婆是家里面的一把手。然后孔子作了详细的分析。一个家庭的繁衍，离了女人肯定是不行的。除了繁衍，有了孩子谁去教养？其实2500年前的情况和现在很类似，在家里面，可能更多地靠女人。即使经济上不靠女的，心理上也得靠女的。一方面，教育孩子，在孩子上初中之前，可能从母亲那里得到的教育是最多的。因此，孔子详细地分析了孝敬父母与教养子女都要靠妻子，孔子得出结论说“妻子，亲之主也”。因此，从这个角度来讲，我觉得咱们和谐家庭的建设有赖于当妻子的。既然结了婚，男的就一定要对妻子好。同样，妻子在家里尽量少来点鸡毛蒜皮的事，不要三天一小吵，五天一大吵，吵来吵去多伤感情啊！首先要恩爱夫妻，接下来还要教养子女。社会上生而不养、养而不教的情况还是有的。另一方面，教育孩子，怎么教育，要把他培养成什么样的人，这还真有学问，在这里我建议大家以新“三纲”作为奋斗的目标，肯定是没有问题的。

第三“常”叫“常思成长之苦，建功岗位，报效社会”。人成长过程当中，父母首先是最吃累的，接下来是老师，然后学习毕业了以后到单位，事业成长，个人成才，工作成功。其实参加工作以后，除了个人的努力，下来还有两个不可或缺的因素；一个是领导给你创造条件，当然领导创造条件的原因，一是你要具备相关素质，二是周围同志们认同。刚才说了，在人的成长当中，有六个方面交互作用，才能使一个人不断地成才，最后有可能成功，那就是“天、地、君、亲、师、友”。友就是人脉，首先是同学，第二个就是参加工作以后，因为工作关系，或通过别人介绍认识的朋友，而往往事业进步快的，人脉一般是比较宽广。反过头来，朋友多的人掌握信息就多，思维灵活，因此机会也就多。但是不管怎么样，这六个方面的因素，共同作用于一个人，才能使这个人学得出来，成为人才。这里面当然有自己艰苦奋斗的过程，同时也有大家帮助的过程。参加工作以后，以岗位为平台，要建功岗位，这是初级阶段。高级阶段就是你本事也学出来了，也取得了很大的工作业绩，同时也挣了不少钱，这时候一定不能忘记报效社会，没有社会，个人是成长不起来的。如果单靠家庭，个人是成长不起来的，特别是当今社会是知识爆炸的时代，一个家庭远远不可能掌握社会所需要的各方面的知识，至于技能就更谈不上了。因此，我们强调，“常思成长之苦，建功岗位，报效社会”。

第四“常”就是“常想同行之乐，友善团队，珍视缘分”。

这是第四“常”。相对于老的“五常”来说，如果说新“五常”有什么时代特性的话，那么主要集中在第三、第四条，因为这两条解决的是团队问题、社会责任感问题。反映到人的修为上，干事业必须要放到一个单位，甚至是放到社会上，古语讲得好“不谋全局者，不足谋一域”。确实是有道理的，比如说，目前还是社会主义初级阶段，强调新型工业化、新型城镇化，农业现代化和信息化，四化并举。咱们陕西和其他省目前都在推行新型城镇化，没有改革开放三十年的成果是做不成的，而新型城镇化之所以会成为咱们国家新一轮经济发展的新动力，是由于它凝聚了人民群众的新期待。上一周，我们省政协委员出去调研，回来之后对这个问题加深了理解，再一次加深理解了习近平总书记说的，国家的大政方针战略部署要以人民群众的新期待作为工作的追求。这一点非常重要，也更深地体会到新型城镇化在中国新一轮发展中所处的地位和作用。

这是第四“常”，主要强调一个人的成功，在当今世界你靠单打独斗肯定是不行的，必须要团队作业。一个人无论在什么岗位都要正确处理好国家、集体和个人三者之间的利益关系，特别强调要有团队精神。美国的人际关系研究大师卡耐基强调，人的成功百分之二十靠知识，百分之八十靠人际关系，应该说百分之八十的动力来源于人际关系当中的正能量。不管怎么样，个人成功不靠团队是不行的，正像咱们经常说的“一个好汉三个帮”。同样，别人需要帮助的时候咱们也应该主动伸出援助之手。所以咱们强调的是“常想同行之乐”。你想想大家能在一起很不容易的。有人统计，一般来说，以六十岁退休为例，一个人有效的工作时间不会多于12年。那大家想一想，在12年工作当中，大家有幸到一个单位那不是一种缘分吗？有幸到一个单位，同年来的分到一个办公室甚至是对面坐着，你说这些不又是一层缘分吗？那正像《新白娘子传奇》里唱的“百年修得同船渡，千年修得共枕眠”，一百年才能修得大家朋友们在一起工作，所以我们特别强调“常想同行之乐”，大家在一起是一种缘分，是一种快乐。如果用宿命论的观点来说的话，那就是上辈子修的德。当然，咱们是唯物主义者。反过来讲，人一生中遇到的反能量，包括遭人嫉妒、被人挖坑等，其实也是来源于周围的人。因此从反面更强调同事应该互相友善的重要性。同事应该互相友善，这对大家身心健康特别重要，在六十岁退休之前的时间当中，跟家人在一起的时间不如跟同事在一起的多，因此你说跟大家在一起快快乐乐好，还是成天你看我不顺眼我看你不咋的好呢？有些道理想通以后最后就会明白，有道是：“日出东海落西山，愁也一天乐也一天；凡事不钻牛角尖，心也舒坦身也舒坦”。

第五“常”叫“常守仁义之道，创新争先，稳健致远”。常做仁义之事，使感恩之心化为报效之行，自有一番成就感，心灵得以归宿，生命价值也得以升华。这个限于时间，就不展开了。

“新三纲”和“新五常”主要内容就是以上说的这些。

第三部分　路径

如何从理念过渡到行为？如何把理念转化为行动？靠的是三个保持：

善为德刚而始于孝，因此第一个要“始终保持孝子的心境”。保持好了、责任心就有了，使命感也就有了；面对困难，就可以迎难而上；面对意见也就不会那么计较了，特别是反对意见和不同意见；面对矛盾，特别是利益矛盾的时候，也就不会那么去死抠了，所谓退一步海阔天空。这是第一个要保持的，始终要保持孝子的心境。由此出发，好多问题都可以化解，好多困惑就不称其为困惑了。面对困难也就无所畏惧了不是？

第二个保持，要“始终保持学子的心态”。因为“用为才纲，而始于学”，所以要“始终保持学子的心态”，就像《礼记》所讲的：“苟日新，日日新，又日新。”自然现象如此，对于一个人的学习来说，同样也应该是这样的。像周总理讲的，“要活到老学到老”。其实，六十岁之前，学习是为了用，在六十岁以后，学习仍然是为了用。六十岁之前是为了团队，为了社会；六十岁之后是为了颐养天年，仍然关乎团队，关乎社会，更关乎家庭。

最后一个，要“始终保持君子的心怀”，因为我们强调“义为志纲，而始于仁”。仁者爱人，仁者君子，因此要始终保持君子的心怀。就像孔子所讲能行五者可称为君子也。哪五者呢？叫作“恭、宽、信、敏、惠”。他讲：“恭则不侮”，就是对人恭敬，谨慎、自觉地执行和遵守规章制度，自觉地对人尊敬，懂得这个道理，敬岗爱业，敬老爱幼，做到这点就可以减少受侮；“宽则得众”，如果一个人心胸宽广，在家对家人好，在单位对领导尊敬，对同事友爱，同时又有自己事业奋斗的目标，这样的人心胸一定是宽广的，也就能赢得更多的朋友；“信则人任之”，一个人讲究诚信，别人才会为你创造发挥条件的舞台；“敏则有功”，强调的是上级命令马上行动，强调的是执行力，行动迅速有效，就会取得很好的业绩；“惠则足以使人”，一个人在利益面前，能够坚持和大家分享，这样的人就具备了担当重任的基本素质。一个人如果能够做到“恭、宽、信、敏、惠”，就可能成为君子。

以上就是我跟大家汇报的新“三纲五常”。今天开始我和刘站峰处长受聘为咱们学校客座教授，在这四年当中，咱们互相帮助、互相促进。首先是真诚地请大家认真思考新“三纲五常”，也希望大家和我一起在实践当中，践行好新“三纲五常”，因为践行好新“三纲五常”不仅使我们的工作学习和生活更加顺利，同样使我们的工作、学习和生活能更多地提升幸福指数！

限于知识、经验与水平，所讲内容难免有错误，恳请各位教授、各位同仁批评指正。

谢谢大家！

此文系由李元昭根据录音整理，

2013年7月12日于陕西科技大学逸夫楼505室

践行先进企业伦理
永续拓展幸福空间（一）

——在中建西安投资有限公司的讲演

首先感谢中建西安投资公司邀请，同时说明，作为董事汇报思想也是义务。

今天以汇报和交流的形式和大家谈谈我对“企业伦理”和“幸福空间”的理解，题目叫做“践行先进企业伦理，永续拓展幸福空间”。

分三大部分：第一部分，问题；第二部分，规范；第三部分，途径。

一、问题

所谓问题，是说我如何思考“先进企业伦理”和“拓展幸福空间”这些概念以及这些概念是怎么提出来的。

在正式说这部分内容之前，我先介绍“企业伦理”是什么。“企业伦理”是指在企业内员工所遵守的规范、道德要求和理念要求。“拓展幸福空间”这个在座的都知道，是咱们中建总公司去年发布的“中建信条”当中的“企业使命”。我思考的企业伦理是中建的先进伦理，当然我所说的企业伦理，是否合适，有待更多实践。

首先，我所说的“企业伦理”着眼于“先进的企业伦理”。

那什么叫作“先进”？“先进”的意思是说必须符合时代要求，也必须扎根历史优秀品质的沃土，同时适应未来发展，具有传承与激发正能量的作用。它涉及历史、现在和将来三个维度。作为企业伦理，如果能立足于三个维度的结合点上，那么我认为它就是先进的企业伦理。为什么强调这个问题呢？我国改革开放30余年在各个方面取得了举世瞩目的成绩。概括起来，就是十八大强调的理论、道路和制度，最大的理论成果就是创建和实践了邓小平理论；道路就是开辟了具有中国特色的社会主义道路；制度就是中国特色的经济、政治、文化和社会等四位一体的制度。体现为国力、民力与心力的快速提升。和30多年的建设探索相伴随的是咱们中华民族的文化自信和文化觉醒不断彰显。举个例子，可以充分说明这一点。大家都知道歌德（1749～1832年），写过《少年维特之烦恼》与《浮士德》，他是德国一位伟大的文学家，并在哲学、美学、生物、天文、物理等方面建树颇丰，歌德的作品与理论对德国文化的壮大真的功不可没且不可或缺。德国政府就通过在世界上广泛建立歌德学院来推介德国的传统文化。咱们国家从2004年开始在世界上建立孔子学院来推介中华民族优秀传统文化与国家品牌。第一所孔子学院是2004年12月在韩国汉城（现称首尔）成立的。到去年底，咱们国家已经在全球范围内先后建立了350所孔子学院。孔子学院建这么多，为了什么呢？从国家层面来说，有好多功用。我个人理解，集中起来，不外乎通过宣传推行咱们国家儒家创始人孔子的思想，推广中国文化与国家品牌，来弘扬中国文化传统魅力和时代魅力。文化这个概念，说它空，可能有点空，但是，稍微想一下，它还是实实在在的。根据《现代汉语词典》上的解释，文化是一个民族的习惯、行为，包括它的成功的经验和失败的教训，一个民族所有要素的沉淀。当然，不是说所有的文化都是好的，文化有先进和落后之分，有精华和糟粕之别，所以对传统文化要去粗取精，去伪存真。这其中延续最广的、最基本的文化就是人的习惯。大到一个国家、一个民族，小至一个家庭、一个人，都有习惯。记得古希腊一位哲学家讲过，一个人的性格就是他的命运。我想企业也是如此。清华大学的一位教授把企业竞争分为三个层次：价格竞争，这是最低层；技术与标准竞争，这是较高层竞争；最高层次的竞争是文化竞争。所以，一个企业如果上升到文化竞争层次，那么它最终的落脚点是有自己特有的明晰的、浅显易懂的、为所有员工所认可和执行的企业规范。

其次，关于践行"中建信条"。

"中建信条"是总公司去年对中国建筑企业文化进行第二轮系统梳理和提炼后提出的，具有很强的包容性和个性。中建信条是中建企业文化的根本，在此基础上，它允许各成员企业去丰富去发展自己的企业文化。我个人认为，中建信条中的企业使命——拓展幸福空间，具有哲学意味在里面。正因为它具有哲学意味即具有抽象性，也有所在实践层面的共性，它才具有很强的包容性，正如易军董事长、书记所指出的，"拓展幸福空间"不仅拓展咱中建企业的幸福空间，包括企业和员工的幸福空间，也包括咱们的合作方等各方面的幸福空间，延伸为拓展社会的幸福空间。那么，接下来的问题是，怎么才能使中建信条四个方面过渡到行为呢？个人认为，必须有个中间环节，结合咱们企业的实践，包括经营实践、管理实践、生产实践、党建实践、文化实践、群工实践，结合这些实践中好的做法、好的习惯加以总结加以升华，并且和中建信条加以有机结合，最后产生出适合本企业的企业伦理并且加以推广和践行。有了这个环节，才能把中建信条变为咱们的企业实践，来助推中建的发展。

最后，讲讲我们西北院是如何思考和探索这个问题的。

2011年1月份开始，为迎接60年院庆，用一年多的时间，对西北院的“和合文化”进行了梳理，我们提出建设好西北院的两大品牌。一是壮大“西北院设计”金字招牌。为迎接西北院60周年院庆，同时也为开辟西北院新一轮60年的发展，我们首次提出打造“西北院和合文化”新品牌。我们站在企业与合作方共赢角度对“和合文化”进行定义。定义必须有明晰的内涵和外延。“和合文化”的内涵很简单，12个字：“和谐发展共生，合作友谊共赢”。“和谐”是企业发展的基础，也是西北院的追求目标；“合作”从西北院实际出发，要求各个专业相互支持；“共生”“共赢”是西北院的发展目标，通过“合作”达到企业各个专业“共生”，最终到达个人、企业和社会“共赢”；在“合作”的过程中，企业各方面得到发展，友谊得到提升，即所谓“做一个项目、树一方品牌、交一批朋友”。从外延讲，“和合文化”是“一总四分”的结构，“一总”是待会我要汇报的“新三纲五常”，“四分”指在“新三纲五常”的基础上，对四个层次的人群提出的不同要求，也就是说试图把它作为企业伦理的新规范。

第一部分，针对领导班子。我们要建立一个什么样的领导班子呢？“团结好、形象好、业绩好、公认好，充满激情、充满活力、心系群众、志存高远”的院所两级领导班子。这是我们的两级领导班子建设的目标。由此出发，我们强调以下几个规范：第一，和而不同，和而求同。“和而不同”这个命题是我们中华民族历史上重要的概念，这个概念起源于春秋之前，春秋时期非常盛行，不仅儒家这么提，法家、墨家、道家也这么提。那么，什么叫“和而不同”？它的着眼点是团队、群体，在群体当中，作为君子，要和大家“和”，就是说和大家“和谐”，不能不合群，同时各有各的个性，所以强调“和而不同”。思想上，作为君子，必须为他的团队着想，有自己的主见；品德上也是如此。任何一个团队，只要人一多，大家的思想境界的差异是明显的。为什么强调“和而不同”？一个人能被上级赏识，能为职工信任，来担当一定的职位，他一定有他的共性：热爱这个团队，为这个团队奉献，积极地为这个团队思考，为这个团队的发展，为这个团队的和谐而努力思考并行动。领导班子成员同时还一定有个性，越是进入领导班子的同志，个性会越明显。这时候，要强调“和而不同”。这是因为我们要建设一支团结好、形象好的领导班子，首先要团结好，不仅要“团”，还要“结”。靠什么“结”？靠“和而求同”。一个团队中的领导如果个个强调个性，那么团结肯定是做不到的。领导班子建设，起步是团结好，最重要的落脚点是“志存高远”，这个“志”，当然是团队的整体志向。这就是两级领导班子的哲学意味的规范。另外，我们还强调“工作上靠规矩，生活上讲情义”，生活服从工作；还强调“尊重个人个性，执行集体决定”，两者不可偏废；为了建设“和合”领导班子，还特别强调三个互相：“互相欣赏、互相补台、互相给力”。

第二部分，针对干部队伍。当然，干部队伍包括领导干部队伍。我们强调“三个开拓”：开拓眼界，开拓思路，开拓胸怀。强调“三个当头”：面对困难，“勇”字当头，面对困难的时候，要勇敢地带领大家克服；面对矛盾，特别是涉及干部和群众名和利矛盾的时候，“让”字当头；面对意见，特别是不同意见，甚至反对意见，“容”字当头。另外，我们还强调干部能干事、干成事、不出事。

第三部分，针对党员队伍。要求党员队伍创先争优（这是中央提出的要求哟），作为企业来讲，还要求党员队伍创效争荣。

第四部分，针对一般员工来说，我们强调两句话："快乐工作，胜过昨天"。

以上四个部分是我们西北院"和合文化"当中的"四分"结构。"四分"是对不同层次员工的要求，当然"四分"必须建立在统一的基础之上，那就是"一总"，也就是我们在思考、探索、倡导的"新三纲五常"。

二、规范

接下来，我想讲"规范"，就是企业伦理，具体讲就是"新三纲五常"。

首先，谈谈"新三纲五常"建立在什么样的坐标上。

第一，建立在所有个体成长的规律上。每个人的成长，需要各个方面的因素和条件。概括一下个人成长的要素，它需要"天、地、君、亲、师、友"六个方面的要素。一个人的成长、成就离不开这六个要素。"天""地"要素是我们个体生长的客观条件，咱不能登到神九、神十上去生存吧，只要我们一生下来，就在天地之间，吸收天地的灵气，最后归结到死，我们也要回归土地。"君"我在当下理解是指领导，它指上级领导、各级领导，而不指以前的君王。"亲"指的是亲人，包括近亲、远亲。"师"指的是老师、师傅等。最后一个因素"友"，人的学习阶段，从幼儿园到小学、中学再到大学，"友"的作用很明显，所谓近朱者赤，近墨者黑。一个人踏入社会，开始工作了，"友"的相互作用越来越大。"友"就是人脉。我归纳一下，一个人的一生的成长，"天、地、君、亲、师、友"六个方面的要素缺一不可。"新三纲五常"对"友"的因素强调得非常多，道理也就在这里。"友"包括同学、朋友、同事。"远亲不如近邻"，"邻"包括"邻居"还包括"邻座”嘛。这是第一个坐标。

第二，建立在人生活的大环境——“单位”“社会”“家庭”中。从另外一个角度来看，“个人”“单位”“家庭”“社会”这四维结构谁也脱离不了。

第三，一个人的成长，它是逐步地从不知到知，从知之不多到知之较多。人的成长是在不同的习惯的牵引下走过每一步。

第四，还有方法论上的依据。

我们看问题，不仅要主观和客观统一，还要主观、客观和旁观三者相结合。为什么要强调“旁观”呢？咱们略加分析。主观和客观很难统一，难就难在你得有个“旁观”。就像咱们踢足球，分为甲乙两队，单单有甲乙双方行不行呢？不行。还得有个裁判。古语说得好，“当局者迷，旁观者清”，为什么旁观者清呢？这是因为，旁观者和主客两方没有利益上的纠葛，或者说旁观者更可能做到尽力保持和主客观没有利益纠葛。所以主观、客观和旁观三者统一才有可能取得更加全面或更为真实的认识。

以上简单介绍“新三纲五常”建立在什么样的坐标之上。

其次，谈谈老的“三纲五常”及其局限。

老的“三纲”内容是“君为臣纲，父为子纲，夫为妻纲”，老的“五常”指的是“仁、义、礼、智、信”。当然对于老的“五常”历史上说法比较多，前面讲到的“天、地、君、亲、师”也有被称为“五常”的。

下面略作分析，分析的目的也是为了说明为什么提出“新三纲五常”。“君为臣纲”，如果把对“君臣”的理解从传统的范式中跳出来，跳到现在的话，“君”可以理解为各级领导、上级、主管等，“臣”可以理解为下级。如果从这方面理解，老“三纲”之一的“君为臣纲”就有现实意义。那么什么是“纲”呢？咱们大家都听说过一个成语——“纲举目张”，“纲”就是渔网上面的最粗绳子，只要拉它，整个渔网就收放自由了，“目”就是渔网中的小方格子。引申一下，“纲”就有“原则、规范”的意义，进一步引申就有“榜样、关键、身先士卒”的意思。从这个意义上讲，要求领导干部做好榜样、身先士卒、说到做到。想一想，还是有一定的道理的。这就是我们对待传统文化的应有态度——取其精华、去其糟粕，并适应时代要求。“父为子纲”同理可知。“夫为妻纲”，我看在座的女同志不少。“夫为妻纲”咱们现在要辩证地看待这个提法。马克思把社会分为原始社会、奴隶社会、封建社会、资本社会和共产主义社会，我们站在马克思对社会划分的基础上，除掉原始社会和共产主义社会，男女还是有差异的。举个例子，女同志不要不高兴哟。以前咱们西安采暖还要用煤，要搬蜂窝煤，有兄弟姐妹的话，一般是男孩子搬。结婚后，搬蜂窝煤肯定是老公搬，谁都不会让自己的老婆搬，这是为啥？还不是因为男女生理结构上有天然的差别。毛主席说，矛盾无时不在，无时不有。差别就是矛盾。因此，从这个意义上讲，除了原始社会和未来的共产主义社会，起主导作用的或者说起主要作用的一般而言还是男性多。当然这是就普遍性而言，也不是说所有的女人都不行，所有的男人都行（陕北话：男人熊的人多得很呢）。咱们要运用马克思的具体问题具体分析的方法。毛主席提倡男女平等还是有根据的。从学习方面，比如说咱们陕西的文理科状元，据《西安晚报》统计2000年后文科状元女生占三分之二，你不得不佩服，反正老夫是十分佩服。再举个例子，咱们建筑行业学建筑的，女生普遍比男生学得好。当然，女生生理结构所限，女生一结婚，社会角色就会发生改变，她的精力主要投向家庭。但是，要说考试就是女生考得好，所以西北院每年招聘学建筑专业的新员工女生就很多。另外看看在座的女同胞也不少，就知道在高智力层面，咱们男女是平等的，就我们建筑行业管理层面看男女是平等的。因此，“夫为妻纲”有时候能做到，有时候不能，女的比男的强，咱不说姐弟恋，有的家庭女的比男的强，如果说“夫为妻纲”肯定行不通。老“三纲”中的第三“纲”我们要具体问题具体分析。老“五常”——“仁、义、礼、智、信”，如果抛弃它在封建社会提倡的愚忠这样的东西，“仁、义、礼、智、信”仍然具有现实意义。

现在，我谈谈“新三纲五常”的内容。

首先是“新三纲”：“善为德纲”，“用为才纲”，“义为志纲”。

“新三纲”试图解决人生成长的三大动力要素——“德、才、志”，“新三纲”和老“三纲”区别是明显的：所处体制不一样，关键是意义不一样。老的“三纲”主要着眼于人与人之间的伦理关系，强调的是纪律；“新三纲”试图解决先进企业的伦理。因此，它必须有动力机制，不能仅仅体现人与人之间的关系。

下面我来解释，为什么推行“善为德纲”？

“德”就是品德的意思，“善”就是“善良”的意思。其实，从人类所有的文化看，包括古今中外，主流文化探讨的是如何让人向善行善，落脚点是人要做善人，在日常生活当中，我们会受到别人或给予别人这样那样的赞美。我认为，最让人感动的是说某人是个善人，不仅说别人是善人让人感动，而且别人夸自己善人更让自己感动，这是为什么呢？“善”是立足于团队的，它不是指向自我、小我的。古语说得好：“百善孝为先”，关于“孝”在“善”中的作用，曾子讲“入则孝，出则悌”，“孝悌也者，其为人之本欤”，把“孝悌”作为人的根本。回过头来说，一个人出生靠父母，成长靠父母、靠亲戚、靠老师。学完以后，踏入社会，进入单位，有的人做得好，有的人做得差一点。我在别的地方包括我们西北院讲“和合文化”和“新三纲五常”时，常向新员工提问：“第一个月工资怎么安排？”为什么这么问呢？30多年前，我在四川大学读书的时候，听到一首歌《卖汤圆》，卖汤圆的人第一个月工资都拿回去孝敬父母，孝敬父母是人的善。反过来，善的反面是恶。不管是擦桌子扫地的，还是做高科技的人员，最大的动力都来自“向善”。大家都知道品德，其实不管好人也好，坏人也好，君子也好，小人也好，杰出人士也好，一般的老百姓也好，英雄人物也好，各有各的品格。品德是要分格的，分格以后就有高下之别。咱们要的是好的优秀的德而不是反过来的德。德者，得也。看你得到什么，就是在平常受教育当中，在内心形成的固定的行为方式及其动机。德和义是联系的，就像孟子说的：“鱼，我所欲也；熊掌，亦我所欲也。二者不可得兼，舍鱼而取熊掌者也。生，亦我所欲也，义，亦我所欲也，二者不可得兼，舍生而取义者也。”德，我们强调高尚的品德，高尚的品德一定是以善为基础的。当然，从另外一个角度说，小善是孝敬父母；中善是报效单位，爱岗敬业；大善是奉献社会，造福人类。不管是小善、中善还是大善，德的标准都是善。比如说，作为一个善人，他不一定是有很大本事的人，但是只要是善人，都值得人尊敬，因为他是正能量。

第二“纲”，“用为才纲”。所谓人才就是做有用的人，学习有用的东西、学习务实的东西，在社会现实当中，没用的东西多得很，最近网上炒得很热的“王林事件”不就是一个例子吗？“用为才纲”着眼于六大要素——“天、地、君、亲、师、友”，必须对这六个方面有用，对个人、家庭、单位和社会有用。个人成长必须选择有用的东西来学并学以致用。从单位层面，要选择具有真才实学的人来使用它，为他们创造平台。去年习总书记讲“空谈误国，实干兴邦”，强调的正是务实管用。

第三“纲”，“义为志纲”。“用为才纲”和“善为德纲”解决的是德和才问题，“义为志纲”解决动力导向机制问题。动力导向机制在哪里？或者说方向在哪里？方向就在“志”上面，“志”就是志向。我记得以前中建西北公司的马哲刚总经理办公楼层一进门墙上挂着“志存高远，脚踏实地”几个字，我觉得非常好。不由想起曹操论英雄的几句话：“夫英雄者，胸怀大志，腹有良谋，有包藏宇宙之机，吞吐天地之志者也。”中建是央企一流，确实如此。所以，咱要提倡英雄之气，人要有志气，要有与团队共生共荣共赢的追求，甘苦与共。咱们在座的大部分都是年轻人，我们始终要有明晰的志向。志向说到底就是人生的目标与引力。咱们必须做有追求的人，做有高尚追求的人，做有益于团队、有益于企业、有益于人民的人，追求要以义为标准。义者宜也，宜者合也。对谁“宜”呢？对团队、对集体，在团队的基础上协调团队和个人的关系。

接下来，讲讲“新五常”。老“五常”主要讲理念，“新五常”试图把理念和实践结合起来。

“新五常”是这样：“常怀感恩之心”，“常念牵手之缘”，“常思成长之苦”，“常想同行之乐”，“常守仁义之道”。

这个“五常”，从低到高，有一个逻辑递进的顺序。下面我从是什么、为什么的角度谈谈新“五常”。

首先是第一“常”：“常怀感恩之心，敬老爱亲，敬岗爱业”。

一个人在家要感恩父母、兄弟姐妹；走进社会，在单位中，用感恩的心对待同事，对待上下级，这样就会带来和谐，带来团队的凝聚力和吸引力，更会创造愉悦的温馨的家的感觉。在单位尊重老同志，尊重年长者，尊重学长者、技长者。在一个办公室时间长了，久而久之就会产生感情（当然也会滋生矛盾），甚至和同事待的时间比与家人待的时间都长。另外，咱还要敬岗爱业，敬爱岗位，敬爱事业。为什么要这么提倡呢？首先，人之为人，善为根本。刚才讲过，“善为德纲”，善为德之根本。善始于孝，要孝顺老人；同时，善发端于对兄弟姐妹们的爱，而延展为对周围人的爱，即“泛爱众而亲仁”。其实，不光是如此，如果一个人，怀有感恩之心，那么他的生命就获得升华。因为他所做的一切不光是为了个人，而是为了团队、为了集体，最小的集体是家庭，除了家庭，更重要的集体是单位。我们特别强调感恩之心，有了感恩之心，对老人自然就会敬佩。你得感恩你的父母生育了你，你得感恩兄弟姐妹的相互陪伴。现在独生子女就缺少了兄弟姐妹之情的感受，以后独生子女的负担重。反过来，你更得爱岗敬业，因为如此你才有人生事业的平台，成功的平台。有了这个，从起码说，你才可能有收入。挣不来钱，你说对待父母好，却没钱买来豆腐脑，那么你就是不孝的。所以强调“用为才纲”，人要学习有用的东西，使用有用的东西，努力为单位创造效益，同时自己也挣得更多的财富。因此，我们一定强调敬老爱亲、敬岗爱业。强调“敬”字，我觉得，对上要尊敬，对下要尊敬，对左右也要尊敬，对天地要敬畏（所谓“环境友好”），如果轻慢，本身就不是善，所以人要怀抱感恩之心，感恩所有给予咱们帮助的人。

第二“常”，“常念牵手之缘，恩爱夫妻、教养子女”。

首先说“恩爱夫妻”。没有结婚的举个手……呵呵，不多。没有结婚的，找到朋友的，如果看准了，就不要浪费时间了，该出手时就出手，赶紧办了吧，扯证去吧！如果通知咱，咱也过来喝杯喜酒。除了个别想单身，不想结婚的，人之为人，可能绝大部分都会结婚，否则的话，也太孤单了。如果不结婚，年轻的时候还可以，35岁之前都可以。一般人来说，27、28岁结婚，过一两年就要生孩子。等孩子长到20岁，父母就50岁了，在这过程中，尤其是女同志相当辛苦。我希望男士也要对女士抱有感恩之心。为什么要强调“恩爱夫妻”呢？本人觉得，夫妻之间如果没有原则性的问题，不要轻易离婚，如果真有原则性的问题——背叛对方或一方完全不顾家庭，那就赶紧离婚。还有个问题，就是如何对待钱。十有八九小夫妻吵架，就是对待双方父母上面有分歧。比如，男士为他父母买件衣服，女方就会问为什么不给我父母买？在这些事情上，往往会产生矛盾。对待双方老人的问题上，小夫妻，有些老夫妻，都是容易产生不和谐的。其实我也思考过，为什么婆媳之间相处得好的没有几个？为什么？异性相吸，同性相斥。尤其婆婆觉得你小女子一进门就把我儿子夺走了。如果有这种想法的话，这婆媳关系就会更加难相处。因此，我觉得婆媳分开住也是挺好的。但是，希望大家像陈红唱的一样，“常回家看看”。如果你们扯了证了，你们小夫妻就要同心同德，啥事多商量。这样解决问题就容易很多了。如果一个家庭中，男方或女方特别强势，时间长了，总会让对方感觉不舒服。在一个床上要想依偎一辈子的人，理应彼此多一些理解，这首先从心理上就有利双方，最后从身体上有利双方，大家就会痛痛快快地过日子。《新白娘子传奇》上不是说“百年修得同船渡，千年修得共枕眠”吗？小两口子，在一个枕头上——当然两个枕头上也是可以的，要睡一辈子，那是千年修出来的缘分啊。所有的神话，最让人感动的是忠贞不渝的爱情。这是为什么？这是因为夫妻之间的地位非常重要。因此，所有的老公一定要爱自己的老婆，一定要无条件地爱。反过来，也是一样，所有的媳妇们要无条件地爱自己的老公。爱是有原则的，那就是不要背叛，而且为对方着想。这是底线管理。易军董事长、书记提出企业要底线管理，我觉得引申一下家庭也要底线管理。作为企业"管"的成分多些，作为家庭，"理"的成分多些。但是一个好企业，要靠文化来管理。再说，男士为什么要爱自己媳妇？因为有夫妻才有家庭，没有夫妻就没有家庭。如果没有家庭，那是人生当中的最大悲哀。你不要说人，鸟也是这样，比如鸳鸯。有人说鸳鸯也有第三者，我觉得这太八卦，绝大部分鸳鸯不是成双成对的嘛。你再看看《动物世界》，南极洲的企鹅一旦认准了对象，那就是一生一世都不分离。你说动物都能做到这点，难道我们人就做不到？《动物世界》里面的动物生完小崽后，有的是父亲去找食物，母亲守护小崽儿；有的是母亲去找食物，父亲守护小崽儿。动物也是从实际出发，谁一时强，谁就去先劳动；谁一时弱，谁就在家休息。同样道理，人类身上完全可以用。《孔子家语》这本书是《论语》之外，介绍孔子言行的书，很有意思。在《孔子家语》我发现有一句话讲："妻也者，亲之主也"。孔夫子都说妻子是家庭的主导者、领导。夫妻之道，只要我们男士谦虚地主动让自己老婆当好家里的领导，这个家庭肯定是和谐的。为什么孔子会这么说呢？他说：妻子一过来，就要传宗接代，这可不是贬义，没有老婆，男的想生孩子，门都没有。妻子还要帮忙料理公公婆婆的生活，其次子女要教育，兄弟姐妹关系要处理好，这是内部。外部，街坊邻居的关系，包括亲戚朋友的关系都要妻子去操劳。孔子这么分析，很有道理。但是和现在的社会有点不一样，它是建立在男主外、女主内的社会分工的基础上的。对于在座的结过婚的女士，这方面的分析未必是合适的。但是，不管怎么说，在家庭内部，起主导作用的依然是女士。这一点非常明确。当然，当妻子的要想当好这个“主”，首先得不断修炼自身的岗位本领。因此，男士一定要怀有感恩的心对待妻子，但是另一方面，妻子也不要太霸道，也得发扬点民主。在大事上，大的开支上，还是要和丈夫商量一下，夫妻之间相互理解、相互关怀。夫妻之间要多反省反省。其实，何止夫妻呀，领导也是这样，基本素质不去继续提高是不行的，也要多反省反省。《荀子·劝学》中说：“君子博学而日参省乎己，则知明而行无过矣”。荀子在这里至少说了一个减少错误的办法——多反省自己。

再说说“教养子女”。在社会上，确实有只生不养的，只生不管的。当然，在中建应该不会出现这种情况，毕竟中建是高品质的企业，是英雄的企业，包括咱们中西投、西北院等。这个现象在我们当中不会出现，但是我们要警惕。教养子女要有明确目标，而且要因势利导，不能从主观出发，一定要主观、客观和旁观统一。对自己的孩子要有清晰的认识、清晰的判断。如果咱娃是天才，咱就引导他往天才方面发展，但是，天才，一千人当中，还不知有没有一两个，绝大部分都是平平常常的。家庭教育，是夫妻之间是最容易出现矛盾的，而且经常为此干架。原因在哪里？我们对孩子的智商、情商和潜力都要有一个清醒的认识，而且你得在比较的基础上有一个冷静的认识。所有人都在比较中生存，一般人在比较中生活，可能对不少女同志来说，更在乎别人的眼光和说法。别人说女同志年轻，女同志会高兴好几天。如果别人谈论你比较老，会让这个女同志不舒服好几天。咱不是说女同志不好啊，可能女同志在感性方面比男同志要强一些。女的优势总得多于男的。女的平均寿命比男的长5年，这不是女同志有优势吗？

第三“常”叫“常思成长之苦，建功岗位，报效单位，报效社会”。一个人成长过程中，受惠于六个要素的合力，才得以成长、成才、成功。所以我们特别强调，既然在大家的帮助之下成长起来、取得成就了，就应以感恩之心报答所有帮助你的人。咱们的战场、咱们的阵地是工作岗位，咱们建功立业、创新奉献都有赖于岗位。当然，一个人的岗位一生当中变化很多，有人变化少一些。不管在什么岗位，人生创优争先、创效争荣都一样可以做到。只有在岗位上创造业绩了，你才能谈得上报效单位，进而报效社会。如果抱着这么一个心态去对待岗位，那么个人与单位之间也就建立了一个良性互动的、永远充满动力的关系。反过来，为什么要强调这个？如果一个人在一个岗位上，这山望着那山高，总感觉自己本事大得很，领导简直有眼无珠，你把我弄到这么一个岗位，心里很不舒服。一小时只想一次，你足可以弄坏几个小时的心情。心情不好你能把活干好吗？别人在这个岗位干不好，我能干得好，往往取得成功者，就是每个岗位都认真对待，像对一个神一样把岗位守住。敬业、敬业，就是要把事业像神一样经常敬。如果人这么想，态度就不一样。面对困难，都会排除万难。所以强调“建功岗位、报效社会”。反过来，你不重视岗位的话，哪个领导对朝秦暮楚的人或者说这山望着那山高的人，给他调一个岗位，他老是不满意，对这样一个人会重用呢？这样的人给他一个很好的平台，他也不会成才。因为要建功立业，需要时间的历练，需要时间的积累，需要其他人帮助。如果一个人心态不好，老是埋怨的话，那他一定不会取得很大的成就。

第四“常”就是“常想同行之乐，友善同事，团队共进”。同行，指的是同事、朋友，更多的是一个单位的同事。刚才说过，“百年修得同船渡，千年修得共枕眠”，同事之间有机会到一个单位工作就是一个缘分呐！咱都是中建的啊，有幸在中建工作，这是上天给咱们一个缘分，也是咱们前世修来的。在一个大系统中，在一个具体的单位中，像咱中西投工作的三四十人，个个都是高端人才啊，这又是一重缘分。在中西投包括咱西北院，不管在一个大办公室还是在一个小办公室，甚至是同桌、面对面，这不是又多了一重缘分吗？同行是一种缘分。有一首歌唱到：“同行是一首歌，相逢有你和我”，这个旋律确实很好啊，下次请大家来唱。大家在一个单位，真的是一种缘分。这是第一。第二，也希望大家去重视珍惜这种缘分，如果大家都这么想，工作上就是正能量，生活上就能获取更多的朋友之情。至少来说，有了委屈，有倾诉的人；有了成功，有人肯为你分享。话说回来，不是所有的成功，别人都愿意和你分享。有的人成功了，你想人家请你喝喝酒，人家会说：“对不起，我有约”。其实，人家不愿意请你吃饭。有没有这样的人？有。换一个角度讲，比如说出租车司机——那是没有办法和我们行业相比的，但出租车司机也有他的乐趣。《参考消息》上讲，巴西有个出租车司机，他干这个行业有了八九年，前五年每天都在抱怨。顾客远了不高兴，觉得浪费时间；近了也不高兴，不划算。后来，他听广播，听巴西的一个作家讲人生苦短，高高兴兴也是过一天，你不高兴也是一天，你有想法有追求，你也是过一天。总之，你每工作一天，你就要让自己快乐，不要让自己苦恼。人要像苍鹰一样翱翔天空，不能像麻雀一样，一早起来就叽叽喳喳地抱怨。这个司机听后顿悟了，从此以后他把出租车收拾得很干净，一见顾客上车，他就马上跑到车子的外面右手边，说请进。关上门以后，递给顾客一张报纸，请顾客阅读，然后就问顾客是喝热饮还是冷饮，别人如果说要冷饮，他就取出冰块。他就是从细微处提供服务，于是他就成了巴西出租车司机明星，相应也带来了收入上五六倍的增加。这个故事很有启迪意义，说明心态决定思路，思路决定出路，出路决定成功。说到这里，我就想起了一句顺口溜："日出东海落西山，愁也一天乐也一天。凡事不钻牛角尖，身也舒坦心也舒坦。"你看这多好！你说，同行之乐，值不值得重视？

最后，第五"常""常守仁义之道，创新争先，稳健致远"。"创新"是咱们中建企业精神的一个要素，中建的企业精神是"诚信、创新、超越、共赢"。创新是一个人不断取得新成绩的动力，是一个企业不断刷新纪录的动力，也是一个社会永远进步的源泉。江泽民总书记有一段话："创新是一个民族进步的灵魂，是一个国家兴旺发达不竭的动力。"讲得非常到位。创新是为了什么？创新是为了争先。争先是咱们中建文化当中的核心理念之一。中建之所以成为中建，就是敢为天下先。这很容易让人联系传统文化。有的人喜欢《道德经》，有的人喜欢《论语》，有的人喜欢法家的一些书籍如《韩非子》，有的人喜欢墨家，等等。墨子和法家来源于儒家。"百家争鸣"其实主要集中在春秋，发展于战国。春秋是东周的前半段。周朝是从公元前1040年到公元前256年，西周从公元前1040年到公元前771年。东周把都城从西安迁到洛阳。东周分春秋和战国，春秋从公元前771年到前476年，战国从公元前475年到前256年。春秋时期是咱们国家文化最为繁荣、影响最为深远的文化发展时期。所谓“百家争鸣”开始于春秋。老子，李耳，又称李聃，李家人嘛，老李，老子要比孔子长四五十岁，具体长多少，无从考据。孔子生于公元前551年，活了73岁。从当时社会影响力来看，两人不相上下，孔子后世影响力大是由于孔子的弟子多。诸子百家学说有个共同点，大都是从管理学的角度来看社会问题。因此，儒家也好，墨家也好，道家也好，它们为什么有生命力，一直延续到现代？可以预期的是，它们将永远地存在下去。为什么？它适应不同人的需求。不同人的精神需求中，有的占主流，有的占非主流。诸子百家中，对中国社会治理包括家庭治理，影响最为深远的是儒家，下来就是法家和道家。道教和道学是两个概念。老子《道德经》上讲有三宝：一曰勤，二曰俭，三曰不敢为天下先。他强调无为。正因为如此，中国历代统治者或者叫最高管理者，包括现代的企业集团，他用的都是外儒内法，很少使用道家学说。《道德经》上虽然还有给人激励的方面，但是道家学说整体理论是消极“出世”的。尤其是年轻人，要多看《论语》，有时间看一点法家的东西，包括墨家，都是激励人向上的。读《论语》，每一遍都会有不同的感受，都能获得不竭的动力。等到六十岁左右，再读读《道德经》。不管怎么样，多读读《论语》。咱们要创新争先，行事做人，我们要稳健。争先，不是说要冒进，一定要稳健。说到这里，我想起《大学》里一段话特别强调稳健：“大学之道，在明明德，在亲民，在止于至善。知止而后有定，定而后能静，静而后能安，安而后能虑，虑而后能得。物有本末，事有终始，知所先后，则近道矣。”这段话最后归结到稳健的作风，如果做到这样，一生当中就不会有大的差错。一个企业如果保持稳健的作风的话，这个企业做百年老店是不存在问题的。以上就是新“五常”。

三、途径

第三大部分，讲讲“途径”。“新三纲”从形态上来看更侧重于原则理念，“新五常”从形态上来说更侧重于行为规范。从理念到行为，怎么过渡呢？这就是我下面要讲的第三大部分。

第三大部分集中讲“三个保持”：“善为德纲而始于孝，要始终保持孝子的心境”；“用为才纲而始于学，要始终保持学子的心态”；“义为志纲而始于仁，要始终保持君子的心怀”。

如果做到并保持了孝子的心境、学子的心态、君子的心怀，就会从“新三纲”自然过渡到“新五常”，就会获得工作、学习、生活不竭的强大动力。

“孝子的心境”，前面讲了很多，我就不多说了。

我着重说说学子的心态和君子的心怀。

为什么要保持“学子的心态”呢？我在我们院经常和年轻人谈到一个人要取得新的成绩、新的进步，甚至新的成功，必须要有“归零思维”。什么是归零思维？早上眼一睁开，觉得啥都不会，所以必须学习。晚上睡觉，反省自己，“日三省吾身”。从早归零到晚归零，如果坚持这么一个循环的话，就会不断地学习新的知识，就像古语所讲的：“苟日新，日日新，又日新。”如果每天学习新的东西，那么天天都有进步。从品德方面，为什么要学习？因为不学习，就会造成好多不好的习惯，学习就会成就许多好的习惯。就像西方哲学家弗兰西斯·培根说的：“读史使人明智，读诗使人灵秀，数学使人周密，物理学使人深刻，伦理学使人庄重，逻辑修辞之学使人善辩：凡有所学，皆成性格。”最后一句话“凡有所学，皆成性格”，什么是性格？习惯就成性格。

孔子讲的“六言六弊”——“好仁不好学，其弊也愚；好知不好学，其弊也荡；好信不好学，其弊也贼；好直不好学，其弊也绞；好勇不好学，其弊也乱；好刚不好学，其弊也狂。”这句话说明，如果一个人只爱好这六个方面，不爱好学习的话，就会相应产生另外六个方面的弊端。“好仁不好学，其弊也愚”，你这个人喜欢仁义但不好学习，时间一长，就会陷入愚钝的状况。“好知不好学，其蔽也荡”，你这个人爱好智慧不好学习，时间一长，就会变得放荡。“好信不好学，其蔽也贼”，贼不是小偷的意思，而是江湖义气的意思，能说到做到、但不辨善恶，就会陷入江湖义气的恶习。好信，要善于辨、要识人，如对坏人也讲信用，那就变得智能低下了。“好直不好学，其蔽也绞”，直爽但不喜欢学习，就会陷入爱较真爱钻牛角尖的陷阱中。较真，说话很直率，好不好？好。如果不分场合的直，或者说，遇到事的时候老是要较个真，最后就变得钻牛角尖了。两股绳子绞到一起了，分都分不开。“好勇不好学，其蔽也乱”，有胆量，好不好？好。但是要和学习结合起来。最后，“好刚不好学，其蔽也狂”。“六言六弊”说明什么问题呢？要造就好的习惯、好的品德，不仅要真正喜欢人类品德当中的好的品德，还要不停地学习，把这些好的品德演化为自身好的习惯，只有这样，才能把爱好变为自身素质。

第三个保持，始终保持“君子的心怀”。君子必然是个仁义之人，行仁义之道，也就是“新五常”当中的第五常——“常行仁义之道”，这样的人方可成为君子。君子，在孔子时代也可以称当官的，品德高尚的人也可称为君子。我们讲的君子心怀讲的是刚才曹操论英雄中的那种胸怀，有那种远见，有那么个志向，更有那么一种气度。就像孔子讲的“能行五者于天下者，斯近仁矣。曰：恭、宽、信、敏、惠。”孔子的儒学核心思想就是“仁”，“仁”的标准是相当高的，但“仁不远见”，“我欲仁，仁斯至矣”。他强调“仁者爱人”，爱所有的好人。“恭则不侮”，对人恭敬就不会遭人贬低；“宽则得众”，对人宽厚，就有凝聚力，就有号召力；“信则人任之”，一个人说到做到，上级就会信任你，委你重任；“敏则有功”，行动快捷，执行力好，招之即来，来之能战，战必能胜，胜而不骄，这样的人容易建功立业；“惠则足以使人”，只要建立共赢共生这么一个机制，一定会有很强的凝聚力，这个团队一定会有很强的战斗力。

最后，还是以《论语》上“扬五美”的一段话作为结束：“君子惠而不费，劳而不怨，欲而不贪，泰而不骄，威而不猛”。君子就是管理层，如果做到“恭、宽、信、敏、惠”、“扬五美”还有“摒四恶”，作为管理机构，我们的事业就会更加顺利。“新三纲五常”作为中建大文化的细化，一定具有它的现实意义，因为它不是基于个人，而是基于团队；不是基于故步自封，而是基于创新争先、稳健致远这么一种英雄气概！

以上所讲，限于水平，难免有这样那样的错误，恳请大家批评指正。

谢谢大家！

记录：李元昭、欧阳东

时间：2013年8月19日

践行先进企业伦理
永续拓展幸福空间（二）

——在中建商混西安公司的讲演

今天非常荣幸能和中建商混西安公司的各位领导和员工共同探讨交流。今天讲的题目是“践行先进企业伦理，永续拓展幸福空间”，核心概念是企业伦理和幸福空间。内容分为四个部分。

咱们中建总公司于2012年颁布了新的企业文化“中建信条”。中建信条的第一条即企业使命，它就是“拓展幸福空间”。第二条是企业愿景，就是把“中国建筑”建设成最具国际竞争力的建筑地产综合企业集团。第三条是核心价值观，即“价值创造 品质保障”，第四条企业精神为“诚信、创新、超越、共赢”。

企业伦理，作为企业文化的有机组成部分，既要有理念的内容，更要有行为规范属性的内容。只有规范，才能让企业的核心理念——文化理念落地生根。

一、背景

先给大家介绍一下咱们强调的企业伦理的背景。大家知道，咱们国家推进改革开放已经三十多年。三十多年来，我们国家取得了举世瞩目的成绩，第一个是社会物质得到了极大的丰富，精神方面也得到了相当提高；还有一个是文化，尤其是2000年前后，咱们国家开始特别强调社会主义核心价值体系建设，强调发扬传统文化中的优秀部分。从2000年到现在，随着中国经济整体盘子在世界名次中的提升，咱们中华民族的文化也进入了复兴期。我觉得这是改革开放取得成就的三大方面：物质、精神和文化。

欧洲的德国为了在世界范围内宣扬德国文化，在世界上设有146家歌德学院分院、51个歌法中心与文化机构，总部设于慕尼黑。咱们国家从2004年开始，在世界范围内更多更快地开办孔子学院，现已达350多所。那么为什么选择这个时机在世界范围内开办孔子学院呢？从咱们国家来说，主动地、大力地推动孔子学院的建设，为什么世界上这么多国家愿意我国在他们国家创建孔子学院？那是因为中国文化越来越得到世界的认可，特别是发达国家的认可，世界越来越认可中国文化先进精髓的部分。中国文化的“精髓”和“先进”表现在哪里呢？集中讲就是中国文化几千年来特别强调的“和合”思想、“和谐”思想。

进入21世纪以来，包括德国、法国、英国、美国的一些历史学家，都先后发表文章认为，对于世界现状而言，在文化层面对世界最有影响的，特别是最能解决世界性问题的（如现在看到的中东问题、北非问题等），可能就是中华文化。因为中华文化特别强调和谐，特别强调宽容，进一步来看，中国文化之所以特别强调和谐、强调宽容、强调合作、强调和合，是因为有文化背后的思维方式。中华文化特别强调天人合一、和谐共处、合作共赢，这是中华文化五千年来的主流价值。应该说它很辩证、很唯物，也很温馨。

欧洲也有辩证、唯物的传统，西欧唯物辩证的思维可以追溯到古希腊罗马时期。古希腊罗马时期大体上相当于我国的周朝中期到秦到汉初时期。我国西周时期是从公元前11世纪中期到公元前770年。周文王的儿子、周武王的弟弟也是周成王的叔叔，也是鲁国国君先祖，就是周公，姓姬名旦，他创建了周礼即周朝的国家典章制度。以后，用马克思主义历史观来分析整个中国，包括秦始皇统一六国后，从秦朝开始，封建社会一直在沿用周朝所设立的基本规章制度，当然各代均有所损益，但都坚持了“礼乐治天下”。其中“礼”就是指规章制度，对企业而言就是企业基本的管理制度。这是西周时期。东周前期从公元前770年到公元前476年，这是春秋时期；东周后期是战国，从公元前475年到公元前256年。春秋时期正是中华文化大繁荣的时期，以至于对中华文化感兴趣的同志，当你静心聆听春秋时期百家争鸣的各种观点，会觉得某些观点有点像在眼前一般的近。它就是这么新鲜，就是这么深刻，就是这么有生命力！古希腊罗马时期奠定了西欧思想发展的基础，那时候提出了唯物辩证的思想。但是罗马帝国鼎盛之后，相当于咱们的东汉以后，欧洲在思想界占据统治地位的思想是形而上学，形而上学的思维方式的特征就是非此即彼，黑就是黑，白就是白，红就是红，蓝就是蓝。所以欧美的文化别看以美国为首的宣传得是那么多元、那么宽容，就其实质来看也不尽然，以至于对于小的国家，就是想捏就捏、想打就打。因为没有比较，就不能见得先进。于是，就有美国学者来讲，就世界文化来说，能拯救世界的，恐怕只有中华文化。真真地“满园春色关不住，一枝红杏出墙来”！这是咱们今天要交流的企业伦理基于国内和国际的一个背景。

第二个背景，就是咱们中建总公司2009年7月29日整体上市后，中国建筑就成为了公众公司。虽然从股权结构来说仍是国有的，但就企业存在形式而言，它又是公众公司。公众公司就需要做得越来越好，影响力、盈利能力越来越好，同时员工的生活越来越好，因为任何效益、任何项目都是靠人干出来的，这是一个方面。另一方面，作为国企、央企系统企业，不仅要尽经济责任、政治责任和社会责任，也得尽文化责任。那如何尽文化责任呢？需要在理念和行为上把企业和社会紧密地结合在一起。事实上，任何一个企业要想独立于社会，都是不可能的。任何企业老板也不会这样想。刚才，我和曾昭德总经理在探讨。曾总是企业一把手，非常关心咱们陕西建筑市场的走向。可以这样说，前三年以我院为例可以透视出陕西建筑市场的行情。去年以前，我们院承接合同额同比增长率都在40%左右，今年前半年增长率还可以，但是和以前的增长率相比，掉得比较厉害。今年前半年的增长率只有22%左右，这样一比就说明建筑业增长的速度在设计院层面差不多掉了一半。可以说建筑经济是以设计为起始点的，“设计动态”就是建筑经济的晴雨表，只不过这个预报是半年之后的，不像中央台的“今天晚上到明天晴间多云”那般立竿见影，从设计院来看陕西建筑市场半年之后是晴间多云还是风和日丽？现在看来可能是晴间多云。作为央企，咱们有责任尽咱们的文化责任。因此，基于这点，中建西北院从2005年以来对西北院的企业文化作了两次大的梳理，然后成形了西北院的“和合”文化，借助这个机会用两分钟时间给大家说说。

“和合文化”在中国文化历史上超过三千年，在历届的国家领导人中，李瑞环主席是最重视和合文化的。应该说和合文化比和谐文化的内涵要大一些，这两者基本区别是，和谐更侧重于状态，和合既有状态又有动感，强调过程。中建西北院“和合文化”内涵定位于两句话：“和谐发展共生，合作友谊共赢”。外延就是“一总四分”结构，“一总四分”的结构更侧重于企业伦理。如果说内涵是理念的话，那两句话、六大概念、十二个字要转化为行为，靠的就是“一总四分”的体系结构。“四分”分别对应领导班子、干部队伍、党员队伍和职工队伍，分别提出伦理规范方面的要求。“一总”就是和合文化所具有的理论特征和实践特征，具体就是“新三纲五常”，这个会在第二部分加以阐述。

以上是引言部分的内容。下面讲正文，分三个部分：正与负、法与度、桥与路。

二、正与负

为什么这一部分要讲正与负？“正”就是所谓的正能量，“负”就是指负能量，这很好理解。我想给大家说，咱们所处的环境既有正能量又有负能量。如果说君子文化代代相传，那么小人习俗也层出不穷，因此才需要考察、思辨、判断、验证。

下面讲讲作为企业职工，要处理好的几个关系。

首先，要处理好国家、集体和个人三者之间的关系，这三者之间的关系以三者之间的利益关系为核心，这点是不用多说的。但是怎么处理三者之间的利益关系呢？不同的处理方式就可以区分出人的三六九了，它是个试金石。那这三者关系，是不是在年底拿奖金的时候才有呢？其实不然，每天都存在的。三者之间的关系都存在，三者之间的利益关系每天都存在。企业是经济组织，企业的一切活动都是以经济活动为主导，从这点说利益关系在企业是无时不有、无处不在的。

第二，个人成长过程中所面对的六大要素，叫作“天、地、君、亲、师、友”。天、地、君、亲，师，这五个以前都在历朝历代都在强调了，我加了一个“友”。任何人在成长过程中都离不开这六大要素，“天地”不用讲，就是自然，君就是指上级领导，长辈；“亲”就是亲戚、家人；“师”就是老师、师长、师傅、老同志；“友”就是朋友，包括同学和朋友，包括社会上的朋友，生意上的朋友。任何人的成长都离不开这六方面的因素。当然，这六方面的比重在人的每个成长阶段是不一样的。不说其他的，职工进入企业后这六大因素哪些占据主导呢？一个“君”，一个“师”，一个“友”。“君”就是领导。“师”，就是比咱们年龄大、经验丰富的老同志，孔子讲“三人行，必有我师焉”。可以说，这个“师”，无处不在。友，对自己影响是最深的、影响最不间断的，就是朋友。古语讲，“近朱者赤，近墨者黑”，说明朋友之间影响不仅影响形式，也影响内容；不仅影响习惯，也可能影响性格，性格是要决定命运的。撒切尔夫人讲过：“注意你的思想，因为它将变成你的语言；注意你的语言，因为它将变成你的行为；注意你的行为，因为它将变成你的习惯；注意你的习惯，因为它将变成你的性格；注意你的性格，因为它将决定你的命运。”确实很有道理。用一句话讲，就是“一个人的性格就是他的命运”，我把它简化为“性格即命运。”在这些养成性格的过程中，“友”对每个人的影响是比较大的，向君、向师、向友多学习长处，这是人在成长过程必须面对的任务。

一个团队既有正能量，又有负能量。那么正能量在哪呢？首先这个团队主导的是优良的品格，优良的产品，优良的作风。咱们每个单位每年都要表彰先进，评选出来的先进在日常方面确实是做得很好，包括认真地对待工作，认真地把好质量关，认真地服务业主，认真热情地帮助同事，而这些都是“善的力量”，所有善的力量都是正能量。对于咱们所有的职工来说，学善、行善、识善、扬善，是获取并且产生正能量的有效途径。评比表彰先进，以先进引路，都是在发扬正能量、增大正能量，从古到今，从中到外，为将为相者都特别重视，所以这点我们也应该特别重视。

下面我要说说负能量。我觉得负能量不可忽视，它阻碍人类进步，影响人的心情，甚至损害人的健康的因素，所以也是必须正视的东西。负能量，我们可以分析看一下团队与个体，或多或少都可能遇到这种情况。比如说，你得了先进，别人可能嫉妒。最近几年流行一句话，叫“羡慕嫉妒恨”。其实，如果说羡慕还罢了，由羡慕发展到嫉妒，于人于己都不好了，不过它还罢了；只要不发展到行为，那你损害的仅为一个人。如果再发展，那就由理念发展到行为了，这些负能量由“想法”变为“做法”，那就不只伤害嫉妒者一个人。所以我想这是个普遍存在的现象。当然不是说哪个单位里面很多，但是每个单位都会有。再有大家未必会认可这个观点：每个人都会碰到这个问题，不管你承认不承认，谁敢说“我从来没有妒忌过别人”？可能这样的人很少。人与人之间的区别，就是能不能把嫉妒控制在个人范围内、不让它影响你的心情和健康？这是一种普遍存在的负能量。别人取得了什么成绩，说风凉话，这些现象有没有？每个单位都有吧？说到这里我想到了姜昆和李文华说的一个相声，那段就很好讽刺了说风凉话的负能量。你看：小伙子看谁都不顺眼，看谁比他长得高，他生气，他烦；别人比他工作好，他烦；别人找的媳妇比他的漂亮，他烦；别人生的孩子比他的孩子聪明，他烦；总之，他这个人只要看别人比自己强，他就烦就恨。这种负能量比羡慕嫉妒来得窝囊一些，这种负能量仅仅是种短视，反正就是不舒服，这是一个方面。其实负能量表现形式还挺多的。比如说，消极怠工，领导布置工作或者合同约定的任务，都要拖着完成，惰性也是一种负能量。惰性，或者是偷懒，或者是松散，这也是一种负能量。一般讲，嫉、怨、恨、奸、奢、佞、惰、间等是常见的负能量。四大魔头，爱恨情仇。由于一个团队既有正能量又有负能量，所以更显出发掘正能量、抵消负能量的重要性。这是我讲的第二部分正能量与负能量，目的就是发挥正能量，抵消负能量。

三、法与度

法，指原则，纲领。度，指节点，标准。

刚才讲了，任何团队都存在正能量与负能量，那么如何增大正能量，抵消负能量呢？作为企业，首先是要制定相应的规章制度，要确立相应的工作理念。邓小平讲革命队伍要想取胜，一靠理想，二靠纪律。没有理想肯定是不成的，没有理想，企业就不会做得长远，同样家庭日子也不会过得好。纪律，对企业也好，对家庭也好，对个人也好，对社会也好，都是必不可少的。因为每一个人，从一生出来，从上学开始，然后就业、退休，其实人从来都不是独立成长的，他一出生已经处在“家庭、单位、个人、社会”四种关系的交织当中，所以个人从来都不是纯粹的个人，因此必须要有纪律。当然光有纪律也不行，纪律主要制约的是违反纪律的人，然后表彰执行纪律好的人。但是中间层次的作用是很大的，因为中间层一般会执行好纪律，而所谓中间层次恰恰是完成使命、做出业绩的中坚力量，这是从层次上分。从行为上分，既然有理想，就要有纪律，更要有规范。既要有法律，还要有道德，既要有理念，还要有伦理。你说咱们国家现在是“依法治国”，为什么又要同时提“以德治国”呢？“依法治国”和“以德治国”合二为一这个道理不难理解。在家里教育孩子，既要有远大理想，又要从小微事情上，从习惯上着力塑造、因势利导。比如要求学生放学了，最多多少分钟要回到家，这个要不要？还是要，但是过分了，就管理得过死了，反而不利于小孩的成长。因为还得锻炼孩子的独立性、自主性，还得锻炼他的分辨性，这就靠知识和道理了，靠日常培养好的习惯、好的辨别能力，靠确立一些最基本的善恶标准以及行为准则。

由此出发，我在引言中讲了，我们西北院和合文化的外延是“一总四分”。“一总”就是“新三纲五常”，为什么在这里给咱们商混公司的同志讲西北院的“新三纲五常”呢？因为“新三纲五常”是基于人类共性与人类共同需要，其含义不限于一个院，不限于一个企业，我可以斗胆地说，“新三纲五常”的践行不仅有企业伦理的价值，更是人作为社会人，想成功所必须具有的基本的道德素质与价值标准。

那先讲一下“新三纲五常”和旧的“三纲五常”的区别。讲法与度，法指原则，指“纲”，度指规范，指行为。老的“三纲五常”，“三纲”就是“君为臣纲、父为子纲、夫为妻纲”；“五常”的解释比较多，通常是指“仁义礼智信”。现在对旧的“三纲五常”作个简要的分析，也看看旧的“三纲五常”对现实社会作用的局限性在哪里。

首先看“三纲”。“君为臣纲”，这个对不对呢？也对也不对，从本意上说，肯定是不适合现在的，以前讲君为臣纲，君与臣绝对是有区别的。现在从中央到地方是这么强调的，当人民公仆，当人民的服务员。当然官员的级别越高，服务员的级别也就越高啦。但是现在的干部体系和封建时代的官僚体系绝对是不一样的，因此还原原本本强调“君为臣纲”的话，显然是不合适的。这是体制上的原因。第二个还有机制上的原因，现在领导班子决策不能搞一言堂，要讲究民主集中制，不能不管群众怎么说就这么定了。所以说“君为臣纲”现在是不适合的。但是如果咱们换个角度，把君看成“上级领导”，把臣看作为“下属”，把“君为臣纲”解读为领导要为下属做好表率，那是不是就有它的合理性了？所以“君为臣纲”不能原原本本地用，但可以发掘它的合理内涵。

“父为子纲”，这个有点类似于“君为臣纲”。在封建社会，在家庭中父亲就相当于在国家当君王，那是拥有绝对权威的。如果说咱们国家两千年封建体制，封建制度能在中国社会延续这么长时间，而且中国几次在世界上创造历史巅峰，那可都是在封建体制内创造的，你能说封建体制它当时本身就都是腐朽的？其实主要还要看当政者的理念和行为，当然现在的国家体制更注重民主制度建设，而以前的封建社会更注重领导者的个人修为，更强调“贤人政治”，所以“君为臣纲”和“父为子纲”其道理是相通的。

“夫为妻纲”这个有没有它的道理？现在来说的话，可能还真得批判一番。因为现在咱们国家包括世界上大多数国家都提倡男女平等，毛主席更是说过“妇女能顶半边天”。夫为妻纲，家庭是以夫妻关系为支撑的，有了夫妻才有家庭。过去夫妻，丈夫绝对说话是权威，妻子只有服从。即使在座的男士同意这个观点，女士们肯定会很生气的，就会产生负能量，显然会不和谐的。更何况，孔子就给鲁国国君讲，你想治理好国家，先从家庭开始，这就是《大学》里面特别强调的“格物、致知、诚意、正心、修身、齐家、治国、平天下”。为什么强调这一点呢？社会是从家庭开始的，“家国同构”，这是咱们中华文化的精髓，到现在还是有着很大的优势，这就是为什么古代要强调君子的修为的原因所在。诚意正心就是你工作也好，学习也好，态度先要端正。现在咱们强调敬业，什么是敬业呢？那就是把岗位当成神一样供着，去敬仰去畏惧。正心就是对待事业、对待事情、对待人，要心正意诚、修身齐家治国平天下，有了这些，最后到自我修炼。诚意正心，心修了还要修身。《孔子家语》中孔子讲过：“妻也者，亲之主也”，就是说“在家里处理各种关系、各种事情，妻子是一把手”，所以第三方面“夫为妻纲”是不太合适的。修身齐家必须突出妻子在家庭建设中的主导作用，当然，这给当妻子的提出了很高的素质要求与领导能力要求。为什么要强调这一点呢？因为有了妻子以后才有孩子，才能传宗接代。有了孩子，不管是男女，还得教养。以前社会分工很明确，男主外，女主内，男的就是要在外面拼打，作为男的就要爱妻敬业，练好本领，把业绩做上去，自然薪水也就多了。奖金多了拿回去，老婆自然高兴。小孩要教育，父母要伺候，靠谁？全得靠妻子，所以孔子特别强调这点。但现在来看，情况就有所不同了。看看江苏台的《非诚勿扰》吧。

你看，旧的“三纲”如果原封不动地搬过来，肯定是不行的吧？

至于老的“五常”，“仁义礼智信”，从本意来说，从西周一直到民国，三千多年的历史中，其功能一直是维护当政者利益的。“仁义礼智信”，“仁”，就是要对人好；要讲情义，就是要对团队好；礼，就是要讲礼貌并遵守国法家规；智，就是要有智慧、学智慧；信，说到要做到。这就是“仁义礼智信”最直白的解释。这些要做到，是为什么呢？为了不犯上作乱，也为了家国各处其所，各安其位，为了人人安居乐业、和谐生活。就这个本意来说，现在是不适用的。比如说，现在中央正在深入开展群众路线教育实践活动，群众路线教育实践活动就是让群众提意见，那按照以前讲的旧的“五常”就是不要犯上，那样当政者就听不到民议，老百姓也不敢提意见了。

另外，除去旧“五常”的宗旨，仅从修身齐家的角度来看，它还是有现实意义的。结合本义和时代要求理解，仁就是仁者爱人；义者宜也，这个宜，也是有利于团队。遇到国家、集体和个人利益，这个不管，遇到与同事的利益，也不管，反正都是以我个人的利益为准，那就不是“爱人”，首先是不仁。那光顾自己，肯定是顾不了别人，肯定是不义，不礼、不智、不信了，光是不仁不义，那就难以在世上在人间混下去了。所以，从修身齐家治国平天下和搞好团队、贡献社会的角度来说，仁义礼智信还是很有必要讲的。

这里对旧的“三纲五常”进行了简要分析。结论是对旧的“三纲”要大大的扬弃，对旧的“五常”充实时代要求后可以推广，所以才有“新三纲五常”之说。

现在讲讲“新三纲五常”。

首先讲“新三纲”：“善为德纲”，“用为才纲”，“义为志纲”。

第一纲“善为德纲”。

为什么要讲“善为德纲”？因为所有的正能量都是以善为标志，以善为动力和归宿的。《三字经》中讲到“人之初，性本善”。这个话有道理，但是荀子就坚持“性恶”的观点。实际上，人来到世上，最初所具有的品质到底是善还是恶，这是个永远也争论不休的问题，而且这个也不好量化求证。“人之初，性本善”和“人之初，性本恶”都有自己的例证，谁也说服不了谁。我看这个争论只要有人类存在就会一直延续下去，这个是无法求出唯一解的思辨题。但是有一点可以显而易见地见证善良的力量和邪恶的力量。如果对于小孩从一开始就以善的力量来引导，来培育，那么这个小孩以后就会是个对社会有用的人。反过来也是一样的。在报纸上我们看到，当小偷的把人家孩子偷走以后，故意把小孩弄残，然后在街上乞讨。你说在这种环境下生长，小孩的心理人格会健全吗？再举个例子，从负能量的角度分析，搞传销的，自己在搞传销之前也不知道会受到伤害。搞了一段时间后，反过头来就会骗别的人了，这就是善与恶同样具有影响力。因此在人的品格当中，起主导作用能产生正能量的就是“善”。因此，我们倡导“善为德纲”。

第二纲，“用为才纲”。

因为人的才能是多种多样的，有正才、奇才、雄才，也有歪才、奸才、恶才，各种各样都有，从古到今都是这样的。因此，学习不光是咱们学有用之才，不光指咱们上学学到的知识，也强调工作岗位上的学习，向老同志学习。说到向老同志学习，是不是老同志身上全部都是可学之处？也不然。因此，咱们特别强调要学习老同志的长处，这里面也有个有趣的历史现象。人的成长成熟，原则上是和他的年龄成正比的，但是具体到个人来说，有的人的成熟会跟随个人年龄，有的人就停止于三四十岁。这是个历史现象，也是个现实存在。我想指出这点是很有必要的，咱们要建设学习型企业，咱们中建要建设学习型中建，咱们个人首先要当一个学习型职工。学习什么？学习有用的东西。从领导干部选人用人方面讲，要用人所长，先要有识才之慧、容才之量。因此，咱们强调“用为才纲”。

第三纲，“义为志纲”。

义，就是孟子所谓“生亦我所欲也，义亦我所欲也，二者不可得兼，舍生而取义者也”之义，就是大义、道义、情义、主义。德和才具备以后再说志。品德有高低之分，德是咱们要重视的，只有以善为基础的品德，才能激发正能量，才是需要倡导并力行的，有用之才能为社会、为企业创造价值，这是咱们强调的德与才。但是这还不够，如果说德是基础、才是动力的话，那么志就是人生前进的方向与驱动。所以咱们强调“义为志纲”。

以上是“新三纲”。那么“新三纲”和老“三纲”的区别在哪里？首先“老三纲”更多地侧重纪律方面，更多地侧重上下一条线，咱们新的“三纲”是建立在团队基础上，立足于个人、单位、家庭、社会四种关系的交织，是站在这四个维度，并以团队为出发点和归宿的，这是新的“三纲”与旧的“三纲”的区别。“新三纲”无处不在地指向团队。这是“新三纲”。

现在讲“新五常”：“常怀感恩之心”，“常念牵手之缘”，“常思成长之苦”，“常想同行之乐”，“常行仁义之道”。

下来对新“五常”作个解读。

第一常，“常怀感恩之心，敬老爱亲，敬岗爱业”。

咱们从社会角度看，善为德纲而始于孝。孝分为大孝和小孝，小孝孝于亲，大孝孝于国，所以咱们强调常怀感恩之心，于家敬老爱亲，于企业敬岗爱业，前面已经讲得不少了，这是第一个。

第二常，“常念牵手之缘，恩爱夫妻，教养子女”。

这就联系到家庭了。家庭的主题是婚姻以及夫妻关系，夫妻能在一起，确实是个缘分。电视剧《新白娘子传奇》上讲得好：百年修得同船渡，千年修得共枕眠。两口子晚上睡在一个枕头上，那是千年修的缘分，这是特别值得珍惜的牵手之缘。只有牵手之缘好了，下辈子还有可能再做夫妻。其实一个人的缘分除了夫妻之缘，还有很多缘分。人是要讲点缘分的，因为哪个人重视缘分，我敢说这个人一生的朋友就会越来越多，你获取的正能量就会越来越多，你的心情就会越来越舒畅，自然也就会越来越快乐，身体也就会越来越好。一个团队里既有正能量又有负能量，它源于人本身就是正负两极。你说人既有理性又有感性，既有率真也有刻板，当然也有快乐，也有悲伤，有奋进也有沉沦。看看杨钰莹吧，出事以后有十一年时间出去玩了，有的人以为她很沉沦，去年她从广东应聘到天津电视台的一个娱乐节目做主持人，记者采访她，她就说了这样有意思的一句话，“人一生当中不仅有幸福，也有不幸，不仅有快乐，也有悲伤。”确实是这样，人一生当中会遇到各种各样的困难，但是只有一点，只要这个人重视缘分，你就会获得成功，只有你重视缘分，在你需要帮助的时候，别人才会主动伸出帮助之手。当然，日常要多帮助别人。

第三常，“常思成长之苦，建功单位，报效社会”。

为什么强调这个呢？刚才讲了人一生要获得进步和成长，会经历各种各样的苦难，即使你生在一个富有的家庭，学习上的困难也是少不了的。当然这个学习上的困难是指天才以外的其他人、资质平常的人，包括本人在内。有没有天才一类的人？据心理学家统计，首先生而知之是没有的，学而知之、困而知之、行而知之、用而知之，有这么几种学习知识的情形吧。咱们国家心理学家注重定性研究，而西方心理学家注重定量研究，他们秉承西方工业革命以来兴起的实证研究思维，他们统计的结果中，所谓天生就有才能的天才是有的，比率大概在千分之二三之间，这就是一千人之内确实有两三个人是天才。有天才素质的人表现是啥？在学习方面确实学得很快，快都快到他好像上辈子学习过，有次复习就行了。其实，不论大家是听说过还是看过，每个大单位都有这样的人，但是对于99%的人来说，或学而知之，或困而知之，一遇到困难就学习，“书到用时方恨少，是非经过不知难”。为什么？他困而知之，遇到困难，不会的他才开始学习。所以就讲常思成长之苦，所以一个人要有报恩之心，念牵手之缘。成长之苦一般人都不会忘记。列宁说：“忘记了过去，就意味着背叛。”如果忘记过去的苦难，首先背叛的是自己，同时也可能背叛别人。所以特别强调常思成长之苦。要建功岗位，报效单位，报效社会，因为人的成长是获取了各方面帮助的，各方面的正能量才使自己有了现在的成长和成就。对年轻人来说，成长、成才、成功、成熟、成就、成名，是一辈子的事情。而要完成这些，“天地君亲师友”六大方面给予你的正能量是不可或缺的。所以人一定要回报社会。

常怀感恩之心，还得有基础，其中经济基础是不可少的。比经济基础更重要的，是人品基础，这是咱们强调的第三个常思成长之苦。要建功岗位，报效单位，报效社会。反过来讲，一个人大学毕业后，以为进了国有企业，就可以不思进取，那可能这一辈子你取得的各方面的成就就不会多，而且要不了五年就会大大落后于同一年进企业的人。要不了十年，你这一辈子就会基本定型的。所以，《论语》上孔子讲得好，“后生可畏也，安知来者不如今也?”但是接着还有一句话，“四十、五十而无闻焉，斯亦不足畏也已”。就是到了四十岁了还没有取得一定成绩，那你一辈子可能就不会创造出什么大的业绩，没有大的业绩，对单位对不起，对父母对不起，对朋友帮不上忙，老婆孩子也不会理你的。因此，常思成长之苦，想要这样想，做要怎么做呢？建功岗位！所以特别强调建功岗位。

第四常，“常想同行之乐，友善同事，团队共进”。

这是强调人要重视缘分。其实人活到世界上，各种缘分都会遇到。首先大家一定要能区分这个人的行为是善的还是恶的。说到团队，对于个体来说这几个方面修为是必须的。第一个，会区分善恶，这说起来容易，做起来并不一定每一个人都能做到。因为善的力量代代相传，恶的力量世世不绝，我想这就是为什么咱们习近平总书记特别强调正能量的原因吧。因此，对行为除了分清善与恶，还要分清是与非，轻重缓急得分清，荣辱得分清，责任与义务得分清。常想同行之乐，因为和同事在人生路上一起前进，这是一种缘分、一种快乐，所以要友善团队。首先要自己具备基本的分辨能力，这个团队当中，咱们也不能说这个团队是非常好只有积极因素没有消极因素，否则也就不需要咱们去建设精神文明了。因为正与负是相比较存在的，所以首先要具备分辨能力。其次，要真真切切地善待每一个同事，重视大家在一起的缘分。缘分众多，亲人之缘、师生之缘、长幼之缘、同桌之缘、同行之缘、同事之缘，都有需要重视的理由。有人统计过，从工作到退休，一个人工作之外除了吃喝拉撒睡，纯粹工作的时间只有十二年不到。那么十二年内，咱们来自祖国五湖四海、来到一个单位，来到中建商混是个缘分，又碰到曾总、陈书记这么好的领导，领导在工作上为大家找项目、搭平台、谋福利，应该说是个缘分。然后在一个单位，在中建商混西安公司，大家又在一个办公室，那是不是又是一个缘分。如果两个人在一个办公室，有幸坐在对面，这岂不又多个缘分。其实人呀，应该像马云所说的“人得有信仰，信即诚信，仰即敬畏”。因此，特别强调要友善同事，团队共进，这是咱们强调“新三纲”中的“善为德纲”的具体内容之一。这是第四常。

第五常，“常行仁义之道，创新争先，稳健致远”。

仁义之道，仁者爱人，义者适宜。要友善团队，友善同事，热爱团队，热爱企业，包括热爱家庭，热爱老婆孩子、丈夫孩子，这就是仁义之道。如果说中华文明在世界上有生命力的话，在于中华文化特别强调博爱。西方的博爱原创不在西方，而在中国，博爱理念在春秋战国时期好多学家都特别提倡。首先儒家孔子就特别强调博爱，但是孔子的博爱没有墨子提的那么明显，他强调仁者爱人，讲“泛爱众而亲仁”。在日常生活工作中要推己及人。用现在的话来说就是换位思考。去年央视一套播出了一个电视剧《下海》，其中张嘉译主演的陈志平担任厂办秘书，女厂长突然有一天给陈志平说，让他担任将成立的劳动服务公司总经理，陈志平没想到一下子提拔到正科级领导干部了。虽然担任厂办秘书多年，但是按照一般的提拔顺序应该先是副职，然后才是正职。他确实没有想到，然后就问厂长怎么考虑让我担任服务公司总经理呢？厂长说，“因为你能替人着想”。当时我看电视剧，这句话给我印象非常之深刻。结果我就马上把电视关掉，进入职业思考状态：提拔干部，就要看重他会不会替人着想。这应该是选任干部的标准之一。你看，能替人着想，首先他是仁者，他会去爱护别人；第二，他能替人着想，说明他有责任心；第三，他敢于替人着想，说明他敢于担当。有责任心，敢于担当，说明这个人的价值取向是团队。我觉着能替人着想就具备了当领导干部的条件之一。所以“替人着想”实在是一种美德，替人着想实在是一种博爱的表现。事实上，在一个组织内，人才是由三个层次构成的。每一个团队、单位缺少这三个层次的人才都不足以顺畅运转。哪三个层次呢？第一个是高级人才，也就是领军性人才。第二个层次，就是中层领导，骨干型人才。第三个层次，就是基础性人才、基层人才。刚才说，能替人着想就具备了当领导的基本素质，但是不管在什么层次，都可以为这个企业做出自己最大的贡献。而不管在哪个层次，都需要具备替人着想的品质。如此，这个单位才是和谐的，这个单位才能保持活力。这个单位的领导团队、干部团队才能真正起到领和导的作用，才能始终保持激情、保持活力，心系群众，志存高远；咱们所有员工才能做到快乐生活，快乐工作。这是我讲的第三个方面，法与度。

四、桥与路

第三部分咱们突出讲的是“新三纲五常”，“新三纲”与“新五常”是有密切联系的，但是也是有区别的。“新三纲”和“新五常”共同构成企业文化中的企业伦理。它的作用在于引领与规范咱们作为央企所有职工的行为，使员工的行为与企业发展相匹配，和拓展幸福空间的使命相吻合，同时使每一个人的人生更加踏实，更加健康，更加快乐。“新三纲”与“新五常”的功用是什么？为什么要提这个呢？换个角度来说，这方面有没有现成的东西呢？我看了看，我所见到的企业所宣扬的企业文化，缺的一块就是企业伦理。企业伦理就是把企业追求、企业的核心价值转化为员工的行为，使中建员工在日常生活工作中彰显“拓展幸福空间”的价值追求。这个价值追求是多元的，既是对企业幸福空间的拓展，也是对所有职工生活幸福空间的拓展，当然也包括对所有业主和建设方幸福空间的拓展。至此，企业与社会就联通了。这是咱们的出发点。

“新三纲”与“新五常”的区别在于“新三纲”是“法”，是“标准”，是“原则”，是“知”；“新五常”是“度”，是“细则”，是“规范”，是“行”。

如何将“新三纲”过渡到“新五常”当中呢？那就涉及桥和路，主要有三条路径：

善为德纲而始于孝，百善孝为先，所以我们要始终保持孝子的心境；用为才纲而始于学，非学无以广才，所以要始终保持学子的心态；义为志纲而始于仁，仁者爱人，仁者君子，所以要始终保持君子的心怀。始终保持孝子的心境、学子的心态、君子的心怀，那就会把“新三纲”和“新五常”联通起来，所以三个始终保持是“新三纲”到“新五常”的路和桥。下面对“三个保持”略作解释。

第一个桥与路，是“始终保持孝子的心境”。

一个人能活在世上首先得自于父母，通过学习就业，进入工作阶段，工作是实现人生价值很好的平台。工作过程中，不管你学生时期学习怎样好，学和用之间还有个转化，这个转化还得五年左右的时间才能基本完成。我说这个话是有研究的，像西北院，每年新来大学毕业生几十个，多的时候一百三十个左右，少的时候几十个。大家都是同一年进一个单位，两年之内彼此之间的差别很小，几乎看不出来。但是大约从第三年到第五年，这个差距就逐渐明显了，到第五年左右形成的差异几乎要预示一生的状况。时间上确实有这个现象，我称之为“五年现象”。为什么会出现五年差距呢？我认为这最终源于个人的修为。再就是个人的性格、知识、态度上的不同。有本书上说，态度决定一切。那态度能不能决定一切呢？至少书名是这样写的。仔细想想还是很有道理的。你看看周围人们，面对工作是不一样的，有的人非常主动，有活就干，不管是肥的活还是瘦的活，聪明的人都会把它当成一个成长的机遇来对待，能这样想的人态度就会很积极。会积极主动地跟领导要任务，这是一种态度。还有一种态度，叫作“吹了冲锋号，装作不知道；机器不停地转，只顾不停的谝”；我敢说这种现象每个单位或多或少都存在着呢，需要指出的是，有消极态度的人是和学历不成正比的。不是说学历高的人那态度就一定好，当然应该好，因为你读书多读了几年，道理应该懂得更多，但是事实上我们院连续七年招聘都是硕士，具体到每个人的实践表现那真是不一样，有的人态度是这样的，有一种消极态度，并不是说他不愿意干。有种人性格上天生不主动，天生只能当被动者，确实有这种性格的人存在。有消极态度的人，原因是多种多样的，但是结果是一样的，自己阻碍自己成长。咱们在座的年轻同志可以共同关注“五年现象”，而且经过第二个五年的历练基本决定了人生可能达到的高度。这个也不可能绝对，但是对于百分之七八十的人来说是如此。我这判断问题不大，至少得六十分，我还是有这个自信的。我看我们西北院，我至少看到了三十届学生，当然这三十届学生有四届没满五年，有二十五届学生我看到都存在这种五年现象。因此在座的年轻人对于五年现象有必要保持警惕，也足以提醒我们始终保持孝子的心境，小孝孝亲，中孝孝企业，大孝孝国。孝，孔子讲孝悌，弟子入则孝，出则悌，谨而信，泛爱众，而亲仁。这是孔子对他弟子的要求。四合院的上房，都是让老人住的，进上房叫入，出上房叫出，弟子入则孝，进入到上房就要尽孝，孝并不说对父母有吃有喝的，有的说只要能养就叫孝。照这样说，畜生也懂得养，小乌鸦还知道反哺，小乌鸦会飞后还知道反哺妈妈三个月，飞禽走兽都知道能养，人的孝与动物的孝怎么区别呢？两千五百年前的孔子注意到了这个现象，因此，我们强调小孝孝亲，就是孝敬亲人；中孝孝企，企业是学有专长、事业成功所在，也是实现人生价值的平台所在。大孝孝国，咱们刚才讲了建功单位、报效社会，起始于孝子的心境。

第二个桥和路，是“始终保持学子的心态”。

为什么强调要保持学子的心态呢？刚才陈书记讲“建设学习型企业”，从企业讲，从个人讲，作为职工，应该坚持一辈子不断地学习，因为只有坚持一辈子不断地学习，才能始终满足企业发展的需要。对于个人来说，足以支撑你不断取得新的业绩。对于咱们自己来说，才有资本和资格报效祖国，报效团队和社会。其实，对团队、对社会，“天地君亲师友”是人成长中的六大要素，人家给了你帮助了，难道你不应该回报人家吗？从这个角度来说，必须坚持不断学习、不断提高工作本领。那咱们学习哪些方面呢？除了通过报纸、电台包括开会等学习之外，我今天特别强调要修炼诚意、正心、修身、齐家所需要的心理素质。

看看不学习会是个什么样子。孔子弟子子路行侠仗义，了不起，但是子路开始去拜师，穿的是光鲜亮丽，绫罗绸缎，大概相当于现在的富二代，孔子就问子路“来者何干”，子路说“我是拜师来的”，子路崇尚武艺呢还挎着剑，孔子说你回去吧，像你这样我不敢收。子路一想，我不是这个意思，就回去换了一身行头，穿了一般性的衣服，但是也是相当好的。这次来孔子一看穿的是中档衣服，但是还佩戴着剑，孔子对子路说，我还是不敢收你。子路说，你上次因为我穿的衣服太奢靡了，说我是富二代，这次我穿得很平常，一般性的衣服嘛，还不收呢？孔子说，你是来修身养性的，不应该佩戴着剑。孔子说你如果是来学击剑，我这里教的一般，你还是另请高明吧。第三次子路才过关。子路有个习惯，说话特别直，敢于面对困难，勇字当头，也有这样那样需要改进的地方，所以孔子就给子路讲“你知道六言六弊吗”？子路说“不知道”，孔子说老师就给你讲一讲，“好仁不好学，其蔽也愚”，就说你这个人追求仁德，但是不爱好学习，其弊端就是使人变得愚钝，甚至愚昧。“好知不好学，其蔽也荡”，就是爱好智慧，但是不爱学习，弊端在于放荡不羁。“好信不好学，其蔽也贼”，就是说到做到，但不爱好学习，光强调信而没有辨别能力，最后就可能拉杆子上山当土匪，那些人是很讲义气的，但是他没有善作为基础，就会使人堕落。“好直不好学，其蔽也绞”，就是一个人说话直率，你说好不好？但是不分场合的话很直，那可能也不行，它的弊端就在于较真，爱钻牛角尖。“好勇不好学，其蔽也乱”，就是这个人很勇敢，追求勇猛，但是不去分辨，不去辨别，一味地勇敢，最后就会导致犯上作乱或者犯下作乱，要不就犯左右而作乱，总之就是乱，这种人就是二杆子一个。“好刚不好学，其蔽也狂”，就是一个人好刚强，不去学习，使刚强的性格不能自控的话，就会狂妄，天不怕地不怕，不遵守纪律。“六言六弊”突出人须不断加强修养，需要不断地学习。学习才能成就我们的本事，学习才能增强我们的技能，正像英国哲学家弗兰西斯·培根说的，“知识就是力量”，这话大家都知道。他还有一段话很有名呢：“读史使人明智，读诗使人灵透，数学使人精确，物理使人深沉，伦理使人庄重，逻辑修辞使人善辩。凡有所学，皆成性格。”所以要说咱们除了学习知识和技能，同样要修炼自己的身心，成就与巩固自己好的性格、习惯、品格。

第三个桥与路，“始终保持君子的胸怀”。

从古到今，正能量和负能量都会同时存在，所以国家与企业都需要教化，个人需要修为。我建议有兴趣的同志抽时间读读《论语》。《论语》一万两千字，其实是很薄的，要读就读原著。孔子设坛授学，办的是私学，讲的是官道。整部《论语》，孔子讲的不外乎几大内容，一个是怎么当好老师，一个是怎么当好学生，一个是怎么当个好官，包括国君应该如何如何，臣下应该如何如何。对于“士”即知识分子，孔子则强调独立人格、社稷思维。我每通读一遍《论语》都有新的收获，每多读一遍，我以下的感觉就越来越突出，孔子办的学校简直就是干部学院啊。比如，孔子与子张的对话，问题是“子张问干禄”即怎样当好官？子曰：“多闻阙疑，慎言其馀，则寡尤。多见阙殆，慎行其馀，则寡悔。言寡尤，行寡悔，禄在其中矣。”孔子就讲要听取不同的意见，对于自己有怀疑的暂时放下，对于自己有把握的谨慎地表达出来，这样就会减少忧虑和痛苦，对于自己吃不准的先放下，对于自己有把握的先推行，这样才能在工作中减少失误，说话上少了忧虑少了祸害少了困惑，行为上少了错误少了失误，你的年薪就有可能得到保障。这段话不仅对领导，对任何人都是有借鉴意义的。咱们强调要保持君子的胸怀，君子的胸怀是什么样子呢？用孔子的话讲，能行五者则近仁矣，仁者爱人，就是关心别人，人能为别人着想，能躬行以下五个方面就接近仁的境界了。哪五者？“恭、宽、信、敏、惠”。“恭则不侮”，你对人恭敬就不会骄傲不致招来羞辱；“宽则得众”，一个人心胸宽广，能为别人着想，能做到睁眼欣赏，开口夸奖，抬手帮忙，有这种性格和行为的人，朋友就会越多；“信则人任之”，一个人言必信，行必果，说到做到，说一是一，按时保质保量完成任务，而且效果不错，这样成长的机会就会越来越多，这样上级领导才会给你更多的机会；“敏则有功”，一个人执行力强，雷厉风行，效率高，效果好，自然建功的机会就多了；“惠则足以使人”，有了利益与大家分享，追求利益是从团队出发，这样的人才配当领导。最后孔子还讲“扬五美，摒四恶”。孔子还强调了思维方式，戒除不好的思维习惯，要知道思考问题不能主观，不能自我为中心，不能僵化，“毋意，毋必，毋固，毋我”。注意这四个方面，不要绝对化，那么这个人想问题、看问题、思考问题就会有正确的思维、好的想法，有了好的想法，才可能有好的做法，有了好的做法才可能有好的效果，所以这是咱们的第三个桥与路，始终保持君子的心怀。

做个小结。我讲了四方面的内容，第一方面是引言，讲了背景，为什么强调“新三纲五常”呢？这是和咱们中华文化的伟大复兴相一致的，是和中建总公司推行“中建信条”相吻合的。第二部分，讲了正与负，讲了正能量与负能量的同时存在，以说明扬善摒恶的重要性、必要性。第三部分，法与度是讲怎么做到扬善摒恶，那就是践行“新三纲五常”。第四部分，桥与路强调从“新三纲”过渡到“新五常”，有三条路径。

谁能执行这个“新三纲五常”，谁必将取得新的业绩，企业如此，个人也是一样的。祝愿咱们企业和个人幸福空间不断拓展，咱们的效益更好，生活更加美满，同时不要忘了不断地学习，不断地超越。

以上所说，只是我们的一些总结思考和探索，限于水平，难免有这样那样的错误，恳请大家批评指正。谢谢大家。

录音整理：李元昭、王虎刚

2013年9月13日于长庆宾馆

论增强干部整体素质

——在2011～2012年新提任干部集体谈话会上

（2013年3月31日）

今天咱们召开这个干部新任职集体谈话会，我想主要谈三个方面的内容，这也是院班子近几年对院所两级领导班子进行建设与管理的简要总结，谈得不对的地方，敬请大家批评指正，谈得对的地方，我们从此互相促进。这三个方面是着力提高院所两级领导干部三个方面的素质，即提高政治、思想、能力三方面素质。

在座各位领导同志们都参加了院工作会议、院职工代表会议、院党委工作会议。院工作会议上，熊院长代表院班子对全院经营管理等各项工作进行了部署，特别强调把2013年定为“能力提升年”，着力发展和提升六个方面的能力，这是今天谈话的出发点之一。咱们院从“十二五”开始，继续强调坚持“持续建设一流强院”的发展目标不动摇，坚持“快乐工作，胜过昨天”的敬业追求不动摇，坚持“提高西北院尊严指数和职工幸福指数”的价值取向不动摇；2009年开始实施的“拉通主业链条，完善产业机构，提升整体效益，建设和合队伍”的发展新思路，已列为院“十二五”发展战略，这是今天谈话的一个前提。而大前提，就是贯彻好“十八大”精神。

先谈第一部分：

提高干部政治素质

选干部原则是德才兼备，以“德”为先。狭义的理解侧重于道德品质；广义的理解一定包括全部政治素质，而且政治素质是首位的。

政治素质又包括哪些呢？

首先一点，坚持理想和宗旨。

在这方面无论是党员干部还是非党员干部都是一样的要求，那就是要坚定我们的理想信念。因为咱们国家搞的是中国特色社会主义，最终要把事业朝着实现共产主义推进，这一点自不待言。对当代中国而言，咱们的国家理想就是建设好中国特色社会主义。再近一些，到2020年把咱们国家全面建成小康社会，到2049年新中国成立一百周年时，把国家建成为发达国家并实现中华民族伟大复兴，这就是“中国梦”。陕西省委省政府确定的目标是“三强一富一美”，那就是要经济强、科教强、文化强，百姓富，山川美。最近又确立了建设“三个陕西”即“小康陕西、和谐陕西、美丽陕西”。这些构成咱们所处的“追求理想”的大环境。联系咱们中建西北院实际来说，咱们作为央企、作为高科技企业，西北院的共同理想就具体到了“持续建设一流强院”，所以说具体到要提高全院全体领导干部的政治素质，那就是强化“持续建设一流强院”的共同理想、共同信念。这是第一点。

第二点是纪律。

十八大报告中强调“纪律建设”。纪律多种多样，国家有国家的纪律，省上有省上的纪律，咱们院有咱们院的纪律。再细分有政治纪律、经济纪律、工作纪律、劳动纪律，包括咱们开会应该有个会议纪律。以单位为例，首先咱们有工作纪律，工作纪律包括各个方面。还有劳动纪律。劳动纪律咱们不仅仅是要强调按时上下班。咱院作为科技型企业、高新技术企业，大家也感受到，这几年咱们实际上在作息纪律方面的管理是比较弹性化的，为的是适应大家晚上加班多的实际情况。但是有一点，劳动纪律方面可要有底线，如果有咱们的干部所管的团队中出现搞私下业余设计，身在曹营心在汉，这可就踩了红线。咱们的领导干部还一定要管好自己所领导的团队，同样不能违背院里的劳动纪律，这是底线。我想这点也作为一个提醒。今年元月份我和赵政书记参加总公司的反腐倡廉会议，会上西南院就介绍了他们的一项专项治理，专项治理私下业余设计。禁止搞私下业余设计，这根弦还是要绷紧。干部要率先遵守各方面的纪律，要廉政勤政优政，要自警自励自省。

第三点是大局观。

国家有国家的大局，省上有省上的大局。西北院的大局就是全院的改革发展稳定，就是前面讲到院的发展新战略的实施，而发展新战略要实现的是“持续建设一流强院”，企业和员工共同发展。按照省上和国家的小康标准，咱们有条件建设得更好，因为持续建设一流强院是无止境的，咱们应该追求的是每个职工都要“胜过明天”。

无论咱们的经营板块还是管理板块、多元板块，都是院里的有机组成部分，每一块都需要大家共同努力，而不是仅仅靠我们班子几个人，或仅仅靠咱们两级班子，这个也是咱们的大局。而在这方面，时刻有强调的必要，比如说咱们在职工代表大会，包括在院工作会议上、院党委工作会议上都有强调，所际对外经营方面已经形成了很好的氛围，所际互相支持，主动互相帮忙，这是主流。但是还有没有为了一个项目，两个或几个所激烈竞争这种现象呢？当然，产生这种现象，原因肯定是各种各样的，各有各的渠道和人脉，也有沟通不及时等原因。但是，一旦出现这种现象，对市场而言，留下的影响不好，对院内而言，不仅院整体利益会受到损害，也伤了彼此之间的感情啊！在这种情况下是不是要强调大局观念呢？大局意识对于两级领导干部来说，是检验政治素质高与低的重要指标。如果说咱们有纪律不执行，那咱们的纪律就失去了意义。邓小平同志讲得好，他总结中国共产党领导中国人民能成功的最关键要素就是：“一靠理想，二靠纪律。”

第四点是使命感。

我们院所两级领导班子，每个成员都应该强化历史使命感，聚焦持续建设一流强院，牢记每个人在本职岗位上必须为实现持续建设一流强院作出新的贡献。孟子说得好：“天将降大任于斯人也，必先苦其心志，劳其筋骨，饿其体肤，空乏其身，行拂乱其所为，所以动心忍性，增益其所不能。”这段话有助于强化事业使命感、工作使命感、人生使命感。作为国有企业，全院职工将这个重担交给咱们院所两级班子，那咱们的使命一定是搞得更好，搞得更和谐。以全院职工群众所信任之“使”，来完成全院职工群众所托付之“命”，这就是我们西北院领导干部的使命感所系。

第五点是责任心。

有了使命感，就要履行咱们的使命也就是责任。咱们两级领导班子，包括咱们两级领导班子成员，咱们搞好工作、带好队伍，谋好建强事业，不仅要搞好当前的发展，还要同时兼顾并确保西北院的永续发展。我想咱们管理上，强化质量管理、强化纪律管理、强化品质管理，特别要做好涉及咱们全院职工根本的利益分配方面的管理，总之是提高企业综合实力和职工综合能力，这些都是咱们的责任所在。

简要讲，关于提高政治素质，最重要的就是这几个方面：理想、纪律、大局观、使命感、责任心。强调这个是为了什么呢？是为了把咱们院所两级领导班子建设成为“团结好、形象好、业绩好、公认好、充满激情、充满活力、心系群众、志存高远”的领导班子。

提高干部思想素质

提高思想素质，主要还是结合咱院“和合”文化，这就是“一总四分”对两级领导班子的要求。

具体来说，两级领导班子决策议事方式原则都是“民主集中制”，这是咱们国家关于央企决策的一个普遍原则要求。那怎么具体落实？怎么形象化？有这么几个方面。首先，就是两级领导班子，班子整体之间、班子成员之间，既要“和而不同”，又要“和而求同”。为什么强调“和而不同”呢？因为刚才咱们说了要充满激情，充满活力，有激情有活力咱们的动力才能更强，咱们创新力才高，咱们才能不懈地创优争先。其实，被提拔到领导干部岗位上，就是咱们在座的不论哪个人，都有自己相对的长处，同时也都比较有个性。你说有个性好不好？强调个性，不管它好与不好，它是个客观现实。当然好的个性，对工作会起到很大的促进作用。但是人性中有一些需要注意的，比如偏激、冲动、固执、片面甚至嫉妒等，确实也需要注意不断克服。但是不管怎么样，作为一个整体是要靠大家的智慧，靠方方面面的努力，尊重每一个人的努力、贡献。因此咱们强调“和而不同”。在和谐的基础上，咱们尊重每个人的个性。所以就有两句话的要求：“尊重各人个性，执行集体决定。”这就是所谓“和而求同”。为什么“和而求同”？因为任何一项决策过程，也可能是一致的意见，也可能有不同意见，但是一旦决策，就要求每个成员都要去执行。执行过程中发现问题要及时商量解决，这就是“和而求同”，同到咱们的目标上，同到咱们的干劲上，同到咱们的志向上。这就是强调“和而不同，和而求同”。还有两句话，“工作上靠规矩，生活上讲情义”。咱们希望把两级领导班子建设成符合以上“八个方面”要求的，当然咱们也希望两级领导班子是始终和谐的，同时彼此之间是有友谊的。希望大家共事一场到退休时都还是朋友。所以咱们强调“工作上靠规矩，生活上讲情义”。但是出发点一定得先有工作上靠规矩，两方面缺一不可。如果光讲哥们义气，那最后就变成梁山泊了。所以必须是规矩与情义有机统一，情义服从规矩。

在座的诸位当中有的是正职，有的是副职。领导班子之中有几个基本关系：正职与正职的关系，正职与副职的关系，副职与副职的关系，这些是任何领导班子客观存在的三类关系。从院领导班子层面讲，首先是院长、书记两个主要领导之间的关系（其实咱们所里也有这种关系，所长与支部书记之间的关系），副职与院长、书记的关系，副职之间的关系。

那咱们要强调正职之间也好，正职和副职之间也好，副职之间也好，要达到“和而不同，和而求同”的境界，就特别有必要强调“三个相互”，就是“相互欣赏、相互给力、相互补台”。

没有哪个班子不强调班子团结，西北院整体上的团结首先源于院所两级班子团结，院所两级班子团结首先源于院领导班子团结。这个不言自明。再说大家有缘分走到一起，大学毕业以后能分配到西北院，现在叫“求职”到西北院，是个缘分吧？再一个，一千多人的单位，又能在一个部门一块共事，这不是又一层缘分吗？几个人能在一个办公室或是相邻或对面一起共事，不管是十年也好，二十年也好，能大家在一起共事，这又多了一层缘分，百年修得同船渡，一定是彼此之间存在一些吸引力吧？这难道不值得我们互相欣赏？

之所以强调互相欣赏，是因为只有做到互相欣赏，这个班子才有可能是个团结的班子。反过来说，不是互相欣赏，那这个班子肯定是不团结的。我们院班子有信心，持续建设好团结的班子，同时咱们也要求所处级领导班子也一定得是个团结的班子。总的看，所级班子都是团结的。

再从过程角度看看吧。如果不互相欣赏，那么对大家身心都没益处。正所谓“日出东海落西山，愁也一天乐也一天；遇事不钻牛角尖，心也舒坦身也舒坦”。如果不互相欣赏，就会弄得每一个人都身心疲惫，这种情况下就走到“快乐工作”的反面了，因此对与互相欣赏相违背的不健康心理，每个人都要警惕。“一驾马车两副缰，一个好汉三个帮”，这样才有持久力。凡成大事者，必靠团队合力。因此，互相欣赏是咱们两级领导班子所有成员要每日牢记并践行的。

有了互相欣赏，有了和而求同，后面的互相给力、互相补台就自然地按照逻辑产生了。可见，互相欣赏是班子凝聚力所在。

在正职与副职之间，特别是对于副职要强调做到三句话要求：“分工不分家，分责不争权，分忧不离心。”

正如易军书记董事长所讲：“正职讲民主，副职讲集中。”

如果副职能做到这三点、这三个方面的要求，那么这位副职就是个称职的副职。如果是相反而行，那就有可能成为班子团结的阻力或摩擦力了。相信也期待咱们没有这种情况，因为咱们每年考核的结果都是好的，业绩也佐证了这一点。但是作为一个思考、一个体会、一面镜鉴，这里有必要跟大家作个提醒提个要求。

以上是对咱们两级班子整体而言。

对咱们两级领导班子每位成员来说，咱们还应当具备的思想状态是什么样子呢？

首先，要做到三个开拓，始终坚持“开拓眼界，开拓胸怀，开拓思路”。

为什么要强调开拓眼界呢？其实作为建筑设计院，咱们开拓眼界的机会还是比较多的，咱们做设计之前承接业务，跟业主接触比较多。所长和建筑专业有关人员对接业主的比较多，一旦展开方案设计、施工图设计，各专业人员与业主接触就更多了，接触过程也是开拓眼界的过程，如果说把互相欣赏推而广之，作为认识社会事物的一种方式的话，在与业主、甲方和政府接触过程中，会发现有好多值得咱们学习的地方。子曰：“三人行，必有我师焉，择其善者而从之，其不善者而改之。”还有调研、会议、考察、学习等，都是开拓眼界的机会与途径。

眼界开拓了，还要注意开拓胸怀，容纳不同的情况，听取不同的意见，所谓“海纳百川，有容乃大”。

最后要落实到不断开拓咱们的思路。当前全国贯彻党的十八大精神，全院干部一定要坚持：用十八大精神引领工作思维，用十八大部署定位工作思路。从这点出发，更要强调咱们每一个人处于不同的团队，所处的团队如何更好地工作，如何取得更大的业绩，包括经营业绩、思想业绩、精神文明业绩，如何把团队建设得让大家越来越舒心，如何把日子过得越来越红火，思考咱们如何永远持续发展，这应该是咱们开拓思路的着眼点，这应是咱们三个开拓的落脚点。

接着还有“三个当头”。

咱们强调：“面对困难要‘勇’字当头；面对矛盾，特别是名与利矛盾的时候，要‘让’字当头；面对意见，特别是面对不同意见甚至是反对意见的时候，要‘容’字当头。”强调这三点还是很有必要，因为咱们不希望如下现象在咱们干部队伍里出现，比如说，“吹响了冲锋号，却装作没听到；机器空转，只顾闲谝”。这种情况有没有？多多少少还是有一些，但不希望在领导干部队伍中出现，因此对这点要保持警惕。之所以要面对困难、“勇”字当头，因为我们站在领导位置上，当面临困难、危险、挫折、失败等情况时，特别需要领导干部勇于担当，勇敢克服，勇往直前。而凡是在利益上（包括名与利上）与群众有矛盾时，领导干部同志们一定要“让”。面对不同意见，甚至反对意见，都应该去容纳，凡对工作有利的想法，都应该去支持。一勇二让三容，是咱们在座的各位当“头”的要不断强化不可中断的基本素质。

最后，我要特别强调，在座两级各位领导干部要始终不渝地强化拒腐防变思想素质，经常三省乎己，要坚定不渝地走群众路线，确保要“做好事、做成事、不出事”。

提高干部能力素质

这里面分为三点：第一个是学习能力，第二个是思考能力，第三个是实践能力。

第一，提高学习能力。

学习能力特别要强调的是担任领导职务以后要继续坚持学习，做学习型领导，建学习型团队。学哪些呢？首先，作为国有企业的干部，必须贯彻党和国家的路线、方针、政策，这一点应该是没有问题的，但是要吃透党和国家的重大部署，从政策当中来寻求新的发展思路与发展机遇，这一点则是要强化的。比如说，十八大特别强调要增加内需，强化国内需求拉动经济的程度，这次十八大把新型城镇化建设在拉动全国发展过程中的重要性，作了进一步提升。上上周，我和熊院长分别参加了省委科技工委组织的领导干部培训，当中有个西大教授，他预测城镇化还会红火三十年，他的这种乐观的预测，对于西部城镇化发展来说还是有可能的。对西安来说，不敢说三十年，起码在未来二十年，也就是说西部在落实十八大部署的时候，推进城镇化建设，咱们至少应有二十年的好日子。但是这个好日子要靠我们去争取得来，可不是说放到那了，现成的就铁定是咱们的机遇了。市场竞争无处不在，无时不有。

通过学习，找到我们的发展机遇，激情就有了，活力就强了，办法就会跟着想出来，因此，要坚持学习贯彻党的路线、方针、政策，学习陕西省委科技工委工作部署，学习中建总公司党组的工作部署，这方面，党委工作部给今年的干部培训班已经编辑了两本“学习材料”。另外一点同样重要，学习好院里的工作部署，学习好、领会好院里的“十二五”工作部署，把咱们自己的事情办好，这个也是要学习的。“十二五”发展新思路，不仅在于做大规模、品牌、效益，还在于应对未来发展，化解未来风险，做好预防性工作，如完善产业结构。周恩来总理说过：“活到老学到老”，学习无止境，学习的心态需要永远保持。这是要提高的第一个能力。

第二，提高思考能力。

在这方面应该引起全院干部的高度重视。孔子讲：“学而不思则罔，思而不学则殆。”朱熹讲：“尽信书则不如无书。”在我们院里强调学习过程也是思考的过程，毛主席讲“学习的目的全在于运用”，这就是为什么我们“新三纲五常”的第二纲强调“用为才纲”，强调理论与实践相结合。因为最大的思考方法就是“结合原则”，理论与实际的结合会产生新生事物。其实学术成长点、创新点往往存在于两个不同学科的交叉地带或相邻地带，因此我们学习到的任何东西都要跟当下工作密切结合。我们全院都在努力做一件伟大的事业：持续建设一流强院。咱们要结合持续建设一流强院的方方面面加以全方位多立面思考，比如说一流强院的动态的标准体现在哪些方面？比如说，表现在规模、产值、品牌、技术、品质、创新，包括干部队伍、人才队伍，应该具备的一流标准是什么？这里，都值得我们面对现实、面向未来加以探索。

学习结合思考，还要强化反思能力和总结提炼能力。一个人要想不断提高各个方面的水平，必须借助于不断纠错与探求未知的过程。学生是在学习不会的过程中变成会的，同时在纠正错误中变得正确的，成年人也是一样。我们的工作也是一样，必须在工作中不断地反思、不断地扬弃、不断地提炼，才能把工作做得更好。

第三，实践能力。

说到底，以上三个方面——政治素质、思想素质和能力素质，最后要归结到实践能力。首先，具备把握大局的能力，大局意识了然于胸；第二，组织领导能力，领导干部要一领二导，“领”靠的是目标，靠的是视野，同时依赖于领导干部的个人素养、人格魅力等，包括“德、才、识、勇、谋、信、达、廉”各个方面的素质。怎么导呢？通过引导、汇流，把全院的力量聚焦到一个点上，也就是聚集力量到“建强”事业上，这就是“导”。

原国务院国资委主任李荣融的一篇文章，专门讲了“管”与“理”的关系。一个领导以“管”为主还是以“理”为主，能区分其水平的高低。因为在管理中，“理”是基础，“理”用得多比用得少好，而“管”得少比“管”得多好。那“理”什么呢？咱们要把所有的力量经过疏导，就像汇百川而归海那样，调动全院的“正能量”，聚焦于持续建设一流强院的共同事业。另外，还要理情绪，咱们不仅要把西北院的经济建设做得越来越强，还要把西北院精神建设、文明建设、整体素质和文明、和谐、温馨、美好的氛围，搞得越来越好。咱们院所两级领导，就得注意时时做好思想政治工作，做好心理疏导工作，还要善于及时化解出现的新矛盾、新问题，及时排除隐患，及时排除阻力，这都是“理”的内容。做好思想政治工作，调动一切“正能量”，聚合到西北院“建强”事业上来。同时要把两级领导班子建设好，共事的能力，合作的能力，包括不伤及原则前提下的妥协、让步，这些都是必要的。这同样是咱们领导干部能力的集中表现之一。《诗经》讲的“如切如磋，如琢如磨”，也适用于合作共事的过程。

总的来讲，我们要自觉坚持辩证思维、科学素质、创新勇气、世界眼光，冷静面对执政考验、改革开放考验、市场经济考验、外部环境考验，时刻自警精神懈怠的危险、能力不足的危险、脱离群众的危险、消极腐败的危险，着力提高科学决策能力、驾驭市场能力、群众工作能力、应对复杂局面与突发事件能力。

以上是我给大家沟通交流的三个方面，在这次集体谈话会上，我把我们班子关于领导班子和干部团队建设的想法、做法，也有我个人的一些思考与体会，与大家交流了一下，不对的地方请大家批评指正，有道理的地方，希望我们互相勉励。

让咱们的全部正能量聚焦到持续建设一流强院事业，让咱们西北院越来越好，让咱们全院职工的日子越来越好，让咱们为中建，为陕西，为祖国伟大复兴，不断作出新贡献！

李元昭、王虎刚根据讲话录音整理

论中建西北院和合管理模型

——在院团委工作交流会上的讲演

2013年1月17日

党的十八大提出了2020年全面建成小康社会的目标，这是今后几年中国发展新的战略部署。全面建成小康社会，具体的指标就是要达到中等发达国家水平。陕西省委省政府也提出了“三强一富一美”的社会发展目标。“三强”就是经济强、科教强、文化强，“一富”就是百姓富，“一美”就是环境美。

我院在“十二五”发展规划纲要中，提出近期目标是“持续建设一流强院”。“持续建设一流强院”就是中国特色社会主义事业在我院的具体化、小康社会在我院的具体体现。这个具体体现第一步就是新区建设，第二步就是我院在若干年后，在经济实力上还要具备重建一个新区的实力，不仅在经济上具有重建新区的实力，更要在品牌上有一个重建新区的实力。从品牌上讲，一是把“西北院设计”这个金字招牌壮大、弘扬，二是合力打造西北院的文化新品牌。文化新品牌是什么？我院在2011年和2012年，在两年时间内对西北院十几年的经济建设、政治建设、文化建设和精神文明建设的企业实践，以及十几年来践行“和合”文化的基本精神、和合理念的基本内涵进行了新一轮总结提炼创新。西北院“和合文化”建设，现在做得还不够，应该更广义些，以体现出西北院全部的文化品质。

今年开始咱们要从更广义的角度对企业文化进行再梳理、再提炼，计划经过1～3年时间的总结提炼，把咱们西北院以“和合”文化为标志的“和合管理模型”清晰起来，推导出来。要做到非常明晰，而且最重要的是贯彻。构建一个“和合管理”模型，要让她诞生在中建西北院新区，几年之内在三秦大地，让更多的人认识，并且力争在全国范围内树立中建西北院的“和合企业文化”新品牌。

今年全院要在经营、生产、管理、党建、文建、群工六个方面，全面深化和合企业文化的各项工作。其中党的建设，在国有企业建设中就是要发挥好政治优势。要实践好党管干部原则，这就要落实到我院“富民强院”的治院理念上。院党委今年除了常规工作，有“两个工程、两大策划、两大活动”。

“两个工程”就是继续全国文明单位三年创建工程和启动“五一劳动奖状”创建工程，这两大工程的实施，对提升我院社会影响、提升我院的文化新品牌毫无疑问作用将是巨大的。

“两大策划”，其一就是以张总为代表的西北院传统风格设计之技术、艺术、理论的系统研究，张大师传统建筑风格建筑设计研究与传承。咱们希望把这个优势阐释，从技术层面、从理论上加以全面阐释，系统总结，体系性成型，希望更多的年轻人有志于此方面的研究。其二就是申报院总建筑师赵元超国家级勘察设计大师的组织策划活动。这两项工作去年在总公司召开的科技工作会上，总经理官庆专门向我当面强调过。现在西南院有全国勘察设计大师3人，咱们只有2人。咱们应该有更年轻的人担任国家级设计大师。咱们省上有二十几位，我觉得咱们省上的勘察设计大师同样是值得骄傲的。而对于咱们院，挂的是“中国”建筑，要说起码是“西北”，西北地区设计大师没有设置。申报全国勘察设计大师不仅是个人的事，更是全院性的工作。虽然这个很难，但是再难咱们都要勇敢地细致地去做。这两大活动都是应该做的，而且从2011年已开始做了。

“两大活动”其一是继续深入开展向张总学习，并细化学习活动。要把学习的具体标准落实到每一个人，这个活动要涵盖全院。这项活动要技能化、可操作、可比较。其二是启动“和合管理模型”的构建工作，院党委所抓的院所两级班子建设的目标是“团结好、作风好、业绩好、公认好、充满激情、充满活力、心系群众、志存高远”。要把咱们西北院“和合”文化，关于“和合”文化的内涵和外延与企业管理的结合、明晰起来。最后我给大家介绍下“和合管理模型”，我初步归纳，主要是“134466”的结构。

“1”就是一条主线，即实现西北院的永续发展。

“3”就是三个不动摇，即始终坚持“持续建设一流强院”的发展目标不动摇，始终坚持快乐工作、胜过昨天的敬业追求不动摇，始终坚持提升企业尊严指数、职工幸福指数的价值取向不动摇。

“4”就是四句话的发展新思路，即拉通主业链条，完善产业结构，提升整体效益，建设“和合”队伍。完善产业结构，初步建成以建筑设计为主，相关产业业务为辅的产业结构。咱们投资和中建地产已经合作开发了一个50亩地的项目，联合成立了个公司。下来还要增加的业务，第一个是咱们确实需要，第二个是咱们有这方面的能力，那以后新成立的公司肯定要强化绩效考核。已成立了工程管理公司、投资公司，加上监理公司和电研所。咱们成立了规划景观所、装饰设计所，要共建咱们的建筑装饰设计队伍，怎么个共建？第一个就是在2011年、2012年咱们的设计总承包中所包含的建筑装饰合同额都在五千万以上。从这点来看内部市场，建筑装饰所就跟现在的机电所，足以把这个牌子做起来。但是我要说它的重要意义在于历史意义，咱们国家东南沿海的城市化已经进入了完成阶段，完成了90%。咱们院本部以陕西的业务为主，那陕西周边的城市化还能运行多长时间呢？就是说还能走多远，最多也就二十年，那么二十年以后建筑设计市场怎样呢？那个时候靠什么吃饭呢？将来建筑量下降的时候，一定会有建筑装饰的工程量上升。大家可以想象，一个建筑，按照咱们现在的设计标准，公建商业建筑的生命是40年。一般住宅装修，装修设计与使用，一类是办公楼，一类是商业楼，这两大类除了政府办公楼可能不需要经常装修，其他的像酒店、娱乐场所，包括写字间，尤其是高档消费场所、饭店酒店这些，都需要装修，公共建筑40年，至少有四次装修，所以现在以这个工程量来说，每次装饰的工程量至少占土建工程量的百分之三十。如果说这个楼土建投资是一亿，那么一次装修就要三千万,四次装修的总费用超过了建筑物本质的造价。这就是它的历史意义，而且装修从设计开始。

“4”就是从四个层面，立体推进我们的“和合”文化管理制度化、管理流程化，包括理念文化、行为文化、制度文化和生活文化等广义文化。

“6”就是在经营、生产、管理、党建、群工和文化六个领域着力创新。

“6”也是为社会、为业主奉献我们的6类产品。一个是建筑方面的“高、大、重、特、精”的建筑设计与建造，加上中高端项目的设计与建造，设计指土建设计、环境设计、装饰设计的全部设计，包括建造等。

以上这些方方面面，落实到具有西北院特色的管理，就是“134466”——“和合管理模型”的初步设想，它可以囊括咱们院所有的活动内容。在此，寄希望于青年人，为了咱们的“富民强院，持续建设一流强院”的发展目标而开拓进取、创新奉献，书写无愧于青春华年的西北院新的历史。

关于院青年建筑师方案推介演习活动

——2014年青年论坛开坛仪式上的书面致辞

2014年5月27日于北京中建紫竹酒店

青年同志们，朋友们：

值此第二届“我说我家”——2014年青年论坛·弘扬青春正能量开坛之际，我讲以下三方面。

一、热烈祝贺。从2012年下半年开始，紧扣青年成长、成才、成功这个基本任务，从“激发创意，集合智慧，汇聚正力”的最初想法出发，我先后多次与李杰、马云美、刘怡、师磊、张成刚、何玉斌、卢骥、李娓等团委干部们商讨，如何在继续打造好“青年建筑师方案推介演习”这个青年工作新平台的同时，再打造出“我说我家”这个青年工作新平台。历经两年多，两届团委干部们辛勤探索，工会、人事处、科技处、青联团结协作，合力培育出今天这样的组织成果。在此，我谨代表院党委，对这次“青年论坛”的成功举办，表示热烈祝贺、衷心感谢和崇高敬意！

二、热切期盼。是否可以说：青年同志们在团队中成长、在项目中成才、在技术上成功，是建筑设计行业青年同志的职业发展规律，在“和合”氛围中干好事业、修好职业、成好家业，是青年人生的基本需求。从这个理论假设出发，热切期盼“我说我家”活动者有三，曰道、策、劲。

一是期盼能讨论出好“道”，也就是好路径。普遍联系与永恒发展，是辩证唯物主义的基本观点，在青年发展与企业发展的互相联系之中，怎样寻找与遵循基本的“道”呢？可能有许许多多的回答，但是一定有共性的规律可循，通过论坛，在这方面如果有新的共识，或是新的启发，将会促进大家快乐工作胜过昨天。

二是期盼讨论出好“策”，也就是好办法。要有好想法，要能把好想法变成好办法，要用好办法做出好效果，这个是否具有方法论的意义呢？处理好个人与团体的关系，民主与集中的关系，自由与纪律的关系，信念与行为的关系，理论与实践的关系，主见与群议的关系，宽容与坚持的关系，奉献与获得的关系，工作与协作的关系，学习与应用的关系，积累与创造的关系，继承与创新的关系，等等，则是方法论所要思考与解决的一些矛盾问题。正如恩格斯指出的那样，“一个民族，要想站在世界的最高峰，就一刻也不能停止理论思维”，企业亦然，个人亦然。

三是期盼讨论出好“劲”，也就是正动力。博学之，审问之，慎思之，明辨之，笃行之。知易行难，知行合一。成长动力模型中，动机而发为方式，方式而渐成风格，似乎是一种普遍现象。见贤思齐，以载入院史册的王子阳、高步文、叶玲、洪青、孙国栋、郑贤荣、唐衍富、陆耀庆、贾耀启、符联民等为榜样，以中国工程院院士张锦秋，全国三八红旗手徐永基，全国计算机专家徐乾易，老领导花恒久、戚嘉鹤，知名专家陕西英模刘绍周、王觉、刘大海、陈怀德、施沪生等，和中建西北院新区决策者老院长樊宏康、老书记张秀梅等院几代先进为榜样，以爱业、敬业、精业、弘业精神为功夫，从做好、做精每一张蓝图、每一个项目开始，坚持不懈，乐于承传，勇于创新，善于总结，恭、宽、信、敏、惠，则西北院青年同志们就一定都能出彩。

三、热诚希望。有三点：

一是希望青年同志们，在面对上班辛苦下班累、深更半夜没瞌睡、别人有伴咱缺对、费劲拔力挣实惠的时候，稍作停留，共同探讨工作、学习、生活、恋爱婚姻家庭、情感传统时代、压力理想奋斗、教养孝敬友善、齐家强企治国、慈悲宽容和合、修炼价值信仰等，在交流中修为，在切磋中参悟，在欢叙中舒展身心，在畅想中抛却烦恼，在担当中分享快乐。

二是希望青年干部和青年骨干同志们，能及时反映全院青年的好想法、好看法、好做法，及时帮助院里持续改进各项工作，永续和谐环境氛围，持续创造央企价值！

三是希望青年同志们在“持续建设一流强院”共同事业中，在持续追求快乐工作、胜过昨天的过程中，在持续提升企业尊严指数与职工幸福指数过程中，担当团体历史使命，绽放个性青春华彩，拓展共有幸福空间。有识不在年高，英雄自古年少。

2013年1月17日

和合管理实践论

——在院职能部门青年干部培训班讲演

引言

首先是挪到电教室是临时跟人事处通知的，主要是想跟大家面对面坐，这样坐跟大家好沟通。

我今天与大家交流的题目："和合管理实践论"，简称"职能管理实践论"，为什么这样讲呢？因为今天讲的内容主要基于企业管理的实践，突出实践，这方面的理论层次不会太多，紧扣实践。

还想说的是：西北院党委最近三年来都有布置，着重要做好几件大事。

一、两大工程的建设

创建全国"五一劳动奖状"单位，这个已经完成了；

创建全国文明单位，今年是启动阶段，省级文明标兵单位必须满三年的时间才能申报全国文明单位。

二、推进两大理论建设。一个理论建设是中建西北院和合理论模型的推导与中建西北院和合管理体系的构建，一个是张锦秋设计实践当中所凝聚的技术、艺术、理论这三大视野下的理论体系建设，这就是西北院的两大理论体系建设。

今天说的管理是两大理论建设之一，同时明天上午，王院长将主持张锦秋建筑设计之技术、艺术、理论的体系构建推进会，明天也要发布课题。

需要声明一下：第一，下面要讲的是基于西北院的管理实践，第二，超越西北院的实践，在管理实践方面具有通用性，所以这也是为什么今天邀请了兄弟单位来，之前和兄弟单位的领导闲聊时说过这个意向。今天几家单位过来莅临指导。

咱们西北院“九五”以来的发展，一直是坚持三句话，坚持三个“不动摇”的战略思维，叫作：“持续建设一流强院的目标不动摇，快乐工作、胜过昨天的敬业追求不动摇，持续提升企业尊严指数和职工幸福指数的价值取向不动摇。”这是十多年来，西北院发展过程中坚持的三个“不动摇”的根本原则。

从2009年开始，西北院实施了四句话发展新思路：拉通主业链条，完善产业结构，提升整体效益，建设“和合”队伍。咱们“十二五”期间，继续实施四句话的发展新思路。院领导初步讨论，这四句话的新思路将会在“十三五”得到延续。

归结到一句话，为什么今天讲职能管理，对西北院来说是持续建设一流强院的需要，对年轻人来讲，有这个机会给年轻同志分享与切磋本人在这方面的一些心得。同时，它又是超越西北院的管理，具有一般企业职能管理的通用性。

那么说到这，首先要感谢的是李勇处长给我出的这个题目，人成长之中应该有压力。首先答应下来，就有了压力，但是我要把它当成动力。为什么呢？得天下英才而共事，这是人生的一大乐趣。亲们，说得对不对？

下来讲四个部分。

第一部分　知　道

知“道”，就是知晓道理、知晓规律。道，是指的和合管理实践。首先，我要讲的是基于什么样的方法论。世界说大也大，五十多亿人；说少也少，就三个：你我他。时间就是过去、现在、未来。我采取的主观、客观和旁观三者对立统一的方法论。基于这一点，咱们需要明确两个基本问题。首先基于西北院的实践，建筑设计的基本问题是什么？我思考了近二十年。基于三观合一的方法论，我本人认为建筑设计的基本问题是设计创意、业主需求、建筑效能三者之间的对立统一。

为什么这样讲？建筑设计当中最多的是交流。建筑师做方案，需要跟业主交流，设计团队和业主团队需要交流。

建筑设计首先是起于业主的需求，出钱盖房子，需要设计咨询，找到咱们，然后才有建筑设计，为业主提供技术服务、艺术服务，因此这两者肯定是基本问题当中的最基本矛盾。最终设计成品功能是否完整，是否既能满足业主现实的需要，又能超越现实的需要，为业主创造未来所需要的价值空间？这一点完全得由产品来判断，这是功能方面。然后还有效益。政府也好，企事业单位也好，建筑一经建成，它就有一定的效益，而咱们设计大院所做出的建筑物应该能体现效益最大化，因此建筑效能，是最后决定设计价值的根本。三者之间在生成过程中、常有矛盾之处，这就需要强调三者的对立统一。

这个基本问题可以概括建筑设计的整个过程，然后退一步说，所有工程师、建筑师一定要处理好这个问题。

其次，是企业职能管理的基本问题：企业职能管理的基本问题是引领、管控和效能三者之间的对立统一。

效能是效率、功能，管控是管理和控制；引领、管控和效能是所有企业的职能管理当中要面对的基本问题。要用这三个对立统一来完全概括。下面要讲的观点都是生发于这两个基本问题，最后也都归结于这两个基本问题的有效解决。也就是说在诸多问题当中，要抽取一些基本问题出来。就是先要纲举，才能目张。

再次，要说说职能管理部门人力资本的变化情况。所有企业都经历了这么一个阶段。我们作为老企业，1952年时的职能管理部门的人员，当时是初中生占多数，高中生都很少，当然那时是初创阶段。后来有一些建筑设计人员陆续充实到职能部门，但是人数比较少。西北院企业化开始于1980年，是作为全国事业单位企业化管理的试点单位之一，1986年正式实行企业化管理。恢复高考初期，各单位的职能部门开始招收本科毕业生到管理部门，开始哲学、中文、地理、物理、化学专业毕业的比较多，再往后读管理的越来越多，最近十年左右，不同管理部门都需要相应的管理专业的硕士。为什么讲这段历史？我想说的是职能部门人力资源的变化、是和职能部门所起的作用相对应的，职能部门现在招收硕士，一是企业发展本身的需要，一是市场竞争的呼唤，我想这是最基本的内因、外因两个方面。

现在所指的职能管理，部门的名称可能有些变化，人财物，这三个方面的基本职能，不管分了多少部门还是围绕这三个基本职能展开的。但是，实施管理的途径和手段是不一样的，因此所需要达到的效能是不一样的。这个就对在座的年轻的管理干部提出了要求，那就是怎么认识咱们现在的管理职能？职能作用的三个层次，从低到高分为服务型、管控型、引领型，讲的时候从理论的角度是这样，但实际上有的部门引领为主，也有管控，有的部门侧重管控，也有服务。

应该说企业初期，各个职能部门强调的是服务，一旦走上正轨，发展到一定阶段就要体现出管控。

说到这点，我想谈谈我对管理的理解。什么叫管理？我记得回答得最简单的一种：管理就是控制，说这个话的更多的是企业家。当然还有三项职能说、五项职能说，没有统计过、但是至少不下几十种。我本人理解管理，主要是两项，一个是“管”，一个是“理”。管是管啥呢？管政策，管节点，管标准，管过程，当然还要管“结果”。管是节点的管，对度的管理，用中医的角度，是穴位式的管理，要管准。理，调理，协调，包括思想政治工作在内。本意就是两个，一个管，一个理。从管理本身来说，显然，“服务、管控，引领”三大基础性的职能，应该都包括在管和理当中，其中管着重管控和引领，理呢，服务加协调。这是我个人从实践的角度对管理所作的理解。

作为国有大型企业，我们的职能部门的责任和要求，应该说除了服务、引领、管控，应该还要加上一个研究。没有前瞻性的思考，没有对于国家政策走向的把握、对市场走向的了解，包括与业主深入的沟通，要想做好三项基本的职能是不会那么顺利的，加上研究可能做起来就会比较顺利。大型央企的职能管理部门，基本职能就是引领、管控、服务、思考，相应的对人员的要求就是要职业化、专家化，既能谋事，又能干事，最后还要成事，这是最基本的要求，这是第一部分。

第二部分　明　道

明“道”，就是理解道理、理解规律。

第一部分是感性层面的，第二部分就进入理性层面，对职能管理加以理性认识。

首先想讲讲人才类型。无论是哪个单位的人员，也不论企业是干啥，把这些抽象掉以后，咱说一个一般规律意义上的职能管理人员的分类。

一类是“知事”，就像以前的知县，他是可以掌管一方的，有主持一方、领导一方的能力。有的叫经理，有的叫总经理，有的叫处长或副处长。不仅会谋，还要会断，还要会做事。这几年新进来的，决断力比较强，认准了就一干到底，视野也比较宽广，眼界也比较长远，这都是作为知事基本的潜能。

另一类是出谋划策的“谋士”，谋士在很多机构都是需要的，好想法不断，很善于思考，很善于吸取各方面的长处，善于结合实际，经常有新的思路，像这一类就适合做谋士。

第三类是“佐事”，在职能部门至少90%左右都属于佐事，是就发挥大家的途径和结果来讲的。

如果从纵向讲，分为高层、中层、基层三个方面的人才，我想这一点是不难理解的，同样要强调的是中层和高层一般是10%左右。像咱们院就是，但是说的这个人员不包括技术领导，算上的话会更多一点。

基层人才是支撑一个部门高质量运行的核心力量，是支撑一个企业稳健发展、长远发展的最基本的力量，也是咱们建设和合队伍需要更加着力的方面，基层人才占90%。

这是人才类型的分类，然后谈谈人才个体的差异。有的人可以当帅，当帅的人在人群当中不会太多。咱们院是千人大院，当帅才的是院领导班子，就是七个人。现在已经开启了院所两级后备干部的更新，作为院级领导不可能太多，西北院历史上最多的时候就是九个，这是和企业整个人数有关系的。工程局会多一点，一般是十个左右。但是符合将才的，相对来说就比较多，每个部门的一把手都是镇守一方，负责一个方面的。但是绝大多数还是个士与仕，没有仕，就没有将，也就没有帅，这是一个有机的统一体。

从建筑设计组织方面来说，这三个层次比较清晰。一个项目来了，首先要确定设总、工种负责人，要参加设计的人来说一个班。不论项目大小都有帅、将和士，三层结构同时也是体现了人群当中人才个体发挥作用的三种不同方式。

说到这，我就想起来咱们中建总公司的老书记、前几年去世的张青林先生论干部类型区别：0.8的干部、1.0的干部、1.2的干部，用这个系数来论领导干部的能力。我今天想借用这个说法，从人才个体的差异来说，客观上存在差别。第一，存在差别，第二，正视差别，有这个差别其实不是说存在好和坏的差别，也不存在优和劣之别，它是一个客观的，是一个有机构成。

退一步说，如果说能把干事的人弄在一起，组成一个班组，比如说咱们项目上组成一个班组，那这个班组能不能是效率最高的？可能短时间内可以，时间一长就不行了。有一句话说，"一山不容二虎，除非一公一母"，这是个笑话，但是体现了一个道理，人才的匹配要合理。

再次，逻辑的必然结果，高层、中层、基层；帅、将、士，设总、工种负责人和设计，这种设计是合理的，这是个常态，不仅以前如此，现在还是这样，将来也不会改变。说这个意思是什么？在座的每个人，不管咱们的潜力和志向，咱们的兴趣和爱好，想对准三个层次中哪一个都是合理的，都是必要的，因为这是企业发展的需要，同时也是每个职能部门工作的需要，在这方面具有共通性的。而且不论在哪个层次，发挥哪种作用，都可以发挥得很精彩，都可以创造咱们人生中饱满的人生价值。

明道的第四点，从能力方面来说，企业需要职能部门青年干部具备哪些能力？有八个方面：干、说、听、看，想、写、识、算。

首先要会干。这是最基本的。会干，不仅指干重要的工作。职能部门主要的是琐碎、细微的工作，包括跑跑腿、打打水，但是这些也得会干，也要乐于去干。第二个要会说，作为一个团队，需要分享与交流，需要分担、需要共享，共荣共生，必须要交流，交流就是要会说话。紧接着是会听，会听要比会干、会说更难了些。然后还得会看。会听、会看要比会干、会说成长一步。然后要会想，把看到的听到的加以分析和判断。无论是职能部门的领导干部还是一般干部，咱们都是职能管理干部，对于听到的和看到的，决不能仅仅当个二传手，必须有自己的思考，必须经过自己的大脑去分析去判断，去扬弃去综合。这说起来只有几秒钟，但是有时是直觉式的判断，有时是推理式的判断，理性思考的过程就是想。那接下来会想要比听和看要难些，湖南有个世界名模，已经出道十几年了，叫刘雯。她以前是中专毕业，学了旅游，因为她个子比较高吧，形象很阳光，但是在我看来也不是很漂亮的，和咱们今天在座的男男女女都应该差不多，最起码说元昭就比他高，但是这个女孩首先很自信、很阳光，而且特别善于学习，特别善于思考，因此她带的旅游团队很多人都说她很好，很少有人投诉她。这当中就碰到高人了，说小刘你可以当模特，这就一战成名，最后在国内很响的时候又有人给她指点，做国际名模，她出去的时候英语一般般，只会很普通的英语，出去奋斗，现在是响当当的一个人物了，她之所以能成功，是因为她会想，就像孔子说的，既要学习还要思考，学思并用，知行合一。接下来就要会写，在想的基础上能把它写出来这就又提升了一步，因为大家都会遇到这种情况，讲的时候滔滔不绝，一动笔就不知道从哪开始。其实这个问题我也是经常遇到，比如说李处给我布置这个任务半年了，我修改了几稿，最后成稿是我和李杰、李元昭上周在沿着黄河考察沿黄文化旅游带这个提案的时候在车上讨论的。所以写比想要更难一步，会想又能把它写出来，这表明你的理性思考又提升了一步。当然各种各样的文章都有，对于咱们管理部门的人员来说写出来的文章起码得逻辑分明，观点清晰，表达准确，这应该是最基本的吧，写到这个程度就满足咱们职能管理的需要了。然后接下来是识，是判断、预测、思考，特别是对未来发展作判断性思考，对过去发展作理性总结，有句话叫疑今者察古，齐国的宰相管仲讲的，如果对现实有什么疑问的话，你就学学历史。识，首先要有反思能力，要对已经进行的过程无论是施工过程、设计过程还是营销过程，得过段时间有个理性思考总结。孔子讲：吾日三省吾身。最重要的是结合当下正在进行的工作，来思考以后的走势，这是识。第二个是谋划，在把握好理性的基础上才能提出好的想法，而且在好的想法基础上才能想出好的办法，希望咱们年轻人不仅要有好的想法还要有好的办法。想法肯定每个人都会有，但是既有想法又能拿出办法的是哪类人呀？在座的必须具备这种素质，既然有想法就要有办法，拿出办法也需要思考，需要借鉴需要扬弃，那首先是学习，这是识的第二个要求即谋。然后在谋划的基础上进行一些战略性思考。什么叫战略性思考？不外乎两大要素，一个是对单位的总体、整体有所把握，二是对企业所处的发展前景有所把握，要对现状和全局有所把握，这就需要有永恒发展的思路和普遍联系的观点。马克思主义哲学的两大法则，就是普遍联系和永恒发展的观点。最后是算，你能在这个基础上拿出方案，拿出计划，设计出某个工程的步骤和流程，最后实现对项目节点的管理，最后对结果与当初的预想一比对，完全按照预期的来完成了，这就实现了算。当然不是要求大家能掐还能算，但是至少要有谋划的能力和组织的能力。青年的八会原则，从理论上讲应该是个理想的青年才俊的能力模型，每个个体不同，百分之九十八、九十九的人不能完全做到，但是不妨我们以这个为标准，来不断地提升咱们各个方面的能力和素质，这是给大家经常强调的要取法乎上。这是咱们的目标，一定要定得高一些，咱们往上跳的时候才能够得着。咱们刚才说的才俊的八会模型，是青年干部能力的理想模型，咱们不妨以这个为标准，因为对于一般人来说取法乎上得其中，取法乎中得其下，因此目标一定要高些，这是第二部分。最后和八会相联系的，我归纳为五尽敬业观。首先要尽力，其次是要尽心，尽力尽心的基础上你才有可能尽职，尽心尽力是纵向的，尽职是横向的。做到这些咱们基本上就可以尽忠了，然后咱们还要尽情，干事不光是对工作，咱们还要快乐地工作，这是一方面。另一方面，不仅需要岗位工作干好，跟大家处理关系也要好，个人的健康要保障，个人的心情也要好，对家庭该尽的责任也要尽。最终咱们要建功岗位，报效单位、报效社会，我想就有这个五尽的敬业观。

第三部分　悟　道

第三部分是悟道。悟“道”，即对道有觉悟了，悟出职能管理中的一些道道来。

1. 天之性。我想，青年管理干部也好，青年设计技术人员也好，施工单位的青年技术人员也好，营销人员也好，成长、成才、成功，起码是三十五岁之前都会碰到的问题。其实从广义上讲，这是你一生中要不断解决的问题。但是作为一个个体来说，你在三十五岁前不解决这“三成”问题，也可以，差不多大多数也是这种情况。但是希望一个人要活到老，学到老，要不断地提升自己，倒不是要求大家做完人，只是应该把自己喜欢的、自己乐意的做好，把自己的潜力发挥出来而已。那如何知道这点呢？首先要讲讲天性。天就是自然，咱们一生中至少得保持几点。一是好奇心。好奇心是创新的基本要素，当然还有趋利避害。然后呢，要想成功，不是咱们在职能部门当上了副处长、当上了处长，这才叫成功，不是。因为咱们职工基本的成长通道是两个，一个是行政，一个是技术。行政就是干事、助理、副处、处长；技术就是助工、工程师、高级工程师、教授级高工。应该说这两条路是并行的。实际上施工单位要比设计院好一些，施工单位职能部门的轮岗多一些，我们觉得职工部门之间的互相流动，包括生产部门到职能部门之间的双向流动，对于一个单位整体实力的发挥只有好处没有坏处。说到这里有第三个成长，就是交流。交流也不是百分之百的交流，对于任何一个管理部门的青年职工来说，刚才说的那两条，大家可以随意选择，就是两条成长途径都是很好的。然后无论你走哪一条，当然你在走的过程会发生各种各样的选择与调整，但是除了好奇心外，还有一个勤奋。勤奋是太重要了，不论是青年人还是老年人，大家都是喜欢勤快的人，谁也不喜欢懒人。然后从技术上也好，从艺术上也好，要在工作上做出成绩的人没有一个是懒人，他们都是非常敬业的。大家都知道中国工程院院士、中建西北院总建筑师张锦秋，张总都79岁了，还天天上班，坚持上班，真是一种精神楷模。咱们西北院的科技处，有一批老同志、老专家，同样值得敬佩，非常勤奋，一生保持勤奋。这些老同志为什么能成为老专家呢？最基本的要素就是勤奋。因此，咱们大家要牢记无论在何时，都要保持勤奋，包括咱们手要勤、脚要勤、脑要勤，一生都要勤快。我想保持勤快，既是一种素质，更应该说是一种心态。一个人勤奋的话，他孤独感、空虚感相对来说就很少，其次他一定是很充实的。勤奋带来的一定是阳光。这当中警惕的是惰性，其实人都有惰性，等会我会举例说的。你说哪一个人生来就是勤快的？勤奋就相当于走上坡路，惰性就相当于走下坡路，开车的时候就很明显。上坡很吃力，下坡就比较轻松，但是你只有不断地走上坡，就像咱们爬山，往上攀登的时候你才能看到别人看不到的景色，因此要克服惰性，一定要保持勤奋。毋庸讳言，人人都有惰性，我也有惰性，大家都知道我早上爱锻炼，其实我也不是百分之百地坚持，也不是每天都坚持。隔一段早上不想起床，不想起来怎么办，就用闹钟，把闹钟放在床头，我想大家都有这方面的心得，就不多说了。其实就像孔子讲的，绝大部分人，百分之八九十的人是中等资质，是智力平凡，可能有百分之几的人是绝顶聪明，可能还有百分之几确实是很愚钝的。愚钝的咱们这里面没有，因为咱们央企进人的时候是要选的，笨蛋进不来，因此可以说大家至少都是中资，至少咱们是按照青年才俊的标准去选，咱们选进来的人大部分人来说发挥得是比较好的，或者说已经发挥得好了，或者正在发挥，希望每一个人都要发挥好自己的能力和潜力。

2. 力之量，发挥潜力要靠定力。潜力也是一种力，其实咱们平时遇到的力多种多样，既有引力也有动力，有阻力，有助力，有压力，有和力，有定力，最后还要有恒力。其他的力可以或多或少，但是你没有定力，没有恒力，个人成功将失去长久的动力。这方面要特别强调合力。作为知识分子单位也好，施工单位也好，服装企业也好，实际上单打独斗是不成的。简单地说咱们有个设计项目，光有设总是不行的，还得有工种负责人，还有建筑结构、水暖电、概预算。不仅如此，职能部门也有支撑和配合，在设计过程中更多地配合就是办公室，财务、人事、技术、经营这些部门少不了吧，经常会发生配合，这些都是合理的。所以所有的力当中我想主要强调这三个力：一个合力，一个定力，一个恒力。这三个力是特别需要强调的。然后接下来说说压力。压力每个人都会有，有内部压力，有外部压力，我自己的办法是尽量寻求把压力变为动力。如果说李处给我安排这个题目，我首先是爽快地答应，我答应下对我就形成了一个压力，刚开始有两句话，但是光讲这两句话作为分享，给大家讲两个小时的课是不够的，那我就拉结构，把分享的课做成一个方案出来，那就要列提纲，有观点，那我自己就找动力。首先我是乐意的，乐意给大家分享，也可能有一些对大家来说或多或少有借鉴作用的。我是搞了三十多年管理的，我在院里一直在管理部门，从1983年7月19日报到，21日上班，一直在职能部门，干过团委书记，专职团委书记差不多八年时间，专职办公室主任差不多八年时间，后来党委副书记、工会主席兼职院长办公室主任、有五年多，然后就到现在，我自己觉得我的才智属于中等，但是我知道自己是中等，我还想提高自己的素质，就不断地寻求压力，抓住各种机会把压力变为动力。大家也都知道我写了一些论文，一些论文是我争取过来的，一些论文是领导给我布置的任务，我马上说没问题，但是写不出来的时候就像肚子里塞进去了一团棉花一样，可难受可难受的！！我想凡是动笔写过东西的人都有体会，但是这是把压力变为动力的过程，促使自己不断地总结与思考。如果说机会，机会是天天都有，但是惠顾的都是少数人，全在于你有没有准备。一个就是保持好奇心，一个就是勤奋，一个就是为最高追求目标。还有其他几个方面，然后才能抓住机会。机会来了，给了你是有效益的，你的成长也是能看得见的，这是第二点勤。

3．情之况。咱们经常说智商情商，这里就是情商的情，其实人成长过程中不管是大一点的成功还是小一点的成功，按部就班地完成领导交代的任务或岗位工作，无论是哪一方面，除了有智商还得有情商，除了有个人勤奋工作外，还要有其他人的调动。但是作为个体来说，首先要保持的是激情，包括对工作的激情，对生活的激情，对学习的激情。可能对工作、生活、学习都得保持激情，保持激情就要像发动机那样转动很好。所以说要想不断地超越自己，要想做到快乐工作，特别是想要做到快乐工作基础上的胜过昨天，第一要保持激情，相信自己，有这个能力，别人能做成，咱为啥做不成？相信别人能做成咱同样能做成，说不定咱还有一些创新呢。当然还要有才情，刚才咱们说的人的层次大概就三种。其实从人的潜力潜质来说就相应地有三类，因此才情是不一样，但是不妨碍自己发挥自己的才情，工作上是没说的，但是工作之余呢？你喜欢登山也是一种才情，你在登山过程中寻找乐趣，你喜欢写东西，你喜欢照相，自己弄个影集不也是挺好的？有的人喜欢写生，走一路写一路，你不仅是画画更是把情感画进去了。才情方面每人都有，是你自己喜欢的才情，有的是潜藏、你不认识的才情，我认为就是在保持激情的基础上不断开发自己的才情，这样会使得咱们的生活更加五彩缤纷。

下来就是童心，常保赤子之心，常保童心。为什么要常保童心？儿童看世界很单纯，成人以后想问题的时候，就会受这样那样的限制，像乔布斯，他考虑问题就比较简单，学他的时候，好的一方面咱们学，坏的一方面不能学。他对工作的痴迷程度，就像儿童喜欢玩具一样，他喜欢的玩具，他就钻到里面，不管男孩女孩，有的小孩对玩具是达到痴迷的程度，装了拆，拆了装。哪家的孩子如果具有这种才情和潜质，应该好好培养，将来肯定是个人物。因此，咱们强调要保持童心，一辈子保持童心不泯，保持童心，生活起来就比较轻松。咱们希望是把工作干好，但也不能只有工作，既要工作好，也要生活好，还得注意学习，还得注意朋友、家庭、老师、父母、兄弟姐妹、亲戚朋友，社会对每个人来说既是抽象的，也是具象的，更多的它是具象的。说抽象，世界50多亿人，那真正和咱们有关系的有多少，大家有没有思考过这个问题？我今年思考了好几次，我觉得人一辈子和你有直接关系的，不会超过二三百人，大家可以去数一数。当然和你有关系的人加起来可能是数以千计，从幼儿园，小学，中学，大学这些同学，然后除了同学之外，还有同学的同学，给你介绍朋友，再加上工作以后的同事，同事介绍同事，但是你再扩大，要一个人和你直接有关系的，能上一千就不错了。以手机为例，大家的手机里面，谁存的信息能超过二千？很少吧。一般来说，就是两三百,四五百就撑死了，因此我说人的世界是具象的，它是有定数的，咱们生活在这个有定数的世界中，“天地君亲师友”六大要素。因此咱不管做啥，都希望能做到“五尽”，同时还要为家庭也要尽心尽忠，对家庭也要尽心尽力，当丈夫的就要撑起家来，如果说老婆强，让她撑，也可以啊。咱们院的女强人多的是啊。说的意思就是咱不能忘了咱们的责任是多元的，当然首先要干好工作。我经常给年青同志说，眼睛向南看，南北都看，在生活方面，能自己解决的，咱就不麻烦外面了。包括系统内的，能互相匀匀，因此不能违背常情。女的也是一样，要为家庭做到“五尽”，现在都是各占半边天，男的要让着女的，男的毕竟是依靠，美国就是轮流坐庄，家庭也是轮流坐庄。最后还是要持之以恒，这是第三点。

4．成之要。核心在哪？不懈的使命感和责任感。我觉得这一点是我们保持激情的生长点。当然大家的使命感都是比较强的，也是必须的，因为作为一个企业的职能部门，要是没有使命感，那咱们这个企业就没有办法运转了。事实上这个情况是不存在的。但是咱们希望，咱们每天都要牢记咱们的使命和责任。使命感和责任感是啥呢？那就是勇于担当，善于担当，而且乐于担当。为什么给大家这样强调呢？这也是咱们快乐工作、胜过昨天的要求，细化到岗位上，那就是建功岗位，报效社会，这是很具体的。孔子讲过，讲得比较理想，就是志于道、据于德、依于仁、游于艺、兴于诗、立于礼、成于乐。我觉得他说得非常对。最后你要想把一件事情干成，你不从心里面去重视它，你不投入百分之百的激情，你不去很快乐地面对它，那这种情况下，即使你完成了，你也只能体会到艰辛而没有快乐。这块是纯理论，还有知之者不如好之者，好之者不如乐之者。平常讲的“安居乐业”中的乐业是最重要的。这是成之要的第一点。第二点是学思并重，知行合一。这个特别要强调，尤其是咱们职能管理每个岗位，“行”是第一位的，但“知”是前提。要思想先行，任何事情、任何一项工作，你理解了它的意义，就像许三多说的：“这个有意义”，有意义的事你干起来就有力。所以说“知行合一”，认识到工作的意义，那你做起来就很轻松，也能体会到快乐，这样子才能做到知行合一。那最后和谐、和同、和合共进，团队和谐、和同、和合共进，这个要解释就是“和同”。孔子讲“君子和而不同，小人同而不和”，管仲讲“上下和同，其事必成”，两个伟人讲的不一样，这里的和同，和是和谐，同是同心、同力。这一点是伟大政治家管仲特别强调的。他指的是当时的领导干部队伍要和同，既和谐又同心同德，他是这样强调和同的。而孔子强调“和而不同”，他是指的人和人之间，兴趣可以不同，两个人之间，不要刻意地保持一样，可以说，他们俩是从不同的侧面讲这个问题，今天咱们说强调和同，用一句最流行的话说，就是强调和党中央保持一致，这就是管仲讲的和同，“上下和同，其事必成”。同时孔老夫子讲的同样有作用，那就是具象的问题，比如咱们搞设计，你做方案，同样是做个酒店，别人已经做了，你照搬过来，这就是同了，因此在创新方面应该讲究“和而不同”。这是一个，再说到做方案的时候，既要把方案做好，同时也要考虑这个方案和周围环境的关系，包括和周围建筑的关系，和周围文化的关系等，那这方面就在强调和谐，这方面也要强调和而不同。“和而不同”在技术方面应用是必要的，因为最近几年，讲到干部队伍的时候，咱们企业要建设一支“和而不同，和而求同”的高素质干部队伍，为什么这样提？就是管仲讲过：“上下和同，其事必成”。然后就是孔子在《论语》中说的。还是建议大家多读《论语》。首先孔子是儒家的创始人，儒家的经典著作之一就是《论语》，当然还有好几本，《春秋》等，孔子的理性思考在《春秋》里面，孔子曾说后人要赞美我的可能因为《春秋》，要骂我的也是因为《春秋》。说明孔子在《春秋》这本著作当中，他没有论述，他是以很简要的文字对鲁国历史上发生的事情进行褒贬，由此形成春秋笔法，论语也集中反映了孔子在弟子心目当中……留给弟子的教诲，弟子对孔子教导的一个领悟，这是《论语》。然后我就想，《论语》所反映的儒家的精神和宋朝以后咱们看到的儒家的精神还是不一样，给大家分享一下。《论语》是给咱们中国人不竭地提供人生智慧，《论语》给咱们管理干部同样能提供不竭的动力和智慧，因为孔子办的学校可以说是咱们国家民办干部学校的第一家，相当于现在的管理学院。孔子能够从旁观的角度客观看待当时各个国家的政治、国家治理。咱们举一个例子，孔子说恭宽信敏惠，我的理解一个年轻人能懂得恭宽信敏惠，你就找到了一个加速成长的正确道路。最后咱还是要强调取法乎上，这是上面第三个部分。

第四部分　行　道

几个小点，第一个，咱们要追寻的道路。

首先路径是什么，就是咱们经常强调的“新三纲五常”。“新三纲五常”大家都知道。首先是善为德纲，善良是品德的源泉，最高点；用为才纲，你所学的知识要通过实践取得效用，这才是所有才干当中的至高点；义为志纲，人的志向都需要以义为先，因为义，他首先是讲究团队，而这个最适合咱们企业管理的职能管理，职能管理管的是团队，所有的职能管理部门都强调团队意识、全局意识，孔子讲义以为质。“新五常”咱强调了啥？要常怀感恩之心，常念牵手之缘，常思成长之苦，常想同行之乐，常行仁义之道。咱们干的工作再顺心，找的单位再好，都不能忘了咱们成长过程中得到过的那么多人的帮助，要建功岗位，报效社会，因为咱们成长是天地君亲师友这么个合力促成的，大家在一起是种缘分，人一辈子，你数数天数是很有限的，能达到三万天的可能不多，但愿咱在座的能出几个百岁。但是不可能大家都活到一百，至少20年内还是比较悬，大家努力哦！在有限的时间内除去星期六、星期天，再除去节假日，你说一年能有多少？200多天，200多天的工作时间当中你还得除去，正常的每天都是八个小时，当然咱们设计人员每天都是远远超过八个小时，可能十个小时，咱就按照一天十个小时计算，五天五十个小时，如此一算，有效的工作时间，咱们以天数来计算的话，肯定要少得多了。咱们能在一起工作实在是一种缘分，我就觉得大家彼此多重视缘分，在一起真的是个缘分。因此咱们特别强调第四常，常想同行之乐，要友善同事，团队共进。如果咱职能部门的人都能这样去想，这样去做，那人际关系的矛盾是不是就越来越少了？那咱们就和谐了，然后心往一处想，劲往一处使，那就和合了，创新争先，稳健致远。从“新三纲”到“新五常”怎么过渡呢？三个保持，善为德纲而始于孝，咱们应始终保持孝子的心境，做任何事情就会抱着感恩之心，报恩之心，仁义之心，用为才纲而始于学，应该始终保持学者的心态，义为志纲而始于仁，应该始终保持君子的心怀，有了这三心就可以从新“三纲”的理念过渡到新“五常”的实践，这是路径。

第二个就是办法，办法就是要做到三个不断开拓，这一路我和李杰、元昭一直在探讨，尤其是对咱们年轻人，使自己的工作始终不落后，这是下线；始终干得漂亮，这是中线；始终作为榜样能起到引领的作用，那一定要做到三个开拓。第一个不断开拓胸怀，要有大海一样的胸怀，不断开拓眼界，有了这两个开拓才能做到第三个，不断开拓思路，也只有这三个不断开拓才能保证咱们职能管理的三大职能：引领、管控、服务，再加上研究的全方位的落实。这几点就是条件。

第三，论成长的“天地君亲师友”条件，缺一不可。老“五常”的说法是“天地君亲师”，我是特意加上“友”。人类成长过程中给自己面大量广影响的还是友，各种同学朋友，学友，包括以前知青的队友，这个友很重要，交朋友各种各样都要交，但心里一定要有数，有的朋友对自己是有益处的，有的就是有损害的。这当中我希望咱们年轻人，与有肝胆人共事，从无字句处读书，我觉得这个非常重要。

第四个，关于态度。希望咱们带着思考工作，带着思想奋斗，要做到晚上三省早上归零，因为带着思考工作，才能完成职能部门需要的管控，如果没有思考，想引领是弄不成的，最基本的思想就是敢为人先，实事求是，我觉得这种思想应该是一生要坚持的。中华文化现在被世界所认可的顶级特质是和合，为什么咱们西北院的企业文化是和合，这是有本源的，这是一方面。然后从理性思维这个角度来说，中华文化的特质之一就是强调实事求是。实事求是是毛主席特别强调的，如果大家读《论语》就会发现，孔老夫子那真的是实事求是。孔老夫子有一点是不能学的，就是复辟思想，他老是想按周朝初期周公制定的那一套规章制度，所谓的礼乐治国。这个礼有两个层次，第一个是国家制度，第二个是社会整体规范。孔子就这一点不与时俱进，因为他太喜欢周公了，他做梦都是周公，他梦不见周公，他就很着急，所以这点不好。但是有一点，孔子是非常善于思考的。比如说孔子讲：作为知识分子，碰到好的领导咱就跟他干，碰到不好的领导，那就走了，那就不在这了，再去寻一个，他就强调士为知己者死，女为悦己者容，他比较强调这点。这一点孔子自己表现得非常过分，所以他弄个周游列国，没有一个国家敢用他，这就是说人还是要能容得下别人，要能跟上时代发展，孔子这点他没有看到，但是怎么做人方面有好多值得现代人学习。他强调要守住知识分子这种正直的本性，看到一个有为的国君，当他的官是可以的，所以孔子有一段时间是代行总理，但是时间不长，不到一年吧，齐国害怕鲁国强盛，齐国送给鲁国80个美女、80匹骏马，鲁国国君与宰相就晚上偷偷去看，一看这么好，两个人就不回来工作了，所以最后就促成孔子周游列国。这方面的经验教训是不能冲动，冲动是魔鬼。

第五是使命，发挥专业作用，创造专业价值。这一点希望大家牢牢记住，咱们院为什么要招聘这么高学历的青年，你们在班上都是学习不错的，在研究生当中都是属于表现很好的，才有机会参加西北院的选择。那既然来了，就要记住，西北院当时为什么要选我，就是要选择不同专业的管理人才充实到咱们企业的职能部门来，发挥各自专业的作用，最后可以有效地组成咱们企业职能管理，最后咱们职能管理的合力能引领、管控、服务。再次强调下希望大家快乐工作、胜过昨天，快乐工作比较容易做到，胜过昨天就不那么容易了，但是咱们要有这种心态、这种态度，要过好今天，准备明天。

最后还是强调一下，说一个结语。一个是毛主席说过，干部工作的时候要学会弹钢琴的工作方法。谈到这个，我就想到傅雷家书，大家知道傅雷家书不？傅雷把他的几个子女培养得都很好，其中有一个是弹钢琴的。傅雷讲，弹钢琴分三个层次，第一个层次是技术层次，第二个层次是艺术层次，第三个层次是文化层次，那从低到高，技术、艺术、文化，为什么说这呢？因为咱们职能管理部门的每个人处于不同的岗位层次，也可以分为技术层面。艺术层面和文化层面，当然文化层面是更高层面，咱不一定都能达到文化层面，部分达到就很好了。所谓技术层面，交给你的工作能保质保量按时完成，但这只是技术层面的。艺术层面就是不只自己完成，还要帮别人完成，能成人之美，与人为善，特别是遇到纷繁复杂特别难解决的问题的时候，难克服的困难的时候，不仅能勇于担当，而且善于担当，而且乐于担当，那至少可以说已经上升到艺术层面了，在这个基础上大家再提升就可以达到文化层面。我想每个人的工作都有这三个层面，成长，成才，成功，还有一句话，今天能做好的事情，为什么要等到明天呢？最后用一句广告词来结束我给大家分享：你的能量超乎你想象！

谢谢大家。

2015年10月19日

国梦之旅的文化担当

——基于中国建筑西北设计研究院“和合”企业文化体系建设在中国文化管理协会2016年会上的讲演

习总书记强调：“坚定中国特色社会主义道路自信、理论自信、制度自信，说到底是要坚定文化自信，文化自信是更基本、更深沉、更持久的力量。”

大中华民族文化自信是中国梦的根本，企业文化是企业综合竞争力的集中体现，是企业在国际国内两大市场竞争中的最高竞争形式。我国自20世纪90年代开始推动企业文化建设以来，取得了丰硕成果，引领了一批有国际竞争力的企业的诞生与壮大。然而纵观企业文化领域、同质化、口号化、碎片化现象普遍存在，企业自身特色、企业与社会的联动、文化与管理的结合等方面存在明显不足。

中建西北院成立于1952年，现隶属上市公司中国建筑工程总公司，是国家级高新企业。本文基于中建西北院十多年来的企业文化体系建设，试图经由企业文化体系建设、企业文化与企业管理的融合、经营成效等，探索企业文化建设面临的一些解决办法。

一、引言

基本概念：文化，企业，企业文化，国有企业文化，“和合”文化。

文化是人类在社会历史发展过程中创造的物质财富和精神财富的总和，特指精神财富，如文学、艺术、教育、科学等，如风俗习惯、礼仪、信念、精神、志趣等。文化是一种社会现象，同时又是一种历史现象，是社会历史的积淀物。确切地说，文化是凝结在物质之中又游离于物质之外，能够被传承的国家或民族的历史、地理、风土人情、传统习俗、生活方式、文学艺术、行为规范、思维方式、价值观念等物质与精神的总和，是人类进行交流的普遍认可的一种能够传承的意识形态。文化有良莠、大小、高下之分，这里所指是优秀的文化。

企业是指以营利为主要目的，自主经营、自负盈亏，具有独立核算法人资格的社会经济组织。企业通过运用各种生产要素（土地、劳动力、资本和技术等），向市场提供商品或服务。

企业文化一般理解为企业在长期的实践当中，形成和积累下来的优良传统、优秀经验和优越做法，是特定的历史文化积淀。以一定的哲学思想为指导，以社会行为准则和道德规范为基础，把企业家的成功理念与企业成功经验相结合，形成企业自身特点的价值观、行为模式等，体现为系统性和整体性。广义理解为物质、制度、精神等层面的文化。

国有企业文化是国有企业在长期的经营和管理活动中确立的、信奉并付诸实践的价值观、思维方式和行为模式，以及面向未来的思想指引，在本质上是促进企业发展的管理思想和管理方法。它同一般的企业文化相比，具有鲜明的引领性、民族性、政治性和较高的稳定性。

“和合”由“和”与“合”连接而成。和指和顺、和平、和美、和乐、和睦、和善、和气、和谐，合指结合、合力、合适、合心、合力、合智、合作。“和”与“合”大都指向团队。

“和合”这一概念较早见于《国语·郑语》：“商契能和合五教，以保于百姓者也。”《管子》载：“畜之以道，养之以德。

畜之以道，则民和；养之以德，则民合。和合故能习，习故能偕。”

和合文化是中国文化最具特质的方面，从现代意义上讲是和谐与合作，因此“和合”比“和谐”更加全面，“和谐”讲的是状态，“和合”强调的是状态与过程。

二、两个基本问题

1. 企业的基本问题

企业的基本问题是规模、品牌、效益。在企业创立之初，主要任务就是把规模尽量做大，达到一定规模的时候，就得更加关注质量的持续改进，进而关注品牌，也就是做大做强。品牌应该体现企业品格，是企业的生命力。而品牌优势靠文化滋养、引领，只有文化才能使企业更具教养。做大、做优、做强是成功企业的规律性进程和期待性目标，企业文化是做大、做优、做强企业的旗帜和发动机。

2. 建筑设计的基本问题

建筑设计需要面对与解决的问题有政策、功能、环境、交通、文化、艺术、技术、意蕴、投资、价值等，得在政府、单位、团队、业主、项目、个人、社会、家庭等宏观与微观系统中找到结合点、共赢点。

建筑设计经由贯彻国家与行业政策（如新型城镇化、绿色建筑、智慧城市、海绵城市、环境友好型）和执行强规等路径实现政府主张，经由设计创意与实现现时功能来满足业主需求，经由建筑全生命周期考量与可变化内部空间等来创造建筑体原效能的最大化与长效机制，经由“适用、经济、绿色、美观”综合考量，求得投资与效能的最佳平衡。

设计是建筑设计院生存和发展的基点，建筑设计院起于业主、归于业主，成亦顾客、败亦顾客。这是因为：业主需求是设计企业第一需要重视的。业主需求包括功能需求、卖点需求、地标需求、个性需求、全生命周期需求、运营需求、维护需求等。第二个就是设计创意。设计创意是建筑设计院生存和发展的核心本领。设计师仅仅按照业主需求展开工作还远远不够，还必须有创意，要能引领顾客需求，超越顾客需求，贯彻“适用、经济、绿色、美观”等建筑方针，拒绝“大洋怪”（2016年2月6日《中共中央、国务院关于进一步加强城市规划建设管理工作的若干意见》）。这也是设计院最根本的生产力所在。好的设计创意必会影响将来建筑本身的效益，这正是建筑师的价值所在。设计创意需要处理好的问题有规范与个性、文化与地域、形态与功能、个性与环境、艺术与技术、造型与功能、装饰与本原、景观与交通、传统与创新、品格与风格等。第三个就是建筑效能，功能效益，效益效率、持续创效的功能，低碳节能、社会各界的审美感悟等各个方面。建筑特定功能：在设计寿命内，内外部空间应满足的功能，如观赏性、和谐性、开放性、协调性、可通变性。普适功能：绿色、环保、节能、节地，公共服务等。在设计中，这些都需要预先充分考虑。

建筑必须要在与特定环境的融合之中，体现建筑的作用、价值和效能。设计创意的成功与否，最终也都要体现在建筑效益中。设计创意、业主需求、建筑效能三者之间的对立统一，不仅存在于建筑设计全过程，而且贯穿于建造与运维等建筑全生命周期，影响和制约着建筑的功能存在与社会存在。业主需求、设计创意和建筑效能，需要整体有机协调考虑，需要化合反应。

因此，设计工作的基本问题就是业主需求、设计创意和建筑效能三者之间的和合统一。

三、“和合”企业文化的来源、任务与宗旨

1.“和合”企业文化的来源

中建西北院“和合”文化的来源，往上可以追溯到1980年践行企业化管理之初。1991年前后，国家在国有企业这个层面上，全面开展建设“企业精神”这样一个活动，与此同时，西北院的企业定位也逐步明确，文化建设也在一步一步地进行。1992年以后，随着院的经营发展，经营实践、管理实践、党建实践的推进，文化建设也相应发展。

1.1 经营实践

1992年邓小平南巡，提出建设社会主义市场经济，随后通过党的“十四大”把建设社会主义市场经济列为中国特色社会主义建设的重要内容，同时号召各企业、企业化管理的事业单位要“转换经营机制”。这个过程大概在2000年左右宣告完成，基本建立了社会主义市场经济体系。这是国家的层面。在西北院，从事业单位企业化管理逐步走到单位性质完全企业化是一个二十多年的过程。大概从1992年到1995年，是西北院完全通过市场竞争去承接项目的全面开始；从1996年至2000年，这个过程持续深化。1991年至2000年当中，国家实施了两次经济紧缩，当时叫作“治理整顿”，就是针对当时全国的基本建设过热，采取的压缩全国基本建设投资，即压缩“楼堂馆所”的经济调整政策。建筑行业每次都受到了很大的影响。对此，院里提出实施“全员经营”的策略。与此同时，当时西北院职工的观念也由等、靠、要逐渐转化到靠市场竞争来取得设计项目。根据当时这么一个经营实践，根据这一个市场需要，院里先后强调要树立并强化“忧患意识”、“竞争意识”、“主动出击意识”、“服务意识”、“业主就是上帝”等观

念，以及“承接到项目就有效益”“竞争取胜、持续发展”“精心设计、诚信服务”等观念。2000年以后，随着国家西部大开发的逐步实施，建筑设计企业赢来了历史上少有的大发展机遇期，并且在“项目制”、专业所等机制上也作了不少探索。从2000年开始，西北院职工的市场经营观念可以说得到了完全的确立，直到现在。在这期间，咱们院也相应地采取了增设经营单位、增加生产所这一新措施，最近几年院里也在加大增设经营单位这一方面的推行力度。到现在已构建了土建所、专业所、创作室，还有专业所不同形态所构筑的多元的、灵动的经营机制。

1.2　管理实践

中建西北院一直坚持人事、财务、经营、技术、印章“五个统一管理”，坚持不搞内部多级法人。从1985年开始到现在，根据经营的需要，相应采取了管理变革，一方面是适时调整生产机构，另一方面适时改革经营管理部门，特别是2000年以来，西北院实行了两次职能管理的改革，同时修订了院的经营管理制度，其中基本的经济管理制度就是技术经济责任制，与此相适应的有财务管理、经营管理等方方面面的制度。

中建西北院“九五”初期，正式提出要“努力建设全国一流建筑设计强院”的目标，卓有成效。2001年开始，在院《“十五”发展规划纲要》中正式确立了“持续建设一流强院”的发展目标和“科技兴院，人才强院”的发展方针、“精心设计，诚信服务”的质量理念，这个发展方针和发展目标得到了持续的实施，并继续载入了院《“十二五”发展规划纲要》。

1.3　企业文化建设实践

当初第一个推行的适应市场需求的观念，叫作“竞争取胜，持续发展”，后来院里又提出“快乐工作，胜过昨天”。

2000年以后，在文化建设方面就正式开始了以“和合”为中建西北院文化特征的文化推进。2005年，对“和合”文化推进进行了第一次总结与提炼，以当时张秀梅书记在中建总公司党委书记会上所作的《努力建设西北院“和合”领导班子》，和同年西北院在中建总公司首届企业文化高峰论坛上所作的《关于企业文化及其建设的两点思考》为标志。从2009年1月开始，院领导班子对近60年来的发展历程作了新一轮的总结思考和提炼，于2011年初正式形成了对“和合”文化的新概括，就是两句话：“和谐发展共生，合作友谊共赢”。

1.4　人生成长过程

不管年龄大还是年龄小，成长的规律都是一样的，无外乎六大概念，即六个方面的培养和学习。以前强调在学习过程中五个大的元素，“天地君亲师”（发端于《国语》，流行于西汉，广布于北宋），我觉得这个还不够，还得加上一个“友”，那就是“天地君亲师友”。任何人的成长都离不开这六个方面。

1.5　理论来源

和合文化的理论前提是“三个不动摇”的战略思维：始终坚持持续建设一流强院的发展目标不动摇，始终坚持快乐工作、胜过昨天的敬业追求不动摇，始终坚持提高企业尊严指数与职工幸福指数的价值追求不动摇。

和合文化的理论来源一是方法论，就是主观、客观、旁观三者的有机统一。这同以前的表述稍有不同。主观与客观统一，还得加上一个旁观。有句古话：“当局者迷，旁观者清”，强调“旁观”。“旁观”无牵无挂，可能会更加冷静，也有可能更加完全。地球上的人说多也多，现在全世界近60亿人口，中国就有13亿；说少也少，少则就是你、我、他。如果只强调主观、客观，就把第三个人撇在一边了。建筑设计图纸有平面、立面、剖面三种图纸，才能立体反映出待建建筑的风貌，3D更加立体化，更加直观化。主观、客观、旁观统一也就反映了3D这样一种现实。第二个理论来源叫作“适用、经济、绿色、美观”建筑原创的有机统一。

以上是五个来源：经营、管理、文化、人生、理论。

2．发展阶段

中建西北院是最早成立的国家级建筑设计大院，其文化发展大致经历了四个阶段，“和合”企业文化经历了1.0和2.0版。

1992年以前，我院以政治文化主导、职工精神文化为辅，自然积淀，自发形成了包括传、帮、带，爱岗敬业，团结奋进，三老四严等相对松散的文化。“企业文化”概念20世纪80年代引入中国后，一段时间停留在概念和学术阶段；1992～2002年，邓小平南巡讲话发布后，大范围内的思想混乱渐次统一，“发展是硬道理”“团结一致向前看”“不争论”“不管白猫黑猫，抓到老鼠都是好猫”等论断为社会普遍接受。由此，提高企业竞争力与凝聚力成为关注焦点，企业文化逐渐得到重视、运用和发展。我院“和合”这一企业文化的概念在总结基础上产生，并在生产经营实践中通过不同形式宣传、研讨和探索，整体上以“经营文化”和文化的“自然延续”为主，侧重于理念，是片段式的。

2002～2008年是我院跨越式发展的新阶段，经济效益持续增长，物质基础进一步向好，“持续建设一流强院”共同目标在院“十一五”发展规划中确立，在注重“规模与效益”建设的同时，企业文化建设得到持续推进。期间，2005年2月正式以“和合”来概括西北院的文化，同年10月中建总公司首届企业文化高峰论坛（牡丹江会议）正式发布，标志着中建西北院“和合”企业文化的诞生。其内涵是合心、合力、合智、和谐。文化由板块化、分散化，逐步走向提炼与整合。这是西北院“和合”文化发展的第一阶段。

2009年，在制定“十二五”规划纲要过程中，对我院十多年来的经营实践，生产实践，管理实践，党建实践、群团、精神文明建设和企业文化建设等工作实践过程进行了新的反思，又一次系统梳理与总结提炼、创新，在此基础上正式形成“和合”文化的内涵与外延，正式列入院“十二五”发展规划纲要。内涵为两句话、十二个字：“和谐发展共生，合作友谊共赢”；外延为“一总四分”结构，提升到管理哲学高度，凝练升华成企业伦理。

2011～2015年：在实践中不断总结完善，建立起了“和合”文化理念与行为体系，现已成为认同度较高的中建西北院“和合”文化新品牌，也就是“和合”文化1.0版本。

2015年，在“十三五”规划纲要起草过程中，西北院在广泛调研基础上，研判政策预期与市场预期、技术优势与使命担当，贯彻中央“五大发展理念”与“四个全面”部署，以中华建筑创新发展为己任，微调了“和合”文化内涵新表述为：“和谐传承共生，合作创新共赢”，形成了“中建西北院‘和合’企业文化”2.0版。

3．“和合”企业文化定位、任务及宗旨

3.1　定位及适用范围

文化建设是系统的复杂性、过程性工程。我们认为企业最高阶层的竞争是文化竞争，竞争的实质是人才竞争。文化也应该是“以人为中心”和“以人为本”，具体是“以人才为本”，人才竞争也是人才文化的竞争。因此，我院把企业文化作为企业发展独特的竞争优势之一，把文化定位为“引领驱动”，重点打造和建设具有引领性、社会性、先进性功能的西北院企业文化。

因此，西北院在继续壮大“中建西北院设计”金品牌的同时，以文化建设渗透企业的方方面面，凝聚力量，激活潜能，创新发展，形成具有鲜明特色的“中建西北院和合企业文化”新品牌，以推动“持续建设一流强院”的全院事业。

和合文化的适用范围：对内思想行为产品全覆盖；对外适合所有合作方、所有相关方的所有合作与服务。

3.2　两大基本任务

一是促进和合建筑创作，弘扬“中建西北院设计”金品牌。

一是践行和合文化精神，打造“中建西北院和合文化”新品牌。

3.3　宗旨

打造以“天人合一、古今和融、中外和协”为特征的和合建筑。

打造以诚信博爱为特征的仁义西北院。

打造“基于绿色与和合文化的中华建筑创新发展体系”卓越绩效管理模式。

4. 中建西北院和合文化体系表述

企业使命：拓展幸福空间

企业愿景：最具国际竞争力的投资建设集团

核心价值观：品质保障　价值创造

企业精神：诚信 创新 超越 共赢

设计理念：精心设计 诚信服务

发展目标：持续建设一流强院

特色文化：和合

企业伦理：新“三纲五常”

四、“和合”企业文化的内涵与外延

1. 内涵：和谐传承共生，合作创新共赢

“和合”文化特质在中国文化历史已超三千年，应该说“和合”文化、比“和谐”文化的内涵要大一些。这两者的基本区别是：“和谐”更侧重于状态，“和合”既有状态又有动感，强调过程。

和合文化的功能：和谐是基础，合作是平台，传承是根脉，创新是动力，共生是方向，共赢是路径。两句话，六个概念，十二个字。六对应六合（东西南北上下）。十二个字，对应十二地支（一天的十二个时辰，寓意时间）。六和十二表明，中建西北院的和合企业文化源于企业、作用于企业，但她同时生发于企业、员工、社会、家庭四维交织的网络结构，是立于宇宙之中，服务人类的。四维张则企业光，四维联则企业全。

2. 外延：四分一总

“和合”文化的外延，更侧重于企业伦理，归结为“四分一总”结构。“四分”指对四个层次——领导班子、干部队伍、党员队伍和职工队伍分别提出的工作行为规范要求。

2.1　四分

西北院从企业伦理规范层面，分别对领导班子、干部队伍、党员队伍和职工队伍作出要求。

一是对院所两级领导班子要求：在建设“四好”班子的基础上，建设一个和而不同、和而求同，有创新力、开拓力的两级领导班子，具体要求有几个方面：

要和而不同，和而求同。管仲重视“大臣和同”。《管子》“立政第四”：“君之所慎者四：一曰大德不至仁，不可以授国柄，二曰见贤不能让，不可以与尊位；三曰罚避亲贵，不可使主兵；四曰不好本事、不务地利而轻赋敛，不可与都邑。此四固者，安危之本也。故曰卿相不得众，国之危也；大臣不和同，国之危也；兵主不足畏，国之危也；民不怀其产，国之危也。故大德至仁，则操国得众；见贤以让，则大臣和同；罚不避亲贵，则威行于邻敌；好本事、务地利、重赋敛，则民怀其产。”管子（公元前725—前645年）早于孔子（公元前551年—前479年）近200年，且是春秋五霸之首齐国称霸的总设计师，他有成功治理的实践和成功的理论。和而不同强调思想自由，和而求同强调行为统一。可见，强调和而不同、同时强调和而求同，是必须的。

工作上靠规矩，生活上讲情谊；尊重各人个性，执行集体决定；相互欣赏，相互给力，相互补台。特别强调要以互相欣赏为言行引领，因为只有欣赏，才能产生团结的力量。主动欣赏能开拓胸怀、增添快乐、促发动力、升级自信、修补短板。

二是对干部队伍要求：“三个当头”、“三个开拓”、“三谋”、“三事”。

除了按照党对干部的要求之外，强调“三个当头”：面对困难，要“勇”字当头；面对矛盾，特别是名利矛盾的时候，要“让”字当头；面对意见，特别是批评性意见的时候，要“容”字当头。还要强调“三个开拓”：全院干部要带头，通过学习、思考和实践，不断开拓眼界、开拓胸怀、开拓思路。还强调为企业谋发展、为团队谋生机、为员工谋幸福。干好事，干成事，不出事。

三是对党员队伍要求。两句话：创先争优，创效争荣。强调党员要发挥先锋模范作用，为单位创造效益，创造好的影响，要为咱们所在的这个家增加新的荣誉。强调：平时看得来，难时冲得上，急时豁得去。

四是对一般职工要求：快乐工作，胜过昨天。对全院每个人的工作，提倡和鼓励：今天的工作要做得比昨天的好，明天的工作希望做得比今天的好，如果大家都能做到这些的话，那么，咱们持续建设一流强院的共同事业就会越做越大。

2.2　一总："新三纲五常"

"一总"就是"和合"企业文化所独有的实践特征，具体就是"新三纲五常"。"纲"指原则，"常"指规范。中建西北院创立的"新三纲五常"是相对于老的"三纲五常"来讲的。

老"三纲"就是"君为臣纲，父为子纲，夫为妻纲"。"五常"就是"仁、义、礼、智、信"。这"三纲五常"可以说是有效地支撑了三千多年的中国历史和中华民族的延续、发展和壮大，尽管"三纲五常"的提法最终形成比较晚（西汉董仲舒），但是它的精髓至少从夏商时期就开始流行了。老"三纲"解决的偏重于"纪律"问题，老"五常""仁、义、礼、智、信"解决的偏重于理想的行为准则问题，偏重于操守修养，理想成分多些，强化自我的约束，就像孔子讲要"克己"。从现在时代来讲，旧"三纲五常"对现实社会作用有局限性，如果原封不动地搬过来，肯定不行。

结合企业实际与时代精神，在改造老"三纲五常"基础上，提炼出了作为中建西北院企业伦理的"新三纲五常"。

2.2.1　"新三纲"

第一纲"善为德纲"。从古到今的明君，治世选才莫不重德，都特别强调"德才兼备"，"以德为先"。然而"德"以什么为先？培养"德"从哪里入手？当然，"德"有大德小德，有普德也有高德。"德"实际上是"品"的一种，为什么"德"和"品"要联系起来？因为"品"要分格。一分格，就把"德"

的大小高下显示出来了。从家庭、单位、社会来说，“德”首先是善良，善里面又以孝为先。因此，在人的品格当中，起主导作用、能产生正能量的就是与人为善之“善”，只有以善为基础的品德才能激发正能量。因此，我们提炼升华出第一纲“善为德纲”。

第二纲“用为才纲”。用，指实用、适用、有用、有实际意义、合团队需求，又指实用、聘用、任用、效用。人的才能多种多样，有正才、奇才、雄才，也有歪才、奸才、坏才。在这里主要是强调学习时首先要有辨别力，其次是多样性与重要性，学习的效用必须有益于大家。学习有用的东西，当一个学习型职工，使知识转化为能力，通过学习使自身有才。从企业角度说，要建设学习型企业，员工有才，企业才能使用。从组织选人、用人方面讲，要用人所长，用人的才能。才需要苦练并力行，有用之才能为社会、为企业创造价值。由此，提炼升华出第二纲“用为才纲”。

第三纲“义为志纲”。义，就是大义、道义、情义、主义，就是孟子所谓“生亦我所欲也，义亦我所欲也，二者不可得兼，舍生而取义者也”。解决了德和才的问题，接着要解决人生前进方向问题。人的前进方向在哪里？这取决于他的志向在哪里。诸葛亮说过“志当存高远”，说明干事情也好，为人处世也好，“志”是不可少的。而在志向当中，立大志也好，立小志也好，必须要强调的是有“大义”！当今时代，干一番事业得有全球视野、世界眼光、辩证思维、科学素养。实际上这个“世界眼光”，在中国传统知识分子眼中一直非常强烈。最集中体现在春秋战国时期，当然那个时候的世界眼光和咱们现在的世界眼光不可同日而语。现在的“世界”远远大于春秋战国当时，现在的世界眼光确切地说至少是以全球眼光看银河，看整个天体，一直想象到外星人啊。

“新三纲”中，第一个“纲”解决“德”的问题，第二个“纲”解决“才”的问题。如果说德是基础、才是动力，那么“志”就是人生导向、升级、前行的方向盘、导航仪。

比较而言，老“三纲”更多地侧重纪律、上下一条线，我院倡导的“新三纲”是立足于个人、单位、家庭、社会四种关系的四维支撑，而以团队集体为出发点和归宿，体现出立体性、整体性的特征。

新“三纲”作为一个整体，统一于传统知识分子，当今科技人员所追求的理想人格之中，成为担当社稷之知识分子引领社会前行的思想品格所在。

2.2.2　新“五常”

“新五常”指的是“常怀感恩之心”、“常念牵手之缘”、“常思成长之苦”、“常想同行之乐”、“常行仁义之道”。

第一常“常怀感恩之心，敬老爱亲，敬岗爱业”

从社会角度看，“善为德纲”而始于孝。孝分大孝和小孝，小孝孝于亲，中孝孝于“君”（这里特指上级），大孝孝于国，所以强调常怀感恩之心，于家敬老爱亲，于企业敬岗爱业。因为人一生当中，首先是受惠于父母，然后是爷爷奶奶、姥姥姥爷，兄弟姐妹，然后进幼儿园，再往上升学直到大学毕业，甚至是硕士、博士、博士后，其中要和多少人交流、学习并相互激励？这当中，老师应该是在教育培养成长方面，注入心血最多的，应该说不亚于父母。儒学讲究“天、地、君、亲、师”，这是人们成长的社会要素，与自然界五行“金、木、水、火、土”匹配。人的成长过程中，受惠于他人的太多还要加上“友”，即“天地君亲师友”。而从学到用，一旦参加工作，要发挥个人作用，如能秉持一种报恩的心态，常怀感恩之心，那么这样的人从一开始就会得到他人与团队的喜欢和认同，也只有自己的所作所为和追求能得到周围同志的普遍认同，这个人的成长才会更加顺利，人生理想也才能更快、更好地实现。更重要的，才能实现其社会价值。

第一常，突出人之初心，乃持感恩。

第二常，“常念牵手之缘，恩爱夫妻，教养子女”

人生起始于家，回归于家。家庭支撑基础就是婚姻，有美好的婚姻才有幸福的家庭。所以特别强调夫妻要互相恩爱。《新白娘子传奇》里那句歌词“百年修得同船渡，千年修得共枕眠”，说明人世间最珍贵的缘分就是姻缘。因为没有婚姻就没有家庭，没有家庭就没有亲戚朋友，没有亲戚朋友就没有社会了。所以，婚姻一经开始，双方就应当让这婚姻成为人生壮丽的行程。为什么要强调教养子女呢？生而不养，养而不教，教而不严，这种情况虽然不多，但是确实或多或少存在。然而不管什么原因，你敢生出人家娃儿，你就得教好，此乃天经地义！可恨世上，总有无良父母存在！

可以说，看一个人、一个员工是否是好员工，很重要的一面是看其家庭观念，由此透视他的责任感与使命感。

第二常，强调的是员工的家庭伦理。

第三常，“常思成长之苦，建功单位，报效社会”

人生会经历各种各样的苦难，即使你出生于富有家庭，学习上的困难也是少不了的。列宁说：“忘记过去，就意味着背叛。”如果忘记过去的苦难，首先背叛的是自己，同时也可能背叛别人。成长之苦一般不会忘记。在成长过程中，成长、成才、成功，成熟、成就、成名，“天地君亲师友”六大方面给予你的正能量是不可或缺的。人的成长只有获取各方面的帮助、各方面的正能量，才能有所成就。一个人的成长，凝聚了家人、亲戚、朋友，老师、同学、领导等社会各方面的力量。所以员工需要建功岗位，为单位作出贡献，最后报效社会。如果不思进取，那可能就不会创造出什么大的业绩，各方面的成就就不会多，也就对不起单位，对不起家庭。因此，员工要常思成长之苦，建功岗位，报效社会。

第三常，强调员工的岗位道德与社会道德。

第四常，“常想同行之乐，友善同事，团队共进”

员工要真真切切地对待每一个同事，重视大家在一起的和谐合作。其实人活在世界上，各种缘分都会遇到。缘分众多，亲人之缘、师生之缘、长幼之缘、同桌之缘、同行之缘、同事之缘、同业之缘，都有需要重视的理由。有人统计过，从工作到退休，一个人除了吃喝拉撒睡外，纯粹工作的时间不到十二年。那么十二年内，员工们从五湖四海来到一个单位，大家又在一个办公室，那是不是又添一种缘分？如果两个人在一间办公室内，有幸对面而坐，这岂不又多了一种缘分？马云说得好：“人得有信仰，信即诚信，仰即敬畏。”

第四常，特别强调要友善同事，团队共进。因此重视缘分，是“义”的开始。共生共荣，共赢共成，是义的过程。我们强调友善同事，团队共进，也是有前提条件的。首先区分个人行为的善恶。因为善的力量代代相传，同时恶的力量世世不绝，这就是为什么咱们习近平总书记特别强调“正能量”。对行为除了分清善与恶，还要分清是与非，分清轻重缓急，分清荣辱，分清责任与义务。首先要自己具备基本的分辨能力，每个团队当中，不能说只有积极因素没有消极因素，否则也就不需要搞思想建设、文化建设了。首先要具备分辨正与负的能力，再去建设共进。

第四常强调的是“团队”，正所谓没有完美的个人，只有完美的团队。这个常与第五常构成了新“三纲五常”的实践特征：团队至上，和谐合作。

第五常，“常行仁义之道，创新争先，稳健致远”

仁义之道，仁者爱人，义者适宜。友善团队，友善同事，热爱团队，热爱企业，热爱家庭，等等，这就是仁义之道。如果问中华文明在世界上有生命力的标志是什么？就在于中华文化特别强调博爱，特别强调人类社会的和合。西方用的博爱，原创不在西方而在中国，博爱在春秋战国时期好多家都特别提倡。首先儒家孔子就特别强调博爱，但是孔子的博爱没有墨子提得那么明显，他强调仁者爱人，讲“泛爱众而亲仁”。在日常生活工作中要推己及人。用现在的话来说，就是换位思考，替人着想，成人之美，这实在是一种博爱！“替人着想”实在是一种美德，这也应是选任干部的标准之一（电视剧《下海》中的男主角陈志平能替人着想，首先说明他是仁者，会爱护别人；其次说明他有责任心；再次说明他敢于担当）。替人着想，使命感强，敢于担当，说明这个人的价值取向是团队。因此替人着想就是领导干部的必备条件之一。

能替人着想就具备了当领导的基本素质，但是不管什么层次的人才，都需要具备替人着想的品质。如此，这个单位才是和谐的，这个单位才能保持活力。

第五常强调的是德与道的结合，是知与行的结合，是传统与时代的结合。

2.2.3　从“新三纲”到“新五常”的转化路径

“新三纲五常”在方法论上做到了主观、客观和旁观三观的有机统一，考虑到了国家、集体、个人的相互关系问题。由这个方法论出发，归纳、提炼、升华出“新三纲”和“新五常”。特别是新的“五常”，它所触及的就是你、我、他，触及的是每个人所处的具体环境、具体团队与全体成员，从家庭、个人到单位、社会，是全方位的3D的关系。

“新三纲”与“新五常”是密切联系的，如何从“新三纲”过渡到“新五常”呢？主要有三条路径，最终追求目标是普济天下。

路径一：“始终保持孝子的心境”

一个人来到世界上首先归因于父母，通过学习就业，进入工作阶段。工作中的很多现象足以提醒我们要始终保持孝子的心境。孔子讲孝悌，“弟子入则孝，出则悌，谨而信，泛爱众，而亲仁”，这是孔子对他的弟子的要求。以前四合院的上房都是让老人住的，进上房叫入，出上房叫出，弟子入则孝，进入上房就要尽孝，孝并不是说父母有吃有喝就行了。有人说只要能养就叫孝，照这样说，畜生也懂得养，羔羊跪乳，雏鸦反哺，飞禽走兽都知道能养，人的孝与动物的孝又怎么区别呢？因此，我们强调小孝孝亲，就是孝敬亲人；中孝孝企，企业是学有专长、事业成功所在，也是实现人生价值的平台所在；大孝孝国，建功单位、报效社会。这些都起始于孝子的心境。

路径二：“始终保持学子的心态”

无论从企业还是个人讲，应该坚持一辈子不断学习以提高工作本领，满足企业发展的需要。对于个人来说，这样才能支撑你不断取得新的业绩，才有资本和资格报效祖国、报效团队和社会。对团队、对社会，“天地君亲师友”是人生成长过程中的六大要素，大家给了你帮助，难道你不应该回报吗？

我们特别强调修炼诚意、正心、修身、齐家所需要的心理素质。孔子有“六言六蔽”（具体指仁、智、信、直、勇、刚六种品德）的说法。“六言六蔽”可以理解为：仁而不知度，愚蠢；智而不知度，放荡；信而不知度，贼害；直而不知度，绞伤；勇而不知度，祸乱；刚而不知度，狂傲。突出人需不断加强修养，不断地学习。学习才能成就我们的本领，学习才能增强我们的技能。正像英国哲学家弗兰西斯·培根说的，“知识就是力量”，他还有一段话很有名呢：“读史使人明智，读诗使人灵透，数学使人精确，物理使人深沉，伦理使人庄重，逻辑修辞使人善辩。凡有所学，皆成性格。”除了学习知识和技能外，同样要修炼自己的身心，成就与巩固好自己好的性格、习惯、品格。作为全国一流大院，这就要求我们的员工心理定位上始终保持“学子的心态”，价值定位上争做一流员工。不重学则怠，不好学则退，不善学则衰。

路径三：“始终保持君子的胸怀”

从古到今，正能量和负能量都同时存在，所以国家需要教化，企业需要锤炼，个人需要修为。咱们强调要保持君子的胸怀。“君子”的标准有八个方面：“格物、致知、诚意、正心、修身、齐家、治国、平天下”，这是宋代大理学家朱熹归纳的。但是这个归纳太理想化了，还是孔老先生归纳得比较实在。用孔子的话讲，能行五者则近仁矣。“恭、宽、信、敏、惠”，“恭则不侮”，你对人恭敬就不会骄傲；“宽则得众”，一个人心胸宽广，能为别人着想，能做到睁眼欣赏，开口夸奖，抬手帮忙，有这种性格和行为的人朋友就会多；“信则人任之”，一个人言必信、行必果，说到做到，说一是一，按时保质保量完成任务，而且效果不错，这样你成长的机会就会越来越多；“敏则有功”，一个人执行力强，雷厉风行，效率高，效果好，自然建功的机会就多；“惠则足以使人”，有了利益与大家分享，追求利益是从团队出发，这样的人才配担当团队重任。

《论语》最后，孔子给出了怎么做个好干部、做个君子的标准：“扬五美，摒四恶”。他所说的“五美”分别是“君子惠而不费，劳而不怨，欲而不贪，泰而不骄，威而不猛”，摒“四恶”分别是“不教而杀谓之虐，不戒视成谓之暴，慢令致期谓之贼，犹之与人也，出纳之吝，谓之有司”。孔子还强调了思维方式，戒除不好的思维习惯，要知道思考问题不能主观，不能以自我为中心，不能僵化，“毋意，毋必，毋固，毋我”。注意这四个方面，不要绝对化，那么这个人想问题、看问题、思考问题就会有正确的思维、好的想法，有了好的想法，才会有好的做法，有了好的做法才能有好的效果，才能贡献团队，报效社会，才能立德、立言、立行，才能成就传统知识分子、现代科技人员兼济天下的高尚人格。而始终保持君子的心怀，这是达到这一目标的基本保证。

归纳总结一下：善为德纲，而始于孝，百善孝为先，所以我们要始终保持孝子的心境，所谓孝子的心境就是入则孝、出则悌、泛爱众而亲仁；用为才纲，而始于学，非学无以广才，每天都要有新的收获、新的心得，就像《礼记·大学》所说：“汤之《盘铭》曰：苟日新，日日新，又日新”，要把这么一种精神转化为实践，就要始终保持学子的心态；义为志纲，而始于仁，仁者爱人，仁者君子，中国知识分子骨气很硬，从孔夫子到现在经常强调的是“穷则独善其身，达则兼济天下”，所以要“始终保持君子的心怀”。

始终保持好孝子的心境、学子的心态、君子的心怀，那就会把“新三纲”和“新五常”联通起来。有了这三个“始终保持”做桥梁，就把理想延伸到了行为。

五、“和合”企业文化本质属性及特征

1. 本质属性：“四以”

以善为基，以业为驱，以群为依，以仁为栖。

2. 理论特征：四元融合

中建西北院“和合”企业文化，在关注知与行两大法器的同时，着力把企业和社会、员工和家庭这四个方面融汇起来，具体来说，“和合”企业文化既体现了企业的本质属性，又体现了中国特色社会主义核心价值观本质要求，中华民族传统文化的理论脉络；“和合”文化关注了企业、员工、社会、家庭四个维度，实现了有机统一，体现了企业职业道德和人生追求的有机统一，体现了理念主张和伦理规范的有机统一，把传统文化、时代精神、个人修为和职业道德紧密结合在一起。特别是“一总”——“新三纲五常”，是企业所有员工应该践行的企业伦理行为规范，易于被员工，被业主、合作伙伴与相关方，被全社会所认同、所接受，有很广的社会影响力。由此，具有了以下六个方面的理论特征。

一是担当使命的文化品性。

将传统修为、职业操守、时代精神、企业期待有机统一。

二是历久弥新的传统雅境。

汲取了以下的理论素养：

儒家民本担当、思行合一，子产与管子注重国家经营的思想，《易经》的与时谐行、创新思维，老子《道德经》的辩证思维。

儒家劝人拿得起（入世），法家劝人守得住，道家劝人放得下（避世），释家劝人出得去（出世）。四者均有可取处，而以儒学精华为本。

三是精益求精的职业操守。

体现了精益求精、匠心独运、价值创造、品质保障、满足用户需求的服务宗旨。

四是和协康乐的民生期待。

社会主义核心价值观：富强、民主、文明、和谐；自由、平等、公正、法治；爱国、敬业、诚信、友善。

和合文化将以上价值观具体化为企业的实践文化，具有根植于企业又超越企业、连通社会、走向美好未来的特征。

五是永恒超越的企业主题。

“持续建设一流强院”发展目标不动摇，“快乐工作，胜过昨天”的敬业追求不动摇，提升企业尊严指数和职工幸福指数的价值取向不动摇。

六是独领风骚的科技企业特性。

体现了单位、个人、家庭、社会四维互动，修身为人之本，人为企业之本，家为国之本（管仲）的逻辑递进；体现了岗位贡献——企业发展——经济责任、政治责任、社会责任、文化责任的责任链接。

在实现政府主张同时、实现业主需求和建筑效能，以体现四维合力，推动实现建筑设计基本问题的周期性求解（一个项目就是一个周期）。

3. 实践特征：知行合一

表现为：

生于实践，成于实践，弘于实践。

紧扣实务，突出实用，着眼实效。

“和合”文化内涵的特殊定位，外延上升为企业管理哲学，进而具象到企业伦理，内涵外延形成体系，与管理融合一体。

体现为三个实践特征：开放兼容的实践品行；追求卓越的实践指向；协和各方的实践结构。

六、“和合”企业文化运用与发展

将和合企业文化内涵外延，与企业各项管理深度融合，实施了管理新方略，形成了管理新模式。

1．与企业发展战略的融合

1.1　与战略思维的融合：始终坚持“持续建设一流强院”的目标不动摇；始终坚持快乐工作、胜过昨天的敬业追求不动摇；始终坚持持续提升企业尊严指数与职工幸福指数不动摇。

1.2　与“发展新思路”的融合：拉通主业链条，优化产业结构，提升整体效益，建设和合队伍。

1.3　确立“两大品牌”协同推进的品牌战略。壮大“中建西北院设计”金品牌；弘扬“中建西北院和合文化”新品牌。

2．与发展策略的融合

2.1　职能管理

核心方针：“科技兴院，人才强院”。

人力开发：“选贤任能、择优聘强、高端引领、整体开发”的人力资源开发战略。高层、中层、基层三层人才，全空域定位培养，职级双轨，各兴其位，各施其能。“帅将士卒”结构体系。公招干部，人员自由流动，竞争性，向善向上向前，导师带徒制。

财务管理：“正效联动”分配政策1.0版、2.0版。

经营开拓：满足、创造、超越顾客需求。

2.2　主业

设计工作：建筑设计基本问题；“3H”（天人合一，古今和融，中外和协）为灵魂的“和合”建筑创作理念。

2.3　新辟业务

A．中建西北院“两全一站式绿色EPC”（把控建筑全生命周期整合建筑全链条提供一站式服务）

B．一区：兴建丝路建筑科技产业园区

C．投资

D．自有专利技术转化为产品

3．与党建与群工的融合

A．干部能力建设“八字”方针：德、才、勤、廉、智、信、勇、严。

B．干部八项建设目标：团结好，业绩好，作风好，形象好，充满激情，充满活力，心系群众，志存高远。

C．院士精神：“敬业、创业、精业、乐业”的张锦秋精神弘扬。

D．创新引路：技术创新，模式创新，文化创新，价值创新。

E．动力激活：“让想干的人有机会，让能干的人有平台，让干成事的人名利双收”（20160605中央人才工作会议精神）。

精神发动：爱院、敬业、求实、创新、奉献。

F．关键过程：快乐工作，胜过昨天，企业尊严职工幸福（新区建设）。

G．六个能力建设（设计能力、原创和研发能力、资源整合能力、投融资能力、培养造就人才的能力、海外经营的能力）。

4．基于绿色与“和合”文化的中华建筑创新发展管理模式

4.1 “一三四四六六三一”和合管理模型

一条主线：做强、做优、做久中建西北院。

三个不动摇的战略思维：坚持持续建设一流强院的发展目标不动摇，坚持快乐工作、胜过昨天的敬业追求不动摇，坚持提升企业尊严指数与职工幸福指数的价值取向不动摇。

四维定位：中建西北院永续发展，定位在企业、员工、社会、家庭四维度的交点上，打造“仁义西北院”（基于新“三

纲五常”践行的诚信、博爱西北院）。家庭：人本在生，生于家；事本在兴，兴于企。

四句话的发展战略：优化主业链条，完善产业结构，提升整体效益（绩效），建设“和合”队伍。

六个动力质点

A．理念（观念、战略、思路）

B．机制（组织、经、政、人、财、技、法）

C．人才（帅、将、士、卒）

D．资源（才、资、器、物、径、台）

E．风尚（道德、风尚、氛围）

F．品牌（设计、建造、文化）

六大支撑系统

基本经济管理机制（技术、经济、责任、制度）

基本政治管理机制（党建、文明、群工、文化）

业务运行管理机制（人力、资源、财物、资金、经营、技术、综合）

运行监控管理机制（三标、卓越、审计检察、纪检）

“新三纲五常”企业伦理

两大品牌协同推进品牌战略

输出三大类优秀产品

一是设计总承包“高、大、重、特、新、专”建筑设计精品

二是设计为龙头、投资为联动的工程总承包

三是“中建西北院基于绿色与和合文化的中华建筑创新发展管理模式”

4.2　内部培训宣讲

先后在党建工作推进会、团工作交流会、青年论坛、青年建筑师方案推介会、新提任干部座谈会、近年新员工培训等上

进行和合文化的培训和宣讲。

4.3　外部演讲

应邀到外单位讲演“新三纲五常”。先后在陕西省教育公会主席培训班、陕西科技大学、中国建筑西安投资公司等系统内部企业进行中建文化及和合文化的演讲活动。

4.4　内部出版“和合”文化丛书

《和合映事》三卷，《和合仁事》三卷，《和合往事》一卷，《和合影事》一卷，《和合绘事》（两卷待发），《和合匠是》（系列待发）《和合文是》系列（待发）。

七、成效

中建西北院自1980年以来，作品获国家、部省级优秀设计奖100多项，获得国家专利43项，获国家、部省级科技进步奖50多项，工程遍及全国34个省、自治区、直辖市及24个国家。在各类大型公共建筑，高层、超高层等“高、大、新、特、重、外”现代建筑领域，传统现代和合建筑等方面具有显著优势，为确立西安城市建设主基调、提升品质，为陕西经济建设、城市建设，为周边省区及国家城市建设事业作出了卓越贡献。“中建西北院设计”金品牌与“中建西北院‘和合’企业文化”新品牌辉映发展，是中央企业先进集体、省级文明单位标兵、全国“五一劳动奖状”单位、中国企业文化竞争力十强企业、全国CAD应用示范企业、全国建筑业技术创新先进单位、中国勘察设计行业突出贡献单位、全国建设系统精神文明建设先进单位、当代建筑设计百家名院、中国勘察设计综合实力百强单位、RCC“十大建筑设计院”。

1. 2012年5月22日，时任陕西省省长赵乐际来院时，代表省委省政府对中建西北院和合企业文化的评价：

“西北院‘和合’文化，真的是非常善于思考，非常善于提炼，非常善于创新，这个内容我非常赞同。‘和合’文化中的‘新三纲五常’把传统文化、时代精神、现代要求和职业道德建设紧密结合在一起，我觉得这个真的很有创意，要进一步发扬光大！李瑞环主席对‘和合’文化有深入研究，振海书记你要找机会向李主席汇报汇报，他一定会很感兴趣！”“弘扬好你们的‘和合’文化与‘新三纲五常’，希望中建西北院今后发展得更快更好！”

2. 2016年陕西省质量奖评审组来院现场评审，给出对西北院的现场审核评语为：基于绿色与“和合”文化的中华建筑创新发展管理模式。

（1）公司始终坚持绿色建筑设计理念，将绿色技术与设计创意高度融合，开展绿色建材甄选，运用绿色建筑模拟技术（室内外通风模拟、室内采光模拟、室外夜景照明模拟、建筑能耗模拟、建筑幕墙光污染模拟等），立足绿色建筑技术专项研究与应用、绿色建筑星级标识评价、绿色建筑标准编制，整合资源、引领绿色设计产业，成为行业标杆。

（2）公司形成了以“和谐传承共生，合作创新共赢”为内核的“和合”企业文化体系，凝聚人心，激发创新潜能，践行天人合一、古今和融、中外和协为灵魂的和合建筑理念，拓展幸福空间，极大提升企业软实力，成为文化引领创新发展的楷模。

（3）公司首创了具有中建西北院特色的EPC模式（即以设计为龙头，基于BIM和P6基础上绿色化、精益化管理的“双全一站式”工程总承包模式），聚集、整合、管理建筑全产业链的资源，关注建筑全生命周期，从根本上避免窝工、返工，缩短工期、降低成本，确保质量，极大地节约社会资源，树立行业供给侧改革创新发展模式的典范。

八、结语

企业文化建设起于企业发展需求，止于满足业主需求，引领业主需求并同时兼顾各方利益，协调好和谐合作过程，传承创新动力与共赢共生目标。由此将企业、员工、社会、家庭四维联动起来，将理念、伦理、制度融合起来，最终以企业品牌与企业品格，来验证并弘扬企业文化。这应是所有负责任企业的文化建设的共同遵循。

中建西北院和合企业文化建设十多年，已取得了一定成效，基本形成了体系。但是这个体系是开放性的、与时俱进的体系，和合文化将与企业发展实践一道继续发展。

参考书目

1. 杨伯峻. 论语译注. 中华书局，2006.

2. 高华平. 韩非子. 中华书局，2015.

3. 方勇等. 荀子（精）(中华经典名著全本全注全译丛书). 中华书局，2011.

4. 方勇等. 庄子（中华经典名著全本全注全译丛书). 中华书局，2015.

5. 汤漳平，王朝华. 老子（中华经典名著全本全注全译丛书). 中华书局，2014.

6. 张立文. 和合学——21世纪文化战略的构想（上下卷). 中国人民大学出版社，2016.

7. 叶圣陶研究会. 和合文化传统与现代化. 人民教育出版社，2006.

8. 定雄武. 企业文化. 经济管理出版社，2012.

9. 任志宏，杨菊兰. 企业文化：管理思维与行为. 清华大学出版社，2013.

后记

读者宾客，请听振海弱弱地说声：兹将心路历程、思路历程，托运中建西北院和合号专列，伴您同行。

一

中国自1978年年底党的十一届三中全会为肇始的改革开放基本国策，到现在还在深入推进中。这场史无前例的巨变，引导中国从当年占世界经济的1.8%，到今天成为世界第二大经济体，占世界经济的14.4%（2015年数据）。这场巨变的指引力与牵引力，就是邓小平理论。国家经济形态经历了从计划经济体制到社会主义商品经济再到社会主义市场经济的递进。目前指向全面建成小康社会和实现两个一百年的中华民族伟大复兴目标。

三十多年改革开放，从个体层面说，经历了从凭票购买到自由购买、从想买买不到到想买啥随时都有机会的巨大变革。自由生活，从梦想变成现实。国家强盛、民族振兴、信心回归，庶几成为现实。从民生角度看，是从生活短缺到生活富裕的实现。从国家城市政策上看，经历了城市化、城镇化、新型城镇化的不断更新。从经济主体角度看，国有企业在内的所有性质的企业，都在不断地开拓未知领域过程中不断探寻适宜的存在方式。从行业角度看，建筑业因此获得抢抓了跨越式发展壮大的战略发展机遇期。虽说是古今中外所有国家形态的兴盛都留下了城市繁荣这一共性坐标，但是人类在占全球人口四分之一的中国大地上进行的这次全国性的新型城镇化进程，真正是“千年等一回”。

从单位体制改革层面说，国家事业单位企业化管理改革，历时19年时间完成。我在国家事业单位亲身参与（实施或分管）了企业化管理改革16年。

1980年的国家建设部直属之“西北建筑设计院”，作为全国36家事业单位企业化管理试点单位之一开始运行，经费上由上级拨款改为拨改贷。1982年院由直属建设部调整为直属中国建筑工程总公司，院名改为中国建筑西北设计院（1992年加入“研究”两字成为现名）。1985年起，我院开始完全的企业化管理，实行自主经营、自负盈亏、自我管理、自我发展。1999年，单位性质变为完全的企业性质。与此同时，思想意识领域逐渐经历了“树立商品意识”“主动承揽设计任务”“转换经营机制”“一业为主多元发展”“立足当地辐射全国”“树立市场竞争观念”“主业辅业分离改制”“后勤社会化”等改革创新。真真是“日日新又日新”。

改革开放以来的勘察设计改革，成为全国各行各业改革开放的先驱。当时最流行的思维方式是“与国际接轨”，外国的月亮比中国的圆。1991年12月26日，曾经十分强大的苏联突然解体，接着是“东欧剧变”。国际风云际会，邓小平南巡讲话发表，引发中国新一轮改革开放。期间的勘察设计行业，与国际接轨思潮中产生了一种判断：国有大中型勘察设计研究院必然分解为国际通行的小型的专业化的设计事务所。行政领导机关据此制定了到2000年完成这一方向下的设计院改制政策，并要求设计大师们带头成立个人的设计事务所。我称之为“大院解体论”。1995年5月，我院由戚嘉鹤书记、周耀南副书记、我、王婉学、乔文博、翁全武组成学习调研组，到中国建筑东北设计研究院进行了一周的学习调研。中建东北院主业系统实行院所（分院）两级法人经营；经营结构转换为一业为主多

元经营的产业结构，成立了5家房地产公司，创立了外资设计公司；有院借款给职能部门人员成立了私营公司36家；全院新成立各种公有、合资、私有、外资四类公司共计54家，目标是在2000年国有大院解体前占得先机。而当时更先进的经验是，广东顺德设计院由国有改制为民营。同时，民营的设计事务所“如雨后春笋”一般出现。“蜕变”、“重构”、“凤凰涅槃”，这就是当年的描述用语。这场大变革，对心灵的震动之强，怎么形容都不过分，因为这关乎国有建筑设计大院的生死存亡与前途命运。我不得不静下心来沉思国有大型建筑设计大院究竟应该向何处去。

直面这个赖以生存的设计院命运前途的重大问题，是痛苦的，但是必须在郁闷之中保持豁达，在渺茫之中打开导航，在迷雾之中保持除雾灯不灭。道理浅显明了，而感受刻骨铭心。在此后长达半年的比较思考中，我求证反证，逐渐得出了一个明晰结论：只要中国共产党在中国施行共同富裕与推进城市化进程（这是四个“现代化”的目标与支撑）不变不断不减，国内的国有设计大院就不会解体，并且会发展壮大，除非国有大院自己搞不好。而经过十年“文革”与苏联巨变鉴照的中国共产党，基本路线一定是不变不断不减的，没有相反。出现相反情况，必然自取灭亡。与少数的国家级大院继续壮大发展的同时，民营私营设计公司会有很乐观的发展机遇，与国有大院竞秀争辉。这种情况会持续大约三十年左右。再往后，少数国有大院仍将稳健发展壮大。得出这一结论的时间是1995年年底。

通过严肃认真的比较思考并参考名家研究成果而得出的上述结论，结束了迷茫与痛苦，恢复了自信与激情。从此，在国家建设部召开的大院改革研讨会、座谈会、征求意见会等场合

上，我以"大院发展论"同台应对"大院解体论"。2016年春，国家住房和城乡建设部副部长来院看望工程院院士、院总建筑师张锦秋先生，我作陪，还说到这段。这里要说明的是，揭示这个思考与结论，实乃还原历史，绝非事后诸葛。而这正是我谢词几次调到上级或政府部门工作机会的信念所在，当然还有自知之明和兴趣所归。

正是这样的时代变革场景，磨砺着淘漉着涤荡着自我。到现在而今眼目下，从事企业管理工作凡33年，历经七个不同岗位锻炼，每于岗位尽心履职躬行之余，尽量以接触到的古今中外经验与当世贤达楷模作参照，思考管理面临问题的个性与共性解决之道，或者汲取、总结、提炼优秀管理的经验，渐次探寻出管理哲学这一学术建构新途径，以此为乐不辍。

在四川大学哲学系哲学专业的四年学习，训练了尽可能从世间万物之普遍联系与永恒发展的角度，看待、感知、认识、判断现实自然、世间万象与人际百态，训练了从实际出发具体问题具体分析的普世方法，从最坏处着想向最好处努力的普世着眼点。对中国近代科学技术落后于欧洲的原因之寻幽探微的检讨中，让人认识了比较思维的独特认知价值。对中国五千年文明史主流价值与传统优秀文化的喜爱，让人思考过去、现在与未来的历史走向的逻辑必然与时事或然。对物竞天择、适者生存的自然进化规律性的认识，让人珍惜人类生存的庆幸与个体生命的珍贵。而儒家道家法家墨家兵家释家诸多思想精华，让人归仁于大中华民族的精神滋养。

知行合一、哲学思维与企业管理的融化，促使我从宏观理论到微观实践的日益结合，进而促使我选择从管理哲学层面与角度思考如下课题：市场需要的、社会公认的、可持续性的，同时是适合中建西北院发展需要的战略思维、发展战

略、策略路径、实施措施，和社会公共需求基础上的所有企业固有之精神动力、文化艺术、伦理规范、气质品格、品牌影响。

自幼家教浸润的对圣贤哲理与古典诗文的喜好，使得我在追求严密的理性思维的同时，得以行吟于大好河山，放思于斗室尺屏。

二

我从参加工作到现在，一直在中国建筑西北设计研究院工作，大致分为几个时期：

（一）青年工作时期（1983年7月~1991年10月中旬）

我于1983年7月毕业于四川大学，7月19日来到院报到，7月21日正式上班。先担任院党委宣传部干事，三个月后，我被院党委正式确定为院团委负责人，1984年3月3日团委改选担任院团委书记一直到1991年10月中旬卸任团委书记。这期间我负责全院团员青年工作。与工作实践平行推进的是理论创作与文艺创作。主要有：一是以辩证唯物主义与历史唯物主义的方法，以社会文化与社会心理的视角，对社会思潮背后的心理认知进行分析，从认识论层面试图探索“和而不同，和而求同”的求解之道。我写的第一篇论文是《试论比较》，用时四个月，先后七易其稿，篇幅最多时达到七千字，最后成稿是3700字，一投而中，正式刊登了3500多字发表在中国社会科学院哲学研究所主办的《哲学研究》1985年第4期上。这是我写论文写得最苦的一篇，也是我来院后的开山之作。二是以“青年如何成长成才成功”为课题，结合青年工作实际进行理论研究。写得最快的一篇论文是《智能发展中的非智能阻力——论人才成长中的隐秘障碍》，三千多字，仅用了三天，两易其稿

后一投即中，发表于中央组织部主办的《人才研究》1986年6期（后更名为《中国人才》）。而三天成稿的背后是我对这些问题的八年苦苦思考探求。刊发了这篇论文之后，该刊的一位编辑两次来信“希望有这类内容的连续文章”。三是思想政治工作研究。1986年在院党委办公室主任李慧敏、时任宣传部部长戚嘉鹤的鼓励下，我写了第一篇思想政治工作论文《典型理论初探》（请戚部长帮忙修改），并首获中国勘察设计协会思想政治工作研究会优秀论文奖，李主任从新疆会场给我带回来的奖品，是一套黑色带金色兰草的茶具。第一次写思想政治工作方面的论文，就获得优秀论文奖，这让我初识了自己的潜力，从此激情大涨，曾列有“关于创设我国思想政治学的初步提纲”，并与分到中建西南院的同班同学宁望楚兄探讨过创立“思想政治学”的宏大学术理想。此后思想政治工作理论研究文章多次获奖。四是青春放歌，主要是诗歌、散文、人生随笔等。在汪雄飞鼓励下，我写的第一篇散文是写于1983年秋天的《马台春秋》，发表在1984年建设部办《建设报》上。五是主编（与张书社共同主编）了《马克思主义哲学立场观点方法》一书（陕西省建设系统内部出版发行一万册），编写了《中建之路》一书之“科技篇”计6万字。

作为这些理论与文学创作活动的基础之一是：创建了业余团校，创办了院文化艺术节，参与创办了院电声小乐队（队长王树茂）与周末舞会，创办青年专刊《绿》（孟毅锋任美编并创作连环钢笔画），组建篮球队、排球队、乒乓球队、围棋队、桥牌队，启动院“十佳”青年评比表彰等。其中文体类工作都是与院工会密切合作开展，符联民主席给我以全力支持和鼓励。这段时间是我来中建西北院工作成长过程中的关键时期。这一时期的高步文书记、贾耀启书记、李慧敏主任、戚嘉

鹤部长、胡耀星副部长、周雪梅部长，付联民主席、田俊德副主席、马光华副主席，徐永基院长、徐乾易院长、花恒久副院长（后任院长）、周耀南副院长（后任院副书记工会主席），人事室李智主任、张秀梅副主任（后任院书记）、孙巽老师，设计室主任张志乾、何文俊、孙一民、崔丁武等，计划统计室张小禾主任、技术情报室张儒义主任等诸位领导，都从不同侧面不同方面给予了我很多工作上的指导关心与生活上的排忧解难。许多领导和同事都有工作、学习、生活上的细致入微的帮助，还有承载着西北院几十年奋进、团结、温馨文化基因的许许多多的趣闻。给予我教诲最多的是院党委书记贾公耀启先生，贾书记儒帅风范人格魅力对我影响很深。团委委员李安、卢银蓉、曲宏光、吴世颖、汪雄飞、牛海峰、陈亚民、王俊耀、王建安、曹新月、田园，工作上密切配合，合心合力合志，青年干部部门领导薛黎明等，支部委员魏安运、刘战峰等、全院青年工作工会工作骨干与积极分子，给予了我很多的支持关心和理解鼓励。

记得我任院长办公室副主任（主持工作）开始不久的1992年秋季，时任院总建筑师张锦秋主动鼓励我从事建筑美学与建筑评论研究，并热心推荐建筑美学教材与导师。记得发表第一篇论文后，周六晚上我与二室青年给排水助理工程师熊中元（现任院长）在北大街上散步，与他分享发表在国家级刊物上的第一篇学术论文的快乐，听他讲技术发现新想法、相互欣赏并相互鼓励理论研究与申报发明专利。感恩之心，成长之苦，同行之乐，仁义之道，使人获取不竭的志力、动力、精力。

（二）综合管理时期

时间是1991年10月借调院长办公室，1991年12月2日调任院办副主任，1992年8月中旬任院办副主任主持工作，1996年3

月任办公室主任至1999年3月。

这时期，由思想意识形态工作转到了行政工作，工作量大大增加。记得第一次写行政工作报告时，就没有通过。当时对我的自信是个很大的打击。好在有“日日反思”的习惯，有三镜之鉴的幼训，之后的公文写作逐渐进步。与此同时，理论创作从理论探讨转向了中建西北院企业实践经验的总结提炼升华。随着出差机会增多引发的眼界拓展，随着对中国传统优秀文化的潜心研读，诗歌创作方面也由新诗而转为古体诗，以至于经常有梦中作诗的情形。古体诗词创作，大都是在出差途中完成，属于亦行亦吟。古体诗的创作，让人体会与感悟着古代诗人们的机敏、激情、智慧、体认，我以为，旧体诗的生命力，绝不会因为新诗的出现而消亡，内涵广远与音律和谐，方便快捷与睿智新奇，变化无穷与平仄韵味，这些都是古诗得以贴近群众、贴近时代之所在，是历史自信与文化自信的重要源泉。

（三）党务政务辅佐时期

这时期，大体与第二时期情况相当，主要区别在于：理论创作方面向广度、深度、高度的持续拓展，文艺创作方面向心理哲理事理的延伸。这时期的管理实践主要是创新工会与团委等群众工作内容与形式。同时，分管院的新区建设全面工作，包括从与经发地产合作协议的重新谈判到策划、方案竞赛、开展设计、以五个流程管理为抓手实施建造过程管理、景观与管网、合约管理、成本控制、变更控制、工期控制、搬入等以设计为龙头的工程总承包建设全过程全流程系统管理。

孙文杰总经理2001年主政中建总公司时在总部干部大会上的讲话，提出总公司发展管理“三化”方针，强调规模、品牌、效益、选贤任能考核、裁短管理链条、取消行政级别、明

确总部服务职能等，比我看过的所有管理学与管理哲学，都印象深刻。

一直没有忘记的是，2005年10月我在中建总公司首届企业文化高峰论坛上演讲整理成文字在《中国建筑》杂志发表后的年底，我到成都参加总公司会议，时任中建西南院院长官庆先生（现任中建总公司党组书记、董事长）对我说："振海，你那篇演讲《关于企业文化及其建设的两点思考》，我看了两遍，真的非常好！"这个鼓励增强了我的演讲自信，成为我之后在院内外作"和合文化"二十多次演讲、和不计其数的较小范围演讲的初始动力。这个心理小秘密今天公开。那段时间，对和合企业文化的总结、提炼、升华等，如痴如醉。只是当时浑然不知此状也。

这时期我在分管工作方面，得到院办主任司引瑞，财务处长李安，人事处长王婉学与刘战峰，工会副主席冯仕宏，宣传部长高治国，经营处长赵政，纪委常务副书记宋庭训，审计处长怀小鲁，常务副处长肖兴会，经济所长轩煦，房地产公司经理赵俭，监理公司姜维、黄春金，二所副所长安军，四所所长郑振洪，五所所长田虎刚，七所所长嵇珂，华夏所所长王军、华夏所总党春宏、工作室屈培青主任，物业公司经理张建国等部门和有关设计人员、监理人员、建造单位的过程支持。

（四）主持党委全面工作时期

上任伊始，总公司党组书记郭涛给了我四句教诲。我以此为镜，不时反思修正。期间，与院长和合共进，院党委一班人团结一致开展了以下几方面工作：努力做好企业党建工作，坚持德才兼备以德为先选贤任能，推行"团结好、业绩好、作风好、公认好，充满激情、充满活力、心系群众、志存高远"的干部队伍建设方针；实施干部MBA主课三年培训；开辟院所

两级领导干部到陕西省委党校、西安市委党校学习两条选送路径；实施“西北院设计”金品牌与“西北院和合文化”新品牌两大品牌协同推进策略；荣获省级文明标兵单位、开启争创全国五一奖状和争创全国文明单位两大实践创新工程；开启张锦秋建筑理论系统研究与院和合管理理论体系研究两大理论创新工程；启动深入开展向张锦秋学习与组织推荐新设计大师赵元超两大组织活动等。并持续拓展对接政府、市场与业界。

同时持续进行文化创新工程。对于中建西北院的企业文化作了全面系统的总结、提炼、升华、创新。从企业的基本问题入手，探讨建筑设计工作的基本问题；从企业、员工、社会、家庭四维链接网络中，从起于企业、归于社会的逻辑发展中，从时代精神、优秀古典、职业道德、家国关联的结合点上，深入研究西北院自成立以来的发展历程及其作品荟萃、经验积累、精神积聚、文化积淀，总结、提炼、升华中建西北院企业文化，与班子成员不断切磋琢磨与补充修改，院长熊中元与我多次探讨、推敲具体提法，“新三纲五常”的称谓及部分表述即源于院纪委书记赵政同志的想法；王军副院长对和合管理模型几次提出建议与思考。曲宏光副院长提出过好观点，随时与院内外各界人士广泛交流，征求意见，于“十一五”时期，基本成型了“中建西北院和合文化”的内涵与外延，并明确列入院“十二五”发展规划。通过院内外的二十多次的演讲宣贯，逐渐获得了干部员工与社会各界的日见增多的认同。

策划推动了“青年建筑师方案推介演习”（团委青联人事处科技处联办了八届）、“我爱我家·摄影展评”、“我爱我家·青年论坛”系列活动（院团委院青联合办分别举办了两届四届）等和合文化青年实践系列活动。

策划并开启总编了和合文化载体书系院内部永续性系

列图书“和合文化系列丛书”:《和合映事》(已出三卷)、《和合仁事》(已出四卷)、《和合往事》(已出两卷)、《和合影事》(已出两卷)、《和合匠是》(已出一卷)、《和合文是·诗与建筑》、《和合文是·散文与建筑》、《和合文是·词与建筑》(文是口袋书系列即出)。策划实施中建西北院和合文化与两全一站式EPC两项由省工商局向国家工商总局商标注册工作。担任国务院国资委“国有企业企业文化管理标准编制”副主任委员，参加该项国家标准的编写工作。时任陕西省省长的赵正永，在建院六十周年纪念日前一周时间，于2012年5月23日莅临我院视察指导，代表陕西省委、省政府对中建西北院和合文化给予了高度肯定与殷切期望，他指出:“西北院‘和合’文化，振海书记真的是非常善于思考，非常善于提炼，非常善于创新，这个内容我非常赞同。‘和合’文化中的‘新三纲五常’把传统文化、时代精神、现代要求和职业道德建设紧密结合在一起，我觉得这个真的很有创意，要进一步发扬光大！李瑞环主席对‘和合’文化有深入研究，你要找机会向李主席汇报汇报，他一定会很感兴趣!”“弘扬好你们的‘和合’文化与‘新三纲五常’，希望中建西北院今后发展得更快更好!”

2016年3月，陕西省委统战部副部长白慧芳来院调研，推荐中建西北院以和合文化做好统战工作为题，在中央统战部官网首页刊登。5月11日，中央统战部门户网站以《幸福空间和合实践——中国建筑西北设计研究院企业文化建设工作纪实》为题，分“和合”企业文化的来源、“和合”企业文化的思想内涵与努力践行“和合”企业文化三个部分，介绍我院以“和合文化”做好统战工作的经验。

2016年6月，中建西北院以《基于绿色与和合文化的中华建筑文化创新发展管理模式》，申报陕西省质量奖，荣获陕西

省质量奖第一名，给予的颁奖辞云：

1. 公司始终坚持绿色建筑设计理念，将绿色技术与设计创意高度融合，开展绿色建材甄选、运用绿色建筑模拟技术(室内外通风模拟、室内采光模拟、室外夜景照明模拟、建筑能耗模拟、建筑幕墙光污染模拟等)，立足绿色建筑技术专项研究与应用、绿色建筑星级标识评价、绿色建筑标准编制，整合资源、引领绿色设计产业，成为行业标杆。

2. 公司形成了以“和谐传承共生，合作创新共赢”为内核的“和合”企业文化体系，凝聚人心，激发创新潜能，践行天人合一、古今和融、中外和协为灵魂的和谐建筑理念，拓展幸福空间，极大提升了企业软实力，成为文化引领创新发展的楷模。

3. 公司首创了具有中建西北院特色的EPC模式（即以设计为龙头，基于BIM和P6基础上绿色化、精益化管理的“双全一站式”工程总承包模式），聚集、整合、管理建筑全产业链的资源，关注建筑全生命周期，从根本上避免了窝工、返工，缩短了工期、降低了成本、确保了质量，极大地节约了社会资源，树立了行业供给侧改革创新发展模式的典范。

2016年9月28日，院获“中国企业文化竞争力十强”，我同时荣获践行五大理念2015年度企业文化创新人物。

正是在这一阶段，不断有朋友同事索要“诗集”。于是，一咬牙一跺脚开始请同事们帮忙，凡三载，收集打印、整理、编辑了这部《兰溪集》。

为什么名之曰《兰溪集》？盖因中国建筑西北设计研究院于公元2011年2月22日搬入的商域新都，正是经开区白桦林居之兰溪区。兰溪，中国建筑西北设计研究院人之新的共有家园，君请看诗文卷《新区行吟致樊院长张书记》一诗。

三

《兰溪集》共计30余万字，分四卷，即《论文卷》《和合卷》《诗词卷》《散文卷》。《论文卷》与《和合卷》共收录论文40篇，绝大部分论文已经公开发表。《诗文卷》共收录诗词300余首，分江山行吟、商域行吟、伦常行吟、赋四个子项，涉及江山吟诵、经营赞颂、家庭亲情等，大部分诗词发表于《人民日报》《陕西日报》《西安晚报》等刊物上。《散文卷》共收录散文42篇，包括哲理散文、游记散文、乡村散文、生活散文等。《兰溪集》时间跨度大致从20世纪80年代到今天。

愿《兰溪集》带给读者们思考与乐趣，哪怕会心一笑足矣！

四

本书即将付梓之际，历经三四年查找、整理文稿过程终于画上圆满句号。点点滴滴顿时涌入心头，喜悦和感动交织，喜悦的是众多好友、同事催促的任务终于“交差”了，感动的是众多朋友、同事为此书付出了辛劳与汗水。

首先感谢改革开放总设计师邓小平，没有改革开放，我可能没有考上大学的机会。去年看电视连续剧《历史转折中的邓小平》时，我常常热泪流淌。

感谢生我养我的故乡——河南安阳安丰乡前净渠村故乡的父老乡亲。感谢小学、初中、高中时期的各位老师和同学们。故乡常入梦，相见两唏嘘。

感谢我的第二故乡成都与母校四川大学及哲学系的各位老师与同学们。母校赠予我的远不止是知识、容量、胸怀、眼界、思维利器。

感谢陕西省委省政府的正确领导，三秦大地的天时地利人和，有力有情引领与滋养了中建西北院65年来的发展。

感谢中国建筑工程总公司原董事长孙文杰先生、中国建筑工程总公司原党组书记郭涛先生为文集题词。感谢所有关心支持、帮助提携的历届中建总公司领导。经常关心与鼓励我的诗词写作的还有：中国建筑工程总公司原董事长党组书记易军先生（现任住房与城乡建设部副部长），党组书记董事长官庆先生，总经理王祥明先生，党组副书记刘锦章先生，副总经理曾肇河先生、李百安先生，邵继江先生总工程师、设计集团总经理毛志兵先生、副总周文连先生等诸位领导。

感谢中国建筑工程总公司原纪检组长刘杰先生为《兰溪集》之“诗词卷”作序。刘杰先生是第一位鼓励我出版诗集的人，是经常给我布置作业鼓励我写诗的人，也曾帮我多次修改诗文。

感谢中国工程院首批院士张锦秋先生在百忙中于八十高龄为本书作序，手写三满页，字字感人心。

感谢中国建筑西北设计研究院和历届院领导，历届各部门领导，感谢所有的同事。没有中建西北院，就没有我三十多年的成长与工作学习生活。特别要强调：正是樊宏康院长、张秀梅书记和合共进创造的跨越式发展绩效与团结宽松氛围与重视培养年轻干部，才有了西北院和合文化的生长与新区的开辟。

感谢本文集编辑过程中给予的帮助：党委工作部姬淑云部长、高治国部长、院团委李杰书记、院青联刘怡主席、党部欧阳东秘书，院办主任郭毅、人事处长李勇、科技处长孙金宝、院青年管理与文化研究会秘书长李元昭、院青联副主席鲁孟瑶、纪委专干王虎刚、人事处干事周乐、图文公司经理宋庭

训与编辑智力，为本书提供的长期帮助与支持。其中：论文卷、和合卷由李杰、李元昭收集、编辑，周乐参加校对。诗文卷先期收集由姬淑云、刘怡，中期收集由贺西琴、鲁孟瑶，后期系统收集由李杰、欧阳东、王虎刚完成，后期整理编辑由欧阳东完成。散文卷由李杰、刘怡、欧阳东收集，欧阳东打印编辑成卷。各卷编辑统筹大量工作与联系事宜由欧阳东、孙金宝完成。图文公司智力负责成稿的排版、装帧、美编设计等工作。感谢各位同志们的辛苦帮助！

感谢杜耀峰、党朝晖、张立、魏焱、贾妍等编辑记者。贺平安先生为本书倾力策划、编辑，感谢中国建筑工业出版社的费海玲编审和张幼平编辑，幼平编辑用心之细让人感动。

最后，要感谢我的曾祖父、曾祖母、祖父、祖母、父亲、母亲对我的养育、教育、培育之恩，姐姐、弟弟、妹妹对我的手足之情。感谢妻子、女儿对我的理解支持，以及对我不时陷入沉思与突发灵感深更半夜起来写作的包容，妻子常常是我的第一位读者，也常常把我当作她的学生来鼓励、鞭策与引导。

谨以此书献给中国建筑西北设计研究院，献给所有同事、同志、同行、同道。

特别要献给坐化天国的母亲。母亲从河南安阳来陕西西安跟随我生活十八年，原期待母亲能亲眼看见儿的文集出版，奈何天不假年……长恨孝亲无补处，空将心痛对遗物！

这里特别说明的是：我需要衷心感谢的人，不止于以上提到的人……我在默想中使劲还原历史，由于时间与记忆，暂时没有说出名字的帮助者还有很多，且夫说到名字而表谢不足不准者也多。我知道这是十分遗憾，现在又十分无奈的事。谨此

祝愿所有恭宽善良仁达义勇的人们快乐健康幸福!

书香撩思绪，岁月幻风景。中建西北院和合号专列行进中。各位宾客，请填写“心灵交流服务意见卡”并赐宝贵意见……

时在2016.11.19

兰溪集

散文卷

王振海 著

中国建筑工业出版社

读王振海同志《兰溪集》有感

上善若水
有容乃大

孫文傑

2016年11月22日

思行一律
稳健致远

为王振海同志兰溪集题

郭涛 二〇一六年十一月

序

《兰溪集》是王振海同志自1983年参加工作以来三十年创作的集锦，共三卷四册，有论文、散文，还有诗歌，洋洋洒洒，精采纷呈。振海同志是从川大哲学系本科毕业，分配到中建西北院工作，从团委书记干到院党委书记。八十年代来的这批大学生是在特殊年代造就的特殊群体。他们小小年纪就下过乡、进过厂，吃过大苦，耐过大劳，千辛万苦考上大学，苦读四年之后有了一份工作。他们百倍珍惜这个工作岗位和劳动成果。他们突出的特点是有艰忍不拔的毅力和临危不惧的精神。另一个特点或称为特色也罢，就是大都有一些业余爱好，不论文武，写作、歌舞，并不亚于专业人士。振海同志是此中之佼佼者。

我比振海同志早来西北院20年，算是老一代的人了，但居然有两点极其相似：一是从学校到西北院，一直干到退休；一是在这个大家庭的关怀和培养下都得到了长足的进步。也许正是由于这个原因，阅读《兰溪集》的文章就多了一份亲切感。像论文《合力打造西北院和合文化》、《关于院青年建筑师方案指导演习活动》，像散文《七路情思》、《袁家村游记》都是发生在我身边的事情和人物。收录的论文没有高谈阔论之篇，都是从现实出发，针对问题、解决问题之作。文笔潇洒，生动活泼，十分耐看；描写的西北院诸多人物也都亲切感人，不落俗套。振海长于写诗，以古体为多，颇具唐风。不但诗品、诗格，而且赠诗的方式也很有文人的雅量。他的同事遇到工作上的问题，或受到生活的挫折时，往往会收到振海劝慰或励志的诗词。在西北院的朋友圈把这些诗称之谓"书记的人文关怀"。

《兰溪集》的样书是在2016年秋季最后一天放在了我的案头。这天，兰天白云，窗外银杏叶灿烂金黄。按古老的中国传统，这一天该是冬季之始。我一边拜读文章诗词，一边想，这本《兰溪集》是三十年的涓涓细流汇成的美丽湖泊，集腋成裘，来之不易。但是从长远看，这也许是振海同志阶段性成果。他曾经对一些朋友说过，等放下工作担子，等时间充裕些，打算就陕西的城镇建设、建筑设计为题写一些有规模、有层次的东西。当今正是陕西城镇化快速发展时期，盼望振海同志再续新篇，高歌猛进！是为序。

张锦秋

2016.11.14.

聚英集美归兰溪

与振海相识于1983年7月，他分配来中建西北院的当年，这是20世纪80年代的事情了。我比振海早来西北院一年半，77届。振海先当老师后考上四川大学，是79届。青涩而朝气蓬勃，友善而认真严谨，成为我们交往的起点。转眼间，三十多年过去了，我与振海在新班子直接共事也有八年了。工作、学习、生活上，在相互欣赏、相互鼓励、相互促进中，我们传承着不忘当初的友谊，至今走过了三十三个春秋。

记忆中大概是2012年年底，中建总公司纪检组长刘杰领导来西北院视察工作时曾经说过："振海什么时候出诗集呀？到时候我来给你写序"。我在旁边鼓动振海说："你赶紧出诗集吧，我也给你写序。"而这次要出版的竟是三卷四册40多万字一套的《兰溪集》。中国建筑西北设计研究院新区，位于陕西省西安市文景路凤城九路白桦林居兰溪苑，振海兄把自己的集子命名为《兰溪集》，颇有深意。

仔细品读这套包括论文卷、和合卷、散文卷、诗词卷的合集，内心确实被字里行间洋溢的哲学睿思和潇洒情怀所感染，为他在企业管理哲学这一学术领域所取得的成就而高兴。（注）

人一生中有很多记忆被定格，或欢乐或悲伤，或理智或随感，难能可贵的是记录存储。振海把对工作、学习、生活的认识灌注在笔尖屏端，历久弥坚地亦行亦知亦思。诗文卷与散文

注：此集原拟为论文卷（上）、论文卷（下），正式出版时改为论文卷、和合卷。由此，原拟由三卷组成，现更为四卷体。

卷里，那些与心灵的对话，不仅有对人生道路的回顾，也有对社会万象的感怀。快乐、宁静、简单、挫折、激情、主见、不悔……彰显的是对人伦道行及社会百态的沉思，从满怀理想到得试抱负，从青春少年到纹布额头，过往留痕，依稀可触。

行万里路，格万千物。将世事人情镶嵌于岁月的年轮，人事也便借由文字而成为历史，又从历史走向未来。于是，蓦然发现，曾经淡然一笑的记忆也变得很绚烂和有意义起来，曾经深幽的苦闷也轻快起来，曾经遭遇的刺痛也变得需要感谢……《兰溪集》沉淀了他的心路历程与思路历程，过滤了过往的辛酸苦涩，而一以贯之的是对不曾抛弃的梦想和期盼的秉持。

振海于1983年7月，由国家统一分配来中建西北院工作，同年10月被院党委任命为院团委负责人主持团委改选工作，1984年3月任院团委书记。工作之余，开始了研究社会与青年成长的理论历程。1991年12月调任院办公室副主任，1992年8月主持院办工作（1996年3月任院办主任），1999年3月任院党委副书记（兼任院办公室主任至2005年）。他的思考也转入管理哲学领域，开始企业管理实战研究。2007年5月担任院党委书记以来，他结合中建西北院实际，一方面加强国企党的建设，以面向未来视野，深化干部制度改革、推行领导干部年轻化、拓宽干部成长途径，实行“校园多元化生源多元化”吸引优秀毕业生进院、增强创新基因活力。

一方面，在对西北院几十年企业管理实践进行总结提炼创新基础上，与班子与干部群众切磋琢磨，逐步创立了中建西北院和合文化知行体系；于2009年开始，启动中建西北院和合管理理论研究、与张锦秋建筑理论系统研究这两大理论创新工程；2012年启动实施中建西北院“创建全国五一劳动奖状单

位”与“创建全国文明单位”这两大实践创新工程；启动向张锦秋学习与宣传推荐新大师这两大组织创新活动。同时，振海勤于读书，敏于思考，孜孜不倦地钻研古今中外文治经典，在日积月累的工作实践与学习借鉴中，形成了自己的管理哲学研究系统，他的理论研究成果也日益受到各界的关注。

振海以哲学学者特有的大局观、长远观、系统观与辩证思维，从履行央企的经济、政治、社会、文明四大责任的层面，给中建西北院提出了许多很高的要求。在我看来，振海是个学者型领导，兼具哲学、教授、文艺修养。中建西北院不仅仅是一家建筑设计单位，更是人类城市建设发展演进的创造者、承载者、见证者。建筑需要灵魂内涵，管理需要哲学思辨，振海正是自觉担当了这样一种历史与时代使命，构筑起“和谐传承共生，合作创新共赢”的中建西北院“和合文化”理论与实践体系。而其中的核心内容是“新三纲五常”，即“善为德纲、用为才纲、义为志纲”的“新三纲”，与“常怀感恩之心，常念牵手之缘，常思成长之苦，常想同行之乐，常行仁义之道”的“新五常”。由此，把传统尚品、时代精神、职业道德、家国情怀化为一体，将企业、员工、社会、家庭四元需求融会贯通，让员工在工作中感受快乐，在进步中体味幸福。近几年来，院内外的同志们更加感受了西北院的温馨氛围，也更加感受到了全院干部群众的向上向善向前的阳光激情。西北院和合文化于2012年获得陕西省委省政府主要领导的高度肯定。2013年，西北院首次荣获五一劳动奖状；2016年年初，中共中央统战部官网刊登了中建西北院和合文化专题。2016年8月以“基于绿色与和合文化的中华建筑创新发展管理模式”荣获陕西省质量奖第一名；2016年9月，荣获“中国企业文化竞争力十强”……这都是对中建西北院院党委院班子以

先进企业文化——和合文化引领国企持续发展实践的肯定，而振海本人也因此被评为“以五大理念引领发展2015年度企业文化创新人物”。

“士不可以不弘毅，任重而道远”。如今，历经三十余载，振海以其坚韧不拔的毅力，沿着“知行合一，思行合一”的耕耘轨迹，集结了这套独具意义的文集，令人感动，引人思考。我凭近水楼台，先睹为快，与君分享。

振海同志现任中国建筑西北设计研究院党委书记、副院长，陕西省十二届党代表，陕西省十一届政协委员，陕西科技大学教授，陕西建筑科技大学教授，英国皇家特许建造师。受聘甘肃航空公路旅游集团公司任首席高级顾问。

回顾振海取得的成绩和走过的道路，我愈加相信：欲成大事者必待繁复的熔铸，锁定目标，抱持信念，勤奋进取，师长补短，必将在日有所得、胜过昨天的过程中，再创佳绩、复惠社会。

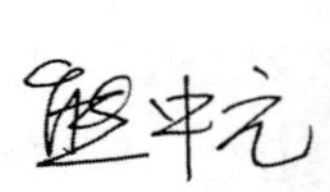

2016.11.16

目　录

（一）

（二）

（三）

（四）

（五）

（一）

论机遇

有的人一生中事业顺达，情怀畅达，引来别人不住的赞美，有的人则一生中总处于不顺达、不畅达的逆境之中，到头来只好将对快乐的向往抛给下辈。更多的人一生中平淡而又满足地过着。

机遇有大小、多少、好坏之分。

一位朋友，从小立志要上北大或清华，想这样想，也这样努力着。高中毕业，便考进了清华大学物理系，并成为班上佼佼者，出了大学校门，又立一志向，想考研究生，于是又考上了研究生，经济硕士生。一年半后，获得了美国研究生入学考试的入学资格。又后来，奔出国界。据说，其成绩高于美国本科大学生的最优秀者。这是平凡而有志向的一个青年人寻求好机遇的情况。机遇被志向追寻着。

一个同班同学五年前到了深圳，现今是一家规模有200位工作人员的饭店总经理了。一次偶遇，请他赐教“发财之道”。他淡淡一笑说：无他，只不过是我平常总想着这事，于是平时也就时时关注这方面的信息，一有题目我就做起文章来。好机遇只亲近有心人。

人们往往在出生之前，社会关系就预示了他今后的大致的存在方式，但这种存在方式却不是不能改变的。有道是“人生即选择”。选择出机遇，没有好的选择，便没有好的机遇。故曰：选择即机遇。

而选择的好坏，一靠自己的嗅觉，二靠自己的直觉，事实上，伟人们选择的职业，从一开始，一进门，并没有另一位伟人告诉他：你是我的后任。那选择就全凭了自己平时的勤奋的修养，如洞察力、预见力的修养，比较能力的修养，一点儿也来不得懒惰。好机遇与懒惰无缘。

当然，就是成功也不可能在选择之初就知道自己一定会怎样，只是他或她被强烈的事业心、成功欲推动着。他只认着方向，向前走不回头。头脑机警地察辨着上下左右。

也有被机遇碰了一跌起来后才扑上机遇热恋的，那毕竟为数不多。我知道有一个人他从来没有想当拥有四千职工的厂长，但就在他出国归来之际，人们却把他推到了厂长的位置上。人生不悔，他还真干出了让自己也吃惊的业绩来。而从前他就想着技术这一门行当。当然，干技术与干管理，如何选择，当随心所欲察，随志所趋。

当然绝大多数的人则是在有意选择中找到生活轨迹的。选择需要勇气，越是有大志气者就越需要有惊世骇俗的勇气，还有不可或缺的辨察、坚韧与宽容。

对自己的运气，也须有自己对自己的领和导。

而善良与勤奋，是成家立业、成事广业的基础。

天道酬勤、天道助善。

1989年2月

论快乐

快乐是一种十分迷人的心情，是旷达，是苍茫，是虚旷，是安详心海之中骤然涌起的浪花，是静待中所祈盼事物的突然出现，是紧张中的松弛，是缓慢中的加速。

是心理天地的春日，

那里，花光月影

是人性世界的秋天，

那里，收获充实。

快乐的心境折射着心安理得，心平气和。

快乐拥抱着天真的纯情。

柔和了纯洁，完善了德性。

只有仰无愧于天，俯无愧于地，立身无愧于人，内蕴着蔚蓝天空于心中，才能滋生出快乐。

善良是体味快乐的必需品。只有善良的人，那快乐便才是善良的，也便才是真正的快乐。于是有快乐的倍增；既倍增给了别人，也被别人所倍增。

生理的快乐自然是作为人种的值得骄傲的美感。没有了它，也就没有了繁衍与更生、创造与发展。

但一旦忘情于这一厢，便会最终毁掉快乐的整个世界。

从人伦之中体味人伦的快乐。

从朋友之中体味朋友间的淳情。

从生活中体察生活的滋味。

静中赏静之美好，动中品动之完好。

快乐也常与激情相伴。一潭死水，不会有快乐的鱼儿漫游。

快乐又总是在宽广的胸怀之中常驻。如海纳百川一般，如壁立千仞一般，脚下的土地不热也会被温热起来的。

往往你的快乐，在别人看来简直不可思议，可这并不会影响你自得其乐。反过来，情况也大抵相似。可见这快乐又与知识紧挨着。

心胸窄小是快乐的劲敌。心胸狭窄者不可能去发现生活的那么多惬意、舒心、美妙、慰藉。

嫉妒是快乐的又一劲敌。在嫉妒者看来，别人的不幸也是很不过瘾的，恨不得别人的不幸雪上加霜。而别人的幸运或成功，只会引发嫉妒者内心的凶狠和咒骂。培根称嫉妒为人世间的第一大敌，诚信斯言。

忽有感悟：只要能认真地思辨快乐之“是何、为何、如何”，那就是走向大快乐的开始。

1989年2月

论宁静

幽远、宁静之中，悄然积蓄着人之生命的底蕴，酝酿着人性的崇高、伟大或是卑鄙、低下。宁静之中充盈着力，就像发条，就像原子。

宁静中，历史与现实，现在与未来，活人与逝者，自然与人类相接相通了。有生无，无生有。

宁静脱去了人自身的一切华丽与伪装，裸露出实实在在的自我，一如浴室中的形象：人们明确地透视自我也被旁人透视，是好是坏，尽管瞧个够。

宁静，都市中的安详小院。

是美好或戚楚的回忆，是勇敢或胆怯的向往。

宁静致远。

宁静致新。

没有心灵宁静的人，永远也不会有更多创新。

宁静说："我并非死寂"。宁静是对心之所聚焦的最重要的一件事而言的。宁静中的沉思和联想是孙悟空一般的无处不达，是"时空隧道"一般的不受任何限制。此时是真正的超越。于是，在互不相干的一堆堆思绪之中，抽出了可以联结在一起的丝线。

喧嚣的世界一点点消失了人的个性和特色，诱惑人遗忘掉心之所追灵之所依，也就悄然滋生了人生中的许多的缺憾。

一个人事业上越成功，对世界的喧腾的催发也就越快越烈。当其时也，成功者自己在隔窗望着喧腾的涌动时，心灵上大概会是感到最充实的时候，最快乐的时候。一边是喧腾蒸发出的快乐，一边是宁静结晶了的快乐，同时快乐却并非同样快乐。

却又不会减去任一方。就像运动永恒、静止也不可缺少一样。

宁静之中，过什么桥，走什么路，开什么花，结什么果。或在宁静中归于消亡，或在宁静之中达到永恒；或在宁静中准备着灵魂的洒脱，或在此境之中纠扭着鸡肠小肚。

唯有善良旷达之士能在寂寥清静的氛围之中，使心灵临流自照，悟知人间天上，世事沧桑。

悟知人性之美之善之真。

1989年2月

论闲言

心理学上讲，人的心理上总有一种宣泄机制在作用着，于是才有了所谓的“心理平衡”一说，可是这“平衡”并非都是值得夸耀或同情的，发牢骚与条分缕析同为宣泄，而其效果则大相径庭。可又说回来，谁也难于做到让大家都喜欢。而闲言碎语毕竟是社会的一种普遍现象。

闲言者，即闲话也，闲来无事之语也。若夫果如此者，人世间又哪来那“古今多少事”呢？正像以“言”代“语”一样，有时某些个见不得人的话常常以闲话的形式（其学名又叫“闲言”者也）出现。这样子，便有些恼人了。至若临境不惊，才算条汉子呢。

比如议论别人，恐怕不议论别人的人非常的少。人们又常在什么情况下遭人议论呢？大概一是在失望之中，这时更多人的议论会浸润着同情，亦或有的人沾带着明显的幸灾乐祸。二是在得意时，或在材器上或在前途上或在家庭上等任一方面好于别人时，别人也会议论一番的。这时的议论便是十分的有趣了：“吃醋”的会在议论中夹入愤懑；低能者会在议论中渗入嫉妒；貌似热心而实际上心胸狭小之流，如三国时期袁绍辈者，会在议论中徐徐道出只有被议论者才会真切地感受到、却在别人误以为是玩笑的精心刻划出的讽刺来。这大概是因为你一旦比别人高出头来因而在形成的反差中显出了别人的不及从而使其自尊心受到挫折的缘故。纵有千差万别，这些又都不离“闲言”左右。

就条件而言之，在工作中，在家庭中，在夫妻中，在朋友中，在熟人中，在陌路中，在各种各样的关系中，都绝不会无人议论的。而被人议论者，因对于议论这一现象与自己之间相互作用的看法不同，议论对自己实际能发生的影响也就全然不一样，或引为动力，或引为阻力，或似烟飘散。

1989年2月

论简单化

白描式的画作，清唱式的表演，更见功夫。生命的体验就是，简单的心态来对付看来十分复杂的人际关系。

简单化态度即热心、信心、诚心，所谓的“三心”。

人常有“世态炎凉”之说。即使是有成就的人也有此感叹，天皇老子不能例外。“自古帝王多寂寞”。好，你就去用热心去把气氛升温吧，人的努力，抵不住自然之春，却能创造出人伦之春、心理之春、并使之常在。

人们往往在失败之后就当起了哲学家：“看来这样做是不对”。于是找出了最好的办法：不干。此乃一叶障目不见泰山啊。听说农药666就是纪念那665次试验的失败的。1059也是此理。电影《红高粱》有歌词唱道：“妹妹你大胆的往前走呀，往前走，莫回头”。做人做事，不失为良训。

当然，热心可以装出来，比如爱嫉妒别人、外宽内苛的人常常装出热心来。信心也不同于固执，“总结经验，以利再战”，还不能忘记，做一切都要顺其自然，出自天性，所谓“精诚所至，金石为开”也。这就是那诚心了。

面对繁复的世象，不妨来点“合并同类项”，“提取公因子”，画些个“抛物线”。再来点“精兵简政”，精简一下自己的“对象”。如此的简单化态度，化繁就简，提纲挈领少生杂病。

有三心，除病根。返璞归真，常保天性。

1989年2月

论挫折

人一生下来，因为有父母作支撑，不会有多少挫折可言。及至长大成人，便有了数不清的挫折。考试不满意，升学名落孙山，就业不理想，选择的失落，世事的烦闷，又与挫折纠缠在一起，确实使人不快。挫折真像是溪流遇上的顽石，冲不去，击不烂。

尽管人们喜欢谈论人生之挫折的不可避免，却在自己受挫时仍然怨天尤人，心灰意冷。

挫折不只是一种客观的实在，更是一种心理感受。

冲不掉击不烂，但可超越。

挫折中需要比较。比比别人如何地过此三界的，书上的，现实的，过去的，眼前的，死去的，活着的，都可以比较。挫折并非专找某些人的不快，犹如天有不测风云。然而生活依旧，挫折总也要过去。“痛苦的时刻总会过去，快乐的日子就要到来。”

别忘记分析。也许那挫折就暗隐在事情的开端，只是自己太乐观而对之视而不见。有时候，并不是别人造成了自己的挫折，而是自家酿的苦酒。而经验的不足则是常遭遇挫折的普遍原因。

冷热交织的天空，才会有滑润的细雨滴落。

而对挫折，不能忘记冷静与热情，不能忘记忍耐。

情怀在忍中锤炼成熟

经验在忍中锻造良策

交往在忍中拓展疆域

认识在忍中深入未知

事业在忍中求得成功

风度在忍中达到洒脱

当然，无原则的忍比之某些忍来更扼杀人性。

身临挫折，有的人透过它看到了成功的希望，并在这一生活的陷阱旁插上标记，提醒自己也提醒着别人。有的人是越挫越勇，有的人是挫折的奴隶。

一切的选择全靠我们自己。

我常面对一群群的童稚良久思索。

为什么智力健全的人在儿童时期到少年时期成长极快，待到成年了，同样是智力健全，有的人则加速度一般地进化着，而有的人则减速般或是档外速度前进着，为什么？只是因为境遇吗？

成年人最大的敌人是害怕挫折。

成功者最大的秘密是藐视挫折。

1989年2月

论超越

当你从紧抱着自己的妈妈手中挣脱出来，当你从喧嚣的城市中突然来到宁静的田园，当你拾阶而上终于登上伟岸的山崖而凭高纵览，当你在苦苦求索之中突然抓住了成功的衣襟，朋友，这次你便体味到了超越的快慰。

人类建立起自己的价值体系，苦心设计着理想化的自我形象，应该如何如何的戒律在心理天宇盘旋着，构筑出一个隐约的幻化的苍穹。

人的行为，有时简单得直像童稚玩迷藏一般，明明自己身体是有限而孤独的，甚至连整个人类也是在茫茫宇宙中的地球孤岛上时时翘望着普渡新岸，却经常视而不见。一旦在神奇的瞬间悟知了这一点，却又感到迷茫恐惧和惊悸。也许，这就是宗教产生和经久不衰的社会原因吧

人活着，不知道完全为了什么，那实在是生物世界的最大悲剧。不知道主体本位的重要，却靠别人的是是非非来判断自己，乃至于本我成了流浪儿，只有在星空月色追盼着不眠的圣者时才有所觉悟。于是便有了远古泛神论、成仙的道、入定长眠等的逃避或者选择性忘却。

实在是没有必要，超越吧！

走出纷乱走出喧嚣，走出争斗走出缠绵，走出纠结走出混沌，走到那大自然的世界中，掬一抔清新，揽一怀纯净，聚拢满世界的明亮，沐浴自己。拓宽眼界，拓宽足界，拓宽胸界，让头脑的思维与自然的稀声大音结合吧。

去听那密林中、静谧夜悠然传出的一声鸟鸣，去听那轰然下跌的山瀑的汹涌、湍急。

去听那朋友偶遇时的最初惊喜。

去看那佳节里父母对自己的深情的注视。

去看那时间的永不回头的行进。

用计算机可以算出，若人活到八十岁，也不过二万九千二百天，二万九千二百个昼夜，人能挣的万元百万元千万元，却不能多挣它哪怕是一天的时光，若活百岁，也仅有三万六千五百天。

不超越，就是浪费时光。

走出现在的苦闷，体悟生命的珍贵。

1989年2月

论激情

没有激情的人生，必然是没有快乐的人生。而没有快乐的人生，那将是多么的不幸！

有位已有不小名气的青年女诗人说道：近来没有了激情，灵感跌入了谷底，因此一月多了没有诗作。我于是悟知了激情在人生中的重要价值。没有激情的人生，是大道上滞重的行进，是朋友间的无语相向，是夫妻间的平铺直叙，是倒了胃口的乏味。

没有了激情，登高而不见其奇伟，临渊不识其幽深，对花不闻其芬芳。没有了激情，则悲而不知其痛，喜而不知其悦，入幽境而其思绪不扬，观急流不悟时光之竟逝。

只有选择激情！

激动之下，美妙的想法会层出不穷，甚至会使自己也感到惊讶。比如争论，比如演讲，比如恋人间的轻歌慢语，更有对某项事情的执着而热烈的追求。

激情之下，那思维的火花会照亮未知的洞天、拓宽认识的领地，所谓真知灼见，所谓科学预见。

挟一腔激情而生活者，会享受到生活的快乐。您看那和孩子一道捉迷藏的年轻的父母，您看那面对学生的新成就而衷心喜愉的老师……

更有细雨中赤着双脚的撒欢，和雪后的激烈的雪仗。激情是快乐之根。

是伟大的多产的母亲，分娩出一个个创造的欢欣。

迸发出一个个科技发明，锻造了一部部不朽的传世佳作，沉淀出政治家的一个个崭新的社会构思。激发出多少惊人的灵感，漂起了多少汗水波润的标志着“第一”的升旗仪式。

激情是热情的喷发。它使生命的火山常裹着勃勃的生机。

激情是思维的亢奋。它使大脑的触须永恒地延伸。

激情是创造的原子。它与人的行动起着奇妙的化合反应。

那位圣哲说得对：“有创造性的人，往往生活在意识亢奋的剃刀边缘。”

有创造性、不甘平庸或立志有所成就的人，常在激情的海洋中翻腾，就像勇敢的滑板健儿。

激扬人生。

1989年2月

论热情

一位名人讲过："热情是最好的老师。"

好在哪儿呢?

热情滋生快乐，像神奇的催化剂一样，热情给人以勇气。当面临危难时，热情便会鼓动你："我能行"！信心信念不倒，人便也挺直了。

热情使陌生人成为朋友，使畏惧变成某种探险，使偶然变成良机，使腐朽化为神奇。

热情永远和青春心理做伴。

人们生而好奇，且没遮没拦。热情是好奇的决定因素。没了这热情，恐怕婴儿对母亲的乳房也会失去兴趣的。

人之初，热情喷涌。

渐至人之长成，人性复杂，世态炎凉，掠去了不少人的热情。热情没有了，人心便也死了。

哀，莫大于心死。

热情永驻的人，其心理是丰满多彩的，绝不会是空荡荡的。九十岁的大提琴演奏家巴布罗·凯斯尔斯，从一开始就弹奏巴赫的曲子。现在，当他弹起这曲子时，他那已被岁月所弯曲的双肩就会挺直起来。他以对音乐的热情，而使自己的人生成为永无止境的探险。劳其筋骨，以增益其所不能。

齐白石五十多岁才开始作画，照样能成大家。上海一位六十五岁的老奶奶，从六十五岁开始作画，多半年后，画作远播日本。凯塞斯的伊丽莎白·莱顿六十八岁才开始学画。一位评论家对她的画作评论道："我要称莱顿为天才。"

而一些黄毛小伙却常常看破红尘，果真能看破？看看这些尊敬的老人，也许真能“看破”些什么吧？

还是诗人塞缪尔·尤尔曼说得好：“岁月流失能给人的皮肤增添皱纹，放弃热情将给灵魂带来皱纹。”

何时又重新燃起热情的光芒，热情便会立时给人献上一片光明的领地。

后悔，是热情的克星，它只会使自己变得冷漠起来。

热情，从不纠缠于往昔的细碎之事。

谁愿用热情去贴冷面孔呢？

热情就是成功，就是朋友，就是经验。

热情就是希望，就是幸福，就是欢悦。

鼓荡起热情的雄风吧——人生的帆船需要远征！

1989年2月

论体验

无论人生之幸或者不幸，都有其很深的蕴致。诚实生活的人，生活赋予他的也就越多。平光镜和望远镜对于人的视野来说，是显而易见的不同。

艺术家的生活之所以丰富多彩，关键在于对生活有精准的体验。而平常人在工作或生活中似乎难以寻到多少快乐，原因之一就是，激动人心的瞬间发现，在艺术家那里被转化为永恒，而平常人则像随手用过的餐巾纸一样的弃之不用。

平凡人自无叱咤风云的情感体验，但生活的五彩缤纷却是任何人可都用得着的。组织了一次大的活动，而认识到了自己的组织能力；一次突发奇想的成功，告知人潜力的可靠和可挖。同样一件事，体验或不体验是绝不一样的。

没有体验，再美的时光，再美的风景，再迷人的事情，也不会有属于自我的独特的生活感悟。

体验，化腐朽为神奇。

中国古代的老子在对生活的体验中，获得了闪光的理性认识，知人者智，自知者明。胜人者有力，自胜者强。一生二,二生三,三生万物。

孔子面对滚滚东流，悟出了时间之可贵："逝者如斯夫，不舍昼夜。"而差不多与他同时代的古希腊哲学大家赫拉克利特也认识到了："人不可能两次跳入同一条河中。"尽管前者从感悟而来，后者从思辨而来，却都得到了生活的真谛。

人们何时终结了对很多生活的体验，也便在同时也停止了他的成熟进程。人的心理年龄由其性格规定了其长短，人的生活年龄随日月而增大，而人的社会年龄则取决于人对生活的体验，体验的强弱与深浅、真伪与效能。父辈不一定都比子辈对生活的体验深刻。有的人到老了，对生活的认识还脱不掉童稚之见；有的人少年老成，对生活的感受有着惊人的深刻之处。

只有体验能使人不枉自走此一遭。

在皎皎月静静山之中体验那一声蝉鸣吧！

在莽莽山茫茫海之中体验那生命的奋争吧！

在不知何年何月才得归的人生旅途中体味母亲对游子的伟大的爱和游子对母亲的思念吧！

在强音突起前体味那为时极短却意味极长的休止吧！

在激流中体认勇气，在交往中认证洒脱，在心灵中享受善的爱抚，在人世间体验生命的瑰丽。

再忙也别忘对生活投去体验的一瞥。

1989年2月

论嫉妒

前些年有一阵子有人大谈所谓的东方式嫉妒与西方式嫉妒，愚却大不以为然。因为从心理上讲，嫉妒就是当别人有可能或已经超过自己，或超过自己偶像时（或变现为意念偶像代表，现为实体偶像），主体心理上那种极不舒服的状态，由此化作的行为，绝非是以东方西方两个阵营所能说尽的。

不知道有哪种心理状态能像嫉妒那样使得人与动物之间有如此高度的相似，也不晓得有哪种心理状态能像嫉妒那样起始于出世时童孩的啼哭、终结于离世时伤心的泪滴。

人类不会消除掉嫉妒。生活没有了嫉妒，便没有了竞争、斗争。爱情没有了嫉妒，便没有了鲜活之性。但嫉妒之害，实在是大且深矣。

嫉妒，一匹野马，驯服了，便可负重，驯不服，便会闯祸。

先看嫉妒人的人。此等人常被妒火烧掉自己本该拥有的快乐。且看吧，居家不知伦理情深，佳肴品不出其醇香肥美，美酒不知其甘冽；处田野不识逍遥，入清流不感其欢畅，观洞天不悟人间之光明，临深渊不识自然之难逆，只知道在心里切齿地恨着别人为什么高过自己，憎恨为什么别人要有意地（请注意“这有意地”往往是此等同胞的嫉妒式推论的结果，事实上被妒者往往不知道别人心理对自己的愤恨）以他们的进步来反衬出自己的不足，心里恨不得讨得孙大圣一根毫发变作金箍棒去毁了人家的事业、孩子或是家庭，在别人的悲啼之中来求得心中的窃喜。由于经常地妒火中烧，心胸之中处处烟熏火燎，自然没清明虚旷气畅神宁之时了。小说、戏曲多有反映，现实生活中多有此悲剧。

爱嫉妒人的人，一日不改嫉妒之恶习，便一日无快乐可言。

爱嫉妒者，必然无大气象可观视。因为志存高远者，非有伟大的胸怀不可。如果一有所成，而染此病，则何时生此痼疾，即何时开始自毁。

人的心理，每时每刻都有一种情绪占主导地位，成为主导心情，这就是外化出的、可被人所感知的喜怒哀乐忧惊恐等情绪。嫉妒人者，常由不健康的愤懑之情占主导地位。自然，这种情绪遮盖了本属于自己的一切好的想法、善的愿望。

嫉妒，等于自损。

与上一类相区别，另有从嫉妒之中升华出动力的人。这当然是最好的结局。这只属于有自知之明者。

没有嫉妒的人是不存在的，只是有强弱之分，有任性与自控之别。

恰恰就因为这强弱之分制任之别，才决定人品的高尚与卑鄙、磊落与龌龊。

再说受人嫉妒者。

这些人，若心胸宽阔些，则会对这些不以为然，我行我素，不因此而增添烦恼，若心胸小者，则会对此而惴惴不安。

其实，嫉妒这东西，和人的心理活动一样的古老，一样的复杂，一样的普遍。木秀于林，风必吹之；行高于众，人必毁之。古往今来，莫不如是。没有什么可怕的。

然则在什么情况下易遭人嫉妒呢？

在自己有可能或已经比别人强的时候，例如在学业、工作、成就、事业、家庭、儿女、朋友、父母等；

在自己高于别人时，例如你比同年龄的人更加引人注目；

在被提升后的一段时间内；

在取得一项荣誉时；

在购进比别人多的东西时，等等。

一般来说，嫉妒的发生与存在大致有这些个特定境况：

一是同层性。如在同辈人中，在同期毕业者中，同一专业的人中，或同处一样级层的人中，这其中易生嫉妒。

二是熟人圈。即在你周围的人中，在工作上，比别人突出，比别人强，比别人能行时。

三是同行。即同一工作领域内的人中。当你在与年老者相比，在同一年龄段取得了比之年轻时取得的更大成就时，易遭老辈人嫉妒。

上述情况，仅就一般人而言。至于那个别的靠嫉妒别人过日子者，是不包括的（这等情形，必然病入膏肓）。

如果你在事业上遭人嫉妒了，那我要热烈地祝贺您——您一定取得了或将要取得突出成就了！同时友善地小声说一句悄悄话：做事高效，为人低调喔！

假如您一生中就没有被人嫉妒过，那我真为您而感到难过。因为，嫉妒常追求成功者，而对平庸者来说，它还不屑一顾呢！尽管嫉妒本身实在算不上漂亮，实在是丑恶难掩。

1989年2月

论远虑

有道是："人无远虑，必有近忧。"

没有远虑的人，只知道今天太阳出来了，明天照样如此；至于今天出现的事儿，明天可能出现哪些，就不管它了。此实是大大错误的事儿。

有远虑，除近忧。常常从今天事情发展的逻辑或步骤中去探讨推测其今后的发展情形，才能据以想出应付的对策。当事情随便出现哪种意料之中的情况时，这不就可以稳坐钓鱼台了吗？看着事情照着自己估计的方向走去，自然让人定力十足。这种情形足以增强自信心。这就是认识规律、把握规律的神奇所在。因为它使人看到了认知的价值，看到了人类自身的力量正转化为自然的一部分，正和自然结合在一起并成为一个天人合一的整体。

并非意料之外的事情，才能使人临乱不惊、从容不迫，高屋建瓴，因势利导。纵然人生旅途千回百折，因了这科学的预见，便可一路地拼搏下去。那平凡的希望之花便在一瞬间大放光芒了。自身呢也就融入胜利的甜蜜之中，生活的蓝天里便顿时歌声响起。

没有远虑，则矛盾一旦出现，定会使人惊慌失措，乱了方寸，先自精神溃乱，终至不可收拾，只有眼巴巴接受别人"拉兄弟一把"的施舍了。常在精神上受人施舍的人，必定是个失去精神自由的人。正所谓"可怜之人必有可恨之处"。

没有远虑，就像没有航标灯的黑夜的行船。船走不走不论，水可是要走的。水冲船到了暗礁，只有自认倒霉。

远虑，就是预见、预测、先见。"凡事预则立，不预则废。"

只有远虑，才能使自已掌握住生活、学习、工作的主动权。当然，没有行动的远虑，只能是胡思乱想。远虑，有必要摒除一切空想，一切以脚下算起；又须充分发挥想象，以不漏掉一切好的可能性。

博采众长，是完善思维的好办法。判断、选择和比较，则是拿主意时的基本的、实在的办法。科学的远虑，少不了应用选择和比较的办法。没有选择的生活，是缺乏生机和活力的生活。没有比较的选择，有很大可能会陷入不利之中。

人人都在运动和思维，最有害的思想是抓住一点现象而任由发挥。这也是最坏的，最大悲剧在于，思维总在距真理有一纸之隔时便停留下来。

远虑，则须突破这层障眼的薄纸。

1989年3月

论主见

没有主见的人，会常有痛苦在心头。

有了主见，因为主意明确，行动知道方向，便少了许多迷惘。

有主见，首先表现在对事情的充分认识的基础之上，没有对事物充分认识的“主见”，其实是愚蠢。宋襄公与别人打仗时，别人建议：现在敌人进入河之中时打，可胜，他却说“不义”；又劝他说，现敌人已渡过河，可趁其立足未稳之时打，可胜，他又说：“不仁”。非要等到别人充分准备好了之后才宣战，结果自己大败。这说明，持强者必须是自己真正的强，且这种认识应首先建立于对实体的充分认识之上，其次还得了解特定环境中的客观真理，“兵不厌诈”，这应是当统帅始终坚持的一个主见，无论怎样。

有主见就一定要分清主宾。其实打仗这玩意，不论你采取什么手段，要看你结局是否胜利。胜了，一切都好；当然还要巩固。宋襄公在这时的表现，不是真实就是太虚伪，要不就是盲目尊大，无论如何，打仗，就主要看胜败，这就是主要的。当然，做人是不可用军事的一套，但可以从中汲取许多有益的养分。

有这种情况，别人告诉你的，可能是不好的，但这个人又未意识到，甚至于这个人就是像你那样的行动着或经历过的，你去照办吧，他错你也跟着错。这就是盲目地依靠别人的结果。

无原则的“依从”，就是无主见的表现之一。

无主见，只要能有分析是非的辨别力，照样可以有主意，这一是需要真正的谦虚，二是需要自己的豁达，三是需要不怕丢人的勇气。当“十年春齐师伐我”时，鲁庄公“将战”，曹刿请见。临战，曹刿两次说明自己意见，鲁庄公言听计从，取胜了。事后，鲁庄公因怀疑而请教。曹刿对答“一鼓作气，再而衰，三而竭”。

这个道理，也可能看作是所有欲取成功的良训：规律性的认识。

主见的克星则是：固执，狭隘，懦弱。

固执：就是别人的意见、听不进去。

狭隘：就是别人的意见、接受不了。

懦弱：就是别人的意见、不敢接受。

一如宋襄公的打仗法。

主见的建立之途则应是：

1. 多听取不同意见，在不同意见的比较之中找出或综合出最佳意见加以“引进”。

2. 多总结自己与别人或周围人的，书上的，一切可能接触的人的成败得失，多看名人传记（成功的失败的都要看）。

3. 善于在自己意见，甚至是敌意之中寻找正确观点的萌芽。

1989年3月

论不悔

世上大致有三种对付时间运行的人生态度：不悔，后悔，随便。

因而有了三种与之对应的向前看的人生态度：向前，徘徊，自然。

对人生的过去采取后悔的，大概是人数最多的。常听到人说："后悔死了，主要当初怎么怎么样的"，有人说："回忆"的常态，就表现在精神的意念情景之中。这话不假。

引起人们后悔的性格原因，可能是性情的温顺或懦弱，以性善到老是想别人如何如何的人为最，电视剧《赤脚绅士》的阿海是最典型的，这样的人，品格具有让人十分感动善良为人的力量。但是如果不加上人生中有一种主要的追求，只是被这种不悔的情绪笼罩，则会一事无成的。因为，这样就会被过去这一永不回转的现象窒息，无法对人们眼下生态进行冷静分析，自然也就不可能对现在有个科学的抉择。反之，一切以过去为参照，又由于怕重新有"后悔"的事发生，故一切循着过去的缺憾而补偿性的去作为，那创新的思维之光，便被扼杀了，不能生还，由于"后悔"便生出了徘徊这一情感来。

后悔，一是懊悔，表现为带着伤感一般的情绪与过去对话。有时会感到一种揪心的难受，甚至痛不欲生，自杀者大抵有过这种懊悔，这种懊悔的对象——过去，是由于自己不经意而造成的事物的不如意或别人的痛苦，当时又不觉得，于是恨自己不争气，或不聪明，或反应迟钝，或是只肯定自己言与行、没有考虑别人的承受力，或是言者无心听者有意，等等。第二种是后悔，对引起自己后悔的事，当初是心理上明白引起的后果的，或是明知后果不会怎样而事情却出乎预料；或是明知后果就是那样，当时心理上坦然得很，时过境迁之后心里静静地思索发现了不妥，或是事后良心发现（只有极个别的情况如此），这些情况都可引起后悔。第三是忏悔，卢梭的《忏悔录》享誉全球，因为其胸怀的坦荡和无畏无私。这可是忏悔方面最具声誉的杰作了。但是，他作为哲学家这一面，毫不掩盖这一事实——只有老年人才会沉湎于对过去的回忆。在回忆中生活，除了具有“记史性”这一面外，不会对于创造性思维有所助益——对于自己。

要学的是要从后悔（无论哪一种）中举拔出来，否则，就会影响向后看的行为与价值取向这一状态。

也只有从这引起人徘徊的心境中走出，才能发现令人快乐的事毕竟很多，也只有心怀光明，才能去享受生命律动的优美。

对“过去时”采取“随便态度”，一切顺其自然，所以当有时向后看时，也抱着一种认可的态度，认为这是“必然”的，是诸多条件造成的事实。认识到：后悔并不能改变事实，于是想开了。于是对于前面的事儿，也采取了自然的态度；不争不抢，不推不搡，该怎么的必然怎么，不会怎么的也不会怎么。可以说，这种情感的极境是“心死”，狂涛轰然于前而不惊，惊雷震鸣于耳而不怍，快乐涌至就高兴一阵，悲伤忽来便大哭一场，一切的一切过后，复归于自然，形若处子，心海平畴，只得做别人也在做的事。遇事不想创什么佳绩，只求一切自然，因此也就没有什么揪心的难受或是难忍的伤感。自有心中清潭一汪，凭狂风抚面，浅流潺潺，雏燕翻飞，任枯荣代谢，轮回永恒，一切的一切，是“自然”。其代表人物应当是和尚与道士们。现实生活中的人也有不少如此。

消极方面看，如此这般的认识，导致“认命”接受“神论”，渺小了自我，消融了创造的生机。

最是那应该提倡的是：人生不悔。

不悔才能向前看。才能处处激发自我的创造生机，才能去竞争去选择去比较去自我实现，才能去总结去提高去汲取去改变，才能获取人生之最大的宝贝——心灵的自由。

1989年3月

论孤独

最爱热闹的人，也只有在孤独之中方能冷静地剖析自我，透视他人。

孤独之中，人们深刻地体味着世界的沉浮与个体的消长，感知升华或认知沉沦，都会揪着苍穹的胡子大喊一声。

由此又打破孤独。

有的人，在孤独之中收获了喜悦，并慷慨地赠予别人，使之有丝分裂一般地变为几次方的喜悦。

有的人，被孤独纠缠着灌一肚子一脑子的浊气浊水，从而给世界生物进化中的最美花朵染上暗淡。

孤独中，有的人用时间火炬燃烧着自己的膏体，兴奋了人们的斗志，辉煌了存在的价值。

孤独中，有的人把自己搓揉成骰子放到别人的手里。结果在别人投出他时，在转台上的他便昏头转向，不辨东西。刚停下来，便满身是黑的泪红的伤。

于是，孤独便给人带来不同的色调：明亮，混浊，黑暗。

于是，孤独便走向两极：把有些人送上一阶从而递送他踏入舒展的人生之途；把有些人拉下一阶，从而使他跌入坎坷岁月。

并在此基础上又开创出许多可能性，可变性，可然性……

于是，孤独便定出两种造型：上帝，魔鬼。

弃之而不可弃。

食之有时无味？甘苦自知。

1989年5月

论成熟

有的人热烈地向往着成熟。这大抵是对那成熟的梦的热恋。

有的人痛恨于自己的成熟或别人的成熟。这大抵是些涉世颇深者忏悔或无奈的叹息。

有一点是明确的。上述这两种对成熟的理解显然是不统一的。

什么时候心理上渴望成熟了，说明成熟的历程业已开始。

成熟的特点之一是：知道自己的不足并想改变它，而且知道如何改变。

不看书，不辨优劣，不明长短，不随时去学习别人处事为人的好的经验，这是每个不成熟人的共同特点。

离开这一点越远的人，也就越成熟。

成熟的表征之一是：善解人意。作为社会关系总和的人，离不了人际交往，期待有好的长期的交往、则离不开理解别人，同时理解自己。

成熟的魅力在于临乱不惊，处变不乱，澹澹兮如明月临空，清辉普济。醇醇乎若幽香盈室，妙韵轻漾。

善的成熟，能在世事纷乱中理出头绪。人即使走过去了，留下的背影也会感人的。

恶的成熟，只把纷乱的世事扰得更乱，当面可能听尽了恭维，一转身就会从心理痛恨。

成熟的人生，总令人怀念，或令人赞誉，或遭人咒骂。

成熟，一般地说和年龄相联系。譬如童稚无论如何也不可能强过大人的。但到了一定阶段，成熟的进程就会独立于年龄之外而有自己的运行轨迹了。于是，人的年龄一分为三：生理年龄，心理年龄，社会年龄。

成熟，一半属于心理年龄，一半属于社会年龄。

成熟，离不了正确的选择，科学的预见。成熟，离不了韧性，耐心和顽强。

1990年8月

论婚姻

世上哪种东西给人的印象是千差万别的甚至互相对立呢？世上哪种东西使人们得到后又觉不足而未得到又觉得非常想得到呢？

婚姻。

婚姻是奇妙的。

一个人，要说已“成人了”，传统的想法是他要娶妻生子，或是要嫁夫生子了。婚姻意味着成熟。不仅仅是生理上的成熟。

一加一，大于二。这就是婚姻在数学上的吸引人处，也是其伟大和美丽处。所以，婚姻，就其功能而论，显而易见地，物质性的东西就是由它而使得人类得以延续，它推进了人类所有的生产，最伟大的也是最原始的，最高尚也是最极端的生产。这种生产，是一切生产之源。一生二,二生三,三生万物。

婚姻，就像一座桥梁，一般人或绝大部分人都要走过，只是来的路是千万条，途经这同一座桥梁之后，又各奔东西，南来北往了。最浪漫的是恋爱，尤其是初恋，总有一份朦胧，一份期望，一份奉献，一份心甘情愿在里头，像山中薄雾般的飘忽不定，又那样的逍遥。或有那份苦闷，那份翻来覆去，那份思念。一切都来得那样难以抵挡，那样的清新自然。

最实在的是婚姻，一切的痴迷与幻想都没了，只留那种实在，使得再飘逸的人也得“唯物”起来。

平淡的日子一天天过去，常苦于恋爱时那份理想的淡远。何曾想象整天地围着锅碗瓢盆和孩子的尿布呢？

却于后悔一通后，才能发现婚姻自有其美感之处。

整天关爱着爱人与孩子，少了那份思念，一旦小别，思念又来了。越远则思念越深。拥爱在怀，却只有对视无语。

就这样地一天天日子，再回首处，方觉那酸甜苦辣都清淳起来。绝大部分的人都要婚姻的。只有一少部分在婚姻的长河中激起了事业成功的火花。

1991年4月

（二）

表现辨

何谓“表现”?

大抵在生活中都会少听不了一句话：这叫什么表现?！我以为这是在名词意义上使用“表现”一词的。其他如“政治表现”、“工作表现”、“思想表现”、“生活表现”，也大都有这名词的意味在里头，这时使用它往往指向别的客体。

考“表现”之历史兴衰，大凡在社会趋向兴旺时，上述“表现”之现象连同表现者一道便会逐渐走俏。于是这“表现”便会更多地体现其动词的一面。

遥想诸葛亮当年，羽扇纶巾，雄姿英发。那鹅毛扇轻轻摇动之际，便使得皇叔刘备两次扑空。所谓心诚则灵，第三次拜请时，这刘壮年终于看到了年轻人诸葛先生。《隆中对》，器宇轩昂，语调铿锵，文字激扬，直把个皇叔乐得忘记了二位贤弟的存在，只顾在心里连称诸葛亮“表现不错实乃表现不错也乎哉”！遂拜为军师，参刘军之军政大略。转过来再看先生，细究对策，大计天下，三分鼎立，一朝奠基。虽然时至公元二十世纪了，仍是“先生大名垂宇宙”，时下仍在对这三国故事进行着各自意义上的演义吧，反正如今好多单位招收员工，也特意把应招人的如何出场如何念白作为必考之题，运气如何全凭这出场人的那个“表现”了。

现在有一种表现，也是在首脑们（小单位有小首脑，大单位则大首脑）面前晃着那或是国产或是标榜系月宫嫦娥经理所产之扇，抖着那或是油腔或是真腔或是假腔的听来十分可爱可怜可疼可叹的腔调，为不同的耳道播送着相应的话儿，频率保证不高也不低。你有政策千千万，嘿嘿，他有对策万万千，怎么样？不服气你了也让谁谁听您一条呀！您说什么智者？什么智者不为此谋？算了吧老兄，骂我狗头军师随您便，您就“贫贱不能移”去吧，我可是好吃好穿！什么？我会表现？不不不，是有人愿意看这表现！

喏，此君之表现以及为解释表现的表现，够直率了吧！对表现之动词性实践得够可以了吧？然则有这等“对策”军师做辅佐，真能成龙成虎吗？

我为之愀然。

1987年春

常看且常想

常看到一种情况。常思索一个问题。

有手捧新买的最新出版的论文集者说："哎！要是我当初"……

有刚听到某科技成果问世的新闻者道："要是我当初"……

真的要是当初……也决然生不出这话来。

小孙是我的"谈友"之一。一九八四年从清华大学物理系毕业后分到了某单位，早他一年参加工作的我便常听到他的高谈阔论。谈起来是信马由缰，没遮没拦，没边没沿。有关短缺经济学的大概内容就是我的耳膜接收他声带抑扬顿挫的振动的结果。几千年前的老子，几万里外的马斯洛，都要由他抖出来检验了又检验。那天他一进门便言道：昨天突发奇想——心理学上不是讲过人之行为的激发机制吗，你说是吧？将中国古语"急中生智"与当今我国生产状况一比较，便觉有趣亦觉沉重。一般说，人一疲下来就不会生出什么智出来的！只有使职工在大负荷的工作中急起来，就是说认识到不经努力就不行，产生了紧迫感，才会激发出这超常的智慧来。说：你不见人都是越干越有劲儿。现在的问题是，马达空转、活不够干。说：活要排满，这是发挥人积极性的客观基础。云云。

说完就算。

等到去年石家庄市第一塑料厂厂长张兴让发明了满负荷工作法的消息公布之后，他这天又练起那以前的奇想。末了就说张兴让和泰勒，又来了长叹一声，"要是我当初……"

仰天长啸，壮怀激烈。

他临到复旦读研究生之前，甩给我一个思索。

从那以后，我便留心于人们何以有这“要是当初”的感慨。

一日，从大半个中国调研回来的小杨兴冲冲地对我说起了蜀水秀色、岭南风情和苏杭景观。说是带劲啊，那才叫绝了，一路引发了许多奇想对奇想！关于污水处理的假设，关于抗震与动力等新的构想，关于优化跨世纪青年人的思维结构，等等。

他挥洒着思维。

我酝酿着期待。

分享同志的创造的快乐，不也是很舒展很畅快吗？我建议他定格出他的想象。他说可以一试啊，我说哥们，人活一世不能枉自走这一趟！

二天小杨并未写出。

问之，答曰：“大概专家们都搞出来了吧，即使咱是首创，难保人家就不说你信口雌黄。算了算了”！又摆手又摇头，且言且退。

发现了！原来这要是我当初……的感慨，是由这“大概”、“即使”等的假设垫起来的！

要悟出点眉目来了。嚼一嚼或许有点滋味？

啥滋味呢？又觉不是滋味……又有多少人在这种假设的闷笼里窒息了自己的灵感呢？只觉不是滋味。

常看到这种情况。常思索这个问题。

1988年春

不要再等

走出了大学校门后又在社会“留学”四年了，每向无知的圆圈突围一次，便觉得那无知之圆又大了些半径。

忽然有一日，参悟到了一点生命的价值。

曾有一家省级刊物的编辑约我拿个稿子，说是要有些所谓分量的。于是我开始了寻找视角的思索：从哪下笔呢？

紧迫感逼出了一个又一个题目。一个又一个题目便都写上了《日思录》第六本上。虽称不上文思如涌，也算是灵感迭出了（灵感不唯名人们有）。

就这样过了四个月，从去岁的纷纷飞雪到今年的杨柳飞絮。

三春蜜月。新婚燕尔。又想起了自己的允诺。于是在某晚的下一时五十分许，一种朦胧的图景引我披衣下床，展纸操笔，涂将起来。爱妻被吵醒，不怨，且报我以甜甜的笑。我更觉有神了。这次，我没有再去翻看那《日思录》，而是循着我一路的思绪，飞步向前。

抄毕，读了几遍，尚可，于是又将剩勇追穷寇，又写了一篇，直至天大亮。

投出这一篇后的第四天，就告知已发排了。别一篇先于这家刊物也发了第二篇小文。是家省报。

一下子吃了一肚子的蜜。爱妻说我童心未泯。

从中我得到很深刻却又是那么浅显的启示：

人生下来，世事便纷纷扬扬向你走来。今天的想法不见得适合于明天的现实；而用今天的时光去涂抹昨日的辉煌，或去要求昨日的完美，只会留下苍冷的悲伤。那“再等一等”的想法，虽不失为稳当之举，却也并非事事如此；何况这样反而滞留自己活性的思维呢。

——算是我自己的参悟吧。

不论如何，它却导引我连获几次小小成功，以至于这“不要再等”的教训成为我人生的动力。

记得过了半月之后，妻子对我说“那晚你怎么像小孩那样等不到第二天白天，就起来写文章呢?”

因为，生命中迸发出警言：不要再等！

噢！不要再等。不泯童心。

1988年春

晕环之累

有朋自远方来，不亦乐乎！请进门让上座吃得茶来。话语就着香茗，佐以浓缩了的三百六十五里岁月，也觉格外有嚼头的。

先是晓晓振腔道：“阿海，还请你仔细听，我们班里那个高个子倩女可还记得？据可靠消息，她在中央人民广播电台开办了一个以普及社会科学为主旨的节目，很受青年欢迎。现已在日本进修！不简单吧？我当时真没看出她还有这一刷子……行！真可以！”

“还有那老表同学，在《中国摄影》上接连看到了他的三幅作品了”。

与晓晓同来的另一位朋友、当时被人称为英俊小生的艾某这时也加进了这“赞声一片”：

王老弟，记得给你讲过的我那位姨父吧？那可是……啧啧……出类拔萃呀！老夫子现又在办美展，不日又将四渡扶桑然后转道旧金山继续举办个人“美展”，他边说边把抬到眼边的大拇指晃了足足九下！“九”可是华夏文化中的阳数之最呀，代表着最吉利，可见其崇拜之情。

晓晓和艾某二人很能玩到一块的。二人的聪明度应属中上。二人的另一爱好便是，只要有机会便要争着演出“赞叹术”。

当然他俩让我无私地享受的那份福分，每次都较前次有所创造有所前进的。可是早年他俩的奋斗目标仍未得偿愿。

于是余有叹曰：赞叹别人的成就，只可以说是看到了别人的长处。这里孕育着自己长进的可能性。若夫一味地只知在大侃别人成就时求得自我振奋快慰，终不去行动，恐怕这种可能性会更丧失。这后一种情形又实在是大有人在。而且不大受诸如学历等的限制。人才学上称人们由于受崇拜伟人之影响，而使自己创造思维受阻的现象为“晕环效应”。其实，这晕环效应之来源又岂止伟人呢？只要走不出别人感应投给自己的阴影，恐怕再聪明的人也会失却创造生机的。这类同仁们绝不是在借吹牛以夸耀，也正因此就更堪悲。我今算识此理，然则不识此理者又几何？

晕环之累，其累亦深。

1988年

至纯则易污

我们民族不乏关于“纯”的沉痛而新鲜的记忆。而现实呢，总不免有人延续这有关“纯”的心理定势，且绵延无绝。时至各国经济都正步入超国界运行之新轨道的今天，越来越反衬出“求纯”的危机来。

动辄求“不越规”，一切以古来或先例为现实一切的评判尺度，我谓之“求纯症”。

记得国家刚开始改革开放时，有不少人害怕由此破坏了我们社会之纯，国家提倡多种经济并存时，“勇士们”又出来摇旗呐喊，深感“不纯”的天灾即将降临。“一国两制”才见诸报端时，又有人担心社会主义要改变颜色了，对此“对立的统一”迷惑不解，食不甘味，坐不安席，作杞人之忧天将塌，其状亦可怜见。此求纯症者亦属“病入肌肤”了。

然则诘之何谓社会主义？伊人便答道：社会主义？这个问题还用问吗？

不问，社会主义不会以空想降至现实的土壤来。不问，就不会有生产力的提高和生活品质的提升。

列宁论社会主义时，用公式作了表达，云“社会主义=苏维埃+电气化”。这一形象的表述，其实说的是生产关系方面的公有制、上层建筑方面的民主政治、生产力方面的现代化这三层意思。继续用列宁关于对立中的统一和统一中的对立这一辩证思维的法则来理解，可看出公有制和生产力上也不会是纯而又纯的。

我国几年来有关经济改革的思路不少。近年兴起的“社会主义股份制”新构想，又条件反射般地刺激起“求纯症”者的担忧来。个中或有“远见”者，几认为“大厦将倾”。于是惶惶然不可终日。其状亦悲。

从本质上讲来，事物作为系统，与其存在的环境是交互作用、互相渗透密不可分的，在与外部事物的信息交流引起的“涨落”达到一定值时，这一事物才能从无序而达于有序并走向更高的有序状态。社会进程、个人发展莫不如此。

“求纯症”者非但障目于其“纯”观，看不到上述事物发展规律的客观存在，有的还从宏观上的求纯思维发展到微观上的求纯行为。某医生夫妇养得一娇儿，在一孩化和优育思潮漫卷每个家庭的今天，自然是格外地娇惯孩儿了，他俩用蒸馏水为贵儿作解渴饮料。此可谓“至纯”了。贵儿非但没有提高“生存竞争”的能力，反而在一次微疡中狠心地离父母而去。不亦可叹乎！

古语说：“至纯则易污”。此话当真。

1988年春

（三）

马台春秋

豫北安阳一带的农家村落，以前每家每户的街门外边，都有一个马台。现在有的人家还保留着它。此物大约一尺半宽，三尺多长，高约尺许，状若平台。据老人们讲，它的原始功用在于：出门的人在骑马时，先在其上垫足。这样方便上马。

其实呢，从诞生之日起，它是很少得到把一般庄户人举到马上这份荣耀的。只不过作为庄户人的向往而坚韧地挺立着，作为小院大门的陪衬而起着一种装饰美的作用。

多少年又多少年。

当中国人民站起来之后，马台就换了新装。解放前一般的庄户人家都用小砖头块块儿垒起个堆子，上面放上一块粗糙的石板，就算是完成了生产它的过程。解放后，下面用的是四角八棱的青砖，上面压的是大青石。农村经济搞活之后，有的人家就让它脱胎换骨，摇身变为混凝土的了。上面也就又是灌浆又是磨，弄得光溜溜可以照见人影儿。甚至有手巧的，干脆把临街的一面雕上花鸟鱼虫的图案。它不仅有了精巧而别致的外套，竟还和现代派亲热上了！

那次探亲回家，油菜花开。

沿街看到的简直令人咋舌！鱼骨天线开始爬到左邻右舍的屋顶上，新房子一座连着一座，千多人的村落，日用百货供销点由一家增至五家，人人脸上漾溢着欢欣……回家后第二天清晨，我在街上遛达，一个人凑到我面前让我愣了半天，慢慢地我才记起了这就是淘气鬼“防空帽”。从他身旁又闪出一个人来，喏，“小羊角”的手腕上还亮着“西铁城”呢。好家伙！

我不由得打量起他俩来：精心理过的卷发代替了“小羊角辫”；过去头上老是戴着用柳条扎起的“防空帽”，今天头顶的是时髦的流线型红头盔。这红头盔是骑摩托用的。

“真洋气！”我说。

他笑了笑，“你回来住几天？”

“住20天。”我问他俩，“你们这是干啥去？”“小羊角”神气活现地说道：“我们和‘虎头’他们几个一块经商去也！”

这当儿，一个爆豆子般的声音冲他俩喊了一声。那边的“虎头”几个认出了我，于是一齐围了上来。

“等以后我们骑着摩托到西安找你玩儿！”

“俺也去闻闻杨贵妃留下的香气！”

“到时俺去看世界第八大奇迹！”

七嘴八舌。

小时候整天泡在一块儿的友情，久别后短短几句话……只觉得一种复杂的情感掠过我的心头。

怔怔地望着他们。齐刷刷，十来个人，十来辆摩托。也许是记熟了临行前和马台告别，也许是为了重温那一生下来就从父辈那里遗传过来的童年的梦，这些昔日的小朋友，如今的“小骑士”，在骑上摩托之前，都深情地望望马台，然后满面春风地跨上车，发火、飞腾。

马台，没有盼来有生命的骏马，却迎来了踏着时代浪潮而至的“电驴电马”。东方的巨龙扭动了肢节，而今中原大地上的马台也跃跃欲试了……

扬起细细的尘土，拖走丝丝的青烟，像一根根线牵动了我的心。

马台啊，你从遥远走来，走过贫穷，走过战乱，走过热望，走过冷淡，浓缩了历史的几多辛酸和欢畅，浓缩了豫北庄户人的几多追求与向往！古老的马台，古老的中原，古老的华夏，而今，正托举着新一代农民彩色的希望！

1984年春

缺口的桃子

老家安阳的习惯是把曾祖父叫作老爷爷。我家是四世同堂，父亲是单传。到我这一辈儿，姐姐之后来了我们这一对双胞胎。这下可就热闹了，不只在我家，就是在周边方圆十里八村，大家都感到很稀奇。十几年之后我姑奶奶家表姑生过三胞胎，大姨家三表哥家三胞胎，本家二堂叔家生了双胞胎，本家堂侄子三胞胎，这是后话。父亲是街坊邻里有名的好脾气，所以，我俩小时候，没有挨过父亲的打，爷爷奶奶、老爷爷老奶奶更是疼爱。当然还有给大人惹了许许多多的烦恼，我俩小时候确实是够淘气的，有段时间内，我俩常争着要当孙悟空，于是一人拿扁担一人拿铁锹经常对练。因此新家具往往新不了几天。

老爷爷跟前一儿一女。每次到他辛店公社齐庄女儿我姑奶奶家去，都带着我兄弟小哥儿俩，于是便有了一路的风光。中转站是离姑奶奶家不远的辛店集上的老姑奶奶家。一次，老姑奶奶给我俩发了糖果后，与老爷爷说着说着就哭了起来。当时我俩人小不知如何劝，只是说："老姑奶奶别哭了啊"。只听老姑奶奶抹着眼泪对老爷爷埋怨：哥你不管我了，咋这么长时间才来？老爷爷兄妹四个，他是长兄，长兄比父嘛。看着老姑奶奶，老爷爷一边拍着老姑奶奶的手、一边说道："想哥了，你看你早当奶奶了还这样流鼻涕……"看着这对头发都白了不少的老兄妹，当时只觉得心被什么撩拨了一下，有些沉重，有些感动，还有些说不出来的情愫。

有意无意间想起的，就是爷爷和老爷爷讲过的好男儿志在四方、刘秀走南阳、说唐、岳家军、朱元璋、三国、西游、侠义之属，牛郎织女、王小二卧冰以及乡里某某力敌五人、爷爷自己威慑二杆子等故事，苦其心志、劳其体肤，春眠不觉晓、锄禾日当午、文章教尔曹、其身正、雁过留声之类的启蒙，还有就是爷爷天不亮叫唤我俩起来在窄长的院子里学着蹲马步练出拳之类的锻炼。姐姐学唱着浏阳河八月桂花，每晚跟父亲或爷爷练习打算盘。母亲不断念叨着哥让弟、顺气丸、妯娌贤惠家和善，常常端着多半是白萝卜的稀饭却坚信今后日子会好起来。父亲的腰带上别着一串钥匙还有裁纸小刀。奶奶每天到自家菜地里摘菜回家做饭。当然，我俩也常常到村东头的京广线上看火车飞奔、汽笛长啸、水汽横喷，到足比南方小河的水渠中戏水，在水磨坊看大人磨面，跟了村中能人儿看在树枝上逮画眉，踏着雪到麦田里远望几十上百一群的大雁，晚上拿手电筒掏屋檐下的麻雀，还有点燃报纸捣毁马蜂窝。冬天玩冰。春节是最开心的了。秋天在谷子地里搜寻鹌鹑。五月，躺在打麦场上两层楼高的麦秸垛上听大人们谈天说地，还有伸手可摘的没有长熟的青青的酸杏。童年的时光算是有声有色有滋有味，常常引发诸多向往的，就在只有逢年过节才能买到两斤肉的时光里，就在老屋围成的四合院儿里。

大概是我上小学二年级的时候，一日，我到一个家在西安又回到老家找了媳妇我唤作本家爷爷的人的家里去玩儿。这本家爷爷二十多岁，当时是铁路司机。到他家听说的最多的是他去过的某某地方真美啊，火车真方便啊，西安那个大啊，等等等等。他媳妇我叫作奶奶的是我们小学的老师，她哥在天津工作，自然她家里能听到的新鲜事儿就多些。她家里养了两棵夹竹桃，墙上贴着一对双胞胎军人画儿。这天，他回来带了几斤鲜桃子，是当季新下枝的鲜桃。看我在，洗过之后递我一个。有桃在手，自然诱人，咬了一口，突然我就转身离开他家一路快跑着直奔我家，进门后径直跑到上房喊声：老爷爷给您桃儿吃。老爷爷接住，一看有一个咬下的小坑儿，问过之后，顿时脸上那个高兴啊！吃了一口，递给爷爷说你也吃一口，又递给奶奶说你也尝尝。等到我父母都收工回来，老爷爷还直说那个桃子的事儿。

那些年，我们村子周围长满了杏树、梨树、枣树、柿树、李子树，还有花椒树皂角树，有的家里也种有桃树苹果树什么的。我家里就栽有葡萄树石榴树香椿树。除了老院子还有一个四五亩大的院子。要说这桃子吧，确实算不上什么稀罕物儿。可正是这缺口的桃子，却搅动了全家人的心，同时留下了我永远的夹杂有酸楚和甜蜜的回忆。

岁月如风。

青年时候出乡关。成都四川大学读过本科四年后，统分到了西安中国建筑西北设计研究院（即原来的西北建筑设计院）工作。现在的衣食住行早已不只当时小学课本上的“楼上楼下电灯电话”。全国各地随时都能吃到全国各地的水果。去年神六升空按时返地，城市化、新农村、全球化、信息化，目不暇接。而今已是有女大十七了，看着她天天为功课起早贪黑的忙活，比我们小时候的心理负担要大得多，就常常想，要是真的有那个时光隧道那该多好！那样我就可以带上夫人和女儿，乘上磁悬浮高铁到我的童年之梦去旅游体味一番，哪怕只有站票也行。

2006年夏

“飞弧”胡辣汤

有一家清真小店悬挂有匾额为“同盛楼”的，安守信题名，位于西安市咸宁西路市勘察测绘院大门的东边。它占有上下两层，下层有32个座位。这家店的主营业务是牛羊肉泡馍和家常炒菜，早上兼卖胡辣汤。由于它紧靠西安交通大学和西安理工学院，早晨来买胡辣汤的人很多，从六时半左右开始一直到八时多，食客往往要排队进餐、最多时有七八十人排队，而井然有序。其中不少是给在家等候的学生娃买回的。不知道西安市“早餐工程”有什么具体的政策支持，像这样的小店能火到这等程度，让人对店主的市场意识和勤劳精神很是佩服。

周末的时候总想睡个懒觉。这天早上七点，恍惚中听女儿问“谁买早餐?”咱就像听到将军号令的士兵一样三下五除二穿好衣服，脑子兀自迷糊中拉开门就要出去，女儿一拍我后背道:“爸爸生日快乐!”“唉? 老爸我今天生日?”“我上周就把手机提醒设定好了，老爸今天生日啊!”啧啧! 女儿的细心，让咱给周六还要上课的女儿颠儿颠儿跑腿儿的同时，还相当地受感动呢。

却说我自下得楼来，穿过马路，赶到那家店去排队买胡辣汤。因为是周末早晨，排队的人不算多，就二十来个吧，一个一个依次交钱取票。靠门口的收银小姑娘每收完一个后，就极麻利地从大竹编筐子里夹出早已做好的烤馍，或递给食客，或放进套在瓷碗上的塑料食品袋里。接下来的流程便是一个小伙子盛胡辣汤。

这位大约二十岁的小伙儿照例问过每位食客“大碗小碗”“在这儿吃还是带走”之后，就开始将胡辣汤从铝制大盆子里往瓷碗里舀。且看他左手端碗、右手持勺，那场景可真有看头：将木勺子伸到大盆里舀起汤，从大盆到碗之间以曲弧运行路线完成，勺子从大盆起出来时，底部带起五六公分高的一柱汤。这汤一部分回落盆中，一部分随了勺儿的惯性，与勺子将汤倒向碗的同时，也飞入碗内，一点儿也不洒。据说胡辣汤源于河南，分汉回两大派系，有肉丸胡辣汤、肉丁胡辣汤与素胡辣汤三大类。清真胡辣汤是西安回系独制的，这肉丸胡辣汤由莲花白、菜花、土豆、红白萝卜、西葫芦等蔬菜与牛肉丸子一起，在熬好的牛大骨头汤中煮熟后，最后勾芡而成，而各种应季蔬菜煮得要熟而不烂，本色鲜艳。所以这一飞也就带了色彩与光亮。盛好一碗，小碗需舀两次，大碗三次。这几次舀汤的动作一模一样。然后再用勺子在盆汤的表面拣出两三个小肉丸，以同样的路线行至碗的上方倒下。最后，用汤匙把香油和油泼辣子以弧线状抛入碗内。至此，一碗胡辣汤盛好，所用时间大概也就十五六秒钟。对要带走的，他便放下勺子，用手指将盛好汤的塑料食品袋从瓷碗中勾出，随手递给收银姑娘手中已撑好的另一装有烤馍的食品袋中。每舀一碗都很有力度，那可是眼力手力心力合在一起的力度，就像正在练武功一样的认真而准确，分毫不差。这不能不也叫做功夫。每舀一勺，就亮出一道漂亮的弧形轨迹。那近似机械的道道弧线，真像美丽的五线谱，跳动着他对工作的激情和热爱、精益与标准，没有懈怠，没有敷衍，日复一日。

我已多次早晨到他们那里买肉丸胡辣汤，也就有机会欣赏这生活的慢板。每每看到他这样乐此不疲地做着这一机械的动作却态度如一时，心中就不禁有所触动。你说，什么叫敬业？什么叫幸福？怎样才能永葆激情呢？各行各业各有不同的工作流程和要求。虽说行行出状元，但状元总归是少数人，更多的人则是波澜不惊地度过平淡一生。而更多的人自有更多种幸福的感念。更多种的幸福虽不可完全来比拟，也当有其中可比拟之处。有些事情可能永远说不清楚，也许正是因为这个缘故吧，就有了一辈又一辈的人春风吹又生一般接着感悟。至于真真切切的生活本身，永远循着固有的轨迹运转着生动着，一如那些单调而美丽、简洁而灵性、寂寞而跌宕、鲜香而麻辣的弧线。

2007年1月

胡　杨

早听说胡杨的神奇美妙，看了才知道不止于此。

中国建筑西北设计研究院应邀承担了内蒙古额济纳旗达莱呼布镇和策克口岸的城市规划设计，一做就是五年。五年中，樊宏康院长、熊中元副院长、第五设计所田虎岗所长、高颖副所长、金凡副所长，院副总建筑师兼五所总建筑师郑晓宏同志，都曾带领设计人员多次前往。其中作为设计总负责人的郑总至今已往来25趟，行程总计可绕地球两圈多矣。五年设计了两个完整的城镇规划，业主额济纳旗政府完全实施。其时间跨度之长、路途之艰辛、实现之完善，在我院经营史上不多见。2007年“十一”长假刚过，我与郑总、金所长往送控制性详规图纸，同时代表院里到旗政府进行工程回访，前往达莱呼布。

却说我们过延安、走靖边，来到贺兰山西麓的阿拉善盟盟府所在地，已是飞车整整一天的晚上。

第二天启程于浩瀚沙漠的东边，从西安出发时只穿着单衣就行，到定边时看到雪罩山坡，真正是“胡天八月即飞雪”。再西行至腾格里大漠，没有了雪迹，但觉寒气相逼。听司机刘春新说，樊院长和郑总带队途经这里时都遇到过沙尘暴，此次未遇，只能从唐朝岑参“一川碎石大如斗，随风满地石乱走”的诗境中想象沙尘暴之烈之险。

飚在无边无际的沙漠中的公路上，短暂的新奇之后，便是长长的寂寞。途中，看到远处的几峰野骆驼，瘦骨嶙峋的，大老远地听到汽车鸣笛，就跑起来躲避。倒是看到的几群家养的骆驼，见车来了，仍是悠然地低头啃着。看到的村庄也不多。位于阿拉善左旗的腾格里沙漠，和在它西侧阿拉善右旗的巴丹吉林沙漠的分界在哪里也没有注意过，感觉好像连在一起，西东有500多公里。公路蜿蜒一路向西，直远到碧空里。

让人感慨的还是沙漠上面亿万年来生生不息的野棘，不放弃、不抛弃，眷恋着沙原，大风一来，没有这些野棘的沙片就被吹走，靠着根茎的把握，野棘成就了高低不平散布沙原的如垤沙堆，和沙堆上彰显着的一任狂风肆虐依然不屈的生命张力。正是这不起眼的一簇簇的骆驼刺，亿万年来滋生了沙漠之舟骆驼的繁衍。沙漠也因之而灵动而壮美起来。与之相伴的是沙原上的壁虎。

前方白云飘出地平线，随我们前行而逐渐升高。人说这里的白云更多安慰，少有滋润，降雨量仅150毫米，而蒸发量却达1500毫米。再前行，才知道这白云原来是一个工厂的大烟囱喷出的烟雾。车从大烟囱旁边驰过，前方出现一大片水域，还有帆船在晃动，岸边有高楼朦胧，心慕沙漠湖波，鱼虾欢翔，却原来是海市蜃楼。

沙漠远行，说不尽的空旷。脑际突然浮现出历史上时有发生的铁骑远扰。思接千载，犹见金戈铁马，白骨残甲。

就这样，我们走上两三个小时，停车小憩在沙原上转转看看，然后接着赶路，一走又是一天。一车的人有说有笑的，打发着寂寞。到这时，也都没有了精神。鼾声又起。

终于，无尽黄沙的前方，突然冒出了树林来。长途的抑郁因之一时消退。

车轮在林间公路向西转动，来到一条小河边。不少的车顺路边停了一长排。且看那：从发源于祁连天山终年积雪的弱水分流而下的小河，挟裹了上游的泥沙，冲积覆盖了沙漠，成就了胡杨、红柳和芦苇生长的家园。河水悠悠，滋润着两岸的参天胡杨，沙漠因胡杨而顿然华彩起来。胡杨夹岸蜿蜒而去，树叶黄绿相间，与蓝天和白云一起，倒映于水中。云、天、水、岸、树融为一体，一河融汇万般风情，是那么的清晰，清晰成一轴高保真立体画卷。一架横桥卧波，几峰骆驼拥立，满岸游客抢影，惊魂于这万古亘荒千里浩瀚沙漠中突然涌出的一带勃勃生机。回首千里戈壁，已然幻化为这高原长曲强音突起前悠扬的慢板。太神奇了！以致用神奇不足以描绘她的美妙。太美妙了！以致于用美妙不足以描绘她的回肠荡气。

沉浸于这无可名状的天国仙境不忍离步，郑总催促大家说，额旗建设局的领导代表旗委旗府正在二道桥迎候。

今年的胡杨节帅呆了酷毙了！有限的几家宾馆和县级各机关部门的招待所都已爆满，节前动员的许多家庭宾馆也都满员，平时几十百把元的房间，已涨到近400元。国家实施西部大开发战略以来，西北各地发展加速已成常景，但是像边城达莱呼布场景如此之火，却是始料未及。

晚餐是高旗长为我们一行人接风，盛赞我院五年来的设计和配合、不愧是国家一流大院。饭后，我们夜游了长达8公里的环城路和额河灯火。

翌日，前往策克口岸参访途中，拜谒了城北的胡杨林。进入林间，但见棵棵胡杨枝繁叶茂，有的依然一树金黄，有的还是满枝碧绿。逆着阳光看那金叶，黄得透亮，叶间纹路清晰可辨，叶子边缘似要燃烧起来。林间散落着沙丘。登上河岸沙丘远望，但见胡杨林茫茫苍苍，对岸红柳满满盈盈，额河（弱水）从桥南分出几条灌溉支流向西弯曲而去，直达蔚蓝的天空。好一派游牧绿洲风光！

移步林深处，只见一棵合抱粗的老树，秃然横卧于路边。手抚树干，细屑飘然落下，树皮龟裂，一任游客感叹，兀自卧听弱水汩汩流过千百春秋。分明是不甘愿就这样休眠，从近根部咯吱吱生长出臂膀粗细的一支枝干，头顶如伞绿叶，顽强地续唱着生命的律动，印证着“胡杨三千年”的忠义仁勇，并汇入勃勃生机的丛林大团队合唱背景。林间落叶缤纷，枯枝散布，碾作尘土复又开始新的生命流响。遐想清朝康熙年间，蒙古族土尔扈特人远从俄罗斯东归故国，更为这老胡杨惊心脑而动魂魄！闻说胡杨神奇，早已心向往之，待到今日拜谒，方觉欲说无词。

出林荫北向策克口岸，一路荡胸驰怀。后来又看到享龄数千年的“神树”和周绕的红绸带。远仰近谒，抚之摩之，听之嗅之，崇之敬之，更是思绪翻飞。

下午回到达莱呼布，又去看了已建成和在建的几处工地。多处耸立的塔吊，低吟着这北鄙边城城市建设的时代乐章。环望我院设计团队心血智慧耸立为处处风景，体味五年漠行胡杨风骨终修得正果，感慨系之矣！

夕阳金辉中，旗党委书记乔金加布已在等待。进入城东弱水东岸的酒家，乔书记大步奔来，热烈拥抱。入席欢言，乔书记介绍了“十五”以来该旗特别是达莱呼布的发展情况：新的城市规划实施前的2003年，达莱呼布的财政收入仅640万元，人口是1.12万人。到2006年，收入增至1.2亿元，人口增至1.6万。胡杨节，2003年时来客不及2.5万人，2006年时增至6万人，今年到今天为止，已突破10万游人。叙间，乔书记问我此行的感受，宾主相叙甚欢。正是：弱水滩头望胡杨，一半碧绿一半黄。生生内涵彰高远，边城建设正繁忙。

2008年2月

挂　红

国有国庆，家有家庆。老刘今儿个一不留神赶上个家庆，自然喜出望外。

先得成家而后才有家的一切。成家的标准永恒地与时俱进着，真是三十年河东，三十年河西。前三十年吧，成家时得有三转一响，所谓“缝纫机、洗衣机、自行车、收音机”。后三十年成家的标准可就提速了，先是“电视机、洗衣机、电冰箱、音响”，稍后就得加上放像机，后者又速变为VCD、DVD，再往后，干脆从装备家里变为装备身上，什么CD呀，MP3、MP4、移动电话。悟空同志当年有千里眼、顺风耳，那可是独有的神圣宝贝，现在人们想有就有，都能神仙一把了。移动电话叫得费劲又不写意，于是咱们中国人发明出“手机”一词，与之相应，中国现已成为全球最大产能和最大消费手机国。一过节，大都通过手机信息来祝福来和谐了。不仅如此，从小玩意儿到大机器的制造逐渐成为中国出口的主产品，虽然高品质的原创不多，至少现在也成为“世界工厂”。也不知从哪年开始，全民的“装修意识”一下子普及开来，又从装饰自身返归到家里，于是乎建材市场年年火爆，去年的金融危机也就打了个颤抖而已，房地产业已然是GDP的重要一极。不动的房子要装修（咱单位现在而今眼目下正全民家装中），移动的房子——汽车也要装修，谁让这审美意识提高得这么快呢？但汽车装修更比房子装修省心多了。也有不省心的，你有了车吧，就得与车有个慢蒸慢熬的亲热过程，急了不行，得卡在合适的人车都感到舒坦的尺度以内，有点儿温度，有点儿速度，今儿个咱姑且给它叫做“温速度”。

啥叫“温”呢?“温”就是温馨呗!人在其中,由不得不爽歪歪!老刘我今个儿就很爽啊!

你看:咱今儿个与众兄弟一起,到咱丈姑妈家去,从三桥收费站一进入西宝高速公路,这路一下子成了咱的专用线了——不知何故,后面的车子一律被暂泊下了。可能是有贵宾要到世界佛都法门寺去。谁让咱运气好呢?你看路边的油菜花儿咋就那好看呢?吔,蝴蝶很多嘛!

老刘随手放起了《两只蝴蝶》歌儿。

他的亲爱的娃他妈,就坐在副驾驶座上。

老刘与他的亲爱的赵姑娘想当年就是靠这“温速度”而开花结果的。此生有刘小伙这个全自动方向盘握着,赵姑娘满意,刘小伙也心甘情愿。

说起夫人,老刘颇有自豪:老岳丈曾参加了著名的扶眉战役,战火的洗礼伴着岳父从兴平干到西安,岳父大人工作忙,在本市某重点中学的岳母也忙。夫人从小是在老家长大的。上学时就在姑妈家吃住,自然与姑妈的革命感情十分深厚,直把姑妈唤作“妈妈”,一喊几十年不累。今儿是“妈妈”叫咱过去一趟,众兄弟也馋着那现今叫作“一口香”的鼾水面。这样也能看望表姑妈。

话说车队过兴平、走武功,车行间,赵夫人发令:“到镇上网吧停一下”。老刘应声“好咧”,不敢怠慢。

车从常兴口下得高速公路,沿扶常公路行了片刻,来到了镇子上。镇上熙熙攘攘,母抱子,爷牵孙,美女遛狗小伙跟,或购物,或闲逛,很是热闹。老刘与夫人等下得车来,到了网吧。

这网吧,是姑妈家大哥的儿子智强开的。青春如鹰需翱翔,天南地北世面广,智强外出打工,把个网吧的业务甩给老爸照应着。

“把啤酒捎回家吧，你二哥要给你放鞭炮呢!”大哥王海明说。

老刘与夫人一听，丈二和尚摸不着头脑。

却说老刘一行四辆车十六个轱辘，嘟嘟嘟跑出镇子，不一会儿工夫来到了姑妈的村子。这村子位于关中人叫做西府的地方，隔法门寺不远，往追三千年是西周古京都之地的旁边。村子的好多新房子是西部大开发以来，推进社会主义新农村建设过程中先后盖的新房新院。虽说大都为两三层吧，这层高却在4米多，两层看上去有三层高。人呢，其性情一如吼出秦腔的古塬，高傲而旷远，透明而清爽，且质朴得像满田野的青青的麦穗，饱满、亲切、张扬着蓬勃的生机活力。

姑妈家坐落在这村子中间偏东、靠北一排农舍之中，大门东边是邻家的一块儿菜地，有老母鸡带着一群小鸡在地里觅食。临街房与东厢房呈“L”形布局，大门过道顶部留有一个个屋面往下漏卸晒粮的小洞口，透出主人老兄的机巧。东厢房作了厨房，北屋与东南屋合围出一方小院子，北屋是正屋，高两层，客厅北侧有楼梯通二楼，一楼设两室一厅，室内设火炕。

赵夫人直唤作妈妈的姑妈，俨然六十岁左右，其实已是八十开外。只要看看窗明几净、剪纸贴墙且子孝孙贤、妯娌和美的情景，便知这老太太是个在家拿事儿的人物。

人说中国伦理的优良传统在稽稼之间，信然。

老刘一行进得村来，在姑妈家东边路南的一处场地安顿好车子就要下车，忽听到不远处二哥王军明召唤：“把车开过来”。

老刘抬眼一看，老人家已率众家人在门外迎接。二哥已在摆放鞭炮。兀自疑惑间，老刘把车挪到了家大门前。顿时，鞭炮齐鸣，声震九霄，立刻引来了许多街坊邻居出门看热闹，连狗儿猫儿也隔远张望着。

炮声、欢声之中，隆重的庆典开演了：

但见王家最高领导王老太太老姑妈接过递来的红丝绸，十分庄严十分细致地把红绸条系在这新车凯美瑞的两只耳朵（后视镜）上，老太太边系边说："给我儿的新车挂红了"。

此刻，连赵夫人事先也不知道的，老妈妈主动出击安排的这场生活戏剧之正宗男一号老刘如梦初醒般地端坐在车中，目不斜视，明星般一任众"业余记者"们啪啪地照个不停。众兄弟这回可是长学问了，老刘可是在春风那个吹中心花怒了放了！

城里人现如今买车的主儿可多了。买了车后有人给挂过红吗？确定肯定以及一定的是，今后的新玩意儿会层出不穷，将来的人能当这挂红的男主角吗？不得而知。

新中国成立已是六十周年了。现如今的新鲜玩意儿是眼睛一闭一睁就是一个。可为城里的亲人在乡村中挂红以寄托老一辈庄户人"只要你过得比我好"的祝福、祝贺，不能不算是新奇事儿吧？是否也是新时代城乡联动的一个举措呢？

不论怎么的生发思绪，反正这一幕农家盛典，直把老刘搞得是那个热血沸腾、心潮澎湃。这一幕，悄悄然定格在老刘夫妇人生旅途之中，耸立为永远的风景，定格在关中西府扶风县平井镇上官村的历史的天空，也走进繁忙的城里人向往温馨宁静质朴美妙田园的期许之中。

2009年秋

百姓家国梦

父母是孩子的第一任老师，无论有没有文化，也不用招聘不用考试天然这样。小时听大人说教，多是感觉有趣，虽往往不明就里，却又愿意听。其中的一部分内容，日后会融化到人的心理深处，成为思想成为语言成为习惯化为行为，生动着、期待着、感召着生命，生发着、茁壮着、光彩着梦想。

母亲三十岁时生了我们这对双胞胎后，干活更有劲了，有劲得干活时小小的个子赛过一个壮男劳力。母亲从地里回来，经常是晚饭时左手拿着深褐色的红薯面做的窝窝头，坐在小木凳子上吃饭。我哥俩围着母亲，常常会问：“咱家啥时候能天天都吃白面馍馍呢?”每到这时，母亲都会目光坚定地看着前方，停下吃饭，缓慢而自信地回答：“人有十年解穷解富，等恁俩长大了，咱家就能天天吃白馍馍了。”然后又边吃边说着老话：“哥让弟，顺气丸，妯娌和顺家合善”，“你让我一尺，我敬你一丈”，“宰相肚里能撑船”……每每听着母亲的唠叨，我小哥俩便开始期待着美好未来，并在母亲坚定而乐观的目光中让梦想飞翔。

五十年春秋随风而往，母亲当年的话还能记住多少呢？直到不知何时何地鬼使神差般碰到相关联情景时，一些尘封的记忆便突然清晰起来。

却说2012年9月间，省委党校我们秋季中青一班同学，来到铜川市接受“现场教学”。铜川市委书记冯新柱、市长王莉霞为我们介绍了铜川的发展与规划。之后，市委副书记、我们班长张应龙兼导游全程陪同我们考察了陈炉古镇。

位于铜川耀州区的陈炉古镇，因烧制百姓日常所需的耀州瓷器而出名，据说已有1400多年历史。古镇坐落在U字形三面山坡上。镇上有五千多户两万多人口，镇街道曲曲折折、高高低低，盘旋逶迤的道沿上遍摆着用废旧瓷盆瓷缸瓷盘等瓷器栽种的各种花卉，红黄紫白粉橙蓝黑，缤纷夺目。家家户户都会做瓷器，家家户户堆满新胚胎，任千秋金风吹彻而不曾中断，于是有了耀瓷博物馆中丰富而悠久的馆藏。

我们一行进得馆来。听着馆长的介绍，方才了解到为什么陈炉瓷器能1400多年历久弥新，且有新的发展，全在于百姓日常之所必须。朴而真，简而善矣！

听着看着，忽然被烧制在两个瓶子上的字所吸引。其一曰“久旱逢甘霖，他乡遇故知。洞房花烛夜，金榜题名时”。看罢，不觉言道，闻说人生有“四大喜事”，本以为是俚语，原来还真有那四句诗文呢。

再看另一瓶子上的字，念了一遍，突然间，好像梦幻中的时光隧道刹那间被闪电照彻。五十年前母亲曾经的念叨，一时间内是那么清晰地回响起来。我久久地面对这个瓷瓶默默吟诵，同时检索着五十年前的记忆。瓷瓶是放在玻璃柜子里的，几行字看得真切，但是看不到落款。想知道作者，问博物馆的同志、问同行铜川的同志也得不到答案。于是，赶紧拿出手机进行拍照，心想回头找找出处。不觉间耽误不少时间，直到被人催促，方才恋恋不舍地离开。

出得馆来，沿着陈炉古镇石头铺就的曲曲折折的老街行进，但见鲜花夹道，只觉暗香怡神。我们选了几户农家进去，小院子干干净净，各色花朵盛开。鲜红辣椒挂满枝头，玉米穗的清香惹得蜜蜂不停地忙活。农家院内人们则不紧不慢地忙着修饰罐胚瓶胚碗胚。看家的狗儿熟悉了游人，见游人来了，目光平静安详地看着客人，卧在工作的主人旁边不叫不闹。好一幅安居乐业康泰祥和的画图景象啊！似在佐证着那几行文字。

历1400年而炉火不衰，风云变幻、朝代更替，古镇的产品与规模定然也随之变化；不变的却是老百姓对国泰民安幸福吉祥的向往！感慨于陈炉古镇的沧桑，欣然于古镇今日的繁荣，脑海里翻来覆去的还有另一瓶子上那四句诗文。返回西安的路上，一任思接千载，情荡八荒……

国是放大的家，家是缩小的国。治者应乎众期，圣言民为国本。国运行于正道，得天时也；庶民顺势而为，尽发地利。天人和顺，得地利人和也，国因之而安泰。为官清正公正则人民自得安居乐业；家有贤妻相助，丈夫自然避祸得福，家也因此而幸福；子女孝敬老人，父辈自然身心和美。改革开放三十年，人民生活天翻地覆，神舟上天，蛟龙潜海，北斗系统将造福全球生灵。中华复兴可计时而待，全面建设小康社会的目标正一步步实现。国泰、家和、民安、事顺，大白话里传递出的，却是亘古不变的百姓家国之梦。而普通老百姓对家、对国的美好期待，既是中华民族伟大复兴的原动力，又是人类进步的牵引力啊……

反复体察，恍然大悟，短短二十字，庶几道尽齐家治国玄机矣：天人（人与自然）关系、官民（干部与群众）关系、夫妻（婚姻）关系、亲子（血脉）关系，斯四大关系者，乃家政之四维、国政之四柱者也。维韧柱固，家国幸福；柱坚维韧，家国美丽……于是乎，情不自禁，吟出老母亲常常念叨的、那个瓷瓶上烧制出的、浸润着百姓家国之梦的四句诗文来：

国正天心顺，

官清民自安。
妻贤夫祸少，
子孝父心宽。

2013年10月

梦牵香山

久盼成行。早上六点半，当我们机关一支部一行十四人头顶漫天繁星出发开始，我脑海里就不断地猜想着今日香山村情状。

香山村位于商洛市洛南县石坡镇。2003年10月中旬某夜间，陕南三市突然遭遇了百年不遇的特大洪灾。陕西省委决定下派万名干部到陕南对口支援灾后重建工作。我院职能部门干部闻讯纷纷报名请战，院决定派出冯仕宏、刘战峰、赵越三位同志组成工作组开赴陕南。工作组援建工作从十月底开始历时三个半月。这期间我曾经三次到香山村看望院驻村干部。十度春秋已随洛水东流去，当年的情景也存储在了记忆深处。而今时隔一代光景，再次踏上这片土地，怎能不心潮起伏、兴奋不已？

却说我们三辆车穿峡谷、履暗冰、过山洞、躲塞车，车外掠过阴雪阳碧小桥流水集镇乡村金柿干枝一路冬景。刘战峰处长开的黑色凯美瑞一直是头车，可见刘处“归乡”心切。

车行至洛南县城北边的洛水西岸，闲聊中闪过了跨河大桥，我们与司机刘春新有说有笑中直追前面黑色轿车，沿河岸向前开过好几公里了，春新开始疑惑，嘴里一边嘟囔着“是不是香山村搬到这儿来了”，一边远远跟着前车向左拐进了一大片厂房区后停了下来，只见前边黑色轿车的几个人一下车就冲我们直笑起来！嘿嘿！咋就凯美瑞变成奥迪了呢？！我们也不禁哄然大笑起来，春新则脖子一仰，喊一声：“走—咧—!”调转车头，迷途知返。

待到本驹追到石坡镇，已近午时，饥肠辘辘之中却只听刘处一声令下："咱直接到香山村。"

一条叫做石坡河的小河在石坡镇头一处称为老龙头的地方接汇了西抚河水。西抚河川道全长几十公里，中段就坐落着香山村。从两河汇流处溯西抚河而上行驶十三公里许，才到了我们的目的地。

进得村来，径奔小学。

这小学与村部合在一处位于香山村桥桥头西南角高台地上的大院里，西抚河由东北而西南流向，从学校北侧流过；一条小山溪由南向北从校门前的东侧汇入西抚河。小学校与村部合在的院落就位于这两水汇流之地的桥头，十年前站在大门口向西北东三面环望，香山村风物可尽收眼底。记得当年村委会（学校）大门用青砖石条垒砌，很是气派，大门下到桥头有十来级台阶，下接十多米宽的在城里可以叫作广场的旷地。现在台阶与颇有气势的大门不见了，改为车辆可以直接开进校内的坡路。

陈支书与村长等村领导人已在校门口迎候。我们一行人下得车来，刘处一一作了介绍。车辆开进了院里。

校内院子大概有多半个篮球场大小，西侧有五开间平房，北面有后来新盖的九开间两层楼，其二层楼南侧有半层高出校园，其一层在校北侧紧贴坡崖而建，门开向北边的东西路上，作了村中超市，路北就是西抚河。校园内，南屋是教室，西屋是村委会办公室与会议室，其中，南房西房连同院内旗杆，一仍旧貌。土石地面。教室位于院南房东屋，门窗老漆脱落，一如老年斑点染颜面。原来坐南朝北两个教室，西边那个教室堆满陈年杂物已经内退，东边教室继续在岗。

几位年轻人直接把一些学习与锻炼用品搬进了教室，几位老同志一一搬下其余捐赠物资。然后大家来到教室。

教室内摆着四排木桌，分左右两列，靠门的右列是一年级，左列是二年级，南北墙上都开着玻璃窗户，室内生一炉子采暖，柴火堆在教室西南角，学生十一人中九个女生，男生仅两位。一位一年级女生棉袖子弄湿了，小手冰凉看似冻肿，老师解释说是娃刚才洗手时弄湿的，王燕、刘怡帮她挽起袖口，欧阳东则抓拍着瞬间光影。学生们的衣裳与鞋帽，从款式到色彩、与城市无大差别，只是普遍显得有些脏。学生们用彩色马克笔专心做数学填图作业。问她们几年级，家住哪，她们回答完再无他话。回答时看我们的眼光怯怯的，平静得没有一个学生主动出一声。这些，和十年前一见到我们很活泼、很主动、很吵闹的场景对比强烈。给每位学生发送了一本字典，逐一欣赏着同学们刚写上的名字，边夸奖同学们写得好。九层之台，起于垒土，千里之行，始于足下。也许，这些深山之中的寒门学子，将从这间门窗透冻的陋室之中，走向京沪广深，走向亚非拉美呢。艰难砺大志，困苦育栋梁，香山村小学或可得复证之矣。

教室内男老师在一旁看着我们。这位老师四五十岁样子，他的办公室兼住所就在教室内西里屋，两条木凳，架一木板，垫几层包装箱纸，上铺被子。一张一头沉办公桌上堆满了学生作业本。他说爱人在县城工作，儿子在商洛市上高中，他是村上特聘的，现在乡间小学并校，中心小学在几里地外，香山村领导为娃娃们少跑路才想办法办着这个初小班，三年级时就得到中心小学上学。有道是“仁义在鄙野”，吾国五千年文明得以绵延至今、也将传承永远，乡村教师、乡村知识分子居功厥伟耶！

从教室出来，按刘战峰处长、姬淑云部长安排，与村领导、老师、学生照了合影，并把捐赠的电脑、写字本、字典、书籍和羽毛球拍、跳绳等锻炼器材搬进村部屋里。

走出校门，沿坡路走，来到南桥头。看这桥二三十米长，很新，十年前我院援建的桥也在这个位置，怎么十年了还这么新呢？疑惑之中，求证于桥头的水泥碑文，才明白这是近期由县交通局出资新修的。这个香山村由七个自然村组成，现有1300多口人，分布在约3公里长的川道里。

“记得当年这河水不能饮用，陈书记，这上游金矿还在吗？”

“上游金矿还在呢。”

“看这水倒是比以前好多了，这么清！现在河水能吃不？”

“不能吃。县里给专门搞了六处饮水点，香山村六个组都有一个。马上还要搞个大点儿的饮水工程，将来水管可通到每家每户。”

“河里有没有小鱼呀？”“有哩。”“那能吃不？”“能。”

河里有小鱼且现在能吃，看来环境在改善。

“村里现在还种啥经济作物？”“有核桃、柿子、黄豆等，还有几种中药材，专种专收。”

“村上搞土地流转没有？搞没搞规模经营？”“现在还没有。”“村里还有啥资源？”“麦饭石矿，还有个溶洞。”

边走边聊，不觉间走过大桥，向北走入已认不出原样、初看都是新房的老村所在。

老村路口东侧，现在耸立着全村最高最豪华的建筑：一栋外墙已贴浅灰色石材、内装修还在进行的别墅。这别墅面阔约六间，估计单层面积在300平方米左右，高共4层，第四层是阁楼。这个建筑立于深山川道之中，犹如鹤立鸡群，一看就是用心设计过的，即使有哪位有特异功能者使个移地大魔法弄它到西安城里，也不逊色。西抚河南崖岸的学校，与河北岸川地上突兀的别墅，遥相对立。不唯国际上有以洲而论之“南北问题”，抑亦小小山村，十年之内竟也出现此等不可漠视之“南北问题”，不禁让人感慨时移事迁。

“看！十年前这家可是全村盖得最好的房子。当年还在这家开过学习先进现场会呢。”

刘处长一声招呼，引得我们几位进到大门位于西南角位置的一个院子，女主人闻声从北屋里出来，连忙让座。看看十年没有修饰的单层房屋，也就土坯填墙加红砖砌柱，比起目前本村一般人家普遍盖的钢混框架红砖砌墙的新建楼房，已然明显落伍。真个是彼一时也此一时也。

从这家老典型出来，绕道向北又走进一家刚刚盖好楼房的院子，登上第三层，这家在广东打工回来的儿子正用脱粒机瓣玉米。柴火整齐码起。三个大粮墩一字摆开。这家一儿一女。正逢她家邻居串门，邻居女人说她的老公与儿女也在外打工，边说边指着不远处她家新房给我看，神情中洋溢着山村的满足与恬淡。农村家长一有钱先盖房子，城里市长一上台先盖楼房，长字号人物抓的大事本质上是一致的。从这家三层屋内走到露天阳台上往南一望，不知何时离开我们的刘处在几百米外的桥边正在高声招手呼唤我们吃饭去。

陈书记安排给我们做饭的是香山村126号住户、村会计老白家，就在小学南侧约200米处。进得院子，但见老白家面阔五间平房一排，坐西朝东，屋门门头上有木刻一联云：

和气最为贵　诗书乃当先

其下的屋门两侧刻一楹联云：

庭有余香谢草郑兰燕桂树

家无别况唐诗晋字汉文章

且不论这副楹联在山东牟氏庄园、云南、山西平遥、祁县、曲沃等全国各地的大院都有雕刻，单就内容而言当属名联无疑。而这一名联出现在深山鄙野之中的农家，则着实让我惊奇。此亦可见万山丛中香山村白会计的诗书情怀与耕读意趣，更可见中华文明传统影响之无处不在，盖过国际漫游的互联网。

正欣赏间，主人端来中午饭：稀饭，馍，花卷，清炒莲花白，莲花白泡菜，泡酸豆角菜，葱花炒鸡蛋。

时至中午2时多，从早上6时至现在还没吃饭的大家伙儿没有了往日的斯文，抓饭夹菜大吃起来。到底是“老香山”，刘处长示范说喝稀饭要把碗端在手中滋儿滋儿的喝出声音，姬部长则示范着小时候用馍擦净碗的技术。这顿饭大家吃得是那个香啊！吃出了天然去雕饰，吃出了孩童时代的馋相，有道是“人是铁饭是钢，一顿不吃心发慌，心慌腿软没模样”。

急匆匆参观完溶洞，临别，白会计代表村领导送来了核桃还有刚做好的豆腐。姬部长与刘处长合计，连同吃饭在内，一齐结账。推来推去中，白会计却硬是反反复复强调一句“要是收了钱哪还有啥人情味儿？！”，坚持不收。此情此景只让人感动得热泪盈眶。

好似载不动古风纯朴的香山村乡亲们的深情厚谊，我们那辆商务车硬是不走咧。几经周折仍不济事，直到王乾昌开车找来修车师傅才给电瓶补充上电。

返回西安的路上，西抚河畔那个“小小南北问题”挥之不去。也许这正是属于“发展中的问题”吧，无论如何，现在一村新房，已然把十年前那个破落的小山村永远送进了历史。想想香山村的未来，尽管还会有这样那样的困难，只要大家包容失误而不怨不吐，危难袭扰而集体用脑，前途就永远是光明的，日子必定会一天比一天好；香山村也一定会有更多的青年才俊由知识改变命运，由技能辉煌人生。更多个香山村，必定会在新型城镇化的家国历史进程中清香四溢印证小康与大同。这乃是十年中每年都来走亲戚的刘处长的心头所盼，也是我们此行期望所依也。正是：

村楼新照西抚川，十年光景两重天。
来年春花引蝶时，与君还来探香山。

2013年12月

宜川惊魂

那年秋月，张秀梅书记陪中建总公司办公厅杨红宝主任去陕北黄陵、壶口、延安三地参观学习，我有幸一同乘坐刘春新驾驶的陕A13766牌号的白色普通桑塔纳轿车前往。拜谒过黄帝陵，北上到了富县牛武镇，拐弯向东沿309国道直往东去100公里，就是宜川所辖的壶口瀑布。哪曾想，一条宜川道，三度暗惊魂！

一、黄犬霸道

从富县牛武镇折向东边宜川方向的第一个村庄，看样子是个大村庄，这村庄位于北侧山脉的阳坡脚下，川道南北很宽，一条山溪从川道逶迤流过。川道种植小麦、玉米和烟叶。据说云南玉溪香烟厂用的就是这条川道里种的烟叶。时入初秋，天空碧蓝，没有一片云彩，南山阴坡仍是郁郁葱葱，看不到山石或黄土，真个不愧是“再造祖国秀美山川”伟大号召的策源地。

车行在从富县到宜川的309省道上第一个村庄西边，旷野空无一人，除了有谁家的鸡群在田地里觅食，牛儿在田地里啃食，就是从路左边（北边）闪出的这条老黄狗。路上也只有我们这一辆车。车与狗相向而行。

常听司机师傅说，某某人在某某地不小心轧死了鸡呀狗呀，被主家讹诈多少钱才得脱身。见此险象，老刘赶忙按下喇叭示警。人常说好狗不挡路。可是眼前这条老黄却不这样看，任凭刘春新喇叭乱叫，仍然独自从容不迫闲庭信步一般从东北向西南方向穿越着马路，神态十分的牛B，于是气氛徒然紧张起来！

车从200米……150米……一步步逼近，春新的喇叭声，也由间隔而频繁，由频繁而连续，眼看着只有几十米远，即便刹车也要撞上这条可恨的老狗东西了。而老黄呢，大有“泰山崩于前而面不改色”的大将风度，只把这汽笛的警示长鸣声、与我们高频心跳声，听成了它惊险亮相前的紧锣密鼓般的开场伴奏。但见它：扭转身体，正向朝着我们这车方向，极其迅速地完成前腿直伸前身及头部匍匐在两前腿上后身匍匐在两后腿上全身紧贴路面眯缝双眼这一气呵成的全套动作。老黄这套迷踪招式甫一练毕，就听见车“嗖——”的一声从老狗身上飞盖过去！之后，我们的车陡然增速——三十六计走为上！

惴惴不安之中我扭头向后想看个究竟，但见那老黄犬：从容不迫霎时跃起身来，潇潇洒洒抖落一路风尘，悠悠扬扬走入田野去了。

车一路前行，脑子里不由自主地交替回放或定格着刚才的瞬间画面，慢慢明白了，为什么老犬不直线横穿反而斜线穿过马路？为什么老犬喇叭狂叫之中犹自如此淡定？为什么生死关头老犬动作仍能那样精准？在与我们这次狭路相逢短兵相接的较量中，非独犬家身处“主场”天时地利占尽，更关键在于犬家心中有数而遇事不慌，想来这尊犬神早对这种险情习以为常了，对于处理类似突发事件业已积累了丰富经验，早有预案在胸，而且练出了临危不惧的胆量，修成了处乱不惊的心态。老子云“道法自然”，孔子曰“智者不惑，仁者不忧，勇者不惧”，老话儿说“实践出真知”。镜而鉴之，比而较之，一声慨叹，半瓶矿泉。

二、闯险超车

参观完壶口瀑布后，车从壶口原路返回富县，沿着黄河西岸由北往南车行几公里，经由一个近乎直角的拐弯，进入宜川川道。从这个弯，到宜川县城之间，路都是在半山腰凿出来的，有很多险弯。解放牌大卡车在前，我们车要从这车左边超过去，先打开超车灯示意，前车没有明显让道意思。目测一下宽度已够超车，老刘说了句“看好右边的距离”，就边按喇叭边从大卡车左边开了上去。就在我们的车与右首大卡车两车头马上对齐、副驾驶座位上的我已与那卡车司机相隔两个多后视镜宽度平行时，那个小年轻卡车司机突然把他的车向路左边的我们车的方向别了一把，眼看着就要撞上我们车右门。险象顿生！

且看：路的左边就是万丈悬崖。凭经验老刘感到我们车的左轮已经压到路边沙土路基上了，这时如果来个紧急刹车，车轮摩擦力徒然增大，必然新增巨大压强给地面，那么左边沙土路基必然滑向左下方无疑，而左下方就是天国海关且不用排队免检入关；如果老刘本能地向右躲避，则两车相撞产生的巨大反作用力，也会把我们这车弹向左侧的深渊之中。所以，有丰富经验的老司机，当此险境，就只能提速超越，绝不刹车。危险陡然降临之际，只见春新牢牢把稳方向盘，加大油门，心力齐发，车如火箭点燃一般猛然冲向前路！超车成功！这时，老刘已是满头冷汗。而我，心已揪到嗓子眼儿。

事后，我不止一次地就此请教刘春新君。身处这种突发险情之中，不知道多少人会采取紧急刹车的本能式躲避办法，但是这样做，却让多少人车毁人亡！要成功弯道超车，凭的不仅仅是技术与经验，更有胆量与机智，需要临危不乱、当机立断、沉着应对、专心致志、坚定自信……所有这一切心理素质、技能素质、经验素质，都会在几万分之一秒之间，产生原子裂变般的化学反应，整合为弯道超车脱险成功，还有一回想起来就后怕的刻骨铭心。

西方哲人说过“经验即知识”，“知识就是力量”。诚哉斯言！

三、鸡飞蛋打

弯道脱险之后的一个多小时，仿佛两集电视剧之间的长篇广告间歇。车一路向西，到了智犬它家那村，这三集连播的电视剧又开锣了。

车到村东口了，我们又想起了上午那惊险而有趣的一幕，心下就想看能不能再碰见那位智犬老黄。边说着边寻觅着，不觉过了村庄。前面那大黄狗没寻着，倒是十几只一群鸡沿着路北边，从西向东正往家赶路。老刘鸣笛，鸡群惊散，大部分跑到路西的坡地里，只有一只母鸡直直冲着车头而来，而且来的速度越来越快，滑翔—振翅—头昂起—身体上倾—起飞，飞出几米了，离地一米左右时，它的肚子一下子撞在了我们车的前挡风玻璃上，这挡风玻璃是向前向下斜着的，车速与斜玻璃没有伤着母鸡，倒是犹如辽宁号航空母舰滑跃式跑道向上翘起的舰艏一般，在已起飞的母鸡下腹飞撞上的一刹那，飞驶中的挡风玻璃给了那只母鸡以巨大的托举力，那鸡受此玻璃的斜向托举力惯性，猛然升高十多米，惊叫着向车后的村庄飞去。鸡受到挡风玻璃托举升空的同时，肚子里待产的鸡蛋瞬间砸满车玻璃，蛋花连同一路上多少死于非命的小飞虫们，只把挡风玻璃涂了个稀里哗啦。真个是鸡飞蛋打！

虽则说这母鸡惊险之中安然无恙，却因为我们的缘故，这位产仔心切的鸡孕母背负上了痛悔一生的心理创伤！

安全第一。停下车，费了好大劲儿，才把挡风玻璃擦抹干净。然而擦抹不去的，是胎死玻璃的小生命的可怜的毁灭。阿弥陀佛，罪过罪过！

百公里路，三惊心魂。当其境也，时而惊奇时而揪扯时而哀戚。兴衰肇启微忽，祸福系于瞬息。时机，速度，角度，区位，状态，宜而生，异而亡矣。

光阴荏苒。现在从西安到延安的高速公路、与富县到壶口的高速公路，早已贯通，不再会有如上之险的情况了。而发生于1996年初秋的宜川惊魂，虽然时迁十七载，却让人不时想起，有所感触。

2013年12月

袁家村游记

2014年荣获“全国十大最美乡村”的袁家村，闻名于改革开放之初，之后声名远播，已成为全国文化乡村风情旅游的一张陕西名片。有此佳境，自当细品，趁着周末，多次游历。

一

袁家村位于咸阳市礼泉县烟霞镇，处在关中平原甘河之阳、九嵕山之阳，与唐太宗李世民昭陵为邻。居山之阳、水之阳、辖属咸阳之地者，其袁家村者，古称康庄。

曾几何时，村里很穷。穷则思变，村里推选能人郭裕禄为支书，抓住改革开放之机，坚持集体主义经济方向不动摇，不分田不分心，带领大家勤劳致富几十年不改初衷，富裕兴旺幸福之袁家村遂声名鹊起。

随着慕名而来参观学习的人越来越多，机敏的袁家村人建设起了关中民俗风情街，搞起了乡村休闲游。据说现在每逢节假日，来此旅游的日客流量，有时已超过世界第八大奇迹。

袁家村老街正街东西向排布，大街西头修有仿牌坊式现代牌坊一座作西大门，西大门内的街中央耸立着毛泽东主席挥手塑像。西门端头，有南北走向一条大路，大路西侧由南向北排列着戏院、剧团、佛寺等公共设施，是袁家村的乡村文化中心。

开敞式大戏院，是村里集体会议与娱乐的场所，大戏台两侧写有对联云：“百花齐放引领文化兴，百家争鸣唱响中国梦”。大戏院内有礼泉剧团。

新建坐北朝南两进院落佛寺“唐宝宁寺”一座。

寺门左侧两米宽、十多米高石碑一通，上刻着：“坚持社会主义方向发展集体经济走共同富裕道路建设现代化新农村。袁家村党支部留念 华国锋一九九四年六月四日”。这通石刻，与袁家村西大门内正街上的毛泽东主席挥手塑像隔路相照。

西大门北侧是新建的村行政中心，楼高5层，土黄色仿古砖砌筑，内设有袁家村历史博物馆、党支部、村委会、村卫生院等机构。行政中心大门向北开在民俗街西口，与村游客中心相对，围合成民俗街西门广场。

二

西门广场之东，是关中印象风情街西大门门楼，正面墙壁上有袁家村简介，内作小庙。庙北就是敞开的入口，正向东就是名声显赫的民俗风情街，入内向北分支上得高台，新近建成了有咖啡屋、啤酒屋等时尚小街，往东与老风情街会合。一条横砖宽的小溪从高台上一泻而下，沿路折向东贯通整条街，导引着游人，也欢歌着众商家的兴隆生意。但见两侧店幡飘扬，粗布店、米面店、布店、皮影店、点心店、旅游产品店分列南北，其中油坊规模最大。

油坊之东，是民俗风情街中央广场。广场有童济功茶庄，横开两间，“童济功”黑底金字横匾悬挂门顶；门框凹于门脸砖墙内，砖墙上贴红纸对联云：

山好水好品茗三杯消烦恼

人嫽茶嫽出馆一笑乐逍遥

这是周六上午九点，茶庄庄主王秦煜，看上去约三十岁许，请问年庚方知已四十岁，自云爱茶已二十年。屋内只见乡村古乐队伴奏中，王老板对着墙上挂着的茶神鞠躬行着九拜大礼，左掌在前，右掌在后，神态极度虔诚，步态则中左右位交替。

屋里真心叩拜茶神陆羽，屋外炉火熊熊燃烧，茶炉高台之上火台两座成L状相连搭设，共用一风箱于高台西侧，这就是茶水炉亭了。茶亭正面两侧角柱上贴着红纸楹联云：

茶可醉人铜炉巧煮龙泉水

笑能招客红火欢迎五洲宾

这副对联与茶亭东边的老槐树一道，宣誓一般对着街中央广场，尽显国际范儿。

广场之上，放置有五十多张圆桌，茗香暗递，尺溪映碧，饮客闲坐，欣赏着这广场上特有的珍稀表演。

表演由打板拉弦伴奏折子戏、与卡拉OK拉风箱打击乐两部分组成。一天表演四场。

敬茶神伴奏结束后不一会，四位老乐手登升小小古戏台就位。位于广场西南的这么个古戏台，二十层砖作台，南北东三面透，借油房的东山墙做了背景，向东开台。正面台基镶有碑石一面，记载着古乐的历史。此唱调名叫“弦弦腔”，产生于西汉，现在仍盛行于礼泉乾县之地域。今天台上演员四老者，一板一唱两弦。司鼓邓师65岁，板胡冯师，二弦张师。二弦为主。张师是戏班世家，其父为台上这几位的师傅。四老接连演唱了三国刘备、黄忠祭奠关云长、张飞的《祭灵》和《秦琼起解》、《下河东》几折戏后，离台休息。无线麦克也随之从戏台递到了茶炉亭台上老董师傅这边。于是，风箱打击乐手董翁开始拉风箱伴奏卡拉OK表演。

且看：茶炉台上列座九个大铜壶，熊熊烈火烧得水壶滋滋直冒白汽。拉风箱董师傅，花白头发，大谢顶，圆形茶色石头大眼镜，白坎肩。他接过麦克，打开音响，先后演奏了三首歌曲。《十送红军》江南小调，老董嘴里和着歌曲、状尽依依不舍温情脉脉之态；《好汉歌》大河豪亢，董翁即潇洒自如得意扬扬；小沈阳《大笑江湖》刚一响起，老董瞬间切换，箱板欢欣，表情潇洒，摇首顾盼，自醉其中矣！一曲既终，辄引得看客掌声雷动，老董鞠躬回谢。推拉风箱叶片的节拍之轻重缓急，随歌词而变化的十分投入的特有表情与身姿，嘴叼长杆旱烟袋的乡翁扮相，这一此地专属的原创新颖表演形式，感动着老董自己，也感动着全国各地游人，俨然歌星般引来一拨又一拨手机拍照或特邀合影。

这壁厢演员观众互动同欢，那壁厢有游客引吭高歌。当刘欢好汉歌响起，猛然听到一位汉子在东面高声应和唱道："嗨呀、伊儿呀，嗨～嗨伊儿呀，路见不平一声吼哇，只要有鱼就不吃肉啊，只要有面就不喝粥哇。"我回头一看，果然如猜想的一样是一位胖子哥儿，娃娃儿骑着他的脖子，一家三口游兴正浓。

随着折子戏演唱与推拉风箱打击伴奏的交替，列位茶客的目光，一会儿聚焦于戏台，一会儿收拢在炉亭。游者争睹，饮者怡神，广场喧嚣，小溪低吟。其中间歇，更有按摩或足浴给客人解乏，瓜子和点心供来者佐饮。旁边八十五岁老母心旷神怡，我则沉浸其中，思绪穿越到四十多年前担任主演的学生剧团演出时代。等到演出结束，我给几位老者还有老董各送了一包现买的烟，这让老母亲对我竖起了大拇指连连点赞。

三

茶广场往东步行二十步许到三岔路口，分叉出来南北两条小吃街，往东都汇合于东门广场。

南边小吃街正是关中各色小吃汇集之地、秦人乡间吃食小世界。但见这街上关中风味小吃应有尽有，肉类有牛肉羊肉驴肉猪蹄猪肘子：大荔董老大肘子、乞丐酱驴（始创民国22年）、清炖羊肉、鸡肉、兔肉、粉蒸肉；饼有白饼、油旋饼、馅饼、酥饼、油煎饼、甜饼、牛舌饼；馍有肉夹馍、蒸馍、花馍、粗面膜、馍片；面有劙（Li）面、礼泉烙面、裤带面、扯面、驴蹄子面，干面、汤面、手工挂面、米凉皮、面凉皮；兼有糕、汤之类；菜有铁锅烩菜、粉条烩菜，茶有红茶绿茶黑茶生茶熟茶，还有德后兴酒作坊、挂面作坊。每个店铺都是专品经营。有一家竟然贴出公开誓言：货真价实，如有假冒，断子绝孙，这个誓言可谓脸胀脖子粗。其中最负盛名的是要排队限量购买的“厚德麻花”和排队购买的“粉汤羊血”。据说这两家的年净利都在100万以上。

四

南小街尽头就是东门广场。正对东门有座一开间的观音庙，见有联云“闻佛号当知菩萨意，见古寺莫忘慈母恩”。绕过新修的东门广场折向西行，是北小吃街。

再看这条街上，从东往西开设着醋厂、西安德懋功水晶饼店分店、酸奶店、粉条店、豆腐店、香油坊、烤蝎子、搅团、泡馍馆、陕北杂碎汤小院、铁锅鸡鱼。这北街上，还有一家当地特色的茶馆，是西边潼济功茶店的连锁店，名叫罐罐茶馆。

进得罐罐茶馆茶店来，围着炉台坐下，服务员吆喝着端上瓜子花生，给每位放上茶锅茶杯，掰开一块黑茶，放入与茶杯大小口径、多半茶杯高的土黄色砂锅罐罐，伴入桂圆红枣枸杞冰糖，加水后放在煤球炉火上现烧开煮沸几分钟，然后倒入茶杯。示范一次之后，就是客人自助，给砂锅罐罐复加水烧沸，如此循环。

罐罐茶馆内每天有说书的定点表演，今天这个点儿刚好遇上。说书人是72岁人称“西府大儒”的邓晓东。一边听着他说了评书折子《桃园结义》、《陈州放粮》，一边喝着砖茶，世间烦恼全消，但觉腹中暖流滋润、胀满消却、五脏调和、神清气爽耶。

五

关中印象风情街已有二十多年历史了，现在还在不停地扩建。在每天演绎着乡村集市庙会情景的同时，新近已开拓出乡村别墅街区（已告售罄）、会议接待院区、宾馆区，还有众多的农家小院、吃住旅馆等，已建成为有产业支撑、可持续发展的、链接城乡生活与精神的新型农村大社区，也带活了周边许多村庄。全村几百人全部从事着旅游经济，全村共计400多口人、150多户，户户都当了老板，现在村里一如既往坚持社会主义集体经济，农工商旅文统一运作、统筹运营，每户年分红与自房运营收入都相当可观。袁家村的影响早已冲出陕西走向全国，民生方面也拉动了周边发展，据说每天周边固定来这村打工的有五千多人。单是2014年国庆期间，就有游客76.5万人，实现旅游综合收入8000多万元，现在袁家村规模已是当初的不知多少倍了。

民以食为天，天以民为先。四面八方的游客喜欢的还是小吃街，外加小吃街掀腾出的幽情古意。因为建设较早，加上现在来客出乎意料的多，小吃街就显得十分狭窄。但正是这满街即做现卖的小吃店铺、复兴了祖祖辈辈的生活写真，磁石一般吸引着全国各地游客蜂拥而至大快朵颐，也成为西安一小时生活圈中、任都市男女老少百度乡愁、拷贝祖风的大数据库。目赏五色，舌品五味，思荡五行；满村黎庶，连店乡味，一街旧梦。

出得都市，憩此景情，切换频道，休闲身心，沐浴着丰衣足食安居乐业天人合一的梦境般醉人氤氲，真真一个字：爽！两个字：欧耶！

2014年11月

考大学

一

在前净渠老家紧挨大街，坐北朝南家院的街门外，靠着临街南屋，与三间房占地同样大的自家一块平地的台子，半米直径大的木料被竖着用绳子绑在插入地中的柱子上。我与高中同学、木厂屯村的陈万宾、陈万桢轮流拉着大锯、解着木板，按照父母之命，为预备做我兄弟俩结婚用的两套家具。

正挥汗如雨拉着大锯，村小学数学老师李清梅骑自行车从北后头小胡同奔来，走到我们跟前停下说：振海，你考上重庆的西南政法学院了，我刚从公社联中回来，先给你报个喜！恭喜你了！让你去拿大学入学通知书呢。

谢谢李老师。我高兴地回着礼。

一任同学不停地说着祝贺的话，我抱拳答谢后，转身跑回家，大声说：娘……娘！我考上大学了！娘闻听从后院堂屋出来说，好好好！快给老关爷磕头！我照着做了，然后极其严肃地面向北方，一边深深地三鞠躬，一边恭敬地说：向伟大的邓小平同志致敬！

从公社联中取了四川大学入学通知书出来，直奔父亲王绍武和弟弟振河工作的安丰机械厂，找到父亲和弟弟报了喜，父亲和弟弟立马跟我一道回家了。

一回到家，父亲立即作出安排，在院子里架起五百瓦大电灯，买烟、买糖、买茶，擦洗桌椅板凳，准备今晚开始与全村亲友们分享这份来之不易、在我又是意料之中的快乐和幸福。

二

父亲打听到县上开了高考补习班，开春三月一大早，把我的行李绑扎在自行车后轮外侧，骑自行车送我去水冶镇东邻蒋村安阳县一中高考补习班。出门前父亲叮嘱：一会儿走街上遇见人问弄啥去你就说去当小工。果然出门走到大街吃水井旁，早饭市上王永庆爷问绍武恁这模样是弄啥去？父亲答到送大泉儿（我小名）当小工去。我暗自佩服父亲预料得真准有备无患。

到了蒋村安阳县一中，找到老师，父亲掏出龙文老师写的条子，历史专业毕业的穆（？）老师说已开班一个月了，然后等我们交了学费办了手续，领我们到了一处宿舍。安顿下我，父亲把一榻子几十块钱交给我叮咛我吃饱学好藏牢，一个人回厂去了。

同宿舍有六位，三位是安阳城里来的，两三天过去，他们三位主动搭讪着说：老王看你不像村里来的，哪来的？我说兄弟咋了，要查户口哇？三人说，哥哥您别多心，看您像是当过老师，是吧？原来他们中有一位也当过老师。这一句话拉近了彼此，三个月期间，老是欺负室友的这三位，对我都还真是很尊重。

一个月后的一天，父亲突然来到一中看我说，县教育局要统一考试招收民办教师，自愿报名，你想不想去？我知道父亲心思，立马说：咱先回去参加县教育局考试。回去报考了，结果也考上了小学教师。只是当时校长就是不让我当教师。和我一样遭遇的，还有教过我姐姐的老教师吕守和。这是后话。

这次要为第三次高考备战，所以参加高考补习班至关重要：逼上梁山，就得成功在握。

三

1978年麦收假期间，我正在割麦子。割到离南地头仅十来米的地方，我突然感到一阵恶心，心想不好中暑了，只好蹲下身体，暂时休息一会儿。蹲下大约十来分钟，我带的草帽突然被人打飞了！激灵灵猛地站起来，看到草帽已被人旋破了！扭身看到是本六队队长，他用镰刀指着我说：你作为干部竟敢割麦子时候睡觉？起的什么作用？你家平时没人下地干活割麦子，你还这样？我说，我中暑了蹲一会继续干，你不了解情况，你凭啥打我？他却一把抓住我衣服揪拉着我说：上大队说去！

一到村学校旁边的大队部，支书李桂祥与教师李清梅正在说话。他指着我给支书说：他一家人没有一个劳力在地里干活，社员们意见大得很，他不能再当老师了，必须到队里下地干活。结果是一开学我被校方通知停止教学。我流着眼泪给学生们告了别。当时十九岁的我真的很苦闷，心想：我教的学生王新清的作文在全公社教师大会上作为优秀作文宣读，我的教案在这次大会上交流，凭什么不让我当老师？

很久以后得知，他曾经几次到厂子里找父亲要借两百元钱自己用，而且已给他的朋友扬言只借不还。事先得知这个情况，父亲当然不能借给他。再说父亲与弟弟在厂里也落不下这么多现钱。这就惹下了。之后，我要学木匠投师王师傅，他又游说那位师傅不得收我为徒，只能教他儿子一人。

被人逼到墙根，唯有拼死一搏了。置之死地而后生，所以这次高考只能成功不能失败。当然，如果真的失败了，我也想好了在家好好生活的第二方案：研究木工。

四

高考恢复后我就参加了高考。第二次高考的三天中的第一天中午饭时间，那个生产队长指派副队长到洪河屯县五中考场找到我，以队长说的我没有请假为由要把我揪回去，我则以人民日报社论指出的“高考是中央的决定，无论是谁都不能阻挡知识青年自愿报名并参加高考”据理力陈，这位副队长被我说服，并与我约定：我与他没有见到。这第二次的高考成绩，与第一次高考时一样，都是在没有复习的情况下，直接参加高考的，也与第一次高考成绩差不多，我离录取分数线差了17分。

这次之后直到年底都是我在干活或随村豫剧团外出演出等抽时间自己复习过去学过的高中课本。期间，我曾经到前稻田村专门请教初一老师关思杰老师、高中数学老师张好良老师，同村吕守和给我鼓励。父亲厂里的同事出主意让父亲送我到复习班专门复习。春节一过，父亲给我找了县一中复习班。到复习班上才知道，原来别人都在用“高考复习资料”复习！三个半月时间里，计划并完成了分三个时间段对复习资料进行的普遍重点纠错三个目标量。

7月7、8、9三天高考过后，父亲问我考得有没有把握，我说：就像去年分析的那样，前两次都在没有复习的情况下考的都还仅仅差了十几分，这次有复习资料并有三个半月的下功夫的专门复习，这次是肯定能考上大学的，您就放心吧！父亲与母亲自然欣慰不已。结果考出了高出本科录取线50分的成绩。

五

去成都四川大学报到的时间到了。送我出门的那一天，父亲与堂叔送我到安阳市火车站东北本村舒家当采购员的乡亲帮忙给我的旅店里住了一夜。第二天踏上北京到成都的特快列车。从来没有走出故乡一百里的我，这次一下子坐了一天半火车，走到了3500里之外的天府蜀国。从此，故乡变成了远方。

2015年春

挂 岁

和现在过生日吃蛋糕唱“happy birthday to you”不同，从前老家安阳一带，期盼小孩平安长大，会选择人脉兴旺的大家族的某个地方，作为生日挂岁的地方，用来讨幸运图吉利。

我父母生了我们姐姐之后，还生过三个哥哥，每次都请的是本村同一个接生婆，三个哥得的都是第四至六天时肚脐眼发炎引起肺炎、俗称“四六风”的同一种小儿疾病夭折的。后来生了我兄弟俩。我俩还亲眼看过两个弟弟也得这种病夭折了。到母亲生我妹妹时，父亲到邻村木厂屯村另请了接生婆。但是为什么当时不到乡医院生，至少我兄弟俩记事起村里已有赤脚医生而不请村医接生，我就此曾问过几次今年已八十七岁高龄的母亲，老母说人家都是找接生婆接生。

我兄弟俩是双胞胎，这在当时是相当的稀罕。出生前几天，母亲做过一个梦，梦见家里添了两个油乎乎的小黑狗。当年是狗年。那时还没有B超，母亲一胎生了我两个，惊喜一时传遍全村，而最最高兴的是爷爷奶奶和老爷爷，老奶奶肯定也喜欢，只是印象不深。好不容易一胎来了两个重孙子，四世同堂啊！于是老爷爷又是掐算又是推演，想着各种招数保佑俩小鳖崽子（当地亲昵用语）平平安安、顺顺利利长大成人光大门庭。于是出两秘招：一是以海、河两汪洋来命名小哥俩大名儿，一是择大吉之地为俩小子挂岁，具体就是选择村南地的一口大井。

你说为什么选择这个井边呢？村中老辈人传说井龙王是海龙王的子孙，由井下可直通大海大河。因为命中五行缺水，缺水则心不灵，补水的办法就得在名字中加上水，于是懂得算卦的老爷爷，就用海与河给我兄弟俩起了名。我们同时还得再加一道保险，就是选择一个水边挂岁。选哪呢？村里几个大土坑储存着雨水，但是却不是一年四季都有水。而泉水常年不竭之地就数村南这口大井最好。老爷爷选定村南田地里李姓的这口大井，是因为这口大井可以同时提供两架轱辘都用柳树枝编成的柳斗子提水浇地，水脉旺，又离家近。还有就是老爷爷与李家祖上共同敬佛的渊源。

挂岁要做好几项准备工作：一是要纺穗子。就是用新弹出来的棉花纺成棉线柱子。二是要蒸供。供品包括用麦面做的高和馍两样。高的形状是上下3层，下面一层是一块圆边的面饼做底座，第二层是粗条子盘出牡丹或菊花形状花形，花形中心竖着安上红枣。第三层也是花形带红枣。然后上锅蒸熟就成为供神的贡品，这叫做“高”，寄托着希望步步登高的想法。这蒸两座高与六个馍的工作由母亲准备。烧的香、放的鞭炮由父亲准备。

到腊月二十生日那天上午的十一点钟，由老爷爷领队，母亲带着我哥俩到井边，先把供品摆好，一座高三个馍一炉香为一组供神的贡品组合，两组摆在大井的井沿两边，上好香，现场准备工作就绪。

拿出线穗子，母亲一边领念，我俩也跟着念：“爹也赢，娘也赢，俺到这井上讨旺性”，意思就是讨个兴旺运气；一边让我哥俩一人手持一根筷子、母亲则把棉线在这两根筷子上缠绕成线绞子，绕好两盘线绞子后，再在线绞子上绾上个铜钱。然后给我俩挂在脖子上，这就叫挂岁。

给俩人挂上岁后，我俩就倒身在摆好的供龙王的香炉和高、馍前，行三拜九叩大礼。这期间，老爷爷放起了鞭炮。礼毕，挂岁仪式圆满。

我们一到三岁的生日都是在家里过的。从四岁起一直到十二岁，我兄弟俩生日挂岁仪式都是在这南大井边进行。

十二年中每年挂岁时的线绞子都会被母亲收藏妥帖，因为每盘线绞子都承载着一家人对下一代的期盼与寄托。直到我兄弟俩找到媳妇快结婚时，母亲就会把线绞子织到新婚用的被子面料中，以期延续保佑我们家和业兴、人丁旺盛、生活安泰、幸福美满的生活追求。

记得有几年我兄弟俩都是头戴粗布风帽去挂岁的。这种老式风帽，左右两鬓旁各有一寸宽的飘带兼系带，后面一块半尺宽的尾帘遮住后脖子，与古装戏里戴的一个样。身穿粗布红棉衣避邪，脑后留着小辫子。这般男扮女装打扮，据说可保男娃成人而不夭折。稍长大到上小学时，一直爱赶时兴的父亲，给我俩买了人造革质地的棉帽子还有海绵围脖儿与护耳儿。初中毕业后，弟弟到父亲上班的乡机械厂上班当了车工，我继续上学。

我俩十五岁时父亲托关系在武汉给买了真牛皮黑皮鞋、涤卡成衣，并且凭布票到安阳市扯了涤卡布，领我俩到厂部所在的郭家屯集上的缝纫店里定做了裤子。这是我们第一次穿得这么跩，以至于数九寒天积雪盈尺冻得发僵的春节期间、也不舍得脱掉这双新皮鞋换上暖暖和和的粗布棉鞋。以这次换装为起始，一家人开始推动我兄弟俩走向十五岁以后人生新的阶段，一如挂岁时的期许，不论结果如何，始终抱有期望，始终坚信好人必有好报、努力就有希望。

2015年春

饭　市

大凡有人的地方就有信息交换中心，无论城市乡村皆然。在乡村，封建社会中与宗法一脉的有钱人的宗祠，是一族之节庆族庆祭祖娶亲议事行法娱乐礼教之地，兼有信息交流的职能。乡村一般人家盖不起宗祠，就以记载有一门传承脉络的《家布轴子》放在族长家中，每年请出家布轴，对着家布轴行三拜九叩大礼之后进行续写。族长之宅也便成为信息交换之所。然则日常生活中闲喷（安阳地区把说闲话儿叫做“闲喷”）之所何在？饭市是也。

饭市者何也？人民公社时期，太行山以东的华北大平原上，河南安阳，每村中午饭晚饭都有很多饭市，就是老少爷们十几二十几个人或两排相对而蹲着或是围成圆圈蹲着，边吃饭、边交换着天文地理喜怒哀乐神仙鬼怪诸多信息。何时出现的？不知道，都哪里有？也不清楚。反正我从小就喜欢上饭市。饭市是上个世纪人民公社时期当年村村都有的日常的多功能综合性信息娱乐休闲中心。

一

我们村儿有三条街叫大街、北后头街，南后头街。我家住在大街正中。有十几处饭市，每个饭市都有一到两三个主角。

北方人爱吃面食，面条与馒头是日常主食，现在的一日三餐。但在“糠菜半年粮”的几年光景里，一般人家“每天能吃上一顿白面面条”只能是奢望。二般情况除外，比如我村前净渠村大街上我祖宅对面本族里我叫做爷爷的老六王天富他家。

全村当年人口近九百，分设10个生产小队。天富爷是我们生产队的能人，他会耕种犁耙管保算划一类的技术，干活总在前面，兴趣广泛记性好，能说会算，是学习型复合型庄户把式，是我们这个小队中的智囊，人称“小诸葛”。有一次暑假锄地，他叫我挨着，一边锄地一边议论说：“泉儿你说这东周列国，到底有多少国？西周姜子牙分封了八百国。到了东周不知还有多少国？你这高中生、给咱说说。”“听说秦始皇他娘怎么还与嫪毐有一腿呐，你说这是不是真的？”当时年少知浅，真真一个书到用时方恨少！好在还没有少到不知道他问的这个问题。他对历史的喜爱，连带着也喜欢我这个知识青年。而喜欢听他闲喷的却不止我一个。所以他一到来，我们这个饭市的气氛就立刻热闹起来，而他正是村中央大街上水井边大队部外饭市上的惯例主角。

他家四个闺女没有儿子，却看不出他没有儿子的不自在，反而让人觉得他活得倒是很带劲儿。他自己也真真切切的活得带劲儿。他家大闺女出嫁到了邻村后净渠村。二闺女出嫁在南邻村梁布大营村。梁布大营，因为曾是三国曹操以邺城为副都时囤积军用粮食与布料的国库，故有此名。我们周围几十里范围内的村庄名字，与西门豹有关，还有课本上说的“惩三老”之地丰乐镇、东稻田村、前稻田村、后稻田村、渔洋村等。至于与曹操有关的村名，那就太多了，如凉马岗，木厂屯，三台，高穴（在西高穴村地里发现了曹操墓），习文，讲武等。所以，六爷自豪的实在是厚重而感人。

净渠者，是春秋时期西门豹治邺时组织开挖的漳河南畔六条灌溉兼排洪主渠之一，西北—东南走向。当时在漳河南岸、北岸，共开挖有十二条灌溉水渠。以净渠为界，南村叫前净渠村，北村叫后净渠村。我多次听我亲爷爷王俊德说过：“前净渠，咱这村名啊，在天下没有重名，独一份儿！”

六爷他家三闺女在本村招赘传承香火有了儿子，老天富当上了正宗爷爷；老四闺女年龄尚小但个子高大模样俊俏。老三老四俩闺女下地干活挣工分不少，一家四口有三个壮劳力，所以他家就有每天吃上白面条的综合实力和积蓄。这位大眼睛高鼻梁的六爷向来行事高调，每顿两大碗冒尖儿的面条，第一碗是自己端着上饭市的，第二碗由他家老四闺女端给他。吃面条时，得先把面条与卤菜搅匀。只见他一边搅拌一边显摆着大声说道："这面条擀得筋嘞，叫恁搅得膀子疼！"这话说得财大气粗又潇洒自如，可能还有气气别人逗逗乐的意思吧？

听他这话的饭市上二十来人，大都端的是红薯面饸饹或是菜饭就红薯窝窝头，真真眼馋着他这等福气呢。他可好，火上浇油一般，边说边吃边唬噜噜转着大眼睛看着全场，得意之情全挂在了眉目颜容间。只惹得有大胆的人要抢他的碗。我观之闻之，只有羡慕得无话可说且眼力劲爆。

这么一位爱张扬行事的主，不仅仅给饭市带来羡慕嫉妒，他知道的也很多，平时爱看看书、记性也好、脑子好使，而且手脚勤快，又会说话，是生产队的能人，队长有事常找他商量，自然在饭市上就成了主角。艺高人胆大，不服不行。他一说起古来，就连队长石福爷也成了听古的人。天富爷讲刘秀走南阳讲包公案讲清朝与红毛子打仗等，我们这块地方把讲历史故事叫做"说古"，把听历史故事叫做"听古"。当然，谁家孩子孝顺有出息，谁家媳妇贤惠能干，也在这里交汇着消息。乡村公共事务，例如每隔一段时间就要淘井、修渠，还有谁家收养义子谁家为招婿改姓等家族严肃的大事，也会在饭市上酝酿与推进。

一个饭市大概有一两个新闻发言人，兼主讲人。主讲人兼主持人兼主演人，只把饭市作了讲台舞台广播电台。也有不服气的，敢叫板六爷。而对于听众而言，论看热闹，还是看对手戏。

有位一人吃饱全家不饥丧妇未再娶的光棍儿汉“老三”，三十多岁，把自己照顾得挺精致的，爱干净爱到有标准化程式：下班回来，脱衣服抖灰，洗手、洗脚、擦澡，擀面条。煮好又厚又宽的面条后，就展演起同样程式化的夏秋季（春冬仅着装不同而已）出场式：沾水梳过的大背头一丝不乱闪着亮光，倔强的下巴微微上翘，高傲的眼神直视前方，左手端碗面条，手心里握着蒜瓣儿，右手拿着小马扎，上身白色短衣，下身白色短裤，折叠式纸扇子斜插在背后的裤腰里，脚蹬自制的木质趿拉板凉鞋，一步一声响，走到饭市，靠着大队部东山墙，挨着六爷搁好马扎坐下，右手取出扇子嚓的一声打开，扇上一会儿后，开始就着大蒜吃面条。光是这面条，就可与六爷的面条一较高下了。这饭市上也就算他俩能在农忙时节每天中午端出馋人的面条来。

书表到此，情不自禁地要告诉您一个小秘密：我每次一想到这段儿，就条件反射地流口水！

饭市上往往是六爷担当主讲嘉宾的时候多，少有争锋的人，除了老三。老三一到场，对手戏就开始。

这老三专拣六爷抬杠。两人靠墙并肩面东而坐，抬杠的时候谁也不看谁，都面向着东边的京广铁路方向，就那么你扯东我就喷西，你说南我偏偏论北，不急不慢，语调从容，喷殷纣，呛秦皇，演八卦，推五行，猜谜语，出难题，显摆着各自的机敏与见识，简直就像表演一般。挺有意思的是，再怎么抬杠，两人却从来没有翻过脸。这大概就是所谓的英雄惜英雄吧。这时候的饭市，往往出现三国局面：一方是支持老三的，一方是为六爷帮腔的，剩下的就是看热闹的。

二

短缺经济时期的乡间，四季常有卖售或换取废铜烂铁的针头线脑、白糖、红糖、桂花糖、花生豆、芸豆、五香黄豆的手推独轮车或肩挑双筐的货郎担，卖钢针铜针绣花针还有卖老鼠药的盲人，这类盲人绝大多数是男的，他们大都是十里八村的，也大都会自拉自唱说书唱河南坠子腔。

有一位家在陶家营的称作老陶的盲人，晌午间卖针头线脑老鼠药，还有算卦，自称“上算一百年下算三五辈”。这日中午，有着一颗很有智慧的头脑、但是见活见事就急急慌慌人送外号“老慌子”的本家大爷，他把老陶叫住，二人咬着耳朵如此这般的说了一会话，然后各走东西。

京广铁路从我村的东地里通过。俺村东北方向三里地铁路东边，有一村庄叫做太平店，村中有一户人家的闺女，刚出嫁不到一年、丈夫就生病去世了，回到了娘家待嫁，有克夫一疑，也不容易找到称心对象。这闺女又是家中老大，下有妹妹弟弟，回到娘家后正郁闷着。

从俺村出来一个小时后，老陶到了这位闺女娘家所在的太平店街上，一边打着木板、一边开始了吆喝：算卦算卦，相生相克，算出媳妇，算出婆家。算不准我不张嘴，算准了恁看着给。算对了扬扬名，看我老陶有多能！算不准挥挥手，水也不喝我马上走。

闺女的老娘正为女儿命硬难再找到好婆家犯愁呢，经不住大街上老陶的来来回回反反复复吆喝，就把陶瞎子领进门来说：瞎子你可真会喷呐，恁瞎喷恁算卦这中那中，那就快快给我算算：我是有好事还是有愁事？老陶说：老姐姐你呀最近正心烦着呐，家有闺女命犯冲，新夫坟上眼哭红。当娘的闻听此话立马折服，急急冲了一碗白糖水递给老陶（注意：那时候能喝上白糖水，算是贵宾待遇啊），讨好着说：想想法儿破破中不中？老陶说难！当娘的就央求起来。末了，老陶为难地说：只有一个办法，听了高兴了您甭夸，败兴了您甭绝，可是答应俺？老娘说甭再鬼了就帮帮老姐姐吧快说快说说。陶瞎子要的就是这么个舞台效果，于是瞎眼上翻着极速眨着眼球慢慢说道：选婿应选西南方，头发稀来头皮光，有点明病好男人，保你闺女不发慌。

闺女是很能干聪明激灵灵的人，干事克里马擦，说话霹雳吧啦，只是苦于命犯北斗，正在家烦愁着。今日隔帘闻言，闺女一拍大腿说：娘！见！

见谁？近日有媒人给这闺女提亲说：前净渠村有一小伙儿，健壮、能干、心透气儿（意为聪明）、爱说，有一姐姐已出嫁了，他与父母加起来三个壮劳力，日子过得那是跩得很（形容生活舒坦、心情舒畅、走路摇晃），只是因为天生头发又少又黄，没人识真货，说真的，他简直就是在等你呀！闺女心气儿高着呢，心想媒婆自古会鼓捣，就没有答应。今日闻听老陶这么一说，只好心一横，决定见见西南方向的这位有明病的能人。

有此老陶一番命运说教的心灵铺垫，又加上爱喷的遇上了会哒哒的，不消说，干柴遇烈火，小葱拌豆腐，两人见面一说话就是一上午！老慌子老两口看着儿子把这能干又有模样的闺女粘住了，真是喜不自胜！后又经老陶两壁厢的测算出良辰吉日，三个月内，老慌子的儿、头上有“明病”人送外号“黄毛儿稀”的小伙儿，娶到了这位泼辣机灵、巧手能干、嘴会说、模样俏的曾婚女人。

这老陶嘛，就像有句话说的那样，“吃了原告吃被告”，自然两头收了重谢礼。

一般人吧，有了好事不会只是偷着乐的，老陶到底没能守得住与老慌子的合作共赢保密的约定，在别村的饭市上，把这等好事隐去姓名之后与大家共享了。十里八村都是亲，这段隐情到底还是出口转内销一般，终于转回发源地，在俺们饭市上迅速传开了。当然这是老慌子有了孙女之后。进了一家门，小两口深度一沟通，倒觉得另有一番滋味在心头。可往回一想，这建设成本大是大了点，工期可是大大缩短啰！

人无完形，事无完情；物质不灭，能量守恒。不管当事人怎样感怀，反正饭市上因此多了一本美谈。

三

饭市上来了盲人拉弦说书唱戏的，这饭市的主角就换了。有时候连着两三个饭市都有盲艺人在说古，那可就热闹了！民间故事，民间创作，民间传播，民间娱乐。

我家东边近处的饭市在路南胡同口李姓大门外的空地上——

“老宛再来一段”！

老宛是谁？且听我慢慢道来。我村南面偏西有一村叫做葛家庄，人不足300人。一户人家喜得贵子，没兴奋几年，幼子染病致盲。家人等盲儿长到八岁，请来一位同是盲人的老师傅，教盲儿拉二胡，背戏词儿。盲儿记性好、听力超强，善于模仿，学徒三年期间，每月跟师傅在田间水井边儿沿儿上学拉二胡、学唱坠子腔，用腿打梆子拍镲。乃至三年学徒期满，又跟着师傅实习五年。得到十六岁出师。出师后，照样对师傅行尊师之礼，过年过节必去拜师、遇事必去帮忙。因此上，这年轻盲人心善手巧艺高之名远播，引来一位盲人俏姑娘做了一家人，婚后生得三子两女，都很争气。这人小名“老宛”。

手拉二胡唱了一段河南坠子《罗成算卦》后，老宛乘兴又来了一段《苏三起解》。

老少爷们还有李家两个媳妇，听后都端来了稀饭和红薯面窝窝头，老宛一连喝下十一碗稀饭，中间尿了两次尿，松了三次腰带，只把听古的媳妇们听得流泪看的心疼。说来也是没有办法的事，那时期有两三年的时间，大部分庄户人吃的就是一天三顿饭中有两顿稀饭窝窝头，中午吃红薯面做的饸饹面，红薯竿竿炒菜为卤。

我家西边的饭市——

有一位居家离我们最远的盲艺人，是从山西来的女盲艺人，每年都经过我们村一路向东，到位于山东聊城的女儿家走亲戚，然后原路返回山西。当时这位女盲人艺人，大概就是四十多岁，身体硬朗，面容清秀，中等个头。她一路探亲之旅，晓行夜宿，全靠一副唱腔两条打板讨饭借住。这天晚饭时，她端坐在小饭市上，这小饭市以妇女儿童为主。我家西邻居问她：“看过女儿了？”她说：“看过了，闺女又生了一个孩儿，两儿一女了。女婿非要我在他家住下别来回跑了，我住不惯，山西老家还有儿孙。还是来回走动着身体得劲啊。”说完，打板开唱王三姐。记不住她唱的词了，但是她的唱调，却记忆犹新因为她唱的就是一个调儿（一个乐段，六个乐句，反复吟唱）。大概四五年前，有一次在西安市大街上听到有人播放歌星唱山西民间小调，一下就听出就是五十多年前我听过的她的声调，一段有六个乐句：

3– 6–|53 2|

33 53|232 1|

65 33|22 7|

676 5| |61 2 |

5 –|62 76|

5– |

然后是循环不已。每次听到她打板清唱，都是这个调调，让人感到凄凉。由于女盲艺人只会打板清唱，所以吸引的人不多，主要是妇女儿童。

妇女们的饭市以东家长西家短、婆婆和媳妇怎样干架、谁又跟谁好上了、谁又咋了，这等事为最多，还有就是女盲艺人的说唱。

四

饭市上，也有七嘴八舌的神仙会。

记得有个老汉卖钢针，还专门组织过一帮人干过大粪池晾干后在池周边刮白色结晶的硝。一日，饭市上有人发布重大新闻：那个老汉被抓起来了，听说是国民党在大陆的大特务。

又一人开喷了：你们听说过吗，百家姓里有猪羊牛马人鬼狗，西边岗地上（指丘陵地带）朱家洞村有姓苟的富农，给孩子取名向党，今年孩子上学都五年级了。听说前天被抓了，红卫兵说他这是在反党是在向无产阶级司令部进攻，被抓起来关进局子里了。

谁家的孩子争气了，谁家的媳妇贤惠能干，村东头李家安装了一联五台织布机，北后街舒家开始吹制药瓶儿，木厂屯村炼铁全村过上好日子了，渔阳村靠漳河养鱼供应彰德府（安阳市旧称）了。还有亲爷爷王俊德在家里对我哥儿俩子曰子曰的传诵。乡村信息，耳口相通，励志教化，广誉弘声。

五

从立国到改革开放之初，农村经历了从传统农业经济到集体经济的转变。货郎担，打铁的，补锅的，剃头的，修脚的，磨剪子戗菜刀，八样菜、烧鸡、黄瓜西瓜西红柿换小买卖的，耍猴玩把戏的，还有走街串巷吆喝卖针头线脑老鼠药的。与此相伴的，是社员们听钟声一块儿上班到地里干活，一块儿下班回家吃饭休息，和与吃饭一同进行日常生活娱乐休闲励志亿兆信息，以及百业行情万家生息交流的饭市。

小小饭市，浓缩着搅拌着古今中外天文地理士农工商善恶美丑神仙鬼怪，哈哈镜透视镜望远镜一般映照着生活百态，探照灯聚光灯激光灯一般扫描着乡间时空，生动着乡村生活，链接着古往今来。

时移风易，旧梦依稀。

2016年秋

七路情思

——对星忆贾公耀启先生

西安市西七路，是中国建筑西北设计研究院的大本营所在。院虽于2012年2月22日搬迁到了北郊经济技术开发区文景路98号、文景路凤城九路十字，但是西七路291号老营盘却始终是中建西北院的“圣地”。

一

1983年10月某周日上午，朋友们来说：院党委已决定，任命你为院团委负责人啦！我说我咋不知道？人说真的，会上贾副书记说的。我想起了那次高步文书记带我参加省上大会时问我这问我那的情景。第二年改选，当上院团委书记干了一年，感到有劲使不上，又不知今后如何是好。贾书记对我说：拣到篮儿里就是菜，要各方面多锻炼啊！

二

老家兄弟少，邻居想要占有我家房子于是千方百计欺负俺们，父亲弟弟在工厂上班，母亲带着小妹在老家受了不少窝囊气。老父于是一直催我调回河南，最好调回安阳市内。河南省委党校哲学教研室主任来信要求我报到。我1986年回老家割麦子返院途经郑州到河南省委党校拜访丁主任，得知于1986年元月已开出商调函。同时发来商调函的还有河南省委宣传部。系找到校友杨守礼并寄《哲学研究》1985年第4期发表我的论文《试论比较》及散文诗文等之后两家用人单位的答复。回院问贾耀启书记，说不错是有这回事，我们压下了。商调函有效期是三个月，这时三个月已过。当时我十分郁闷，而且无奈。

三

我、熊、杨、牛、马、程等，1987年写信给海南省人才交流中心。戚嘉鹤、田俊德、门鸿儒到海南分院出差，专门到人才交流中心查看西北院写信都有哪些人并带给贾书记这个信息。一日，贾书记找我聊天，聊着聊着，十分自然地发问道，小王最近有什么想法？我说有，我们好几位，你也肯定知道哪几位了，一块写信给海南省人才交流中心想去那里工作。贾书记问为什么，工作不顺心吗？有什么困难我们一起解决，我说，田对我说过“路走对了，门进错了”。张儒义：“小王啊，干团委书记简直就是浪费青春”，院里一线二线的划分，我还是全国重点大学重点专业毕业的呢，心里落差太大，自感有劲使不上……

四

1989年政治风波期间，省建设厅厅长张继韬来院，6月2日到院里观察。我到办公室，李慧敏主任说贾书记正找你，快到一楼接待室……张继韬厅长、贾耀启书记、徐乾易院长正在研究如何因应西七路院子内大部分是青年职工连同中年职工在内一百多位院职工的上街游行的要求。贾书记交代，徐院长叮嘱，张继韬强调要求带队上街，我表态并声明是执行任务、而非自愿带队上街游行并要求三位领导记住这个情况。我到院子里对谁谁谁等说明要求，对谁扛红旗、在前排开路、谁殿后、谁在两侧翼拉上绳子防范外人插入、行进路线等一一进行布置，请院保卫科、行政处等有关人员负责突发情况的临机处置等一一分拨完毕。下午三点多，上街经七路西华门新城广场尚德路七路回，下午六点许。复命贾书记徐院长。

此后张厅长四次派厅政治处康主任商调我到厅任厅长办公室主任，不成。一次贾书记到厅开会，张厅长问贾书记："老贾，调你那一个笔杆子来厅里咋还舍不得?"

"我们没有笔杆子啊"

"说真的老贾，你们那个团委书记小王不错，我想把他调到厅里当办公室主任，老同学你就忍痛割爱吧。"

"老同学、厅长大人，我们还要用他呢，你就别抢了。"当然以上对话是从建设厅政治处领导那里听来的，政治处领导鼓励我找贾书记提出到厅里工作的要求，我碍于情面始终没有开口。

贾书记是我在西北院工作中，对我培养关怀爱护最多的领导，在我成长的关键时期，悉心培养。得遇儒帅，三生有幸。

有多少往事，如在昨天；

有多少尊者，如在眼前……

（四）

新华社主办大型系列丛书《共和国的功勋》之陕西卷《陕西英模》书稿

从传统走向未来

——中国建筑西北设计研究院院总建筑师张锦秋

悠悠文明，在激情的创造中流动成画面；

张张蓝图，于智慧的耕耘里播种着未来。

中国建筑西北设计研究院总建筑师张锦秋女士，坚信奥斯特洛夫斯基的人生格言："人生最美好的，就是在你停止生存时，也还能以你所创造的一切为人们服务"。长期以来她以此作为事业的动力。

张锦秋出身于建筑世家。1966年她从清华大学研究生毕业后来到西北建筑设计院参加工业与民用建筑的设计工作。1976年她作为专家组最年轻的成员，参加了毛主席纪念堂的建筑方案设计工作。

改革开放以来，她出色地完成了一批城市和园林的建筑设计任务，为古都西安奉献了一组又一组传统风格的现代化建筑，为弘扬中华文化、增加西安旅游城市的吸引力，作出了积极的贡献。

1981年，她创作的阿倍仲麻吕纪念碑获国家建工总局优秀工程奖。

1982年，中日合作在西安南郊乐游塬青龙寺遗址内建立日本空海纪念碑院。日本著名建筑师、60多岁的山本忠司先生负责此项工程设计。当他看到张锦秋把纪念碑院规划在一个颇具艺术效果的地形环境的方案时，主动提出由他设计碑体，碑院建筑设计及总体规划则请张锦秋负责。在工程竣工典礼上，山本忠司激动地写下“高艺术、深友情”六个大字来评价这组纪念性建筑。此后十余年他们之间一直保持着友好的交往。

1984年底，张锦秋着手进行她与日本建筑界的第二个合作项目——“三唐”工程。三唐选址于国家重点文物保护单位唐大雁塔旁，制约条件十分严格。从1980年起，她就对大雁塔地区的旅游开发进行过规划与可行性研究工作，绘制有总体规划鸟瞰图，并得到专家学者的好评。她以此为基础，于1984年底提出了“三唐”工程总体设计方案和建筑设计方案，得以顺利通过。作为业主的中日双方一致同意委托张锦秋全面主持此项工程设计。她在创作中，以古塔为主，视“三唐”为宾，运用“相反相成”和“虚实相生”的创作手法，使多样化的建筑融于统一的完整构图之中，整个“三唐”工程求得了传统建筑逻辑与现代建筑逻辑的结合，传统艺术形式与现代功能技术的结合，传统审美意识与现代审美意识的结合。“三唐”工程成为她的成名之作。1988年落成之后，中央电视台对“三唐”工程进行了专题报道。一时名满神州。该工程被评为中建总公司优秀设计一等奖、陕西省优秀设计一等奖、建设部优秀设计二等奖。最近，被选为世界250家一流宾馆之一。

1984年，她还着手陕西历史博物馆的创作。

陕西历史博物馆的创作与“三唐”工程几乎是交替进行的。如何突出二者各自的特色，这曾是她苦苦思考的重大课题。在创作陕西历史博物馆方案时，张锦秋沿三千年历史文脉上下求索，面对科技的飞速发展而苦心经营，终于向社会奉献出了陕西历史博物馆这一体现了泱泱东方大国风范的鸿篇巨制。历经八年，陕西历史博物馆终于在1991年6月落成。这组建筑充分反映了盛唐博大、辉煌、蓬勃向上的风貌，并在这一点上与时代的风貌求得了高度统一，成为陕西悠久历史和灿烂文化的又一象征，成为现代的古都西安的标志性建筑。陕西省委书记张勃兴称赞陕博是“历史纪念碑”性的建筑。文化部副部长高占祥题词：“华夏宝库，古都明珠。”朱穆之题词称赞：“世无双。”北京文物局局长王金鲁说：这座博物馆规模之大，建筑之雄伟，使我们大开眼界。法国巴黎市长希拉克参观后评价道：“建筑风格之宏伟、陈列文物之丰富、所藏珍品之精粹、反映历史之悠久等方面，堪称是世界第一流的、最美的博物馆。”陕博荣获中国建筑学会全国建筑创作奖、中建总公司优秀设计一等奖、建设部优秀设计二等奖。

陕博的成功设计，使张锦秋在世界建筑设计界卓然独立。

在建筑创作的同时，张锦秋笔耕不辍，其理论成果汇聚在最近出版的专著《从传统走向未来》一书中。张锦秋严谨、诚实而独具风采的建筑创作，得到了社会的肯定。1990年被国家评为“有突出贡献的中青年专家”；1991年被建设部授予“设计大师”称号，成为至今为止我国唯一的女性建筑设计大师；1993年当选为全国政协委员。

1992年

新华社主办大型系列丛书《共和国的功勋》之陕西卷《陕西英模》书稿

科苑繁花照眼新

——中国建筑西北设计研究院院总工程师徐永基

“书痴者画必工，艺痴者技必良。”正是靠了对人生、对事业的这份痴爱，中国建筑西北设计研究院院总工程师徐永基女士，在三十八年事业之旅中，借助科研与设计的两翼，潇洒出一路辉煌。

1956年9月，21岁的徐永基从青岛工学院毕业后分配到该院，从事结构设计工作。那时，新中国已开始了社会主义经济建设，毛主席、党中央发出了向科学进军的号召。徐永基积极参加了该院组织的薄壳结构设计课程的学习。薄壳结构设计是当时建筑科学中的一项尖端技术，当时掌握这项技术的人还很少。徐永基勇敢地承担了研究薄壳结构设计的任务。

一经开始，就是一次壮丽的行程。为攻克这个科学堡垒，她以顽强的精神攻读了有关“薄壳”研究的许多资料，掌握了苏联建筑力学、德国数学分析等新知识，克服了一道道难关，对薄壁空间结构（薄壳结构）、地下结构、防微震理论进行了系统的学习和研究，掌握了“柱型薄壳”“双曲薄壳”“折板式薄壳”等九种薄壳设计理论。艰苦的科研攻关，终于化作丰硕的理论成果，她撰写的十多篇薄壳设计的科研论文先后在全国性学术刊物上发表，其中的四篇论文获全国科学大会奖。举办全国性学习班进行讲授。这些成果在设计实践中得到推广应用。如西安人民搪瓷厂30米跨度非预应力多波圆柱形壳体、结构；626工程采用两个24米×30米预应力边拱双曲扁壳，采用土胎模制作，用钢带提至30米高的柱顶；大型地下防空工程，采用圆形平面多支点球壳及圆环边缘构件之空间结构；精度-20.1微米之防微震隔基础设计等。这些项目都具有相当高的学术价值与工程价值，分别获得全国科学大会、建设部和中建总公司的奖励。

从此，年轻的徐永基成为我国科技战线上的一位风云人物，被誉为“攀登科学高峰的闯将”。《人民日报》为此发表社论并出版宣传册，号召全国青年向她学习。

1959年，她出席了全国群英大会，被授予全国先进生产者称号。她受到主持全国群英大会的邓颖超同志的亲切关怀，周恩来总理亲切接见了她，勉励她继续努力，并送她珍贵礼品。这成为她在科学道路上继续攀登的动力。

科学理论总是在实践中进一步求得验证和发展的。徐永基将科学理论与建筑设计紧密结合，她在设计实践中取得的许多成果，与她在科研中取得的成果交相辉映，构成她事业中的联奏，长鸣于建筑设计的天空。

1972年至1982年，她负责组织喀麦隆文化宫的考察、设计并到现场配合施工。1997年年底，她以设计代表的身份到喀麦隆首都雅温得现场配合施工。这个工地上只有她一个女同志。在长达两年多的时间里，她与施工人员配合默契。喀麦隆总统多次到工地视察，对工程进度、施工质量和建筑艺术给予了很高的评价。这期间，她的爱人在国内不幸病逝，而家中还有两个幼小的孩子。为了国家的荣誉，她忍受了作为妻子和母亲的巨大伤痛，保证了工程的顺利完成。喀麦隆文化宫建成后，在非洲产生了极好的影响。喀麦隆政府因该工程而授予中国大使勋章。该工程于1986年获中建总公司优秀工程一等奖。在这项国家和荣誉的背后，她付出了多少心血和汗水，作出了多大的牺牲！

回国后，她又参加了北京图书馆、陕西省肿瘤医院、811定型住宅等工程的结构审查工作。她辛勤的工作再度赢得社会的赞誉。

1975年，她光荣地出席了全国工业学大庆会议，被评为全国工业学大庆先进个人。1979年她被评为全国“三八”红旗手。

1983年至1984年两年中，她担任了中国建筑西北设计院院长职务。担任院长期间，通过企业整顿，实行了承包责任制，建立健全了各项规章制度，坚持以经济建设为中心，创造了当时中建总公司设计系统连续两年的最高产值纪录。

1985年，因家庭困难，她申请并经组织同意后卸任院长职务，担任院总工程师职务至今。这期间，她负责指导与审定院管项目如西安大酒店、咸阳国际机场、陕西省工业展览馆、西北大学图书馆、西安民生商场、神府煤田高层住宅等大型工程，多次获优秀设计奖，为院赢得了荣誉。她在分管院的科研业务建设、标准设计及质量管理等管理工作中，为使西北院成为中建总公司系统获科技进步奖较多的单位作出了贡献。在科研方面，她组织领导并审定的“高层建筑薄壁杆系空间结构设计计算机程序”、负责组织并担任项目负责人的科研课题“高层钢结构设计研究”，获得了中建总公司科技进步一等奖。这是她继薄壳设计理论研究之后，在科研领域的新的开拓。

在担任第六、第七届全国人大代表期间，她为推进设计改革积极出主意、想办法，赢得了社会的尊重。

由于她在科学事业中的突出成就，1989年经组织推荐被评为陕西省科技精英；1991年，英国剑桥国际传记中心将她主要事迹编入了《有成就的国际名人汇编第二卷》；1991年经国务院批准成为“有特殊贡献的专家”。

科研攻关赖艰辛，科苑繁花照眼新！

1992年

新华社主办大型系列丛书《共和国的功勋》之陕西卷《陕西英模》书稿

旷达潇洒走人生

——中国建筑西北设计研究院副总建筑师刘绍周

最是那坦诚、真实而充满激情的人生，高奏出震撼人心的美妙旋律；最是那平凡中创造的不平凡业绩，映照着顽强不屈的志向。中国建筑西北设计研究院副总建筑师刘绍周，以“平凡的人做好平凡的事”的人生追求，感染着他所在单位众多高级知识分子平凡的心灵，赢得了人们发自内心深处的尊敬。

1962年，在六年的刻苦攻读之后，刘绍周从清华大学建筑系毕业，分配到中国建筑西北设计研究院工作，先后任技术员、建筑师、高级建筑师，现任院副总建筑师。在几十年的工作中，他满腔热忱地致力于搞好接手的每一项设计任务，认真对待每个设计参数，牢牢掌握国家的有关规定，深入了解建设单位的意图、现场环境和施工条件，积极协调设计流程中各工种间的配合工作，科学解决工种间的综合性技术难题。凡经他主持设计的图纸，多是“以质取胜”的优秀设计。他从事建筑设计三十多年，主持完成的数十项大中型工程设计，从未在设计质量上出现过问题，得到设计同行、建筑单位、施工单位的广泛赞誉。在1992年的全院评优中，他主持设计、担任项目总负责人的西安工人文化宫项目设计，评委们均认为该项目设计技术复杂、构图新颖、交代清楚，“简直无可挑剔”，“堪称设计楷模”。该工程设计获院优秀设计一等奖，参加中建总公司评选获优秀方案设计二等奖。

西安市工人文化宫设计，设计要求高，设计难度大，制约因素多。他担任该项目设计总负责人一开始，就把目标确定为院级创优设计项目。设计中，他会同各工种人员仔细研究每一个技术问题，反复推敲，严密论证，因地就势，精心设计。初步设计完成后，经专家审查评议，一致认为该设计功能分区合理，总体造型新颖，纵横交通流畅，可满足多种功能要求，又照顾了周围环境需要，完全符合西安建设实际，因此得到专家们的充分肯定。进行施工图设计时，他为了进一步落实有关功能设施的具体要求，冒着酷暑，带领人员赴外地参观调研，多方搜集信息，逐个解决难题。在该项目半年多的设计中，自己勇挑重担，经常加班赶图，解决了一系列技术问题，面对完成后的施工图设计，新老设计人员一致认为图面清新、构思精巧，难度较大的节点构造，也都交代得十分清楚。一位甲方代表真诚地说：我搞了基建工作二十多年，今年还是第一次看到这样规范化的施工图。这些年来，他那特色显著、质量上乘的设计，赢得了建设单位的信任。多少次，建设单位慕名而来指名要求他担任项目总负责人和主要设计人。面对这些，他总也不忘给周围同志提供创造的机遇。

最是那坦诚真实而充满激情的人生，高奏着震撼人心的美妙旋律。

“融创新与求实于一体”是他一以贯之的风格。刘绍周的座右铭是：一个建筑师要勇于自我加压，勤奋学习，不断丰富自己。多年来，他总是不满足已有的成就，虔诚地猎取新知，不倦地进取创新。1978年至1980年，他担任陕西省体育馆工程方案调整、施工图阶段设计项目总负责人。为设计好这一现代化的大型体育馆，他团结一班强手苦心经营，顺利完成了任务。为配合现场施工，他曾一连多天早出晚归驻守现场，多少次脚踏自行车从北关穿城而过，到南郊施工现场解决施工中的紧迫问题。该工程设计先后获中建总公司优秀工程设计二等奖、陕西省优秀设计一等奖。这座可容纳8000名观众的现代大型体育馆，是目前西北地区最大的体育馆之一。在近年陕西省建设厅、《陕西日报》、《西安晚报》等五家单位联合举办的陕西20世纪80年代十大建筑群众性评选活动中，正式参评的共27个工程，其中陕西省体育馆以得票最多而名列榜首。

在民用建筑设计的其他领域，他同样取得了卓越的成就：他担任项目总负责人和建筑工种负责人的水电部西北水利科学研究所情报图书楼工程，获中建总公司优秀设计二等奖；陕西省工业展览馆设计，他任项目总负责人及建筑工种负责人，该项目获中建总公司优秀方案一等奖；有的工程虽然规模不大，他也同样认真对待，绝不草率从事。从他身上，人们看到的是一流的设计、一贯的作风。

最是那平凡中创造的不平凡业绩，映照着顽强不屈的志向。还有那朴实真诚、平易近人的个性。

他曾两次坚辞担任院长职务之机。

无论何时，他都以一个普通劳动者的姿态出现，您根本看不出他有高级建筑师的架子；无论老技术人员还是青年技术人员，与他配合工作，都能真切地感受到他那与严谨共存的、极平淡极平淡的亲切和真诚。多少次，下班后的办公室里，有他伏案细作的身影；几回回，为了赶做设计而忘却了还有什么家里的事务要去办。他一心扑在设计院承担的设计任务上，从不搞业余设计。人们问起他，他回答得很简单：“我精力有限。”他家里，没有讲究的装修和家什；“朴实无华”四字可以概括他淡泊的生活和作风。面对这样一位取得了卓越成绩而又对自己要求得近乎苛刻的优秀的老知识分子，您不能不激动！

而他自己总也是那么一句平平常常、淡淡泊泊的话：“做好本职工作，天经地义。”

真诚处处总相逢，旷达潇洒走人生！

1992年

新华社主办大型系列丛书《共和国的功勋》之陕西卷《陕西英模》书稿

运筹决胜唱雄风

——中国建筑西北设计研究院院长花恒久

中国建筑西北设计研究院院长花恒久，1957年毕业于西安冶金建筑学院工业与民用建筑结构专业，毕业后即分配到西北院工作至今，他历任技术员、工程师、高级工程师、教授级高工；担任过设计组长、设计室主任、西北院副院长等职，在任职期间曾赴阿尔巴尼亚、刚果、圭亚那、阿尔及利亚、法国、意大利、苏联等国进行考察、设计、技术谈判、技术指导等工作，多次担任国外技术组总负责人、专家组长等职。为在国外开拓设计任务，进行技术交流，为国家创收外汇，增进中国人民与世界各国人民之间的友谊做了大量工作。担任院领导工作之后，为进一步发挥西北院的技术优势、提高西北院的知名度、增强院的竞争能力和推动西北院的发展做了大量领导工作。

早在20世纪60年代初期，他即开始参加对外经援设计工作。1963至1965年间，赴阿尔巴尼亚参加经援工作，任驻外设计代表，因在国外工作，出色被驻外使馆多次评为援外专家中的先进分子，曾受到周恩来总理、李先念等党和国家领导人的亲切接见。

1974年他主持设计了我国第一条机械化黏土砖生产线——常熟砖瓦厂机械化生产线。因该项目设计技术先进，机械化程度高，建成后效果好，1981年获国家基本建设委员会颁发的七十年代全国优秀设计奖（即设计金质奖），该项目成为中建西北院的第一个全国金质奖获奖项目。

1975至1977年间他多次赴拉丁美洲圭亚那合作共和国进行技术考察，并为圭亚那主持设计了建材工厂，任该项目和驻外专家组副组长、设计总负责人，驻国外技术总负责人参加该项目的设计、施工、安装、调试生产等技术指导工作。设计中采取“集中优势兵力、大兵团作战”的组织方式，仅用了三个月即完成了该项目的全套设计，创西北院对外设计中设计质量与设计进度之最，该项目由于有对受援国情况的深入考察了解，竣工投产后，在圭亚那和加勒比海地区产生了较大影响、圭亚那总理伯纳姆曾多次现场视察，赞扬该项目“成功解决了他们国家长期没有得到解决的居民居住的问题”；苏里南国、特立尼达国等加勒比海国家前往参观该项目后，纷纷要求中国方面为他们国家也设计这类工厂。该建材厂产品除供应受援国外，还远销加勒比海其他国家。该项目打响了我国在拉丁美洲经援第一炮，受到了我国外经部、国家基本建设委员会的表彰。1987年10月《国际内参》对该项目作了报导。花恒久被评为“全国援外战线先进工作者（部级劳模）”。

出色的技术能力和长期的生产组织实践，赢得了人们的信任。1978年被提升为副院长后，分管建材工厂设计的生产技术领导等工作，除制定院建材设计工作的发展规划、抓好领导管理工作外，坚持亲自抓点带面，为攻克技术尖端和打入国际市场、赶超世界先进技术水平而孜孜不倦地工作着。

1980年，他受联合国工业发展组织委派，赴意大利进行黏土制品的技术考察，任考察组组长。回国后亲自组织人员，确定设计原则、技术参数，主持设计了多项黏土制品的大型设备，如高速对滚机、过滤对辊机等。这些建材机械设备的成功设计，填补了我国该领域的技术空白。为我国推行墙体改革生产大块高强建材产品打下了基础，具有明显的社会效益和经济效益，有的获省、市科技进步二等奖，有的获国家专利。

1984年我国援阿尔及利亚一建材工厂项目，因某些技术难题得不到解决，阿方长期不接收，不能移交。国家建材局抽调各地方专家前往阿尔及利亚“会诊”，他任该专家组副组长、技术总负责人。和技术组技术专家一起，在国外实地考察了解、研究分析、测试、试验等，经过日日夜夜辛勤劳动，终于成功解决了技术难点，最后该项目达到了中阿两国协议书上签订的产量、质量要求，受到阿方高度评价，双方圆满签字移交。阿方认为“中国援建项目的效果比意大利等资本主义国家要好得多，且节约了投资”，而且质量好又产量高，产品供不应求，来工厂购产品的车辆常常是几十辆排成长队，日夜等候在工厂门口。经修改后的该项目，获中国建筑工程总公司优秀设计三等奖。

1988年国家获悉埃及因尼罗河修水坝后泛滥得到治理而尼罗河两岸黏土资源减少，急需以沙漠土为资源的制砖设备，即组织有关技术人员赴埃及考察。花恒久被任命为技术组副组长和技术总负责人。时值盛夏，为了取得第一手资料，他冒着烈日在沙漠中寻矿点，取样分析，经深入分析论证，回国后组织设计了一套适用于沙漠土的制砖设备。该设备经国内试制鉴定，性能良好，现已在埃及市场打开了销路。

“业精于勤，行成于思”，他在科技道路上长期的艰难求索，结出了成功之果，受到了社会的肯定。1992年，花恒久被国家批准为享受政府特殊津贴专家。

1992年，花恒久担任中国建筑西北设计研究院院长，主持全院全面工作。此时恰是国家处在改革开放的关键时刻，是计划经济向市场经济的转换过渡时期，又是设计院由事业体制向企业体制转换的转折关头，为使千人大设计院在激烈的市场竞争中加速发展壮大，他担任院长后，从全局出发，审时度势，精心运筹，组织制订了院的《深化改革总体方案》《转换经营机制总体方案》，确立了“抓好设计主业、全方位经营、多渠道创改”的新的经营发展战略。在全局工作中，坚持以经济建设为中心，坚持改革开放，坚持党的基本路线，加大改革力度，组织协调各部门力量，保证了生产任务的完成。管理上，在认真总结过去承包经验的基础上，修订、完善了“技术经济承包责任制”，积极承揽大型特大型设计任务，努力繁荣建筑创作，组织超额完成生产任务，以灵活经营的原则管理分院工作。下放权力给各生产所，调整奖励办法，实行多劳多得，鼓励广大设计人员多创优秀设计，积极转换经营机制，努力改善发展环境。争取外部优惠政策。完善内部激励机制，在职工住房分配等方面体现干好干坏的区别。在抓好设计主业的同时，实施全方位经营，大力开办第三产业，成立房地产开发公司、建筑装饰公司等经济实体，充分发挥院各种技术人才的积极性，挖掘院各方潜力，为院多创收益。面向社会主义市场经济和企业化发展方向，精简机构，压缩非生产人员，充实生产一线，大胆而稳妥地进行人事、干部、用工制度改革，实行行政干部、技术干部聘任制，工人实行合同制，使干好干坏、干多干少区别开来。实行工资改革，资金、工资、福利等方面向一线生产人员倾斜，向技术、管理骨干倾斜，这样一来，较大程度地调动生产积极性，抓住了良好的发展机遇，推动设计院的工作上了一个新台阶；1992年，全院完成产值为计划数的249%，创历史最高水平；院设计产品获多项奖励，其中有的为全国最高奖；院的设计技术与科研八大优势得到进一步发展，声誉日隆；外部发展环境较以往有大的改善，大型特大型设计项目纷纷找上门来；改善了生产环境，提高了生产效率；1992年院获“双文明单位”光荣称号，各项工作在社会上都赢得了赞誉，产生了广泛的影响。建设部侯捷部长来院考察工作时对院的工作给予了充分肯定；西安市委书记程安东专程来院深入生产小组视察工作，对院的工作成就给予了高度赞扬并欣然为院题词留念；1993年7月，院被国家评为“中国勘察设计综合实力百强单位”……所有这一切，凝结着一院之长花恒久的多少心血！最近，他被陕西建筑业联合会推荐为“优秀企业家”。

他还在不少社会和学术团体组织中兼任职务。

社会兼任职务主要有：

中国建筑设计协会	副理事长
中国砖瓦协会	副理事长
中国建筑装饰协会	常务理事
陕西省建材工业协会	常务理事

学术团体兼任职务主要有：

中国硅酸盐学会	理事
陕西省硅酸盐学会	副理事长
陕西省土木建筑学会	副理事长
《中国建材装备》杂志	编委

面对从事技术工作和从事全院领导工作取得的许多成就，一向谦逊的他仍心静如月。“不患位之不尊而患法之不崇，不耻禄之不夥而耻知之不博”，他时时以此警策自己，为使千人大设计院百尺竿头更进一步，他正在描绘着新的发展蓝图。

1992年

智慧的潇洒

外国友人常言："来中国没到西安等于没到中国。"最近又加一句说："不游'三唐'等于没到西安。"夸张也好，赞誉也罢，至少说明了"三唐"开张几年来在西安游乐业中的显著位置：唐艺术陈列馆、唐歌舞餐厅、唐华宾馆已成中外旅游观光客的必游之地。

在历史名城西安的蓝天重现气度恢宏的大唐雄风，并在其中高扬蓬勃向上的当代西安精神风貌和生活的丰美多姿，这是张锦秋在做梁思成先生和莫宗江先生的研究生时心中就有的求索。如今，她终于以自己久经中华文明浸润而独有的洒脱、睿智和刚毅，立身于全国百名设计大师中的第十五名建筑设计大师之列，成为我国年轻的设计大师之一。时间是1990年12月15日。

清华岁月

上海市第二女子中学的课堂上，一位少女正全神贯注地读着苏联文学作品《远离莫斯科的地方》，书中主人公对沸腾生活的热爱深深撼动着少女的心，放眼鼓足干劲建设共和国的人们，她神思如涌，常常把此种情怀寄托于绘画习作之中。

高中毕业临近。父亲对她说："你就学建筑吧，你和哥哥一个在海上造房子，一个在陆地上造房子。"

1954年夏，她考入清华大学建筑系。

她梦中都在憧憬着手中的线条变成辉煌广厦时的那份喜悦。

1959年，她们班同学集体创作的中国革命历史博物馆方案，在国庆十周年设计竞赛中荣幸获选。从此，广厦之梦便悠悠扬扬、潇潇洒洒、浩浩荡荡。

读了六年建筑系本科。毕业临近，她以灯光下的勤奋和月光下的思索，沉淀出优异的学习成就。她被留校做起了研究生，拜师著名建筑学家梁思成教授和莫宗江教授，进行了建筑历史与理论研究的系统研究学习。

那天，黄昏枕着夕阳，晚风轻抚。

梁思成先生在圆椅上坐着，问她愿不愿意随他一起做宋《营造法式》的注释工作。她说不愿画斗栱，想搞园林艺术。她的一种朦朦胧胧的想法是：学习和研究建筑历史，必得落脚于建筑创作上。

正所谓"古为今用"，"活学活用"。

梁先生深知兴趣在学问中的重要性："你有志于中国园林，这很好。在这方面请莫教授指导很合适。莫宗江教授对园林建筑有许多独到的见解，研究很深，不但造型尺度的把握十分精到，还对东方美有着特殊的感受，一山一水一阁一亭都能讲出道理。"又介绍吴良镛教授："他能从规划格局上着眼、从总体上分析，这对大型皇家园林研究十分必要。"

谆谆教诲，促使她向纵与横两方面进取。

颐和园后山景区内，因山就势的亭台与借景成景的楼阁，掩映在起伏连绵的苍翠之中。有清一代的能工巧匠的创造，使得人们可尽情领略那"远近高低各不同"的天然意趣；放眼可观其整体布局的和谐，凝视可得其神思运行的精到，可谓诗怀画意，天籁人声，尽在其中。

这次的论文，焦距对准了这一景区。

搜集材料时，对乾隆帝关于后山风景点的一首诗稍有困惑，遂向梁公请教。

讲完之后，梁公道："中国园林不能只看空间而忽视了意境和情怀。它是一个特殊领域，凝固了中国绘画和文学。园林中的诗词，往往倒是这方面集中的体现。你已注意到这一点，说明你又进了一步。”

她如此这般地在古建筑与理论之间参悟着，在过去与未来之间切磋斟酌着。

转眼之间，清华已阅十二载。

谢绝了中国建筑研究院等几家单位的挽留，组织上派她来到了西安这座历史名城。

以生于成都、长于上海、读于北京、践于西安，在人生之旅上画下了一个美丽的螺旋式上升的弧线。

未来不是梦

本是从事古建园林艺术的研究，来西北建筑设计院之后，最初搞的却是工业建筑，这是挑战，也是新的契机。

1966年以来，她参加过喀麦隆文化宫、伊拉克体育馆、北京图书馆等项目的设计。1977年，作为专家组最年轻的成员，参加了毛主席纪念堂的方案设计。

而传统建筑设计的专长，在西安临潼华清池仿古大门的设计上才初次展现，也正是这座仿古大门于苍莽的黄土地上，洞察着中华古文明的博大精深。同时，也开启了她新的建筑艺术创作青春。

漫长的艺术跋涉，凝成人生苍穹的一幅幅美妙的画作，从碧空向下徐徐展开……

唐代长安，是当时世界的文明中心。公元804年，日本僧人学者空海法师随日遣唐使来到长安留学。他在长安青龙寺从慧果法师学习“东密宗”佛法，兼及中国的人文知识，归国后创下日本东密宗。千百年来中日两国人民深深怀念这位中日文化的友好使者。

1981年，中日双方商定将在西安市青龙寺遗址上建立空海纪念建筑。由日本名建筑师山本忠司设计纪念碑，张锦秋进行总体规划和碑院建筑设计。

青龙寺所在的乐游原，秦汉时即为浏览胜地。隋唐时更与曲江池、慈恩寺连为一体。它南依终南，北枕城垣，骚人墨客，多有吟咏。

现在，就要在这样的历史氛围中设计方案了。

她认定，在古原上、古寺旁修建纪念古人建筑，要求在规划与设计时，一要保持历史的延续性，二要贯彻保护与开发相结合的原则，发挥环境的历史特色。在环境与视觉设计中，再现古代诗词中所描绘的登临气势、引人联想；建筑形式因环境及人物而着意仿唐，力求法式严谨、古朴有据。

青龙寺空海纪念碑院工程落成于一九八二年暮春时节。

日本老建筑师山本忠司先生进得院门，环视院落之后，直奔汉白玉纪念碑。碑体透出的高洁、庄严之风吹人心旌摇曳。返接待厅，缓抬望眼，巍巍雁塔可见，终南薄霭轻漾，空间的流动，烘托出时间的往来。观赏前低后高的院落布置和最高处的纪念碑，宛如聆听多情的柔声过后那强音的骤鸣！好个“下视十二街”（白居易诗）的登临气势！不禁想到我主动放弃原来方案是明智的，看这张女士把这个碑院与大雁塔与终南山的借景得景关系渲染得这般和谐又奔涌……禁不住心怀激荡，挥笔写下“高艺术、深友情”六个大字。

从此她的名字飞越关山、远播海外。

弹笔起壮歌

二十世纪八十年代以来，旅游业的发展使西安这座3100年城龄的内陆城市的经济发展和文化交流，出现了史上第三个高潮。一曲《妹妹你大胆地往前走》唱出了黄土地人的豪迈和激越；伴着文学的、艺术的、科技的振兴，中建西北院的建筑师们谱写出西安旅游建筑的基调：一批具有煌煌唐风的现代文化旅游建筑。这些，共同构架了与荆楚文化、中原文化等区域文化相媲美的关中文化的复兴，直使得“凝固的音乐”流莺飞鹄。

拾阶雁塔，“俯听闻惊风”（唐岑参诗句）——

一组组红柱白墙灰瓦的唐风建筑群，在碧野蓝天白云的映衬下，在奇石凉亭清波的簇拥中，傲立于高高的大雁塔下面。

位于西安南郊的大雁塔，原系唐慈恩寺主持玄奘法师为翻译与保存由印度带回的佛经而兴建。现唐寺已毁，唯千年古塔独立高原，成为中华的大唐文明标志，是中外游客必游之处。

西安市总体规划确定，二十世纪内在这里建成一个与历史渊源一脉相承的风景游览胜地，与秦始皇陵、明西安府城一起，构成古都西安的三大旅游区。

由中日合作建造的唐艺术陈列馆、唐歌餐厅和唐华宾馆，在大雁塔东侧由西向东呈鼎足之势排开。陈列馆为三进院落，唐风浓郁。宾馆结合现代功能与结构，唐辉隐然。陈列馆与歌舞厅置于原慈恩寺遗址内，宾馆位于其外。整个建筑组群，运用了中国园林艺术建筑的自由布局法式，构造简洁明快，色形质朴生动，型制舒展洒脱，气象动静相生。

唐代作为中华历史上的辉煌时期，建筑作品的超绝豪迈凝结着当时发达的文化与雄厚的经济，还有包容万象的气度。其屋面的平展、斗栱的高硕、出檐的深远、形制的简洁，体现了功能、结构与艺术的有机融合，是真善美建筑逻辑的高度统一，充分反映了中华文明大唐时代勃勃生机的卓然精神风貌。“三唐”在建筑文化由传统走向未来的探索道路上提供了借鉴……

由此涌出的惊风阵阵，怎不使人为华夏的振兴而兴奋呢！

唐华宾馆是国内中外合作设计的宾馆中两座由中国人自己完全设计的宾馆之一，另一座是广州的白天鹅宾馆。

国际友人惊呼：中国的唐代在西安复活了！闻及于此，她欣慰不已。

弯弯石径，注释着她设计此方案时遇到的曲折；莹莹汗滴，记录了中日双方在这项目设计上的密切合作。原来颇有傲气的日方设计师们面对她的设计，由衷赞叹："张女士真厉害"，"真乃国际一流水平！"

大约与这项目设计同时，她主持的国家"七五"重点建设工程陕西历史博物馆也开始了初步设计。稍后，施工图设计开始。

而今，这座国际水平的国家级现代化的博物馆陕西历史博物馆已开始接待中外各方游人，陕西博物馆的建成实现了当年周总理的遗愿。她主持设计的法门寺工程吸引了世界各国的佛家弟子和旅游观光者。一九九〇年的贵妃池遗址经她设计而重现风貌，在短短的三个月内，她的设计完成了全国政协主席李瑞环同志关于边设计边施工、创造高速高质工程的指标任务。同年七月，李瑞环主席视察后给予了极高的评价。

过去与未来之间

十多年前，她到当时交通十分不便的敦煌莫高窟搜集资料，沿河崖壁上那古代画工们密密麻麻的栖身小洞深深地镌刻在了她的心灵之岸。她不止一次地谈到："一想起古代画工在极端艰苦的生活条件下创造出那般的艺术精品，我总振奋不已。作为一名长期受党和人民培育的建筑师，不是更应对古都西安的建设有所贡献吗，一个人能力有大小，哪怕是留下小小的痕迹也好……”

是的，“人是要有点精神的。”

中国精神啊！

为了事业，他们夫妇当年就商定只要一个孩子。往日同窗的理解和爱，滋润着她奋进的心。丈夫是西安市规划专家。

她作为方案设计人和项目负责人的诸多作品，获得了中国建筑工程总公司的一系列奖励。

一九九〇年十月十五日，在北京召开的全国设计大师表彰大会上，与会代表聆听了她的发言。

稍后出版的《全国设计大师》介绍了这位年轻的设计大师：“张锦秋，女，一九三六年十月七日生。具有坚实的专业知识和深厚的理论修养，她出色地为古都西安奉献了一批具有浓郁民族风格的现代化建筑。为弘扬中华文化，增加西安旅游城市的吸引力，作出了积极的贡献”。

她在建筑学会举办的“城市文化研讨会”上讲道：“事实上，有创造意识的人进行文化寻根，其动机在于寻找一种文化走向未来的借鉴。在现代与传统的关系上，我力求寻找其结合点，不仅着眼于传统艺术与现代功能及技术的结合，更着眼于传统逻辑与现代逻辑的结合，传统审美意识与现代审美意识的结合。”

那么，一切文化及其承担者的最引人之处，正在于其蓬勃的魅力、创造的激情和智慧的潇洒，不是吗？

（五）

随感录

1. 欣赏生爱，埋怨生恨。

2. “非团结力”存在：怨、悔、嫉、毁、诽、捧、陷、随。原因是狭、私、偏、恐。

3. 有缺未必有憾，不完美才是常态。

4. 成长定律：学会不会，改正错误。成长=试正+试错=修正+修养。既要宽容错误，又要宽容失败。

5. 百鸟常在林胜过一鸟常在手。不怕没有，只要信心还有。个人有限，团队无敌。

6. 天天向上，事事精心，胜过昨天。

7. 君子说话三原则：动心乐=给人动力+给人信心+给人快乐。

8. 修身养性练筋求真。

9. 这风险那风险，不实干是最大的风险。这可能那可能，行动了才有最大的可能。

10. 辩证看，照真练，踏实干。

11. 孝悌立家，勤俭持家，耕读传家，义勇强家，厚德自强，忠信仁智。

12. 若不愿冒任何风险，则会丢失完所有机会。

13. 宁失选票，不失公道。

14. 顺势而为，最大的势在于国家政策导向，最近的势在于人心民智所期。

15. 使贤：睁眼欣赏，开口夸奖，抬手帮忙。扬长、扬善、扬功。

16. 替人着想，为善之基，为良之础。

17. 求全则愤缺，愤缺则苛责，苛责则失众，失众则自败。

18. 激动冲动感动，不可作出决定。

19. 该说的话、不想说也得说，不该说的话、想说也不能说。

20. 任何一次吵架中的过头话，都会是下一次吵架的起因。

21. 说话过头伤害朋友，思虑过头自找忧愁，行为过头祸患存留。

22. 烦恼根：苛求别人，追求完美；冲动决定，悔恨播种；言语无拦，害在眼前；行事多变，目标分散；不能克制，自我坏事；只看眼前，机会丢完。

23. 吝生悔，贪生祸，私生怨，霸生恨。

24. 感悟会议：不看谁说的，要看谁说得对，不因人废言，不因言废人，此乃和合之基，快乐之源，帅将之质。

25. 心平方能气和，和颜方能悦色。躁则易怒，急则易猛。

26. 把好想法变成好办法，把好办法变成好做法。有好动机还得有好方式，有好方式还得有好风格。

27. 孔子、孟子、荀子等儒家是入世的理世的励志的，劝人拿得起。老子、庄子、列子、淮南子等道家是出世的，劝人放得下。释迦牟尼如来、观世音等佛家则劝人想得开，属于追梦来世一派，因为无法求证，故无人不可求证。韩非子、李斯等法家是建功的、强国的、富民的、治世的，劝人豁得出。说到底，还在于心之所欲。心情平和，心态平静，幸福感可能更多些（陪伴老母晨练有感）。

28. 比较：平庸者多与周围人攀比，生出羡慕嫉妒愤恨；

有志者多与贤达人对比，生出目标路径干劲。

29．在能力之外想事，有益放松；在能力之外谋事，足可误功。

30．靠精神而立，靠信念而恒，靠意志而强，靠勤奋而成。脑勤、眼勤、耳勤、手勤、腿勤、身勤。

31．信义做事，善终如始。鉴往知来，行胜于言。

32．有善亦有恶，有正亦有负，有明亦有暗，引力大于阻力则进则升，反之则退则堕。是故扬善同时，必须抑恶。

33．三信三思三省：凭着信心努力，凭着信誉作为，凭着信念坚持；带着思考工作，带着思辨认知，带着思想实践。晚上三省，早上归零。

34．常怀感恩之心者，动力必足；向善向上力足者，成功可期。

35．路虽遥远，行则必至；事虽艰难，干则可成。

36．把一件事变成三件事，一生二，二生三，三生烦恼；把三件事变成一件事，三化二，繁就简，举一反三。

37．冲动招魔鬼，冷静添法力。专心守静笃，凝神致虚极。

38．理直气壮宜对叛寡，理直气缓宜对友众。

39．为住人得一世，得罪人仅一时。

40．欲知今，须知古，凡事辩证不糊涂。

41．九知：知进知退知止，知取知予知存，知容知忍知让。

42．心胸所及，成长所及；思想所达，成事所达。

43．多欲烦恼深，多念难求真。专心能成长，专力能精良。

44．留有余地，留得机遇。逼上绝路，两伤两故。

45．助良：与人为善，替人着想，成人之美。

46．忍得让得，和家和业。

47．常守一念，致安致远。

48．显摆者浅薄，静守者深厚。

49．人生最好的定力，是自控。人生最大的动力，是勤奋。人生最有用的能力，是学习。人生最可贵的精神，是坚持。

50．把握想与该，心泰身远灾。

51．一人不进庙，二人不看井。

52．人过留名，雁过留声。

53．好男儿志在四方，好男儿善在担当。

54．善为德纲，用为才纲，义为志纲。孝子心境，学子心态，君子心怀。

55．出力长力，惜力败力。聚心壮心，轻心毁心。

56．荒缘惰散怯，丰因勤敏勇。

57．人生三动：主动、机动、联动。

58．历史藏精彩，梦想昭未来。

59．永远弄明白下两步，永远准备好下两步。

60．合作是种缘分，交流促进升华，磨合增加和谐，共事产生友谊。合力合心合志，合情合意合作。

61．情恨嫉恨愤恨仇恨恨恨伤寿，恩爱友爱亲爱仁爱爱爱益生。

62．吃喝玩乐合群随大流，谋事创业超常走前头。

63．生活不能没有歌声，健康不能没有笑声，为人不能没有善声。

64．在能力之外祈求则多生悔辱，靠力所能及作为即鲜有偏岐。

65．困逆时容易放大朋友的所能，顺达时容易缩小曾经的受益。

66．接济给人而求报答，必生怨怒毁自身；受人帮助而忘报恩，必受责骂丢朋友。

67．纵当忍之情应思陈年老账，亮应隐之事须听弦外之音。

68．相似之情连续出现两次，须以高度警惕应对；周期之况不断出现在前，当从探索规律把握。

69．知人知面不知心，知心细察往与今。品味应品味中味，听音须听弦外音。

70．1992年秋在宁夏西部电影城中偶遇承包者著名作家张贤亮，求其在我名片上签名，他写道："坚持梦想，争取辉煌。"环顾同行中建各局院求签者所得皆然。乃知此题有益众人，而成功者在于笃行。

71．修德则立，任性则崩。奢侈启败，简朴养清。美水在峪，好景在峰。

72．看人长处，帮人难处，记人好处。察人之机，防人之恶，避人之欺。

73．居高不忘卑微时，守持当初之志；富贵常念贫贱日，禅定平和之心。

74．要养成一个新习惯，先得坚持21天，要成为一生好习惯，只要坚持每一天。信念决定坚持，坚持决定习惯，习惯决定性格，性格决定命运。

75．宽容，就是要宽待别人的不足、缺点、短处和错误，容纳别人的反对、冲撞、争辩、诤谏。宽易，容难。

76．处事之道，首在识人；识人之道，比对言行。

77．听到恭维话，应起警戒心。

78. 对人世，既要看透，更要看遍。看不遍，就看不透。既要看往，更要看来。疑今察古，鉴往知来。

79. 任何人都能做到，很少人真正做到。有志者恒行，无志者常变。

80. 想取得别人没有的成绩，就得付出别人没有付出的努力。

81. 吃饭，不仅仅是为生存生活生命，更有文脉族脉国脉。

82. 年轻人成长要素：勤奋，主动，精细，服从，吃亏，宽容，合作，共赢，仁义，礼貌，担当，提高。恭宽信敏惠，勤俭勇和合。兼收并蓄，开放包容，直面问题，自力更生。

83. 以需求为奋斗方向，从短板来提升能力。工作态度决定成长空间，视野宽窄决定机会空间，心胸大小决定合作空间，信誉高低决定事业空间。

84. 归纳诸葛亮告子书中人生经验有：静以修身，俭以养德，学以广才，志以成学，敏以励精，韧以冶性，勤以践行，恒以成事。宁静致远，淡泊明志。

85. 把潜力变为能力，把能力变为实力，把实力变为效力，效力依靠合力。把潜能变为动能，把动能变为效能，把效能变为势能，势能依靠共能。

86. 用梦学习，用情工作，用爱生活。期盼总是长漫漫，结果往往一瞬间。若非挥汗勤耕耘，哪得收获酬苍天。

87. 学习“如何学习”：学习掌握如何学习的好方法，是提高学习质量的重要途径。

88. 青春的基本任务，在于为壮年（中年）作准备。青春＋准备＝中年。

89．脚、手与脑的充分开发，是人猿分道扬镳的重要标注。手脑脚的使用效能的不同，是人们价值大小、幸福多少的根本所在。勤奋是提高手脑脚效能的唯一途径。手勤于干、心勤于思、脑勤于学、口勤于问、脚勤于行、眼勤于看、耳勤于听、鼻勤于闻，七窍既活，能力生矣。

90．处友不越位，行善掌分寸。救急不救贫，救贫养仇人。

91．用人所长，用人所乐，用人所志。

92．人要活在希望里梦想里，不能活在恐惧里忧愁里。日出东海落西山，愁也一天乐也一天，凡事不钻牛角尖，心也舒坦身也舒坦。

93．强者创造机会，智者抢抓机会，平者等待机会，庸者错失机会。

94．大事上讲品格，小事上讲风格，大事上讲公平，小事上讲宽容。

95．想倾听真实的声音，须屏蔽众多的杂音。

96．处事要好，朋友翻篇。

97．主观上找差距，客观上找动力。

98．为人处事，家庭起步。

99．管理分层次，责任分级别，努力分多少，业绩分大小。态度决定细节，过程决定结果，准备决定成败，性格决定命运。

100．坚持君子取向，记住该记的，忘记该忘的，永远乐观达观。

101．施恩不过度，感恩不超限。帮助不过分，受助不屈辱。

102．任何时候办成事的三个必备条件：了解布局，摸清规律，获得帮手。

103．人类总有嫉妒心理，荣誉，微笑，掌声，学识、智慧、才能，健康、快乐、成功，爱情、婚姻、家庭，都可能成为嫉妒的起因或对象，并不可怕。可怕的事实是，嫉妒常常在工作圈、亲戚圈、朋友圈发生。

104. 亦行亦学亦思亦进，在所在团队，自己把本专业做到最好，进而在所在单位做到最好，进而在行业树立个人品牌，这是一条踏实的事业与人生之路。

105. 过去怎样当然重要，将来怎样更加重要。历史不可假设，未来当可把握。

106. 上进青年必备：成长自信，成长自觉，成长自为。

107. 管你的人或者是你曾经管的人，你管的人可能是将来管你的人。己所不欲，勿施于人。与人为善，和合为尚。

108. 要注意健康一辈子，须注意体形一辈子。

109. 前途的起点是态度加效率，命运的形体在习惯与性格。

110. 善恶并行，消长在诚。道德扬善，法律抑横。

111. 主动是改变的开始；预谋是应变的起点。超越自我，补齐短板。

112. 机会决定成长，到场决定影响，修为决定素养，见识决定思想。

113. 远瞄目标不失标，紧扣中心不分心。

114. 大院优势：大兵团作战，大平台作业，大流线制造，大集聚创优。

115. 面向过去总结，面向成败借鉴，面向未来创新。

116. 兄让弟恭，弟爱兄铭；兄事弟帮，弟事兄撑。万事共济，兄弟和衷。妯娌和善，家合事兴。妯娌歧见，兄弟勿听。勤俭持家，义勇克惊。机智延业，孝悌续风。读书修德，耕耘致丰。

117. 人与人相处，是个磨合的过程。从细节中看性格，从是非中看人品，从困难中看本事。

118. 知妥协是明白，会妥协是聪明，能妥协是本事。妥协才能合作，合作才有共赢。

119. 刚则易折，强则易伤，活则易生，智则易通。

120. 天生丽质随岁弃，神采风度与日增。神采飞扬者，教养修养涵养使然也。故欲增神采，必由此三养。

121. 病从口入，祸从口出，口缘于心，心缘于觉。格物致知，诚意正心。

122. 谈判是妥协的艺术，合作是妥协的实践。

123. 写与说，用词要注意褒义与贬义的区别，注意大部分人喜欢什么，注意换到别人的立场上看自己所行所想所说所思。这就是孔子所讲的“不患人之不己知，患不知人”（不担心别人了解不了解自己，担心的应该是自己不了解别人）的道理。而写文章，就要努力去站在别人（从客人的立场看问题=客观）立场上去想问题、去取舍材料、去布局谋篇，这样才有可能使读者产生共鸣。

124. 电影《美国队长》：“任务就是上帝”。记住训练时的训话：“永远忠诚!”

125. 因材施教，因器施用，因品使任，责任感促人寻找机遇，使命感促人完美任务。

126. 人事以人为本：人本于生，事本于兴。生活生产生态生华生生不息本于家，事情事迹事理事业事事兴隆在乎企。

127. 说话勿走极端，尊重选择意愿。各人皆有梦想，不必太过勉强。

128. 功名之期，人皆有之。因能使引，因材择任，因器寄效。

129. 淡定是一种气度，简要是一种觉悟，质朴是一种超乎。

130. 以苛人之心苛己，以宽己之心宽人，才能换得皆大欢喜。换位思考，换位体悟。

131. 欣赏，能开拓胸怀，能增添快乐，能促发动力，能升级自信，能修补短板，能生成合力。

132. 速度第一，完美第二，升华第三。

133. 革命靠改天换地暴力，建设靠稳健有序活力。

134. 礼乐冶趣，技艺臻美，中华传统，异域通性，届有定期，不辍延续。

135. 我2016年6月30日在北京出差时刚刚发现"万有惯性定律"：聚气成形，形动成力，凡力皆有惯性，思维力，行动力（建设力与破坏力）。第一推动力–人之思学行之发微。行为之始在于思想，思想之始在于念想。念不同，则思不同，则行不同。思有宏微幽明，行有高下真伪。念以定思，思以定习，习以定性，性以定程。一念之差，天壤之别。

136. 你把自己看作什么样的人，你就有可能变成什么样的人。自视之何，或成之何。目标引领过程，过程决定结果。

137. 儿孙自有儿孙福，别愁预备足不足。

138. 没有完美的个人，只有完美的团队。团队靠统一文化与分工协作。

139. 写东西：年轻时写东西，是拿着观点想方设法找材料；年壮时写东西，是面对众多材料分析归纳出观点。年轻时，想法在前现实在后；年壮时，现实在前想法在后。

140. 如果只有蓝天没有白云，哪有彩虹？所以，精彩需要吆喝，美丽需有衬托，成就出自结合。

141. 唤醒你曾经有过的感悟，激发你从没有过的体验。

开拓你最新的联想，增添你新兴的心智，拓宽你既有的眼界，更生你麻木的疲惫。放松心情，休闲精神，感悟世界，有备旅游。

142. 管理哲学思考：事物=事情+物理=事+情+物+理。马克思主义立场观点方法在国有企业，根本的立场就是从企业优势与市场需求出发，根本的观点是与利益相关方的普遍联系和自主发展，根本的方法是具体制定并实施适宜的发展战略。根本的治理目的是企业与合作方与利益相关方与员工的持续共生共赢共荣。

143. 故乡变成了远方，远方砥砺着情商。

144. 中建西北院EPC，我归纳提炼为“两全一站式绿色EPC”。

145. 发挥专业作用，创造专业价值，作出专业贡献，这是职责所系、使命所驱。

146. 每一次旅游，都是一次向未知的开发和向已知的开拓，一次向未知的探索和向已知的检索，一次向未知的感悟和向已知的觉悟。风景、风尚，生产、生活。

147. 天时地利人和在变，时间地点条件在变，人也随之在变，所以对人的认识也必须随之再认识。

148. 信仰、精神的东西，也就是人性的东西，会像颜色一样日久褪色。所以保持精神不麻木才能坚持初心，保持住好人性中的善良、怜悯、同情、扶危济困等情感，就显得尤为重要。

149. 常用的记忆方法：背诵式记忆，背写式记忆，反复式记忆，理解式记忆，联想式记忆，谐音式记忆，扩展式记忆，串珠式记忆，分类式记忆，分析式记忆，分拆式记忆（对于长段内容），搞笑式记忆，整合式记忆，发泄式记忆，图画（画面）式记忆。

150. 人生进步的关键力：意志力（本质是品德、信念、志向、理念，功能是凝聚克俭克艰）、思考力（本质是辩证系统、整体长远，功能是思路、出路、方向、目标）、辨别力（本质是善恶、美丑、是非、优劣，功能是取舍、总结、借鉴、利用），持续力（本质是坚持、接续、恒定、变易，功能是连续、克坚、调适、主动）。

愿您有一个壮丽的起点

新来的大学毕业的青年朋友，在新的生存氛围之中，会感到迫切要解决的一个普遍性的问题，如何尽快适应新的生活！

我以为，这就要认识和处理好一个关系和三个转化。

一、一个关系

无论“新三论”还是“老三论”，实际上都以系统为对象，都强调元素与环境的相关性。系统论的创始人贝塔朗菲说，系统即是“处在一定相互联系中与环境发生关系的各组成部分的整体”。具体的单位是一个系统，而每个人即为组成这一系统（整体）的元素（要素）。

马克思主义认为，万事万物都处于普遍联系与永恒发展之中，这就从实质上包括人在内的万事万物概括在纵向联系与横向联系的坐标之中，其中普遍联系主要是横向联系，永恒发展则为纵向联系，人在纵横联络之中发展、成长。

不同的视角，勾勒出个人成长的完整蓝图，人在与环境的作用中成长起来，自我实现便完成于个人与环境的纽结之上。

成才的机遇靠环境提供。智慧的灵感由环境激发。所以，一踏入社会，就要把个人与环境协调好。这一个关系，处理好，很重要。

我们所处的具体单位，不论是大学、科研单位、国家机关还是生产单位，在当今经济超国界运行的情况下，都走向开放，在这一开放系统中，如何使我们自己与环境协调起来呢？

二、三个转化

第一，理与实的转化。理指志向、理想、毕业前对工作的想象，实指现实、环境、工作发生与工作内容、工作条件。毕业前夕，除对要去的地方不甚了了之外，还有不少关于工作的主观想象。比如，你也许曾经设想，每天下班后与新朋友漫步街头、指点江山，工作累了，就去玩玩，天热了，就去游泳，或则讨论诗歌，或则纵论古今。那想象会十分的诱人。现实呢？一般的环境自然没有故园诗意，人际关系也不如同学关系那般简单，上下关系、左右关系、内外关系，各种客观存在的关系一个个出现。个人问题、家庭问题、各种社会问题纷至沓来。现实与理想之间，形成了不和谐，如何处理呢？这就要从个人实际和环境实际出发，分析个人长处与短处，分析环境的具体需要和潜在需要，来校正二者之不适。如此徐徐做来，便可加速成长。

第二，学与用的转化。学指以接受知识为主的学习阶段，用指运用知识（例如搞教学）和使用知识（如搞设计）。用是指的实践。从小学到大学，朋友们所适应的是老师讲、学生记的方式。数理化天地生还有外语政治等，各种知识都接受了一些，专业上学得了较坚实的系统理论。接受，成为心理定势。现在不同，要把知识“倒出来”用于各种具体的工作上了。这就改变了十几年来的生活内容。这里，可要出现不适应了。那就只有勇敢地去迎接新生活的挑战。心理上要有承受两种“困”的准备：一是“用”的过程中会感到“书到用时方恨少”二是它检验出对理念的掌握和理解程度，用然后知困。这种“困”是很正常的，必然会出现的。既然困了，就要以“困”为参照系，努力在学习直接经验和继续学习间接经验中“解惑”。适应，要充分认识和正确处理好不同的学以及从学到用的自然转化。

第三，松与紧的转化。朋友们在高中激烈的竞争之中终于胜利了，飘然进入了迷人的高校，于是，耳边便常洋溢着舒心的微笑声。高校富有弹性的作息制度和学习上的自主性，使得生活一下子慢节奏起来。大学一毕业，新环境中的各种纪律如生产纪律、劳动纪律、职业纪律、政治纪律等，都会拥抱您的到来。客观要求您有比高校紧凑的生活节律，主观上也感到对新生活的紧张，新技术革命又要求您一开始就要注意时时掌握新的技能和智德，“快马加鞭未下鞍”，总之是各方面都紧了。于是，由中学的紧到大学的松再到单位的紧，其如李白所咏“银河倒挂三石梁”。任放不解决问题，抱怨也无济于事。韩愈说得好，“业精于勤而荒于嬉，行成于思而毁于随”。紧是必然的，如何实现松到紧的转化呢？要客观地认识环境及未来向我们提供的高要求，以未来来校正我们现在的努力程度和努力方向，顺其自然，逐渐让我们的精神合乎飞旋时代之要求、自由对必然的认识，以顺应和推动这一转化，来求得我们思想和行动的自由。

人们学习的专业和工作性质不同，遇到的问题自然千差万别，但不论何种专业何种工作，您一开始必然要遇到以上的问题。只是有人意识到而有人没明确意识到，有人意识到的早，有人意识到的迟。

为什么有人毕业两三年了，还是不适应新生活？我以为，关键是上述问题未处理好，当然，专业不对口是另一种情形。

衷心祝愿各位新毕业的青年朋友都有一个壮丽的起点。

为西安市文明办检查我院双文明建设提供的电视专题片剧本

文明建设之花

——中国建筑西北设计研究院
双文明建设纪实

场　景	解说词
序（音乐起。	悠悠文明，在激情的创造中
（一组建筑实物闪现：	流动成画面；
三唐、陕博等。	张张蓝图，在智慧的浸润里
花丛。内景。	耸立为风景。
（片名摇出，定格。	
（片名同此文题目。	
背景：一轮红日	
喷薄而出。	
第一幕　概况	
正门	

办公区。

办公设备。

生产所内景。

计算机绘图。

国内工程分布图。

国外工程分布图。

院领导研究双文明。

百强奖状、证章。

中国建筑西北设计研究院坐落于古都西安，是我国最早建立的国家级大型建筑设计院，迄今已有四十一年历史。

现有职工920人，其中高级工程技术人员240人，中级技术人员500多人。

院下设三个土建设计所、建材分院、电算中心、生产服务公司、生活服务公司、建筑电气研究所、房地产开发公司、建筑装饰公司等部门。并设有上海、厦门、海南、深圳、北海等分院。

历年来，我院完成的各类大中型工业与民用建筑设计、建材设计遍及国内29个省、市、自治区和十七个国家和地区。并同世界上三十六个国家和地区建立了业务联系。

多年来，我院坚持两个文明一起抓，各项工作不断取得新成就。

40年来完成任务的数字图表。 一九八〇年以来完成总投50亿元，上缴利税2000万元，设计产值1.2亿元（图表）。	一九九三年七月，被国家评为“中国勘察设计综合实力百强”单位。
第二幕　建筑设计与科研八大优势	长期的实践，形成了我院建筑设计与科研的八大优势。
（三个镜头变换下，出现片头： 建筑设计与科研 拥有八大优势 （①片头：传统风格建筑设计推陈出新	传统风格建筑设计，是阳刚与阴柔的融合，雄浑并激越的联奏，点染着传统文化的华彩，维系着一方地理的文脉，以一处处人文景观而长留于天地之间，领略世人无尽的仰羡与观赏。
“三唐”工程	“三唐”工程位于大雁塔脚下。煌煌唐风，奔流于湖光山色；

法门寺
华清宫御汤遗址
博物馆

陕西历史博物馆

(②片头：图书馆建筑设计形成优势

北图
交大图书馆。
西大图书馆。
图书馆建筑设计规范。

款款柔情，充溢在楼阁亭台。该工程荣获全国优秀设计铜质奖。

法门寺工程设计着意营造佛教文化的玄机。

华清宫御汤遗址博物馆，典雅大方，真实再现了盛唐园林风貌。

陕西历史博物馆气度恢宏，使人洞见中华民族的悠久与博大，给人展示古老文明的奇妙与神秘。该工程荣获部级优秀设计一等奖和中国建筑学会“建筑创作奖”。图书馆供人书山探幽、学海泛舟。我院设计的北京图书馆，雄伟壮观。该工程荣获全国优秀设计金奖。

我院主编的《图书馆建筑设计规范》荣获国家科技进步二等奖。

（③片头：高校建筑设计
不断创新
交大校门。

在高校建筑设计领域，我院耸立起一座座丰碑。

我院设计的西安交通大学，至今仍是全国规模最大的五所高校之一。

中国矿业学院。

中国矿业学院的总体规划与建筑设计结合地形，布局新颖，突破了高校设计的传统规划模式，获全国优秀设计二等奖。

山西经济管理学院。

山西经济管理学院，校园内多姿多彩的建筑群体，反映了我院在高校建筑设计领域不断有所创新。

美院。

（④旅游建筑设计
颇具特色
唐城宾馆
“西宾”
建国饭店
“古都”
“唐乐宫”
喜来登

我院设计的旅游建筑，为西安的支柱产业——旅游业的发展作出了贡献。

唐城宾馆，可供游人在仰俯之中遍览三秦胜迹。该工程获建设部优秀设计奖。

人民宫

西安宾馆、东方大酒店、建国饭店、古都大酒店、西安唐乐宫、喜来登大酒店、西安大酒店、西安皇城宾馆，各具风采。

(⑤公共建筑设计

多姿多彩

我院所设计的公共建筑，多姿多彩，美化着古都西安。

工展馆

科技馆

省府大楼

工商行

省体育馆

机场

西安火车站

陕西省政府大楼，庄严雄伟，展示着三秦人民海纳百川的博大胸怀。该工程被评为陕西十大建筑之一

喀麦隆文化宫

圣多美和普林西比

（⑥片头：高层建筑设计技术先进	省体育馆获陕西省十大建筑奖。
	舒展、流畅的西安航空港咸阳机场候机楼，鸣奏着古都人民与世界各国人民的友谊之歌
高层住宅 电视塔 广电中心	西安火车站是古都的门户，获陕西十大建筑奖。 这是早期设计的国外工程。
上海长安大厦 福联	上海长安大厦，是上海地区规模较大的一个建筑群。 厦门福联大厦的设计深得业主的好评。
	登临电视塔，古城新貌尽收眼底。
（⑦片头：建材工厂设计经验丰富	我院建材分院，技术力量雄厚，为我国建材工业的发展作出了巨大贡献。所设
障陶	计的陶瓷厂、砖瓦厂、铸石厂、水泥厂遍布全国各地及
成陶	亚洲、非洲、欧洲和拉丁美洲。其中：常熟砖瓦厂黏土

空心砖车间设计荣获国家优秀设计金质奖。

漳州瓷厂的设计获中建总公司优秀设计奖。

（⑧片头：科研发明创造硕果累累

历年来，我院共取得600多项科研成果，发表专业论文400多篇，有70多项科研成果获国家和部省级奖。

抗震组

黄土地基研究、薄壳研究、建筑抗震研究、传统建筑研究、高层钢结构研究是我院科研强项。

科研成果

我院的科研成果，蜚声海内外。

第三幕　大力开展精神文明建设

二所

建材

（片头：大力开展精神文明建设

院双文明委研究双文明建设工作。

区文明委验收我院双建工作。

文明小区命名大会。

入党宣誓

七·一党的知识竞赛

积极分子培训

“双文明单位”牌。

院党九代会

院工代会

院团八届会

计划生育知测

考场内景

“知院情、提建议”活动

四十周年院庆

我院坚持两个文明建设一起抓，党政工团，齐抓共管。院双文明建设委员会总抓，文明办公室负责双文明建设的日常工作。

一九九二年，我院被新城区命名为区级“双文明单位”。

在西七路西段文明小区建设中，我院作出了应有的贡献。

切实加强思想政治工作。干部实行“一岗两责”，把思想政治工作做到生产业务中去。

院党、政、工、团，每年都将双文明建设作统一安排。

大力开展党的思想建设和组织建设，提高职工的思想政治水平，建设“四有”职工队伍。

TQC达标
QC成果发布
专业培训
工程回访
都市意识辅导
都市意识知识竞赛
政府报告知测

组织全院职工进行系统的政治理论学习，学习党的路线、方针、政策，用建设有中国特色社会主义理论武装干部、党员和职工头脑。坚持“一个中心、两个基本点”的基本路线。

经常进行形势、政策教育和职业道德教育，搞好技术业务学习，进行全面质量管理教育，提高职工队伍素质。认真办好文明市民学校，积极开展都市意识教育；增强全体职工的都市意识。

创建文明单位的工作，得到了西五路街道办事处、新城区等领导的指导、支持。

首届文化艺术节
“七·一”歌咏活动
越野赛、拔河赛
文图内景

突出优良传统教育，我院在一九九二年开展了迎接建院四十周年的系列活动，调动了职工生产积极性。建设部、中建总公司、陕西省、西安市的领导到会并讲了话。

在庆祝大会上，来自全国各地兄弟设计院的代表，以一曲合唱，表达了恭贺之情。

精神文明重在建设。开展多种形式的活动，通过知识竞塞、知院情提建议、进行歌咏比赛、组织演讲活动、举办艺术节、举办书画展览以及各种文体活动，陶冶了情操，增强了文明意识。

我院投资数十万元对环境进行绿化、美化，对噪声和烟尘进行了治理。抓好消防和安全工作，制定了有效的综合治理措施。

每年都要表彰、奖励先进集体和先进个人。在单位内部形成了安定团结、积极进取、文明向上的风气。

卫生所体检

关心群众生活，每年开展职工体检。

卫生检查	我院的爱国卫生工作和计划生育工作，每年都受到上级表彰。
住宅点房	由职代会最后定案的分房办法，得到广大职工拥护。
消防、安全工作	抓好消防和安全工作，办公区和家属楼都设有消防系统。
食堂	
团拜	
发奖	为表彰先进，每年表彰、奖励先进集体和先进个人。
第四幕　双文明成果	
（奖牌中出现字幕：精神文明、物质文明双丰收 各种奖状、奖杯、奖章、奖旗。	院党政工团齐抓共管双文明建设，依靠全院职工的团结、拼搏，两个文明建设取得了双丰收。
设计大师证书、证章 徐总、张总入选“世界名人”。	荣誉，记载着全院职工团结奋斗的足迹，凝聚着辛勤劳动的汗水和心血。
计生奖	
卫生奖	
市卫奖	

第五幕　社会反响

报刊报道（闪现四次）

陕博开馆仪式上张勃兴讲话。

建设部侯捷部长等领导同志多次来院视察指导工作。

省委书记张勃兴同志在参观陕西博物馆后对记者说……（张书记讲话——原声）。

程安东书记来院视察。

中共西安市委书记程安东今年六月份，专程来院视察工作，欣然为我院题词，并在全院职工大会上作了重要讲话。

（程书记讲话——原声）

尾　声

火车行进

高层建筑渲染图

火车行进

高建渲染图

飞机起飞

高建渲染图

飞机起飞

历史，在轰鸣中行进。

中国，在拼搏中辉煌。

跃马三江，壮志凌云天水碧，腾龙四海，气吞山河日月新！

中国建筑西北设计研究院，将在未来的天空，书写下新的雄浑激越的壮丽诗篇！

（音乐在强音之后停住。

（剧终。

编剧：王振海

一九九三年八月九日

月夜

舒缓 深情地

王振海 词曲

1记 的 小 时 候 您 把 我 手 来
2儿 女 长 大 了 离 别 泪 襟
牵, 逛 世 界 开 眼 界, 教 导 在 耳
襟, 临 行 前 又 叮 嘱, 忠 孝 两 难
边, 见 贤 要 思 齐, 雁 过 留 声
全, 岁 月 不 饶 人, 时 光 流 水
远, 千 里 一 步 始, 大 楼 一 块 儿
转, 爹 娘 满 脸 泪, 双 亲 两 鬓
砖 一 块儿 砖, 自 古 英 雄
斑, 两 鬓 斑, 养 儿 才 知 那
多 磨 难, 有 磨 难,
父 母 恩来 父 母 恩啊,
往 前 看, 坚 韧 才 能
大 如 天, 创 业 才 知 道 那
过 五 关 家 园 难啊

45
一 杯 浓 茶 月 满 天，
49
紧 要 关 头 正 加 班 佳 节 团 圆
53
日 我 鞠 躬 的 故 园， 遥 祝 父 母
57
身 体 健 身 体 康 健 家 兴
61
国 盛 享 天 年， 举 催
65
鞭， 高 扬 帆 几 番 拼 搏
69
路 漫 漫， 举 催 鞭，
73
高 扬 帆， 几 番 拼 搏 一 重
77
天， 奋 斗
81
酬 心 意。

附录：
王振海　不同身份的切换与融合

母光斌

坐在记者面前的他，穿着一件黑色衬衫，形象干净且简单。清瘦的面孔，一对剑眉，高耸的鼻梁，上面架着一副树脂眼镜，镜片里透出的是饱经岁月沧桑的眼神。

他说话时的语速很慢，磁性的嗓音里透露出的是一个中年男人特有的儒雅气质。言至动情处时，他的手势如行云流水一般自然而舞。同时，他的脸上也会泛起孩童般的笑容。

从外表和气质上来说，与他擦肩而过的人，更愿意将其猜想为一位大学教授抑或社会学从业者，而很少会联想到他的企业高管身份。但是，当其侃侃而谈体制内企业的市场化生存的时候，将其称作“儒商”似乎也不为过。然而，当其言及诗歌的时候，你的“儒商”印象又会再起波澜，你会觉得诗人的身份似乎更适合他一些。其实王振海的公开身份，是中国建筑西北设计研究院的党委书记 兼副院长。

商人写诗，在这个商业几乎湮没文化的时代里，是一件足以让人欣慰的事情。但是王振海一直在弱化自己商人的身份，在商人和 诗歌之间，他更愿意选择后者，他习惯于将自己的商人身份称作 公司管理者。事实上，他一方面在追求企业经营数据上的利润表现，另一 方面又在诗歌中寻求心灵上的寄托。

内心的波澜壮阔

“外表平静如水，内心实则波澜壮阔。”访谈前，曾有人如此形容王振海。他将内心波澜壮阔的情感化作短语，以诗歌的形式抒发出来，然后再发给周围的朋友、同事，一同欣赏。十多年下来，他的周围有了不少的铁杆粉丝。在这些人的眼中，他俨然已经是一个诗人。

他作诗的时间基本上没有规律，情感积蓄到一定阶段，已如泉溢、不吐不快的时候，他才会作诗。王振海常以济南的趵突泉来喻自己作诗时的情形。“那种感觉，就像趵突泉一样，进入到了一种超越自我的状态。那时候就会有一种不吐不快的情绪，赋诗之后，如大汗淋漓般的酣畅!”他说。

他沉醉于创作之中的这种状态，大部分与建筑有关。他创作 的激情大多源于中建西北设计研究院所设计的建筑物。大雁塔广 场、大唐芙蓉园、浐灞生态区等地，可以看到他徜徉于其中的身 影。这时候，他在沉醉于建筑设计之美……

“在大雁塔北广场的时候，往往会产生一种忘我的情绪。在这些超越时代设计的建筑中，品味场景之美，建筑之美，专注于内而忘其他。这个时候就是情绪最为勃发的时候，往往吟诗而就。”沉醉在回忆之中的王振海，眼神游离，嘴唇间喃喃而语，浑然不觉手上的烟，已燃至尾部。

他一直都想编一部专门说建筑的诗歌集，让诗歌在建筑的意象中流淌，互为映照。

尽管诗歌在当今社会颇受冷遇，而他坚信诗歌不会沉沦，更不会消亡。

诗化的管理方式

访谈过程中，王振海基本上是烟不离手，氤氲烟雾中的他颇似一沉思者。按照常理来说，川大哲学系毕业的他，应该更多地倾向于 理性。但是，在交流的过程中，其给人的印象是理性的思维兼顾了感性的举动。

作为企业的管理者，他需要考虑市场、风险、利润、成本、制度、管理等硬性的指标。并且要保证每年上交给集团的固定利润，构思企业未来的战略方向与市场构建……同时，作为一喜好诗歌的文学爱好者，他需要将满腹的情感凝结为简短的诗文，并且用形象的思维去推敲文字。这两种身份之间虽没有冰与火般的对立，但也没有钢筋与水泥般的建筑式融合。对于常人来说，往往是只能顾及其中之一，少有同时能将抽象与具象融为一体的，将两者之间处理得水乳交融般的和谐。而王振海做到了。

这种理性与感性合一的处事方式，已经贯穿于王振海的管理方式之中。

王振海写诗的工具，非纸笔，更非电脑，而是手机。这便于记录他有感而发时漫情而出的诗作。手机成为其随身携带的作诗工具。同时也便利于用诗歌与同事之间的沟通。

他的同事在遇到工作上的问题，抑或生活上的挫折时，往往会收到王振海劝慰或励志的诗词。这已经成为王振海的工作方式之一。“唯诗高于文，文之不足而为诗；诗之不足，而为歌，诗歌浑然一体。本我、自我、超我，皆可蕴之于诗。诗的篇幅很短，但预设思维空间很大，启发性和感悟性很强，给人留下了诸多思索的空间。”他说。

《城市经济导报》2009年5月21期

注：王振海同志于2009年8月24日19:26戒烟至今。

后记

读者宾客，请听振海弱弱地说声：兹将心路历程、思路历程，托运中建西北院和合号专列，伴您同行。

一

中国自1978年年底党的十一届三中全会为肇始的改革开放基本国策，到现在还在深入推进中。这场史无前例的巨变，引导中国从当年占世界经济的1.8%，到今天成为世界第二大经济体，占世界经济的14.4%（2015年数据）。这场巨变的指引力与牵引力，就是邓小平理论。国家经济形态经历了从计划经济体制到社会主义商品经济再到社会主义市场经济的递进。目前指向全面建成小康社会和实现两个一百年的中华民族伟大复兴目标。

三十多年改革开放，从个体层面说，经历了从凭票购买到自由购买、从想买买不到到想买啥随时都有机会的巨大变革。自由生活，从梦想变成现实。国家强盛、民族振兴、信心回归，庶几成为现实。从民生角度看，是从生活短缺到生活富裕的实现。从国家城市政策上看，经历了城市化、城镇化、新型城镇化的不断更新。从经济主体角度看，国有企业在内的所有性质的企业，都在不断地开拓未知领域过程中不断探寻适宜的存在方式。从行业角度看，建筑业因此获得抢抓了跨越式发展壮大的战略发展机遇期。虽说是古今中外所有国家形态的兴盛都留下了城市繁荣这一共性坐标，但是人类在占全球人口四分之一的中国大地上进行的这次全国性的新型城镇化进程，真正是“千年等一回”。

从单位体制改革层面说，国家事业单位企业化管理改革，历时19年时间完成。我在国家事业单位亲身参与（实施或分管）了企业化管理改革16年。

1980年的国家建设部直属之“西北建筑设计院”，作为全国36家事业单位企业化管理试点单位之一开始运行，经费上由上级拨款改为拨改贷。1982年院由直属建设部调整为直属中国建筑工程总公司，院名改为中国建筑西北设计院（1992年加入“研究”两字成为现名）。1985年起，我院开始完全的企业化管理，实行自主经营、自负盈亏、自我管理、自我发展。1999年，单位性质变为完全的企业性质。与此同时，思想意识领域逐渐经历了“树立商品意识”“主动承揽设计任务”“转换经营机制”“一业为主多元发展”“立足当地辐射全国”“树立市场竞争观念”“主业辅业分离改制”“后勤社会化”等改革创新。真真是“日日新又日新”。

改革开放以来的勘察设计改革，成为全国各行各业改革开放的先驱。当时最流行的思维方式是“与国际接轨”，外国的月亮比中国的圆。1991年12月26日，曾经十分强大的苏联突然解体，接着是“东欧剧变”。国际风云际会，邓小平南巡讲话发表，引发中国新一轮改革开放。期间的勘察设计行业，与国际接轨思潮中产生了一种判断：国有大中型勘察设计研究院必然分解为国际通行的小型的专业化的设计事务所。行政领导机关据此制定了到2000年完成这一方向下的设计院改制政策，并要求设计大师们带头成立个人的设计事务所。我称之为“大院解体论”。1995年5月，我院由戚嘉鹤书记、周耀南副书记、我、王婉学、乔文博、翁全武组成学习调研组，到中国建筑东北设计研究院进行了一周的学习调研。中建东北院主业系统实行院所（分院）两级法人经营；经营结构转换为一业为主多

元经营的产业结构，成立了5家房地产公司，创立了外资设计公司；有院借款给职能部门人员成立了私营公司36家；全院新成立各种公有、合资、私有、外资四类公司共计54家，目标是在2000年国有大院解体前占得先机。而当时更先进的经验是，广东顺德设计院由国有改制为民营。同时，民营的设计事务所"如雨后春笋"一般出现。"蜕变"、"重构"、"凤凰涅槃"，这就是当年的描述用语。这场大变革，对心灵的震动之强，怎么形容都不过分，因为这关乎国有建筑设计大院的生死存亡与前途命运。我不得不静下心来沉思国有大型建筑设计大院究竟应该向何处去。

直面这个赖以生存的设计院命运前途的重大问题，是痛苦的，但是必须在郁闷之中保持豁达，在渺茫之中打开导航，在迷雾之中保持除雾灯不灭。道理浅显明了，而感受刻骨铭心。在此后长达半年的比较思考中，我求证反证，逐渐得出了一个明晰结论：只要中国共产党在中国施行共同富裕与推进城市化进程（这是四个"现代化"的目标与支撑）不变不断不减，国内的国有设计大院就不会解体，并且会发展壮大，除非国有大院自己搞不好。而经过十年"文革"与苏联巨变鉴照的中国共产党，基本路线一定是不变不断不减的，没有相反。出现相反情况，必然自取灭亡。与少数的国家级大院继续壮大发展的同时，民营私营设计公司会有很乐观的发展机遇，与国有大院竞秀争辉。这种情况会持续大约三十年左右。再往后，少数国有大院仍将稳健发展壮大。得出这一结论的时间是1995年年底。

通过严肃认真的比较思考并参考名家研究成果而得出的上述结论，结束了迷茫与痛苦，恢复了自信与激情。从此，在国家建设部召开的大院改革研讨会、座谈会、征求意见会等场合

上，我以“大院发展论”同台应对“大院解体论”。2016年春，国家住房和城乡建设部副部长来院看望工程院院士、院总建筑师张锦秋先生，我作陪，还说到这段。这里要说明的是，揭示这个思考与结论，实乃还原历史，绝非事后诸葛。而这正是我谢词几次调到上级或政府部门工作机会的信念所在，当然还有自知之明和兴趣所归。

正是这样的时代变革场景，磨砺着淘漉着涤荡着自我。到现在而今眼目下，从事企业管理工作凡33年，历经七个不同岗位锻炼，每于岗位尽心履职躬行之余，尽量以接触到的古今中外经验与当世贤达楷模作参照，思考管理面临问题的个性与共性解决之道，或者汲取、总结、提炼优秀管理的经验，渐次探寻出管理哲学这一学术建构新途径，以此为乐不辍。

在四川大学哲学系哲学专业的四年学习，训练了尽可能从世间万物之普遍联系与永恒发展的角度，看待、感知、认识、判断现实自然、世间万象与人际百态，训练了从实际出发具体问题具体分析的普世方法，从最坏处着想向最好处努力的普世着眼点。对中国近代科学技术落后于欧洲的原因之寻幽探微的检讨中，让人认识了比较思维的独特认知价值。对中国五千年文明史主流价值与传统优秀文化的喜爱，让人思考过去、现在与未来的历史走向的逻辑必然与时事或然。对物竞天择、适者生存的自然进化规律性的认识，让人珍惜人类生存的庆幸与个体生命的珍贵。而儒家道家法家墨家兵家释家诸多思想精华，让人归仁于大中华民族的精神滋养。

知行合一、哲学思维与企业管理的融化，促使我从宏观理论到微观实践的日益结合，进而促使我选择从管理哲学层面与角度思考如下课题：市场需要的、社会公认的、可持续性的，同时是适合中建西北院发展需要的战略思维、发展战

略、策略路径、实施措施，和社会公共需求基础上的所有企业固有之精神动力、文化艺术、伦理规范、气质品格、品牌影响。

自幼家教浸润的对圣贤哲理与古典诗文的喜好，使得我在追求严密的理性思维的同时，得以行吟于大好河山，放思于斗室尺屏。

二

我从参加工作到现在，一直在中国建筑西北设计研究院工作，大致分为几个时期：

（一）青年工作时期（1983年7月～1991年10月中旬）

我于1983年7月毕业于四川大学，7月19日来到院报到，7月21日正式上班。先担任院党委宣传部干事，三个月后，我被院党委正式确定为院团委负责人，1984年3月3日团委改选担任院团委书记一直到1991年10月中旬卸任团委书记。这期间我负责全院团员青年工作。与工作实践平行推进的是理论创作与文艺创作。主要有：一是以辩证唯物主义与历史唯物主义的方法，以社会文化与社会心理的视角，对社会思潮背后的心理认知进行分析，从认识论层面试图探索“和而不同，和而求同”的求解之道。我写的第一篇论文是《试论比较》，用时四个月，先后七易其稿，篇幅最多时达到七千字，最后成稿是3700字，一投而中，正式刊登了3500多字发表在中国社会科学院哲学研究所主办的《哲学研究》1985年第4期上。这是我写论文写得最苦的一篇，也是我来院后的开山之作。二是以“青年如何成长成才成功”为课题，结合青年工作实际进行理论研究。写得最快的一篇论文是《智能发展中的非智能阻力——论人才成长中的隐秘障碍》，三千多字，仅用了三天，两易其稿

后一投即中，发表于中央组织部主办的《人才研究》1986年6期（后更名为《中国人才》）。而三天成稿的背后是我对这些问题的八年苦苦思考探求。刊发了这篇论文之后，该刊的一位编辑两次来信“希望有这类内容的连续文章”。三是思想政治工作研究。1986年在院党委办公室主任李慧敏、时任宣传部部长戚嘉鹤的鼓励下，我写了第一篇思想政治工作论文《典型理论初探》（请戚部长帮忙修改），并首获中国勘察设计协会思想政治工作研究会优秀论文奖，李主任从新疆会场给我带回来的奖品，是一套黑色带金色兰草的茶具。第一次写思想政治工作方面的论文，就获得优秀论文奖，这让我初识了自己的潜力，从此激情大涨，曾列有“关于创设我国思想政治学的初步提纲”，并与分到中建西南院的同班同学宁望楚兄探讨过创立“思想政治学”的宏大学术理想。此后思想政治工作理论研究文章多次获奖。四是青春放歌，主要是诗歌、散文、人生随笔等。在汪雄飞鼓励下，我写的第一篇散文是写于1983年秋天的《马台春秋》，发表在1984年建设部办《建设报》上。五是主编（与张书社共同主编）了《马克思主义哲学立场观点方法》一书（陕西省建设系统内部出版发行一万册），编写了《中建之路》一书之“科技篇”计6万字。

作为这些理论与文学创作活动的基础之一是：创建了业余团校，创办了院文化艺术节，参与创办了院电声小乐队（队长王树茂）与周末舞会，创办青年专刊《绿》（孟毅锋任美编并创作连环钢笔画），组建篮球队、排球队、乒乓球队、围棋队、桥牌队，启动院“十佳”青年评比表彰等。其中文体类工作都是与院工会密切合作开展，符联民主席给我以全力支持和鼓励。这段时间是我来中建西北院工作成长过程中的关键时期。这一时期的高步文书记、贾耀启书记、李慧敏主任、戚嘉

鹤部长、胡耀星副部长、周雪梅部长，付联民主席、田俊德副主席、马光华副主席，徐永基院长、徐乾易院长、花恒久副院长（后任院长）、周耀南副院长（后任院副书记工会主席），人事室李智主任、张秀梅副主任（后任院书记）、孙巽老师，设计室主任张志乾、何文俊、孙一民、崔丁武等，计划统计室张小禾主任、技术情报室张儒义主任等诸位领导，都从不同侧面不同方面给予了我很多工作上的指导关心与生活上的排忧解难。许多领导和同事都有工作、学习、生活上的细致入微的帮助，还有承载着西北院几十年奋进、团结、温馨文化基因的许许多多的趣闻。给予我教诲最多的是院党委书记贾公耀启先生，贾书记儒帅风范人格魅力对我影响很深。团委委员李安、卢银蓉、曲宏光、吴世颖、汪雄飞、牛海峰、陈亚民、王俊耀、王建安、曹新月、田园，工作上密切配合，合心合力合志，青年干部部门领导薛黎明等，支部委员魏安运、刘战峰等、全院青年工作工会工作骨干与积极分子，给予了我很多的支持关心和理解鼓励。

记得我任院长办公室副主任（主持工作）开始不久的1992年秋季，时任院总建筑师张锦秋主动鼓励我从事建筑美学与建筑评论研究，并热心推荐建筑美学教材与导师。记得发表第一篇论文后，周六晚上我与二室青年给排水助理工程师熊中元（现任院长）在北大街上散步，与他分享发表在国家级刊物上的第一篇学术论文的快乐，听他讲技术发现新想法、相互欣赏并相互鼓励理论研究与申报发明专利。感恩之心，成长之苦，同行之乐，仁义之道，使人获取不竭的志力、动力、精力。

（二）综合管理时期

时间是1991年10月借调院长办公室，1991年12月2日调任院办副主任，1992年8月中旬任院办副主任主持工作，1996年3

月任办公室主任至1999年3月。

这时期，由思想意识形态工作转到了行政工作，工作量大大增加。记得第一次写行政工作报告时，就没有通过。当时对我的自信是个很大的打击。好在有“日日反思”的习惯，有三镜之鉴的幼训，之后的公文写作逐渐进步。与此同时，理论创作从理论探讨转向了中建西北院企业实践经验的总结提炼升华。随着出差机会增多引发的眼界拓展，随着对中国传统优秀文化的潜心研读，诗歌创作方面也由新诗而转为古体诗，以至于经常有梦中作诗的情形。古体诗词创作，大都是在出差途中完成，属于亦行亦吟。古体诗的创作，让人体会与感悟着古代诗人们的机敏、激情、智慧、体认，我以为，旧体诗的生命力，绝不会因为新诗的出现而消亡，内涵广远与音律和谐，方便快捷与睿智新奇，变化无穷与平仄韵味，这些都是古诗得以贴近群众、贴近时代之所在，是历史自信与文化自信的重要源泉。

（三）党务政务辅佐时期

这时期，大体与第二时期情况相当，主要区别在于：理论创作方面向广度、深度、高度的持续拓展，文艺创作方面向心理哲理事理的延伸。这时期的管理实践主要是创新工会与团委等群众工作内容与形式。同时，分管院的新区建设全面工作，包括从与经发地产合作协议的重新谈判到策划、方案竞赛、开展设计、以五个流程管理为抓手实施建造过程管理、景观与管网、合约管理、成本控制、变更控制、工期控制、搬入等以设计为龙头的工程总承包建设全过程全流程系统管理。

孙文杰总经理2001年主政中建总公司时在总部干部大会上的讲话，提出总公司发展管理“三化”方针，强调规模、品牌、效益、选贤任能考核、裁短管理链条、取消行政级别、明

确总部服务职能等，比我看过的所有管理学与管理哲学，都印象深刻。

一直没有忘记的是，2005年10月我在中建总公司首届企业文化高峰论坛上演讲整理成文字在《中国建筑》杂志发表后的年底，我到成都参加总公司会议，时任中建西南院院长官庆先生（现任中建总公司党组书记、董事长）对我说："振海，你那篇演讲《关于企业文化及其建设的两点思考》，我看了两遍，真的非常好！"这个鼓励增强了我的演讲自信，成为我之后在院内外作"和合文化"二十多次演讲、和不计其数的较小范围演讲的初始动力。这个心理小秘密今天公开。那段时间，对和合企业文化的总结、提炼、升华等，如痴如醉。只是当时浑然不知此状也。

这时期我在分管工作方面，得到院办主任司引瑞，财务处长李安，人事处长王婉学与刘战峰，工会副主席冯仕宏，宣传部长高治国，经营处长赵政，纪委常务副书记宋庭训，审计处长怀小鲁，常务副处长肖兴会，经济所长轩煦，房地产公司经理赵俭，监理公司姜维、黄春金，二所副所长安军，四所所长郑振洪，五所所长田虎刚，七所所长嵇珂，华夏所所长王军、华夏所总党春宏、工作室屈培青主任，物业公司经理张建国等部门和有关设计人员、监理人员、建造单位的过程支持。

（四）主持党委全面工作时期

上任伊始，总公司党组书记郭涛给了我四句教诲。我以此为镜，不时反思修正。期间，与院长和合共进，院党委一班人团结一致开展了以下几方面工作：努力做好企业党建工作，坚持德才兼备以德为先选贤任能，推行"团结好、业绩好、作风好、公认好，充满激情、充满活力、心系群众、志存高远"的干部队伍建设方针；实施干部MBA主课三年培训；开辟院所

两级领导干部到陕西省委党校、西安市委党校学习两条选送路径；实施“西北院设计”金品牌与“西北院和合文化”新品牌两大品牌协同推进策略；荣获省级文明标兵单位、开启争创全国五一奖状和争创全国文明单位两大实践创新工程；开启张锦秋建筑理论系统研究与院和合管理理论体系研究两大理论创新工程；启动深入开展向张锦秋学习与组织推荐新设计大师赵元超两大组织活动等。并持续拓展对接政府、市场与业界。

同时持续进行文化创新工程。对于中建西北院的企业文化作了全面系统的总结、提炼、升华、创新。从企业的基本问题入手，探讨建筑设计工作的基本问题；从企业、员工、社会、家庭四维链接网络中，从起于企业、归于社会的逻辑发展中，从时代精神、优秀古典、职业道德、家国关联的结合点上，深入研究西北院自成立以来的发展历程及其作品荟萃、经验积累、精神积聚、文化积淀，总结、提炼、升华中建西北院企业文化，与班子成员不断切磋琢磨与补充修改，院长熊中元与我多次探讨、推敲具体提法，“新三纲五常”的称谓及部分表述即源于院纪委书记赵政同志的想法；王军副院长对和合管理模型几次提出建议与思考。曲宏光副院长提出过好观点，随时与院内外各界人士广泛交流，征求意见，于“十一五”时期，基本成型了“中建西北院和合文化”的内涵与外延，并明确列入院“十二五”发展规划。通过院内外的二十多次的演讲宣贯，逐渐获得了干部员工与社会各界的日见增多的认同。

策划推动了“青年建筑师方案推介演习”（团委青联人事处科技处联办了八届）、“我爱我家 · 摄影展评”、“我爱我家 · 青年论坛”系列活动（院团委院青联合办分别举办了两届四届）等和合文化青年实践系列活动。

策划并开启总编了和合文化载体书系院内部永续性系

列图书“和合文化系列丛书”:《和合映事》(已出三卷)、《和合仁事》(已出四卷)、《和合往事》(已出两卷)、《和合影事》(已出两卷)、《和合匠是》(已出一卷)、《和合文是·诗与建筑》、《和合文是·散文与建筑》、《和合文是·词与建筑》(文是口袋书系列即出)。策划实施中建西北院和合文化与两全一站式EPC两项由省工商局向国家工商总局商标注册工作。担任国务院国资委“国有企业企业文化管理标准编制”副主任委员，参加该项国家标准的编写工作。时任陕西省省长的赵正永，在建院六十周年纪念日前一周时间，于2012年5月23日莅临我院视察指导，代表陕西省委、省政府对中建西北院和合文化给予了高度肯定与殷切期望，他指出:“西北院‘和合’文化，振海书记真的是非常善于思考，非常善于提炼，非常善于创新，这个内容我非常赞同。‘和合’文化中的‘新三纲五常’把传统文化、时代精神、现代要求和职业道德建设紧密结合在一起，我觉得这个真的很有创意，要进一步发扬光大！李瑞环主席对‘和合’文化有深入研究，你要找机会向李主席汇报汇报，他一定会很感兴趣!”“弘扬好你们的‘和合’文化与‘新三纲五常’，希望中建西北院今后发展得更快更好!”

2016年3月，陕西省委统战部副部长白慧芳来院调研，推荐中建西北院以和合文化做好统战工作为题，在中央统战部官网首页刊登。5月11日，中央统战部门户网站以《幸福空间和合实践——中国建筑西北设计研究院企业文化建设工作纪实》为题，分“和合”企业文化的来源、“和合”企业文化的思想内涵与努力践行“和合”企业文化三个部分，介绍我院以“和合文化”做好统战工作的经验。

2016年6月，中建西北院以《基于绿色与和合文化的中华建筑文化创新发展管理模式》，申报陕西省质量奖，荣获陕西

省质量奖第一名，给予的颁奖辞云：

1．公司始终坚持绿色建筑设计理念，将绿色技术与设计创意高度融合，开展绿色建材甄选、运用绿色建筑模拟技术(室内外通风模拟、室内采光模拟、室外夜景照明模拟、建筑能耗模拟、建筑幕墙光污染模拟等)，立足绿色建筑技术专项研究与应用、绿色建筑星级标识评价、绿色建筑标准编制，整合资源、引领绿色设计产业，成为行业标杆。

2．公司形成了以“和谐传承共生，合作创新共赢”为内核的“和合”企业文化体系，凝聚人心，激发创新潜能，践行天人合一、古今和融、中外和协为灵魂的和谐建筑理念，拓展幸福空间，极大提升了企业软实力，成为文化引领创新发展的楷模。

3．公司首创了具有中建西北院特色的EPC模式（即以设计为龙头，基于BIM和P6基础上绿色化、精益化管理的“双全一站式”工程总承包模式），聚集、整合、管理建筑全产业链的资源，关注建筑全生命周期，从根本上避免了窝工、返工，缩短了工期、降低了成本、确保了质量，极大地节约了社会资源，树立了行业供给侧改革创新发展模式的典范。

2016年9月28日，院获“中国企业文化竞争力十强”，我同时荣获践行五大理念2015年度企业文化创新人物。

正是在这一阶段，不断有朋友同事索要“诗集”。于是，一咬牙一跺脚开始请同事们帮忙，凡三载，收集打印、整理、编辑了这部《兰溪集》。

为什么名之曰《兰溪集》？盖因中国建筑西北设计研究院于公元2011年2月22日搬入的商域新都，正是经开区白桦林居之兰溪区。兰溪，中国建筑西北设计研究院人之新的共有家园，君请看诗文卷《新区行吟致樊院长张书记》一诗。

三

《兰溪集》共计30余万字，分四卷，即《论文卷》《和合卷》《诗词卷》《散文卷》。《论文卷》与《和合卷》共收录论文40篇，绝大部分论文已经公开发表。《诗文卷》共收录诗词300余首，分江山行吟、商域行吟、伦常行吟、赋四个子项，涉及江山吟诵、经营赞颂、家庭亲情等，大部分诗词发表于《人民日报》《陕西日报》《西安晚报》等刊物上。《散文卷》共收录散文42篇，包括哲理散文、游记散文、乡村散文、生活散文等。《兰溪集》时间跨度大致从20世纪80年代到今天。

愿《兰溪集》带给读者们思考与乐趣，哪怕会心一笑足矣！

四

本书即将付梓之际，历经三四年查找、整理文稿过程终于画上圆满句号。点点滴滴顿时涌入心头，喜悦和感动交织，喜悦的是众多好友、同事催促的任务终于“交差”了，感动的是众多朋友、同事为此书付出了辛劳与汗水。

首先感谢改革开放总设计师邓小平，没有改革开放，我可能没有考上大学的机会。去年看电视连续剧《历史转折中的邓小平》时，我常常热泪流淌。

感谢生我养我的故乡——河南安阳安丰乡前净渠村故乡的父老乡亲。感谢小学、初中、高中时期的各位老师和同学们。故乡常入梦，相见两唏嘘。

感谢我的第二故乡成都与母校四川大学及哲学系的各位老师与同学们。母校赠予我的远不止是知识、容量、胸怀、眼界、思维利器。

感谢陕西省委省政府的正确领导，三秦大地的天时地利人和，有力有情引领与滋养了中建西北院65年来的发展。

感谢中国建筑工程总公司原董事长孙文杰先生、中国建筑工程总公司原党组书记郭涛先生为文集题词。感谢所有关心支持、帮助提携的历届中建总公司领导。经常关心与鼓励我的诗词写作的还有：中国建筑工程总公司原董事长党组书记易军先生（现任住房与城乡建设部副部长），党组书记董事长官庆先生，总经理王祥明先生，党组副书记刘锦章先生，副总经理曾肇河先生、李百安先生，邵继江先生总工程师、设计集团总经理毛志兵先生、副总周文连先生等诸位领导。

感谢中国建筑工程总公司原纪检组长刘杰先生为《兰溪集》之“诗词卷”作序。刘杰先生是第一位鼓励我出版诗集的人，是经常给我布置作业鼓励我写诗的人，也曾帮我多次修改诗文。

感谢中国工程院首批院士张锦秋先生在百忙中于八十高龄为本书作序，手写三满页，字字感人心。

感谢中国建筑西北设计研究院和历届院领导，历届各部门领导，感谢所有的同事。没有中建西北院，就没有我三十多年的成长与工作学习生活。特别要强调：正是樊宏康院长、张秀梅书记和合共进创造的跨越式发展绩效与团结宽松氛围与重视培养年轻干部，才有了西北院和合文化的生长与新区的开辟。

感谢本文集编辑过程中给予的帮助：党委工作部姬淑云部长、高治国部长、院团委李杰书记、院青联刘怡主席、党部欧阳东秘书，院办主任郭毅、人事处长李勇、科技处长孙金宝、院青年管理与文化研究会秘书长李元昭、院青联副主席鲁孟瑶、纪委专干王虎刚、人事处干事周乐、图文公司经理宋庭

训与编辑智力，为本书提供的长期帮助与支持。其中：论文卷、和合卷由李杰、李元昭收集、编辑，周乐参加校对。诗文卷先期收集由姬淑云、刘怡，中期收集由贺西琴、鲁孟瑶，后期系统收集由李杰、欧阳东、王虎刚完成，后期整理编辑由欧阳东完成。散文卷由李杰、刘怡、欧阳东收集，欧阳东打印编辑成卷。各卷编辑统筹大量工作与联系事宜由欧阳东、孙金宝完成。图文公司智力负责成稿的排版、装帧、美编设计等工作。感谢各位同志们的辛苦帮助！

感谢杜耀峰、党朝晖、张立、魏焱、贾妍等编辑记者。贺平安先生为本书倾力策划、编辑，感谢中国建筑工业出版社的费海玲编审和张幼平编辑，幼平编辑用心之细让人感动。

最后，要感谢我的曾祖父、曾祖母、祖父、祖母、父亲、母亲对我的养育、教育、培育之恩，姐姐、弟弟、妹妹对我的手足之情。感谢妻子、女儿对我的理解支持，以及对我不时陷入沉思与突发灵感深更半夜起来写作的包容，妻子常常是我的第一位读者，也常常把我当作她的学生来鼓励、鞭策与引导。

谨以此书献给中国建筑西北设计研究院，献给所有同事、同志、同行、同道。

特别要献给坐化天国的母亲。母亲从河南安阳来陕西西安跟随我生活十八年，原期待母亲能亲眼看见儿的文集出版，奈何天不假年……长恨孝亲无补处，空将心痛对遗物！

这里特别说明的是：我需要衷心感谢的人，不止于以上提到的人……我在默想中使劲还原历史，由于时间与记忆，暂时没有说出名字的帮助者还有很多，且夫说到名字而表谢不足不准者也多。我知道这是十分遗憾，现在又十分无奈的事。谨此

祝愿所有恭宽善良仁达义勇的人们快乐健康幸福！

书香撩思绪，岁月幻风景。中建西北院和合号专列行进中。各位宾客，请填写“心灵交流服务意见卡”并赐宝贵意见……

时在2016.11.19

兰溪集

诗词卷

王振海 著

中国建筑工业出版社

读王振海同志《兰溪集》有感

上善若水
有容乃大

孫文傑

2016年11月22日

思行一体
稳健致远

为王振海同志选集题

郭涛
二〇一六年十一月

序

《兰溪集》是王振海同志自1983年参加工作以来三十年创作的集锦，共三卷四册，有论文、散文，还有诗歌，洋洋洒洒，精采纷呈。振海同志是从川大哲学系本科毕业，分配到中建西北院工作，从团委书记干到院党委书记。八十年代来的这批大学生是在特殊年代造就的特殊群体。他们小小年纪就下过乡、进过厂，吃过大苦、耐过大劳，千辛万苦考上大学，苦读四年之后有了一份工作。他们百倍珍惜这个工作岗位和劳动成果。他们突出的特点是有艰忍不拔的毅力和临危不惧的精神。另一个特点或称为特色也罢，就是大都有一些业余爱好，不论文武，写作、歌舞，并不逊于专业人士。振海同志是此中之佼佼者。

我比振海同志早来西北院20年，那是老一代的人了，但居然有两点极为相似：一是从学校到西北院，一直干到退休；一是在这个大家庭的关怀和培养下都得到了长足的进步。也许正是由于这个原因，阅读《兰溪集》的文章就多了一份亲切感。像论文《合力打造西北院和合文化》、《关于院青年建筑师方案推荐演习活动》，像散文《七路情思》、《袁家村游记》都是发生在我身旁的事情和人物。收录的论文没有高谈阔论之篇，都是从现实出发，针对问题、解决问题之作。文笔潇洒，生动活泼，十分耐看；描写的西北院诸多人物也都亲切感人，不落俗套。振海长于写诗，以古体为多，颇具唐风。不但诗品、诗格，而且赠诗的方式也很有文人的雅量。他的同事遇到工作上的问题，或受到生活的挫折时，往往会收到振海劝慰或励志的诗词。在西北院的朋友圈把这些诗称之谓“书记的人文关怀”。

《兰溪集》的样书是在2016年秋季最后一天放在了我的案头。这天，兰天白云，窗外银杏叶灿烂金黄。按古老的中国传统，这一天该是冬至之始。我一边拜读文章诗词，一边想，这本《兰溪集》是三十年的涓涓细流汇成的美丽湖泊，集腋成裘，来之不易。但是从长远看，这也许是振海同志阶段性成果。他曾经对一些朋友说过，等放下工作担子，等时间充裕些，打算就陕西的城镇建设、建筑设计为题写一些有规模、有层次的东西。当今正是陕西城镇化快速发展时期，盼望振海同志再续新篇，高歌猛进！

是为序。

张锦秋

2016.11.14.

文序

我很感谢振海。振海学哲学，数十年如一日，坚持诗歌写作。每有佳作，即以短信的方式，送我先睹为快。因为他的存在，我心灵深处的那点诗歌细胞，总被刺激得痒痒的。

我不知道自己什么时候喜欢诗歌的。当初“文化大革命”，一本蘅塘退士选编的《唐诗三百首》“死里逃生”，成为我的手边书和枕边书。那时能搜寻到的书很少，脑子里空白一片，很多诗不用专门地背，念个几遍也就顺下来了。我总觉得，这与聪明和记性无关，脑子里没有杂乱的信息干扰以及中国诗歌内在韵律的作用，是得以记住这些诗歌的重要因素。

大学学习汉语言文学。入学两年之后，喜欢现代文学，想从现代文学的新诗入手，再向古代延伸去探讨诗歌的问题。基于这个目的，毕业论文最早想写郭沫若。因为一般地说，真正的新诗是从《女神》开始。然而，为了有头有尾，我还是决定从第一本新诗集胡适的《尝试集》写起。那篇论文是完成了，叫作《论胡适的〈尝试集〉及其历史地位》。1982年到了国家机关再转企业工作，开始几年还订了《诗刊》，还读一些有关诗歌的文字，后来读的工夫没有了，再后来兴趣也没有了，如是30余年。

说了这许多，是由于振海希望我为他的《兰溪集之诗词卷》写序言，给了我关于诗歌的联想。前边的事情我从来没有对周边的人说过，振海更是无从知晓。之所以找到我，大概是我们在工作上联系多，或者是在他利用短信发来众多诗歌之后，我偶尔予以回应吧。我们还能算作唱和的一次，是在欧洲。当时我说，你每天写一首诗吧，结果他真的做到了。读着他“半饮湖光半饮风”的诗句，我大为赞赏，端的是好句！回京之后，我凑了几首自以为诗的东西给了他。

2016年10月底，他到京学习，我们见了面。我说，我已经退休了，你还是找更合适的人作序吧。他坚持说我给他的诗歌集写序言最合适。感谢他的信任，其实为了写序而做的学习和复习，也是很艰难的事情。由于只读不写或者少读少写，对于诗歌的理解肯定不会到位。律诗成型到现在千年多了，社会和文化生活发生了巨大的变化，汉语语音、语法和词汇的变化更是众所周知。坚持旧体诗词创作，就像爱好京剧一样，既是一种艺术的痴迷，也是一种艺术的弘扬，于人于己，功德无量。我觉得，写旧体诗的人，应该分为三类。第一类，诗人。有延续古典诗歌传统的愿望，有深厚的国学根底，严格地遵循诗词格律，比肩古人或望其项背。第二类，诗歌作者。一般的国学基础，大体按照格律书写，兴之所至，心之所安。第三类，诗歌爱好者。喜欢诗歌，缺乏国学基础，创作的是略逊于打油诗的顺口溜。但就是第三类，也是值得肯定的。或许后两类作者的作为，会开启中国旧体诗词的新方向。

我很佩服振海。作为中国建筑西北设计研究院的党委书记，工作繁忙，头绪众多。当我们观山望水、吹牛侃山的时候，他却在潜心研究，激情创作，这不是一般人可以做到的。领导人有一个爱好，又把爱好做到极致，个人素质必将得到最大提升，而因此形成的对企业管理和企业文化的理解，肯定与众不同。通读了《兰溪集之诗词卷》，我最大的感觉就是，振海对企业的热爱，作为业余作者，艺术对个人工作的服务与服从。除了散见于其他诗歌的描写之外，诗集中专门有《商域行吟》部分，“成立”、“乔迁”、“封顶”、“开发”、“视察”、“上市”、“签约”等词汇层出不穷，仅从诗歌标题用字用词，我们就深切体会到中国建筑这些年的发展，说《兰溪集之诗词卷》是一定时间段的西北设计院院史，也不为过。最使我感叹的，还是振海对工作的诗意描写。比如《浣溪沙·加班》：“秋来高树叶杂黄，嘈蝉何去西风凉。鲜果繁枝鱼满塘。月隐苍穹星敛光，柔灯盈窗人多忙。微机屏边咖啡香。”仅仅“人多忙”和“微机”两处直接点到了加班，而整首词都是对加班环境的描写，有这样诗意的环境和诗意的工作，会使我们想到生活和事业多么美好。

我同时也感到，《兰溪集之诗词卷》是振海的一部灵魂史。读过之后，会感到他的笔触无所不至，他对宇宙，对自然，对社会，对人生，对亲情、爱情、友情，对感动他的一切，那份执着的爱。《两湖行吟·谒毛主席故居》表达了他对主席的热爱，《黄河壶口瀑布感怀》抒发了他对民族的期冀，《伦常吟咏》部分更表达了他对感情的珍惜。我很喜欢《国庆挽母南游·汉中南湖》：“别舟环岛游，老母腿尚健。且呼儿孙来，山水看不厌。”母子之情，跃然纸上。《中秋节》。“记得幼小过中秋，月皎皎，夜幽幽。一家老小香案后，举手望，祈丰收……”儿时的记忆，充满乡土气息。《国庆挽母南游·归途》：“情纵河山心飞扬，意裁音像入诗囊。公假且做休闲游，青山脉脉对夕阳。”潇洒通透，体现了对生活的热爱。《奥地利行·浣溪沙·月亮湖咖啡店》：“半饮湖光半饮风，农舍山庄听远钟。弯弯村路入谷峰。几帆钢舟湾里停，满堂咖啡溢香浓，檐雀翩翩下翠坪。”人热爱自然，心胸和眼界会大有不同。

除了偶然酬唱或者兴之所至，我写旧体诗很少，充其量算个爱好者，从艺术的角度确实没有资格作出评价。但我喜欢《忆近岁登游成诗数首·关山》：“我骑紫骥来，逶迤上青峰。把酒千波爽，临风万壑惊……”胸襟开阔，想象奇特，轻松畅快，一泻千里。《忆近岁登游成诗数首·登秦堰楼望都江堰》：“岷山远来傍青城，点化离堆训苍龙。宝瓶东倾泽西川，鱼嘴北张浚南洪。秦月临波流天地，汉阳照水映青红。阁中二王应欣慰，坐看雪涛舞春风。”主题鲜明，表达严谨，对仗工整，字字珠玑。《浣溪沙·晚餐》。“铜瓢木炭黄牛汤，田边店家新米香。秋阳斜照西花窗。枝头星烁弯月朗，墙外蛩声唱霓光。远客围炉益尽觞。”合上诗卷，闭上眼睛，好像在读陆游和孟浩然等古代大家的田园诗和农家诗，洒脱自然，毫无雕琢。在阅读过程中，我也体会到振海对诗歌艺术形式的探索，如《华清宫怀古》组诗，共五首。其中有三字句、四字句、五字句和七字句，还有整首不按照词牌的长短句，生动活泼，给人新意。

振海是党务工作者，是企业家，是哲学家，是热爱生活的人。有了《兰溪集之诗词卷》，谁说振海不是一个诗人！

中国建设教育协会理事长

中国企业文化促进会副会长

中国建筑工程总公司原党组成员纪检组长

2016.11.27

聚英集美归兰溪

与振海相识于1983年7月，他分配来中建西北院的当年，这是20世纪80年代的事情了。我比振海早来西北院一年半，77届。振海先当老师后考上四川大学，是79届。青涩而朝气蓬勃，友善而认真严谨，成为我们交往的起点。转眼间，三十多年过去了，我与振海在新班子直接共事也有八年了。工作、学习、生活上，在相互欣赏、相互鼓励、相互促进中，我们传承着不忘当初的友谊，至今走过了三十三个春秋。

记忆中大概是2012年年底，中建总公司纪检组长刘杰领导来西北院视察工作时曾经说过："振海什么时候出诗集呀？到时候我来给你写序"。我在旁边鼓动振海说："你赶紧出诗集吧，我也给你写序。"而这次要出版的竟是三卷四册40多万字一套的《兰溪集》。中国建筑西北设计研究院新区，位于陕西省西安市文景路凤城九路白桦林居兰溪苑，振海兄把自己的集子命名为《兰溪集》，颇有深意。

仔细品读这套包括论文卷、和合卷、散文卷、诗词卷的合集，内心确实被字里行间洋溢的哲学睿思和潇洒情怀所感染，为他在企业管理哲学这一学术领域所取得的成就而高兴。（注）

人一生中有很多记忆被定格，或欢乐或悲伤，或理智或随感，难能可贵的是记录存储。振海把对工作、学习、生活的认识灌注在笔尖屏端，历久弥坚地亦行亦知亦思。诗文卷与散文

注：此集原拟为论文卷（上）、论文卷（下），正式出版时改为论文卷、和合卷。由此，原拟由三卷组成，现更为四卷体。

卷里，那些与心灵的对话，不仅有对人生道路的回顾，也有对社会万象的感怀。快乐、宁静、简单、挫折、激情、主见、不悔……彰显的是对人伦道行及社会百态的沉思，从满怀理想到得试抱负，从青春少年到纹布额头，过往留痕，依稀可触。

行万里路，格万千物。将世事人情镶嵌于岁月的年轮，人事也便借由文字而成为历史，又从历史走向未来。于是，蓦然发现，曾经淡然一笑的记忆也变得很绚烂和有意义起来，曾经深幽的苦闷也轻快起来，曾经遭遇的刺痛也变得需要感谢……《兰溪集》沉淀了他的心路历程与思路历程，过滤了过往的辛酸苦涩，而一以贯之的是对不曾抛弃的梦想和期盼的秉持。

振海于1983年7月，由国家统一分配来中建西北院工作，同年10月被院党委任命为院团委负责人主持团委改选工作，1984年3月任院团委书记。工作之余，开始了研究社会与青年成长的理论历程。1991年12月调任院办公室副主任，1992年8月主持院办工作（1996年3月任院办主任），1999年3月任院党委副书记（兼任院办公室主任至2005年）。他的思考也转入管理哲学领域，开始企业管理实战研究。2007年5月担任院党委书记以来，他结合中建西北院实际，一方面加强国企党的建设，以面向未来视野，深化干部制度改革、推行领导干部年轻化、拓宽干部成长途径，实行“校园多元化生源多元化”吸引优秀毕业生进院、增强创新基因活力。

一方面，在对西北院几十年企业管理实践进行总结提炼创新基础上，与班子与干部群众切磋琢磨，逐步创立了中建西北院和合文化知行体系；于2009年开始，启动中建西北院和合管理理论研究、与张锦秋建筑理论系统研究这两大理论创新工程；2012年启动实施中建西北院“创建全国五一劳动奖状单

位”与“创建全国文明单位”这两大实践创新工程；启动向张锦秋学习与宣传推荐新大师这两大组织创新活动。同时，振海勤于读书，敏于思考，孜孜不倦地钻研古今中外文治经典，在日积月累的工作实践与学习借鉴中，形成了自己的管理哲学研究系统，他的理论研究成果也日益受到各界的关注。

振海以哲学学者特有的大局观、长远观、系统观与辩证思维，从履行央企的经济、政治、社会、文明四大责任的层面，给中建西北院提出了许多很高的要求。在我看来，振海是个学者型领导，兼具哲学、教授、文艺修养。中建西北院不仅仅是一家建筑设计单位，更是人类城市建设发展演进的创造者、承载者、见证者。建筑需要灵魂内涵，管理需要哲学思辨，振海正是自觉担当了这样一种历史与时代使命，构筑起“和谐传承共生，合作创新共赢”的中建西北院“和合文化”理论与实践体系。而其中的核心内容是“新三纲五常”，即“善为德纲、用为才纲、义为志纲”的“新三纲”，与“常怀感恩之心，常念牵手之缘，常思成长之苦，常想同行之乐，常行仁义之道”的“新五常”。由此，把传统尚品、时代精神、职业道德、家国情怀化为一体，将企业、员工、社会、家庭四元需求融会贯通，让员工在工作中感受快乐，在进步中体味幸福。近几年来，院内外的同志们更加感受了西北院的温馨氛围，也更加感受到了全院干部群众的向上向善向前的阳光激情。西北院和合文化于2012年获得陕西省委省政府主要领导的高度肯定。2013年，西北院首次荣获五一劳动奖状；2016年年初，中共中央统战部官网刊登了中建西北院和合文化专题。2016年8月以“基于绿色与和合文化的中华建筑创新发展管理模式”荣获陕西省质量奖第一名；2016年9月，荣获“中国企业文化竞争力十强”……这都是对中建西北院院党委院班子以

先进企业文化——和合文化引领国企持续发展实践的肯定，而振海本人也因此被评为“以五大理念引领发展2015年度企业文化创新人物”。

“士不可以不弘毅，任重而道远”。如今，历经三十余载，振海以其坚韧不拔的毅力，沿着“知行合一，思行合一”的耕耘轨迹，集结了这套独具意义的文集，令人感动，引人思考。我凭近水楼台，先睹为快，与君分享。

振海同志现任中国建筑西北设计研究院党委书记、副院长，陕西省十二届党代表，陕西省十一届政协委员，陕西科技大学教授，陕西建筑科技大学教授，英国皇家特许建造师。受聘甘肃航空公路旅游集团公司任首席高级顾问。

回顾振海取得的成绩和走过的道路，我愈加相信：欲成大事者必待繁复的熔铸，锁定目标，抱持信念，勤奋进取，师长补短，必将在日有所得、胜过昨天的过程中，再创佳绩、复惠社会。

2016.11.16

目　录

江山行吟

商域行歌

伦常吟咏

赋

江山行吟

题秦始皇陵

（1992年5月）

赫赫皇威
留下万里长城八千兵俑作证
人间春秋
巍巍黄垒默然横陈关中
十二金人
曾记否　威临远梦
三十问鼎九州
始创华夏一统
书同文　车同轨
连同郡县制
在高速御道上
回响长白山虎吼
南山涛涌
宗商鞅变法
凭李斯执政
登西岳问天
探东湖寻仙
阿房三百里
新欢三千夜
华盖漫漫游幸
塞上犹闻
雄雄金戈铁马声
南边何处
涟涟灵渠印云影

西去驼铃
向外邦洒下中国梦
大漠征战
红葡萄美酒滴落白骨衰英
大道达达连纵横
马蹄踏踏蹈神风
寻仙不见落苍茫
长啸一声天地崩
假称龙体欠佳处
真身虫蛆盈棺椁
难忍俊姬随人去
悉数殉于始皇陵
天下父母放悲声
悲声绞断始皇梦
借问东去大河
几多过错几多功
看碑刻名岳
听孤魂悲鸣
是非公断何处
大河无语
浩浩烟波东流水
赫赫皇威
人间春秋
寥廓苍穹
绿眼蓝眼黑眼
奔来观赏风景
但见游人遍野　旗飘斜风

农夫倚门翘望　暮归牧童
摩托青烟奔驰　许多营生
阡陌纵横
野鸟凌空
花来花落
春夏秋冬
远处巍然骊山
依然万木峥嵘

临江仙

黄河壶口瀑布感怀

（1997年3月27日）

一九九七年三月二十七日陪刘公杰兄观瀑，但见飞雾弥天，奇石满地。古来交兵之地，只闻欢声，不复马嘶，抚今追昔，欣然命笔。

浩浩黄河南逝水，
飞瀑跌溅碧空，
万里奔逐一壶中。
长岸竞雄峙，
一鸟掠天横。

塞上秋风①转春风，
马嘶化作欢声，
太平今朝思范公②。
羌管流新韵，

中华追大同。

注：①塞上句：宋代范仲淹驻守延州（今延安）时，作“塞下秋来来风景异”词，道出战争艰辛与报国忠志。

②范公：指范仲淹（989～1052年），字希文。今日天下大乐，范公当可“后天下之乐而乐”矣。

忆近岁登游成诗数首

（2001年2月10日）

一、关山

我骑紫骥来，
逶迤上青峰。
把酒千波爽，
临风万壑惊。
白云低松枝，
秋香漫青萍。
山腰忙牛羊，
太清翔鹗鹰。
远客竞奔驰，
幽谷回嘶鸣。
商家诱食客，
招揽费心功。
溪畔流行乐，
帐边舞剑锋。
古来军马场，
今日名胜景。

江山陇县秀，
河川宝鸡葱。
夕霭来远山，
牧家炊烟升。
晚风催归客，
怡然返古城。

二、华山

切崖霄峰势飞凌，
险却神州万千重。
松映镜湖皎皎月，
岩流昆仑浩浩风。
大河日日奔东海，
高岳时时镇关中。
空有长揖北顶上，
欣望游人满苍龙[①]。

注：①苍龙，即苍龙岭，为从北峰登上东南西中峰唯一山道，极险。

三、登滕王阁

赣水逐日月，
名阁耸千秋。
才子遗风雅，
平民尽登游。
白沙拥翠岭，
彩桥卧清流。
万楼争云汉，
一江飞重艄。

凝神望圣地，
井冈荡腐朽。
苍茫第一枪，
声犹绕环球。
我心随飞羽，
长歌彻霄九。

四、庐山瀑布

翠叠风生雪崖摧，
虹光游岚紧相偎。
天籁彻彻起氤氲，
山间处处染芳菲。

五、登秦堰楼望都江堰

秦堰楼位于都江堰二王庙（李冰父子庙）北侧，二十世纪九十年代建，高六层。登楼可通览都江堰全景，宝瓶口、离堆、尖沙嘴、泄洪闸等建筑物尽收眼底，凭栏可远眺青城山。青城山属邛崃山系，岷山自川甘交界处往南直至成都，西与邛崃相对。登斯楼也，思接千载。

岷山远来傍青城[①]，
点化离堆训苍龙[②]。
宝瓶[③]东倾泽西川，
鱼嘴[④]北张浚南洪。
秦月临波流天地，
汉阳照水润青红。
阁中二王[⑤]应欣慰，
坐看雪涛舞春风。

注：①青城，青城山，与玉垒山东西隔江相望，玉垒山为东。

②苍龙，谓岷江原为洪害。

③宝瓶，即宝瓶口，为战国时秦国蜀郡太守李冰率当地羌、汉官民共凿。蜀中自此方称作天府之国，水旱无忧矣。

④鱼嘴，系当年李冰用作分水的建筑。现为钢筋混凝土建筑，长卧江中，形似鱼，北端如鱼头。

⑤二王，指李冰父子。

青城山行

（2001年5月4日）

少年曾作青城行，
又沐青城五月风。
谷口古刹荐福宫，
宫侧飞架山门成。
摩枝戏草探幽径，
侧岩逐水入山中。
石阶层层浸露水，
野草叶叶流珠莹。
古松列队如仪仗，
杜鹃齐放似火红。
古松杜鹃新浴后，
流水欢歌伴云行。
曲曲折折进山路，
宽宽窄窄通幽径。
曲折宽窄似随人，

忽闻笛声破长空。
路边老翁笑卖笛，
围人三番试笛鸣。
我亦取箫试吹之，
箫声沉郁扰游兴。
前行遥望石阻道，
侧看巨石裂为径。
巨石中开满苍苔，
不见当时斧劈功。
绕石下走至小湖，
月城湖[①]照四周峰。
湖水清清涤凡尘，
湖水悠悠送船行。
弃船登阶到索站，
一轿二人索道行。
穿云度壑上青峰，
青峰上有上清宫。
手摘山岚装入袋，
袋装山色与鸟鸣。
鸟鸣阵阵去复回，
北峰响起南峰应。
闻道下有人语声，
林密不见人踪影。
回顾山湖如银镜，
银镜返照山色明。
湖周群峰列如屏，
如切城墙浑然成。

青城大小卅六峰，
我今乘车掠太清。
驾鹤不知何体验？
骑麟亦若此生风？
倏忽已至上索站，
小憩洞廊又复行。
妻女更趋小山道，
菜园不闻噪杂声。
草径旁立一草屋，
主人不在横金锁[2]。
土路铁窗茅草棚，
山屋特色聚此景。
趋步屋后向上行，
右见玉立一小亭。
有心到亭临风坐，
奈何青年正温情。
急垂望眼瞰岩下，
绝壁万丈起惊鸿。
回身上走见古池，
古池碑注太师池。
悠悠泉水曾映月，
今日唯见池枯底。
池旁有井隐茶田，
古井井口架条石。
临井观水水不惊，
天上浮云照井中。
峰高已有十万丈，

井旁池干井水盈。
辞井别池过牌坊，
上清仙宫当面迎。
太上老君中庭立，
审视芸芸众苍生。
中庭左进有别馆，
馆藏书画道骨铮。
庭院闲立两少尼[3]，
手机频语仙俗通。
欲摄仙家清丽容，
几次镜头见背影。
房前杜鹃吐芳蕊，
院角书家[4]走蛇龙。
古院青松白鹤闲，
涤虑清心书画情。
移目院落鸳鸯井，
一甜一苦两分明。
两井相距两米许，
苦甜曾经历唐宋。
人生不免兼苦甜，
长信苦尽甘甜生。
抽身回立宫门前，
一洗万古烦恼空。
环顾群峰共嵯峨，
遥望蜀山多峥嵘。
蜀山最幽青城山，
青城峰高绿浪翻。

长歌一曲在巅峰，
歌与绿水绕重山。
漠漠平畴染锦缎，
巍巍奇峰上接天。
寄意白云休歇脚，
御风相游天地间。

注：①月城湖，因湖为月形，周峰如城墙直立，故名。

②金锁，金属锁。

③少尼，少年尼姑。

④书家，书法家。

谒黄陵

（2002年9月6日）

古柏常青，
沮水恒流。
浩浩英气，
贯我神州。
日照桥山，
风畅青秋。
始祖陵畔，
遥望珠峰。
雪域擎宇，
昆仑横空，
环宇瞩目，
中华振兴。

赠终南山净业寺本如法师

（2002年10月7日）

阶浮翠微古寺高，
孔雀闲庭花果娇。
闭关著文叙禅理，
游方草绘觅渡桥。
气贯普陀慈雨润，
神接昆仑白云飘。
临风讲道向日晚，
隔岸卧佛[1]横碧霄。

注：①净业寺闭关茅屋外，隔沣河西眺，可见群峰勾勒出仰卧巨佛的景象。

杭州春行（八首）

（2002年12月10日）

一、西湖月影

西湖幽水浸碧峰，
扁舟静泊垂柳青。
朦胧一弯新月夜，
微波轻摇绿堤灯[1]。

注：①绿堤灯：堤岸遍置之绿光灯。

二、谒岳飞庙

精忠奋勇朱仙镇[2]，
悲愤壮烈风波亭[3]。

愧迟乡朋④恨生晚，
斜阳独诵满江红⑤。

注：①朱仙镇：岳飞在开封郊区朱仙镇大捷，金兀术战败而弃开封。宋使洪皓在家书中称：“顺昌之败，岳帅之来，此间震恐。”宋高宗则一日之内以金牌十二道召岳飞班师。

②风波亭：岳飞冤死之所。

③乡朋：作者自谓，作者与岳将军同为古相州即今安阳人。

④《满江红》，系岳飞名篇。

三、谒秋瑾墓

桃花碧柳一样风，
西子湖畔觅侠踪。
仗剑西归谋光复，
敢将肝胆作牺牲。

四、宋城游

宋城宋风宋人行，
肆井吆喝满街声。
我今漫步宋城内，
遥想当年金戈横。

五、龙井茶女

碧叶入釜细细煨，
玉手轻烟弄小炊。
清香引诗北客来，
邻家哝语染芳菲。

六、六合塔望钱塘江

雪崖直立溯江来，
长桥相激轰然开。
百万玉龙横空起，
秋阳初照六合台。

七、杭州怀古

偏安遗耻临安①城，
华衣轻旋满宫庭。
上河②难盛国士泪，
岳阳尽著夫子③情。
江山忧愤沁园春④，
乾坤壮烈满江红⑤。
扫尽屈辱兴大道，
万邦今看中国龙。

注：①临安：南宋都城，今杭州。南宋偏安，社稷破碎，遗耻大焉。
②上河：指宋张择端《清明上河图》，极尽繁华时景。
③夫子：指范仲淹，有《岳阳楼记》，“忧乐”二字，道尽仁义。
④沁园春：代指辛弃疾词，空有复国之志，恨无施展之机。
⑤满江红：指岳飞词。怒发冲冠，千古奇怨。

八、宿萧山

暮笼暗野鸟归营，
客宿萧山傍机坪。
蛙鸣和声入梦来，
航灯映照满天星。

谒秦始皇陵

（2003年春）

横扫六合创大统，
追思壮哉始皇雄。
力践一统华夏志，
狂飙八极中国龙。
万里山川动神威，
无边瀚海涌豪情。
陵东兵马启征处，
戈闪铠耀旌旗鸣。

井冈山·大井

（2004年6月1日中建纪检监察会议）

山岚笼阴翳，
鸟鸣漫峰天。
暗香迷曲径，
朝霞镶周峦。
晶溪亭边树，
挹翠湖上船。
流行乐初起，
坪练彩扇煊。

陕北行歌

（2005年2月23～24日作于途中）

一、谒延安枣园暨杨家岭

宝塔巍巍延水长，
早春圣地徐瞻仰。
精神更比黄土厚，
创业缔国意气扬。

二、观黄河壶口瀑布

坚冰难移华夏魂，
滚滚大河下霄岑。
千回百折东流去，
共与海涛戏天云。

三、谒黄帝陵

黄帝寝陵柏青青，
遥想往古祭雄风。
中华一脉从此滋，
沮水悠悠颂伟功。

华清宫怀古

（2005年3月）

一

温柔似雪
妙曼如歌

心随影动
情共流波

二

俏眉照碧柳
明眸盈清流
玉手绣兰花
款步舒丝绸
娇唇轻启银铃动
雪臂微摇紫薇秀

三

对月思
对面念
牵手偏恨更漏变
安得星辰长歇眠
相厮守
到永远
一梦醒来月已残
欲剪理
思还乱

四

销魂靥
摄魄雯
柔音蝉动情难忍

江山毁肇荒政人

五

华清幽苑藏虚行
华清池水消丽影
悲欢荣辱多少事
寒雪纷纷付春风

川西行吟

（2006年10月27日）

刘公杰兄期以日作一首，因之且行且吟而报。

一、望邛崃[①]

诗抒灵犀赋状怀，
情动粉丝[②]爱千载。
何必纤云传星恨，
少年追勇学邛崃。

注：①汉武帝时，临邛巨富卓王孙之女卓文君与文乐俱佳寒士司马相如，因弹《凤求凰》求爱绝美高才卓文君，知音互慕，雪夜私奔，复返娘家当垆沽酒，终使父女复和如初。夫妻共度终生不渝，遂成千古佳话。司马相如诗赋俱佳，作《子虚赋》《上林赋》，武帝惊为天人。

②粉丝：崇拜者，追星族。

二、过雅安

川西名市雅安城，

人称雨都少欢晴。

青衣弟子[1]今安在？

隔雾犹闻仙鹤鸣。

注：①传说道家有青衣童子于雅安驾鹤成仙。

三、木格措[1]

野人海水透底清，

峰雪幽谷袭寒风。

敢问天公何属意？

南坡荒凉北坡葱。

注：①木格措，又称野人海，此湖周山，南坡荒凉，北坡葱青。

四、七色海

群山巍峨绿间黄，

时见枯杉挂绒长[1]。

转经廊喧亚拉水[2]，

蓝天白云暖秋阳。

注：①枯死杉树，白绒重裹，似旷野怨女，引人垂怜。

②亚拉，亚拉河。

五、深秋海螺沟眺望贡嘎[1]雪峰

何方神圣设霄宫？

奇绝巧卓贡嘎峰。

天帝而今亦开放，

引得世俗钱袋倾，

争仰琼台玉颜风。

仙女何羞涩？

隐约浓雾中。
安得T台曳飘带，
展婀娜，
留芳容，
超女台下暗嫉生。
石径弯处将欲返，
苍穹镁灯光乍闪，
重云透出一方蓝！

注：①贡嘎山，是大雪山的主峰，海拔7556米，净高出东侧大渡河6000米，被誉为“蜀山之王”，周围有海拔6000米以上的雪峰45座。

六、海螺沟冰川[①]

万古冰川横海螺，
雄峰古柏共嵯峨。
晶玉亿年锁碧涛，
黑鲨白鲸曾霸波。

注：①据地质研究知，此地亿万年前曾是海洋。

七、浣溪沙·海螺沟冰川温泉

贡嘎峰下淌寒溪，
溪傍氤氲地热池。
坡树帷帐冰石椅。

都市游客洗尘凝，
深秋崖花生浅泥。
枯杉近处丛山碧。

八、磨西镇缅怀毛主席

曾经翼王[①]败河场，
天教大渡试真强。
伟人决策解悬命，
天堑跨后凯歌扬！

注：①翼王，指太平天国将领石达开。其在天京事变后出走四川，在大渡河石棉镇的安顺场（磨西镇南百多里）附近被清军全歼。毛主席在安顺场发现船渡艰难，决策强取泸定，期间曾驻磨西古镇。

九、纪念长征胜利七十周年·秋谒大渡河泸定桥[①]

（一）

大军突围将欲行，
雨寒石滑春枝鸣。
七十春秋传伟烈，
北客伫立遐思浓。

（二）

江风铁索旌旗鸣，
火龙搏处壮士行。
回看大渡南下水，
丹心碧血映晚红。

（三）

乾坤亦曾系索桥，
大渡滔滔试英豪。

热血丹青书大义，
贡嘎群峰尽妖娆。

（四）

峰若连波水如嚎，
悬索寒浸超冰瑙。
游客挪移尚惊魂，
当年凌波夺硐桥！

注：①泸定桥，长101.67米，宽3米，悬铁索13根，总重21吨。于清康熙四十四年即公元1705年开建，历一年建成。1935年5月29日下午四时，中央红军22名勇士夺桥成功。蒋介石谓红军为“第二石达开”的预言遂告破产。

谒五台山①

（2006年10月14日）

四围青松葱，
五台古寺钟。
西天生释迦，
东国留教宗。
身随进香客，
神滤三界空。
临水想世事，
望云思人生。

注：①1998年夏曾谒山西五台山诸寺。

浣溪沙·忆游海南岛东岸无名湾[1]

（2006年10月31日）

湾水湛蓝鸥翔低，
短草仙掌[2]蜂蝶嬉。
铺岸白沙净无淤。

挟咸热风来天涯，
涌波冷翠通五指[3]。
了无尘埃可谁栖。

注：①1993年春自兴隆至三亚途中曾游此海湾，海水极澄极透，海滩白沙纯净，了无杂质，人迹罕至，仅短草稀刺散生其滩，叹为南海神域仙境，印象极深。

②仙掌：仙人掌。

③五指：指五指山。

泰山极顶

（2006年10月31日）

遥共昆仑摩天扉，
泰山极顶幽思追。
千山万峰欲竞秀，
莫道登顶[1]便可吹。

注：①曾三登泰山。

再谒黄河壶口瀑布

（2006年9月11日）

谁倾天水流九霄，
大河涛涛注龙槽。
破碍冲险东流去，
势与五洲竞侠豪。

石泉水库

（2007年2月23日）

快意春风亲石泉①，
正月桃花照山峦。
碧波化作清洁能，②
汉水不惜别舟船。

注：①石泉县，属安康，县城东南有汉江石泉水库。石泉水电站，是汉江上游河段梯级开发的第二个水电站，是陕西电网主要调峰电厂。总库容4.4亿立方米，装机容量13.5万千瓦。

②第二句，系由中建总公司党组书记郭涛先生改出。

上海青浦古镇运河酒家

（2007年4月23日）

一

河鲜脆蔬土酒浓，
明月寺灯春波融。

店家引得歌弦至，
一曲一杯吴越情。

二

曲巷深深接老桥，
飞歌微澜共飘邈。
夕阳高帆归何处，
游客渔乡乐逍遥。

蒙西大漠行吟（五首）

（2007年10月）

2007年10月与郑晓洪、金凡、李杰，乘刘春新车驾，前往内蒙古阿拉善盟额济纳旗达来呼布镇送设计图纸并回访业主。且行且吟以记，感慨我院设计师辛苦矣。

一、夕次巴丹吉林沙漠

蓝天罩沙原，
戈壁亘古荒。
旷野少驼迹，
千里几牧庄。
边城慕誉邀，
樊公①执帅刀。
横跨大漠行，
郑总出奇招。
往来十五回，
地球两周遭。

大院团队能，
额旗划新城。
曾经沙尘暴，
数次陷漠泞。
五年扬院名，
万里输院诚。
早闻旅途艰，
料得多险滩。
奔目访达镇[②]，
飙车策克边[③]。
遥见胡杨黄，
驰怀壮思扬。
风尘远来客，
将至额济纳。

注：①樊公，中国建筑西北设计研究院院长樊宏康。

②达镇，达来呼布镇。

③策克，达来呼布镇北面边访口岸，与外蒙通商。

二、戈壁飞车[①]

趋车北国边，
西访弱水湾。
戈壁千里路，
直远入碧天。
天无一丝云，
地散棘刺点。
偶见野骆驼，
秃山不忍览。

飞车似相约，
超越复后衔。
举目空寻羽，[2]
寂寞秋原寒。

注：①2008年10月1日与2日穿越腾格里和巴丹吉林两大沙漠。

②空中无一鸟。

三、乔金加布书记[1]置酒弱水牧家

弱水滩头望胡杨，
一半碧绿一半黄。
系土东归[2]耀古今，
边城建设[3]沐朝阳。

注：①乔金加布，时任额济纳旗党委书记。

②该旗之蒙古族土尔扈特部自俄地东归故国，首领渥巴锡（阿玉奇汗曾孙）为摆脱沙俄压迫与分化，率部十七万众，于1771年1月启程，历时半年，行程万里，东归祖国，乾隆帝赐水草丰美之地封之。者四地，其一即额济纳旗。额济纳旗位于额济纳河（弱水）畔。

③该旗治所达来呼布镇8平方公里规划和其北之策克口岸4平方公里规划实施，系完全由我院郑晓洪院总担纲设计。

四、嘉峪关远眺

亿年祁连雪，
飘然落碧天。
仙赐巨哈达，
遥与凡世间。
西域茫茫征旗远，

钢城苍苍云厦繁。
秋浓金川湾。
哈密透玉门，
嘉峪通酒泉。
张掖洞庭波，
武威山海关。
南洋朝日喀什巷，
镜湖明月昆仑巅。
欣然看河山。

五、谒嘉峪雄关

嘉峪关①头胡天蓝，
祁连雪照九眼泉②。
几度烽火炙沙砾，
曾经硝烟没关栏。
拂沙欲觅戈钺旧，
倚阁犹睹忠勇魂。
古今将士心亦然，
情系民安疆宽稳。
远望透城垛，
幽思挑飞檐。
寂寞戈壁寒，
喧嚣绿洲暖。
钢城耸西域③，
雄关属后苑。

注：①嘉峪关为明初所立。南祁连山（古称天山终年积雪），北黑山，中宽十里许。唐时曾于此关西不远处立玉门关。

②九眼泉，在关东门外。

③钢城，嘉峪关市。

行观美国

（2007年12月）

一、曼哈顿夜景

比肩群厦摩云天，
华灯点乱纽约湾。
谁辟运河接星地，
飞机欲降翔波巅。

二、致杜耀峰社长

冷眼观世界，
慈怀申民声。
登岳思山势，
临川觅流宗。
业彰“杜五点”①，
坛运侠义锋。
摩须望浮云，
执笔慰苍生。

注：①“杜五点”，系杜社长所主张的新闻报道主张，是其在西北大学创办新闻学院并带研究生的讲义：主张立场为人民，观点为群众，人民是创造历史的动力，办法是唯物辩证法，为民主张不避权贵。据说曾为中央宣传部部长首肯。

三、老杜怜子图

恣观美国冬望春，
老牛舔犊父爱深。
少年意气独前行，
杜公凝视情殷殷。

四、和杜社长耀峰兄元旦夏威夷原韵

大洋悬岛喜留痕，
西方漫游我东人。
前昔故国积弱下，
于今醒狮逐时伸。
媒体发声不渲染，
讲坛释道意更殷。
堪比龟蛇三千寿，
君子坦荡精气神。

附原诗

元旦至·聊寄友

·杜耀峰

光阴擦肩去无痕，历书不语时告人。
风雨扑簌落叶下，霜前咯峥虬枝伸。
头发愧稚白渐染，额纹依老折更深。
岁月无意增人寿，相知有情盼精神。

谒嘉兴南湖

中建总公司杭州党委书记会间组织拜谒

（2008年5月）

烟雨楼畔觅伟踪，
匡时济世谋振兴。
红舟荡波酿大计，
古国新声一义[1]崇。

注：①一义，马克思主义。

五月再游杭州西湖

（2008年5月）

晨霭笼峰影，
连山醒鸟鸣。
东海日升早，
西湖荷鲜浓。
岳飞祠苑树，
雷锋塔上钟。
无忧鱼漫游，
静虑客心清。
孤山波涌立，
长堤桥自横。
弄笛绿岛远，
欢歌水阁晴。
临漪兴逸趣，
短衣堤路行。

鹊桥仙·布尔津河大峡谷

（2008年9月30日）

该峡谷位于新疆阿勒泰市布尔津县境内，是额尔吉斯河一大支流，水量大，峡腰藏云，巅峰裹雪。

峰裹银涛，
水迷岗雾，
迢迢弯弯公路。
黄杉青松新染涂，
间抛点红叶簇簇。

关山壮怀，
秀谷醉目，
阿尔金山南麓。
西边故地①怅他属，
叹斯水空泪不住。

注：①西边故地，指清末割让西域之土地。

鹊桥仙·黄龙五彩池往游追忆

（2008年9月30日）

五彩揉涟，
翠碧垂幕，
摇曳秋菊簇簇。
一声长鸣雄鹰过，
掠白云悠悠忽忽。

瑶池胜景，
仙女会所，
踞虎翔麟飞鹤。
黄龙洞府笙箫起，
迎三界远宾近容。

终南山家

（2008年11月10日）

喜鹊穿枝行，
细叶染峰红。
清溪水浅浅，
晨炊烟矇矇。
薄雾来峡峪，
疏雨入香茗。
野蔌言春远，
金柿说秋浓。
犬吠客纷至，
相与乐融融。

浣溪沙·喀纳斯湖秋游记

（2008年11月27日）

穿云沐雾摩枝行，
欲瞻圣湖全真容。
寒风飕飕观鱼亭。

峰雾金坡碧水滢，
曾经西征[①]为辕营。
图瓦村[②]头思大雄[③]。

注：①西征，指成吉思汗西征北欧等地，曾远征今莫斯科。此地为成吉思汗战马供给之地。

②图瓦村，在该湖湖口，是当年成吉思汗西征时所遣屯牧养马军需部队后代。

③大雄，成吉思汗。

与华夏所支部江西行歌

（2009年3月）

（一）婺源

小山丛丛小山葱，
曲流清清曲流轻。
马头墙边思吴越，
春花春寒婺源风。

（二）晓起古村[①]

粉壁黛坡马头墙，
青山绿水雾轻漾。
庭纳苍天转日月，
门接群峰通远商。

注：①晓起，深山之中一古村，明清古建保存完好，此地人家多外出行商发迹。

（三）江湾古村

疏雨润江湾，
香茗尝客鲜。
士商往古盛，
元首瞻祖轩[1]。

注：①此村是江泽民祖籍。

（四）碧玉潭瀑布

群峰锁重云，
玉兰迷浓雾。
远客三两啸，
隔雾听飞瀑。

（五）谒井冈山茨坪毛主席故居

笔著千秋义，
枪擎大旗红。
石桌绘乾坤，
晦夜探光明。
克艰凭信念，
缔国赖群英。
碧空新雨后，
翠色周峰浓。
游客往来处，
幽思追豪雄。

（六）井冈山收费站

灿灿坪上花，

悠悠垄边牛。
溪边凫群鹜，
山村尽华楼。
挎篮售小品，
农妇巧说游。
往来八方客，
停驻争影留。
欢挹巨雕塑，
红旗[①]彰风流。

注：①收费站旁有巨型红旗雕塑。

（七）吉安田间

坪上间菜花，
垄间正春发。
农妇驭耕牛，
犁过翻泥波。
待到耙平时，
想必稻秧插。
春时苦劳作，
稻熟盼收获。
天时赖相济，
人力安缺或？
凡事若期成，
天地人和合。

开封行

（2009年6月13日）

一、谒开封天波府[①]

五湖悠悠连大河，
杨门忠烈荡天波。
云星千载无空度，
英豪太行共巍峨。

注：①天波府现供奉宋杨令公和佘太君夫妇。开封市现有五个湖。

二、谒包公祠[①]

公忠泽庙野，
威豪震故国。
春秋昭古训，
河川表品格。

注：①包孝肃公拯，宋仁宗时任监察御史，执法不阿，作家训立家风。

陪中央巡视组王培民副组长一行谒延安

(2009年7月28日)

云淡风清，
广厦耸空。
延水流急，
宝塔彰功。
仅去三载，
已觉陌生。
塞下新城，

渐臻于丰。

与熊中元游乌镇

（2009年7月29日）

一

蛹肥鳝厚黄酒浓，
日暮疏雨乌镇行。
鸟归人去街欲静，
翰林酒家[1]说丰景。

注：①翰林酒家，在乌镇运河畔。

二

水乡乌镇幽，
晚灯照泊舟。
辟径寻归处，
犬吠声未休。

曲江游舟宴吟

（2009年7月28日）

忽有云舞浮黛漪，
侧见歌女飘舷西[1]。
霓影雕阁映湖夜，
楼舟幽思两依依。

注：①曲江遗址公园南湖阅江楼下，每晚有歌舞在船上表演。

秦岭初春（二首）

（2010年3月20日游秦岭广货街）

一

两湾冰溪汇寒春，
几家山民忙迎宾。
野蔌山肴临风酌，
一队摩托又进村。

二

浩浩穹宇净无尘，
弯月寒星倦归人。
分水岭上小亭外[①]，
何处幽香暗惊神。

注：①西万公路秦岭之巅，有黄河流域、长江流域分水岭观景亭。

清明唐苑[①]（二首）

（2010年4月5日）

一

柳鲜风软日熏熏，
丁香玉兰竞递芬。
崎岸月桥流曲水，
金鱼洄溯石堰心。

二

曲径浐原上，

绮石松柏深。

阳光清明意，

东风渺远心。

注：①与鬲先生聚谈中国唐苑。

再游扶风县午井镇上官村野

（2010年5月1日）

梢平如剪绿如染，

麦势欣欣穗欲满。

灿灿桐花照蝶舞，

古道新街扶风塬。

搀母再游终南山黎元坪

（2010年5月4日）

天蓝似新洗，

峰翠如甫染。

闲卧水中石，

盈耳响山澜。

新疆和田行吟（七首）

2010年5月8日至13日，应新疆农十四师副师长申牧（中建二局纪委书记挂职农十四师）之邀，与我院院副总、四所所长马晓东，规划师杨琬成到南疆和田考察四个团场，为规划设计而准备。

一

西域重来意殊深，
班超气慨荡古今。
农十四师重规划，
勘考团场慰帅心。

二

铁路客站新修忙，
国道物流欲驻场。
势逼大漠让绿洲，
玉山新城非狂想。

三

昆仑横冰丘草新，
兵团牧人地窝春①。
岁岁牧鞭响策乐②，
悠悠漠流③照丹心。

注：①时值8月，兵团牧场则为春景，因地近昆仑雪山故。牧人举家宿居地窝子，睹之愀然。

②策乐，策乐乡。

③漠流，策乐河。

四

荒漠深处城欲成，

饭店商店客满盈。[1]

持剑扶犁守远疆，[2]

屯垦戍边几代人。

注：①三团皮山基地，为一新建成镇。

②兵团战士，平时屯垦，战时持枪。

五

半腔清凉半腔尘，

昨夜雷声震微霖。

车笛过处铃声近，

毛驴满载长辫人[1]。

注：①昨夜雷声大作，而仅下小雨。此地年降雨量36.4毫米，而蒸发量高达2618毫米。春夏多沙暴浮尘天气，每平方公里降尘量达619吨。维吾尔族妇女喜长辫。

六

新帅初升帐，

规划商众将。

固边有利器，

稳军凭志力。

遥期二十春，

团场城巷深！

七

五月访边关，

御风掠天山。[1]

巨漠无人烟，

塔克拉玛干。

寂寥多心惊，

成丛龙卷风。[2]

绿洲春意融，

旷原资源丰。

注：①从和田飞乌鲁木齐，飞越天山。

②龙卷风卷起沙砾，高耸几十米，在大漠移动，疑似取经路上妖精重现。

四国行吟

（2010年6月）

欧洲四国考察对标国际建筑集团职工教育。

刘公杰兄嘱余日作一首，因以且行且吟。

一、浣溪沙·奥地利月亮湖[1]咖啡店

半饮湖光半饮风，

农舍山庄听远钟。

弯弯村路入谷峰。

几帆钢舟湾里停，

满堂咖啡溢香浓。

檐雀翩翩下翠坪。

注：①月亮湖位于奥地利萨尔斯堡市，此地为莫扎特出生地。

二、法国巴黎

（一）埃菲尔塔上远望拿破仑陵

白宇[①]连角顶铺平，
赛水[②]湾绕巴黎城。
八方游客尽环望，
夕阳映照拿陵[③]顶。

注：①白宇，白色的高楼。
②塞水，指塞纳河。
③拿陵：指拿破仑陵。

（二）钻石号舟游塞纳河

晚霞融融教堂窗，
埃菲尔塔扫激光。
歌弦不扰垂钓客，
翩翩水鸟过玻仓[①]。

注：①玻仓：玻璃做的船舱顶。

（三）大巴黎圣多班午餐

举杯阳伞下，
落座塔松前。
风来客自爽，
云动天更蓝。

（四）香榭丽舍街漫步

留影凯旋门，
驰怀爱丽宫[①]。
霸敛远方珍，

武铸帝国崇。
空泣方尖碑②，
争言议会厅。
圣院③塔尖云，
赛水游船风。
遥遥东来客，
绵绵悠思兴。
强国无他途，
势事赖群英。

注：①爱丽宫，指爱丽舍宫，现法国总统府。1718年兴建，原为私人宅第。1840年拿破仑称帝，1805年其妹夫购得此宅，名之。

②方尖碑，是古埃及金字塔外最具代表性的象征，是崇拜太阳的纪念碑，外形呈方柱尖顶状，由下而上逐渐缩小，塔尖常以金、铜或金银合金包裹，反射阳光。修长比为9～10：7。巴黎协和广场有方尖碑耸立，名卢克索方尖碑。1831年，埃及总督穆罕默德·阿里为感谢揭示古埃及文字谜的法国考古学家商博良，将卢克索神庙前两座方尖碑之一，赠予法国国王。法国国王回赠一座小钟楼，钟表只使用了几年就停摆。或谓之法国巧取豪夺。

③圣院，圣母修道院。

（五）巴黎左岸咖啡馆

惬意饮客尽释怀，
咖啡连桌店外摆。
西人男女爱此道，
侍者忙应啤酒来。

（六）遥望埃菲尔铁塔

楼海静波忽喷涌，
掣风裂云耸天庭。
上帝不知何方物，
令发教堂查分明。

（七）别巴黎

蓝天接碧野，
空无一丝云。
挥手道边树，
留痕窗外轮。
希腊罗马暮，
雄秦大汉晨。
远客别异土，
巴黎揖汉人。

三、德国

（一）浣溪沙·慕尼黑奥林匹克公园即景

万里碧空云未染，
湖水悠悠鸭自闲。
波纹横斜会游船。

绕湖踏车看少年，
除衣卧岸晒日暖。
牵儿携女嬉湖沿。

（二）巴伐利亚酒吧喝黑啤

览胜审美浅，
品景回味长。
酣饮忘文雅，
微熏诗意漾。

四、瑞典

（一）斯德哥尔摩港口

巨轮远来欲进渚，
乘客凭舷争相睹。
寻幽何须费远履，
悬岸少女正卧读。

（二）皇家公园中国宫

浓荫巧作屏，
中国宫欲成。
夙日不留意，
一瞥惊欢容。
皇后锁眉销，
皇帝沐春融。
导游讲未已，
思绪飘临潼[①]。
戟闲凭英武，
君昏国难宁。

注：①闪临潼者，指导游所讲让人忽然想到烽火戏诸侯的故事。

附刘杰唱和诗

振海兄：得与同游欧洲，幸甚。兄每有佳作至，读毕皆为所动。今聊诌数首，取笑方家。董仲舒言，诗无达诂。背景含糊处，略加蛇足，非诗人所为。

刘杰

2010-7-9

巴黎吟

巴黎浪漫乎，诸君言有故。
所论非男女，于我另有悟。
浪漫唯天性，万事不束缚。
好坏非顺我，凡俗亦可呼。
灵感花耀眼，创意泉喷珠。
领异复标新，登高唯此路。
铁塔人惊怪，艺术蓬皮杜。
金字玻璃塔，一朝到卢浮。[①]
说三又道四，浪淘地标出。
万头攒动日，无人思当初。
浪漫终非易，宽容伟矣夫。

注：①埃菲尔铁塔、蓬皮杜艺术中心与贝聿铭设计的卢浮宫金字塔门，初始皆为世人诟病，而今成为经典。

左岸饮咖啡

又临塞纳河，方知左岸[①]情。
小憩双木偶，似闻数金钟[②]。
因路[③]叹史重，循人[④]感命轻。
再来一杯否，日暖水无声。

注：①塞纳河左岸，人谓文化气息及历史典故充斥。

②金钟，寓意海明威作品《丧钟为谁而鸣》。

③路，指双木偶咖啡馆所在大街，导游曰此路充满故事。

④人，指海明威。命轻意其自杀。

夜游塞纳河

曾为美景觅五更，一绕塞纳日方升[①]。
遍踏左岸拾倩影，频临西[②]听古钟。
而今我来添白发，同游已非旧时朋。
夕照浮金船戏水，初灯泛银鸟彪声。
憩岸情侣笑相向，伫船驴友语难同。
红酒溅衣欢声作，白光照几耀眼明。
婆娑身影知三步，婉转乐音奏数通。
忽念家乡端午好，洒酒汨罗听楚风。

注：①巴黎为再来，曾凌晨步行塞纳河两岸。

②西提，巴黎圣母院所在岛屿。

荣军院遥祭拿破仑将军墓

曾经滑铁卢，身历古战场。
雄狮吼巨塔，骐骥抖长缰。
天下无真义，胜利当为强。
可叹威灵顿，数代音渺茫。
而今荣军院，腾腾闪金光。
我知墓中人，未捷身先亡。
理当长叹息，命蹇天不帮。
何为瞑此目？声名响当当！

注：①曾瞻仰比利时滑铁卢古战场，纪念馆边有金字塔状纪念建筑，上有雄狮。馆内有拿破仑骑战马油画。

②威灵顿，英国将领，在滑铁卢战役中击败拿破仑。

香榭丽舍大街散步

一入巴黎自此始，芳衣鬓影逢旧媛。
狂购路易[1]惊佛爷[2]，信步香榭[3]壮凯旋[4]。
协和[5]坦荡胸天海[6]，尖碑[7]挺拔人猴猿[8]。
来此氤氲先贤气，不取真经人不还。

注：①路易，路易·威登，品牌。

②老佛爷，商店。

③香榭，著名的香榭丽舍大街。

④凯旋，凯旋门。

⑤协和，协和广场。

⑥胸天海，法国著名作家雨果名言："世界上最大的是海洋，比海洋更大的是天空，比天空更广阔的是人的胸怀"。

⑦尖碑，方尖碑。

⑧人猴猿，尖碑历史悠久，联想人类的发展。

怀念海明威

其人吾最爱，彪悍如雄狮[1]。
大作惊天下，言简[2]意过诗。
致谢双木偶，我来应未迟。
未知何咖啡，未知何妙思。
未知情义苦，人生欲何之？
我今尚能饭[3]，人老海[4]未知。
他日定来悟，座后铭有时。

注：①彪悍，海明威貌极其男性化。

②言简，海明威小说语言极其精炼。

③饭，廉颇老矣，尚能饭否？

④海，海明威小说《老人与海》。

HB啤酒屋

皇家饮酒无？皇家啤酒屋！
人头如蚁攒，喧呼似动粗。
侍男低声劝，高雅知礼数。
侍女壮过山，持酒我不如。
万国同一语，万相同一族。
洒笑无男女，合影记景殊。
偶有猛士立，豪饮胆气足。
全场欢声动，敢有应者乎！
人生不饮酒，如何对江湖？

维也纳

金色大厅耀眼明，中国歌手钟此行。
我来亦许恢宏愿，暂不登台学五声。

月亮湖

一

半饮湖光半饮风[①]，半在江湖半朦胧。
半月真是恰好处，退亦可守进可攻。

二

未奢悠然在此程，晓念夜思午难停。
忽啖一杯咖啡好，仙乐悠然品半生。

三

旧岁只知桃源好，红屋绿野水碧澄。

惭愧偷闲将半日，我打秋风谢周公[3]。

四

此王公[4]非彼王公，彼王公在童话中。

此公伴我湖畔坐，妙语一句六月风。

注：①“半饮湖光半饮风”兄之妙句。

②打秋风，仅取蹭饭意。

③周公，五局周勇也。

④王公，王振海兄也。

斯德哥尔摩住地

出游何处住，有人说市中。
出门狂购物，开窗娱视听。
落地登巴士，言说穿市行。
沿途车稀少，天黑影蒙蒙。
未到呼上当，及至皆噤声。
柳暗花明处，悄然遇白宫。
电梯真古董，女王或经停。
及至会客间，恍似古堡行。
窗外月弦半，星明天朗清。
湖碧连天外，树静不摇风。
游艇白如银，桅挺刺苍穹。
野禽闲戏水，惊鸥寻偶鸣。
有岛百余步，闲暇觅芳踪。
绿叶掩白墅，红花绕紫藤。
有客悄然至，天鹅习不惊。
如入桃花源[1]，如见五柳生[2]。
敢问先辈好，别来尚采风？

蹒跚近花甲，何尝期诗名！

注：①桃花源，《桃花源记》。

②五柳先生，陶渊明。

国庆搀母南游吟

（2010年10月）

一、汉中南湖

别舟环岛转，
老母腿尚健。
且呼儿孙来，
山水看不厌。

二、浣溪沙·甘南文县即景

山路弯弯水长长，
秋峰逶迤天朗朗。
重建新村①掩白杨。

玉米青青稻黄黄，
山民稻田收割忙。
校舍红旗迎朝阳。

注：①2008年5月12日汶川大地震后重建新村。

三、青木川古镇

古尘犹在檐，
廊桥列土产。
鸡鸣三省里，
曾经水陆繁。

村酋魏辅唐，
割居在深山。
作家叶广芩，
钩现来偏远。
一代袅雄剧，
美名天下传。
汽车飞机别马背，
名镇辟作旅游点。
新区建在老桥北，
河水悠悠润川田。

四、投宿

双河湾畔宿山家，
夜枕白水江①涛花。
搀母梦看九寨沟，
明朝验得瑶池纱。

①白水江：从九寨沟发源，经九寨沟县城而下，经双河镇向东南入碧口水库汇入嘉陵江。是夜投宿于两河口镇白水江畔，梦中已搀扶老母游览九寨沟。瑶池纱，九寨沟众多湖泊传为王母瑶池，仙女曳纱舞缎。

五、九寨沟

（一）长海

雪峰寒意动微涟，
长海幽水透底蓝。
斜阳秋风逸白云，
桂影摇曳鹰回还。

注：①长海，是九寨沟中海拔最高也最大的湖。

（二）五彩池[①]遐想

五彩池水五彩涂，
白云作束发五湖。
邀得群仙池亭会，
灵芝雪莲共茗煮。

注：①导游介绍五彩池是王母娘娘邀群仙聚会之所。

（三）诺日朗瀑布

流水悠悠伴车行，
跌崖沉隐发轰鸣。
谷底远客合影处，
裂空劈云飞群龙。

六、归途

情纵河山心飞扬，
意裁音像入诗囊。
公假且作休闲游，
青峰脉脉对夕阳。

过滁州

（2010年10月）

滁州乃北宋欧阳修为滁州太守时屡与吏民同游之地，《醉翁亭记》一文彰其“人知从太守游而乐而，不知太守之乐其乐也”之高怀。余与中元等一行飞上海转乘车至滁州新区考察投资项目，因晚，未及滁州故城及名山琅琊，唯有神谒。

夕阳过滁州，
思追欧阳修。
琅琊欢庶众，
酿泉饮文酋。
与民甘苦者，
常得看沙鸥。

秦岭深处

（2011年5月）

山笼暮色鸟归心，
关河夏涧响春深。
时替空易悟禅机，
我与青峰话知音。

曲江南湖即景

（2011年5月）

碧柳绕绿岛，
金鱼自逍遥。
荫深鸟鸣处，
游艇穿曲桥。

鹊桥仙·盘谷山庄晨望

（2011年6月）

峰涌碧涛，
河奏妙曼，
悠悠彤云几片。
太白轻唤旭日醒，
洗尘虑暗香盈面。

如风递往，
似水流年，
最难无悔无怨。
把茗驰怀望高远，
鸟鸣里水白林暗。

再谒壶口瀑布（二首）

（2011月7月）

一

周时惊涛汉时云，
万里黄河壶口魂。
诚意正心寻真谛，
齐家治国思幽忱。

二

气连昆仑势飞虹，
大千情追壶口浓。

执着向海心不改，
冲峡击滩向远行！

再登汉中西乡午子山

（2011年8月10日）

云水流儒韵，
江山藏道魂。
林泉华宝地，
西乡逍遥人。

青海行吟（二首）

（2011年8月）

一、青海湖即景

牦牛骏马踏湖饮，
碧水敛波云涛滚。
菜花秋阴彩幡塔，
一路长磕拜湖人。

二、过日月山遥想

唐时日月山是唐蕃分界，文成公主由此别唐入藩。中建股份公司副总裁邵继江嘱咐青海省发改委新楼设计事宜。2011年8月17日，与中建西北办事处主任张伟出差西宁，途经日月山，遥想当年文成公主肩负和藩大任，率唐廷所派百工并携五谷良种，途经此山，鲜有儿女沾巾之状，更彰改天换地之慨矣！日月山颠，雄风犹存，国运兴盛，忠良倾心焉！

彩旗猎猎日月山，
文成公主往和藩。
何须思亲湿玉锦，
靖边大任扛柔肩。

临潼溪源山庄

（2011年9月17日）

丹榴锁连阴，
骊麓[1]溪源村。
翠鸟鸣芦苇，
塘鹅栖桥心。
游客来远乡，
钓翁守荷滨。
润柳舞倩影，
檐水漓清音。
临樽[2]往事近，
秋山雨雾深。

注：①骊麓，指骊山山麓。

②樽，古代饮酒具，代指酒杯。

广西行吟

（2011年10月1～4日）

一、德天瀑布（三首）

广西德天瀑布，位于南宁市正西三百多公里归春界河上，河水中线分界中越两国。

（一）

春树虬根抱石生，
焦叶半黄秋稻青。
筏边越贩忙叫卖，
轰然腾烟瀑布风。

（二）

白浪涛涛连霄尘，
对河分居两国人。
秦疆汉边成往事①，
细雨潇潇别乱云。

注：①秦汉等时代，现越南北部属中华疆域。

（三）

湍瀑恣意涂锦川，
绿水浮筏界河湾。
木棉花隐秋野碧，
十万峰围十万天。

注：广西十万大山，峰多独立，远眺若盆景。山谷间多作稻田。

二、赶海

赶海，即退潮之后，在滩沙里拣海虾海螺者也，周行者五家人皆奋勇学渔民赶海。

涨落银沙滩水浅，
远客北海乐忘还。

挽裤抡锨学赶海，
筛取空壳笑置篮。

骊山行（二首）

（2011年11月）

一、再登烽火台[①]

依依渭水揖晚秋，
骊宫俪馆一望收。
厉王狂嬉社稷地，
荣辱兴替思悠悠。

注：①余曾于1985年带领新进院大学生登览此台，26年后今日，与院先进工作者、青年生产状元、十佳青年来陕西工人疗养院，复登此台，思古幽情油然而发。

二、山行

再登烽火台，路遇黄犬主动引路，自山脚弯行几公里往山腰至其主家所开饭馆。

瘪榴阑干[①]缀枝残，
冽冽山风作响弦。
黄犬殷勤引僻径，
欣然频顾行人颜。

注：①阑干，指纵横交织状。

渝黔考察行吟（组诗）

（2011年11月23日）

一、谒歌乐山

国民党政府曾关押大批陪都重庆地下共产党员于此地之渣滓洞集中营。2011年11月23日感恩节前夕谒祭烈士罹难之所于兹而作。

歌乐碧峰嘉陵波，
云水犹识破晓歌。
济民志追大同远，
匡世身历苦难多。
忍念亲情消寂寞，
敢将青春祭蹉跎。
萃取精神沃众生，
增强去弱弘国祚。

二、谒遵义

正舵修航易旌幡，
领军吟诗强虏间。
后来国人瞻真义，
凤凰[1]临照湘水湾。

注：①凤凰，遵义凤凰山。

三、乌江镇

峰簇流急水乌蓝，
曾经战火硝烟繁。
把酒临渊乌江镇，
高歌一曲缅先贤。

四、游黔东南雷山县千户苗寨（二首）

（一）

西江妆映乳峰松，
旭日临照江水清。
盘首苗女多插花，
蚩尤后裔[①]舞雄鹰。

注：①此地为苗族世居之地，有家谱载历五千多年，系蚩尤直系后裔。

（二）

廊桥清波沉寨低，
吊脚楼矗三山堤。
萋萋青木笼曦岚，
黔南十月似春期。

五、浣溪沙·黄果树瀑布

渊崖为键藤作弦，
云瀑妙乐坠潭蓝。
幽谷翠鸟唱苔岩。

苍榕碧竹木艺轩[①]，
米酒熏肉豌苗尖。
布依山家枕素湍。

注：①木艺轩，木雕艺术品装饰的亭台与庭院。

六、大足石刻

藏在深山难寂寞，
濯心滤意八方客。

飘渺西天何以往？
上善常行即为舵。

七、天净沙·黄果树水上石林

径隐阶滑溪喧，
虬藤鳞杆龟岘，
仙掌缀满峰巅。
晦明变幻，
掩映栖亭临岸。

八、河潭滑索

钢绳悬深峡，
滑索身飞扬。
喊声遏天云，
不输少年狂。

漠原行（二首）

（2011年12月10日）

一、堵车

冰辉[1]渡漠海，
塞上泊车龙。
遥闻警笛响，
盼得早通行。

注：①冰辉，万里晴夜，月洁如水，辉洒毛乌素沙漠。

二、榆林老城

骑街并峙六楼堂，
漠雪蓝天沙敛响。
历来胡汉战商地，
皎月华灯照雕梁。

忆去岁沪浙行（二首）

（2011年12月）

一、参观世博会

刚柔正奇斗旖楼，
赚得远客追滩头。
为求一瞥万国馆，
排队看尽汗浃流。

二、溪口[①]怀古

曾几神暗水亦惊，
矶楼悲对老母[②]家。
成败岂独怨天意，
可叹一念万事空。

注：①溪口是蒋介石老家。

②老母：指蒋母。

平安夜饮

（2012年12月平安夜）

且饮醇香佐醮风，
梅韵竹芳共琴钟[1]。
西京雅阁平安夜，
千衢万巷炫华灯。

注：①钟，古代编钟乐器，代指爵士鼓西洋乐。

土耳其与迪拜行吟（九首）

（2012年1月25日）

2012年1月25日至2月5日（大年初三夜至大年十四），一家三口来土耳其和阿联酋迪拜与阿布扎比参游。

一、苏丹汗大驿站

土耳其苏丹汗大驿站，是古代亚欧丝绸之路上土耳其境内最大皇家驿站。有城墙及房屋占地10000平方米，可同时容纳三千商贾并其骆驼歇息餐饮且配备兽医与备换骆驼，全部用石头建成，其中专设有清真寺。

跋涉商旅栖石城，
弄管拨弦歇驼铃。
丝瓷贸易通亚欧，
长安罗马共辉映。

二、跨洲悬桥

该钢桥长1560米，位于土耳其伊斯坦布尔市博斯普鲁斯海峡上，是土耳其于20世纪70年代所建首座单跨海峡大桥，也是横跨亚欧两大洲的钢铁大桥，桥悬峡空，中无一墩。伊斯坦布尔历来为兵家必争之地，古代东罗马即拜占庭王朝皇都。船游海峡，恰遇一群海豚排浪而行，海鸥则追逐海豚而飞。冬雪漫空，海空联军，追涛逐浪，好不壮观！

张弓蓄势岸城幽，
钢桥飞揽欧亚洲。
舷雪融消攻伐事，
海峡海豚戏海鸥。

三、格莱美露台石窟博物馆

山峰如林如葱，火山喷发复往，岁月如斯，古民就此于峰腰多斫石屋，传教者于此处斫寺几处。此处古代历西、东、南三方势力轮侵许多次。

图尊传主音，
教慰庶众心。
荒山焚穑久，
群窟斫崖深。

四、谒圣母玛利亚冢[①]

茔柏两千春，
圣母百年身。
万里东来客，
虔诚敬尊心。

注：①该冢位于以弗所古城附近。

五、以弗所古城大剧院遗址

喜剧妙乐递层台，
拥山抱海半圆排。
罗马风情随戏散，
浪涛依旧爱琴海。

六、以城元老院遗址

非诤非谏竞舌辩，
群议群策元老院。
千秋宏祚佑罗马，
万里东客思兴乱。

七、小憩加油站

橄榄果荫漫山来，
风雪阳光爱琴海。
宣礼塔耸清真寺，
远客蓝湾共徘徊。

八、阿联酋国迪拜市帆船大酒店

帆厦衔海风，
岸水透底清。
贴沙晒客暖，
戏舴闹娇声。

九、迪拜游船演出旋转舞

百旋千转舱起风，
飞虹摇莲高扬鬃。

胡男未歇旋中舞，
观众已然目昏慵。

天水兰州考察行吟（七首）

（2012年2月13日）

与熊中元、曲宏光、赵政、司引瑞、党春红、李晶同赴甘肃考察项目（院与甘肃公航旅集团已签订战略合作协议），主要察看项目有天水麦积山几处待规划区（作旅游）、刘家峡水库入口重新规划及库区一处200亩土地开发规划。

一、麦积山植物园

寒溪淙淙过小桥，
苍松残雪漫峰凹。
西秦岭延小陇山，
麦积春意争岁早。

二、牧马场[①]怀古

春秋尚秦风，
麦积追遗响。
举贤不问邦，
任事凭信赏。
变法协宫闾[②]，
新政致卓强。
遂使关东国，
卷旗归栎阳[③]。

情延嚼根味，

业肇牧马郎。

注：①此牧马场，史载系东周初年周平王赐秦祖掌管军马之场。不问邦，指不问出生何国。

②闾：里巷的门，古代25家为一闾。宫闾：城乡。

③栎阳：秦国陪都，旧址在现西安市东北部。

三、望刘家峡

曦光残雪枯涧溪，

道柳暗绿暖寒枝。

万里黄河有清波，

刘家峡水戏巍堤。

四、炳灵寺码头

丹崖照清波，

林峰出碧落。

当津盘阶僧，

向日诵波若[①]。

注：①渡口有一僧人，盘坐码头台阶，面向太阳诵经，任游客往来，不为所扰。

五、炳灵寺

炳灵寺位于刘家峡库区北岸一峡谷谷口，山体为风化黄石黄土，山上仅有矮植生存，峡谷内峰如林立，谓之峰林，远望如旌旗。此谷口侧有佛窟，始于北魏时期，谷口有双峰并峙，俗谓夫妻峰。此日值西方情人节。

盘古遗丛旌，
北魏肇释声。
黄河万里浪，
峡窟千载风。
缭青一炉香，
披袈几诵僧。
温馨情人节，
寂寞夫妻峰[①]。

六、炳灵上寺

进峡谷行五公里，有炳灵上寺，始建于唐代，现寺内仅有一僧，日常值班由县上派人轮流。该寺大门外，有俗家修行者盖木屋者五六处。寺内一犬，见人要离开，随直立作揖，吠声如泣，欲留客住。

踏雪寻孤刹，
穿关拜唐踪。
殿开三桁阔，
堂藏百卷经。
焚香客敛心，
惊谷僧震钟。
驻寺唯一袈，
值守轮官卿。
香火盛往昔，
趋拜今凋零。
庙犬争留客，
揖立不啜声。

七、夜兰州

异彩炫光夹岸稠，
谜苑梦阁连熠楼。
擎觥聆弦正月夜，
黄河清波金城[1]流。

注：①兰州又谓金城。

雪夜长春

（2012年2月26日）

林厦遁晶帷，
通衢隐轮痕。
哈凝畅游客，
寒暄倦归人。
雾空扫激光，
迷彩幻氤氲。
环望尽朦朦，
天地唯麟麟[1]。

注：①麒麟，大雪漫天状。

南疆北沿行吟（八首）

（2012年4月）

一、瞻龟兹（库车）拜城克孜尔石窟

能工奇巧绘释尊，
千年荒谷藏洞深。

供者图像尽显贵[①]，

教认佛缘曾殷殷。

注：①此石窟由当年富者捐资修建，谁捐即可以供奉者身份留彩图像于石窟中。绘释尊佛教诸神像。

二、拜城县委书记杨发森宴客

梨花彩蝶满庭芳，

晴柔新柳拂客觞。

西域古国三十六[①]，

共与杨公沐春光。

注：①汉朝西域有三十六国。

三、过轮台

岑参白雪歌轮台[①]，

烽火硝烟古边隘。

西域明月仍似练，

安得妙方靖南海[②]。

注：①唐朝大诗人岑参《白雪歌送武判官归京》名震古今。

②近年来南海不宁。

四、塔里木河谷

河水悠悠流大漠，

夹岸新绿垂柳多。

龙卷风柱冲天起[①]，

旷滩胡杨虬枝裸。

注：①塔克拉玛干大沙漠中，常有旋风卷沙成柱，疑似唐僧西游途中妖精来袭。

五、博斯腾湖

沙岸红柳紫花鲜，
浩瀚绿波远入天。
老牛潇洒戏涟立，
海鸥抿羽降渚滩。

六、铁门关

春风东来漫雄关，
祭慰开边将万千[1]。
孔雀河水流不尽，
犹照旌旗入西天。

注：①唐代军旅诗人岑参等万千边将，往返西域必经此关。

七、岑参诗碑

是日游库尔勒市郊之铁门关内岑参诗碑，乍然狂风掀起漫天榆钱，榆钱顿然蒙遮诗碑，抑老天祭岑乎？

西域都府多乌骓，
安边怀柔赖雄威。
停湾荡思追幽远，
榆钱惊风漫诗碑。

八、野餐饯别

此行系与十二所联系拜城设计项目与库尔兹设计项目。

狂风挟尘入峡天，
杨君[1]野餐饯水湾。
鸡压纸盘犹堕草，
羊烤炭火横炊烟[2]。

频倾美酒益宣豪，
殷劝佳宾多尝鲜。
孔雀河水流千载，
博斯腾浪淘广滩。
岑参昔过铁门关，
吏欲请诗先奉盏。
戍楼练月牵思情，
峡路驼铃遍塞川。
烽烟散尽花开落，
江山早固一统天。
今日饯别无多日，
共追先英再读关。

注：①杨君，十二所所长杨忠之兄。

②横炊烟者，大风忽来吹烟成横平状。

参加陕西省第十二届党代会

（2012年5月）

有幸被推选为全省第十二届党代会代表，并于2012年5月6~11日参加陕西省党代会，感慨良多，社会精英齐聚于党，民族振兴，国家崛起非难事也。

一

月季[①]缤纷带露浓，
朝阳彤彤缀华亭。
共襄盛举壮江山，

长空且待点睛龙②。

二

群英会议浥水滨③，

全面建强目标新。

夏霖陡添负离子，

晨鸟欢歌透浓荫。

注：①月季，月季花。

②此处借画龙点睛典故，喻陕西发展大业。

③浥水，浥河，长安八水之一。

内蒙行吟（五首）

（2012年7月2日）

一、谒昭君冢

此行与中建八局西北公司高永华书记，中建西北院四所所长马晓东、院专业总工程师兼四所总工杨琦，建筑师吕航、张成刚，到内蒙古呼和浩特市接洽众生集团建设项目。2011年3月往谒昭君陵途中恰逢天公三阵滂沱春雨，由是感怀。青山，指大青山，北拱呼市，系阴山一脉。青冢，指昭君墓，北依大青山，南眺黄河，春早青而秋迟苍，自唐遂称青冢。昭君，湖北秭归（今湖北宜昌兴山县）人也，汉元帝间，奉诏执行和亲政策远嫁匈奴，先后为呼邪韩单于并循胡俗为呼延韩之子复株累若鞮单于两代皇后。草原，指呼邪韩及其子两代单于治域，今为内外蒙。中原指西汉帝国治域。

晴雨三替半日间，
欲诉昭君悲与欢。
青山青冢一魂系，
草原中原两情牵。

二、谒成吉思汗陵

成吉思汗陵位于鄂尔多斯市伊金霍洛旗新街镇甘德尔敖包，属窟野河上游。

麾轮克强虏，
鞍辔铸豪雄。
国土合亚欧，
丝路连纵横。
岁月淹浮华，
春秋彪雄能。
万里黄河浪，
犹闻蹄声隆。

三、南塔

此行系2012年与中建西北院副院长王军、院纪委书记赵政，到内蒙古赤峰市巴林左旗商洽辽上京保护建设与县城新区工程总承包事宜。巴林左旗南山之中有“真寂之寺”，香火犹盛。辽上京遗址现在巴林左旗政府所在地域，有南北二城，北城乃皇城，住契丹皇族，置包帐；南城住汉族官员，置汉城，一都两制，契汉和合。辽邦得兴，盖合治道焉。

巴林左旗南峰丛，
真寂之寺峡谷钟。

深镌春秋更替事，
饱饮世俗冷暖风。
兴安岭催长安志，
蒙古原延敬古衷。
旗城新区亮相时，
广衢当慰辽上京。

四、大草原

大青山位于内蒙古呼和浩特系阴山余脉。内有若干草原，如希拉穆仁大草原。

大青山内喜得闲，
希拉穆仁大草原。
牧家鸡犬蒙帐外，
神阙龙蛇岗丘远。
一弯溪谷拥连帐，
几座敖包惹放眼。
理鬃摩颊亲骏骥，
跨鞍驰辔思天汗。

五、太阳雪

严寒降呼市，
晴冷揖残星。
曦照太阳雪，
婀娜舞西风。

晨游秦岭化羊峪

（2012年7月8日）

化羊峪位于终南山之户县段，此峪浅小，峪中数峰三合，中有化羊庙，供黄帝禹王燧人氏鲁班等列贤，并有齐天大圣等，有道、佛、民间众神，兴于元，盛于清末民国。

化羊峡麓起重岚，
化羊古刹谒先贤。
黎庶真情自有属，
夏雨伴客思绵绵。

安康调研纪行（七首）

（2012年10月25~28日）

一、紫阳县城

半入青峰半入江，
晨暮阴晴妙未央。
真人[①]不知何处去，
江都[②]茶花暗递香。

注：①真人，指道士张叔平，道号紫阳真人。

②江都，紫阳县城，位于任河汇入汉江之湾。

二、舟行

顺波浮浪汉水行，
危岩奇嶂弄婉狞。
欲将道经凭舷悟，
须致虚中守笃诚。

三、安康市

岚起重峰鸟自横，
周峦缤纷秋欲浓。
塔吊影随曦光起，
一川清波两岸城。

四、汉阴

云山何嵯峨，
织女浣月河[①]。
周秦汉阴锦，
婀娜艳开罗[②]。

注：①月河，源出汉阴，东南注入汉江。

②开罗，非洲埃及首都。据传南方丝绸之路远销非洲、欧洲、南洋诸国，汉阴乃秦锦产地，至今亦然。

五、石泉

周塞锁峰雾，
一水唯东顾。
先圣鬼谷子[①]，
纵横何得悟?

注：①鬼谷子，春秋战国时代大战略家，传说鬼谷子曾在石泉设坛传学，纵横家张仪、苏秦等出其门。

六、朝阳沟

朝阳沟位于宁陕县皇冠镇，沟内有国宝金丝猴群栖居。

丹碧紫橙费勾染，
秋山留客抖斑烂。

金猴藤崖忙腾跃，
皇冠幽谷奏流泉。

七、车旅

山自飘渺河自波，
秋峡桥连洞隧多。
茶乡药苑圣贤里，
连窗梦幻满厢①歌。

注：①厢，车厢。旅途中，车厢内播《郎在对面唱山歌》电影。

院2012年度先进工作者朱雀森林公园休养（二首）

（2012年8月）

一、聚餐

且歇征鞍南山坪，
闲听山鸟相竞鸣。
举杯慰劳将士怀，
暑山连涛涌碧浓。

二、登山

浓荫遮蔽石径弯，
素湍飞来白云端。
才攀崖顶赏新景，
又见新峰耸远天。

铜川调研行吟（三首）

（2012年9月）

一、谒药王山

药王庙隐药王峰，
药王神方济苍生。
最是博爱倚悬壶，
兼润松茂柏葱葱。

二、陈炉古镇

陈炉晶瓷流彩莹，
幽焰纵连千载浓。
三山密窑熔机巧，
满镇秋芬寓五行[①]。

注：①五行，金、木、水、火、土。

三、铜川高新区

健康产业药王心，
循环经济谋划深。
耀瓷[①]映日幻绮彩，
铜川新城城益新。

注：①耀瓷，铜川耀州瓷。

腾冲瑞丽纪行（十一首）

（2012年10月）

一、浣溪沙·晚餐

铜瓢木炭黄牛汤，
田边店家新米香。
秋阳斜照西花窗。

枝头星烁弯月朗，
墙外蛩声唱霓光[①]。
远客围炉益尽觞。

注：①蛩，蟋蟀，也叫蛐蛐儿。霓光，霓光灯。

二、侨乡和顺镇

汉家戍民揖极边[①]，
行商夷方闯异天。
半月场外洗衣亭[②]，
砧声阵阵入梦湾[③]。

注：①极边，当地人自谓腾冲为边疆极边之地，当地人系明代戍边的汉民后代。

②半月场，村中小广场，场形如半月，行商之人特为本乡老人及妇儿休息交流会议唱戏所建，小者仅设石凳一圈，大者更设戏楼，为和顺古镇街区内行道旁边独有之乡村公共小广场。洗衣亭临岸而盖水，亭内水面浮架方格砧石，作搓衣捣衣用，晴雨皆宜，系商人在家乡为女人们洗衣所建。其脉脉深情，汇聚一亭矣。此地行商茶马古道，遍及缅、印、孟、斯及非欧诸国。

③砧，捶砸切等垫器。砧声，砧石上的捣衣声。

三、谒艾思奇故园

思奇辨正一书生，
敢教黎庶义与聪。
蒋公退台曾喟叹，
大众哲学百万兵。

注：蒋公指蒋介石。喟，叹息。《大众哲学》，艾思奇20世纪30年代所著马克思主义哲学通俗读物。

四、谒国殇墓园

国殇墓园，位于腾冲县城内，系抗战胜利后民国政府所修纪念赴缅甸与印度远征军将士先烈之纪念园地。龙川江从旁流经。

苍松碧蕉卫英灵，
临风追思缅赤诚。
汩汩龙川江流水，
犹诉将士家国情。

五、叠水瀑布

城内暄高瀑，
玄妙待悟腑。
湍崖伫古观，
道家自静笃。

六、猿乐

黑水暗河波涛，
危岩积水野蒿。
群猴腾挪追寻，
直扑抛来佳肴。

幺仔敬父芭蕉，
猴王抚慰幼娇。

七、南丝路

云川丝绸行欧非，
茶马古道晓铃追。
天教万方通余缺，
水自悠悠梅[①]自菲。

注：①梅，三角梅，浅紫红色，花三角。

八、湿地

万古腐草软如簧，
客舟闲鸭共轻漾。
胡芦丝乐惊天起，
草丛牛背鸟自忙。

九、大滚锅

热泉沸汤翻，
氤氲漫峰天。
层笼蒸蛋薯，
山舍歇炊烟。

十、瑞丽傣村

楼外秋棕撩炊烟，
院角鸡忙犬自酣。
三角梅绽花晴日，
一方佛寺万重山。

十一、莫里热带雨林

错蔓悬藤樟冠，
林密荫重苔鲜，
孔雀屏开溪湾。
亭桥花前，
悬瀑飞漱峡端。

黄河游吟（三首）

（2013年1月）

与赵元超、冯仕宏、王泓博出差榆林考察设计现场拜谒，毛主席东渡黄河出发地，并考察吴堡1400年历史之古县城、对岸之山西碛口古镇、佳县白云山白云观，因以记之。

一、吴堡老县城

石署石街石城墙，
人去城空冬草黄。
长河悠悠流不尽，
犹对春秋说兴亡。

二、雀桥仙·碛口古镇

岸列华埠，
径迷石巷，
檐外酒旗飘荡。
叠院错屋向河滨，
浪涌处浮冰炫亮。

橹拔险阻，
船载希望，
航贸曾通青藏。
长河帆影风烟去，
犹声闻东渡击浪[①]。

注：①1948年毛泽东东渡黄河自陕西吴堡至对岸的山西碛口，并由此前往西北坡。

三、白云观

白云观幡飘寒冬，
俯对长河冰涛声。
百姓常燃高炉香，
三教共享广殿灯。
雕檐铃诉春秋事，
茂柏枝振仙俗风。
苍苍塞上万山里，
夕阳斜照堂外钟。

再到安康（二首）

（2013年4月16日）

一、闻坊议遥赠宋公

宋公曾于1998年至2002年主政安康。我于2013年5月出差安康，晚间汉江岸边散步，忽闻行人念宋公当年主政安康关情民生之好，复忆安康现领导尊公之情，因以记之。

汉水悠悠汉江深，

淘沙固堰广福荫。
郊外别轮十春远，
安康百姓犹念君。

二、安康夜色

楼外广场踏劲歌，
桥边亭台舞婀娜。
春江华灯皎月夜，
雕栏长堤晚练多。

新疆行吟（六首）

（2013年7月）

一、巩乃斯河源崖望

所憩之处，下临深渊，上依高峰，忽见三位维族壮男骑马从深谷底以之字形上到路边，复以之字形翻越高峰，如履平川。

溪流湍湍溅雪波，
夏草青青牛羊多。
鹰翔马啸惊风处，
俯看三骑上陡坡。

二、天山腹地唐布拉百里画廊

弯延伊水递涛声，
阴坡松碧阳草青。
雪峰牛羊蜂花岸，
唐布拉峪胜天工。

三、过雪大阪

擦岩临渊车晕旋，
雪山顶映天湛蓝。
分水岭上急停驻，
捧取雪冰望天远。

四、谒乔尔玛烈士陵园

碧血染雪峰，
架得独库①通。
英魂幽栖处，
敛神致深躬。

注：①独库，独山子到库车的独库公路。

五、再游喀纳斯湖

虬枝碧叶静无风，
松鼠逗客讨营生。
曲径弯弯斜晖里，
松林深处递涛声。

六、贾登峪牧家

伊犁州布尔金县喀纳斯贾登峪，位于喀纳斯湖旅游区前院，系哈萨克族夏牧场。2013年7月8日，与杨忠、荆竞、张阳游。贾登峪系维族谚语，意味好人走过的地方，身后开满鲜花。

牛羊漫夏场，
毡寨依青山。
纷纷游客来，
牧家迎宾欢。

延安行吟（五首）

（2013年8月）

一、乔山

气连昆仑势龙腾，
群峰环碧柏青青。
沮水悠悠流不尽，
中华文明肇兆功。

二、瀑布

浩荡雪流万里遥，
束波潋涛注龙糟。
叠障重碍何所惧，
青山白云共逍遥。

三、延园

义勇合心挽狂澜，
志扶社稷追轩辕。
齐家治国平天下，
兴衰成败读先贤。

四、纪念馆

红船影照延水悠，
廿八奋斗一馆收。
焉得边区热当世？
遥对宝塔想春秋。

五、高速路

凌波跨壑轮飞旋，
连峰荫翳噪暑蝉。
妖娆山川重绣绘，
江南塞北翠碧连。

礼泉白村行（三首）

（2013年9月）

一、新图

社区规划纸尚温，
香茗佐思议纷纷。
荧飞蛩鸣瓜棚下，
广思精构意求真。

二、秋韵

篱畔果繁蔬新青，
窗外朝雨洗尘风。
礼泉白村农耕园，
清心放怀枕秋声。

三、远香

檐边紫薇省晨炊，
秋蝉声共翠鸟追。
翁公弄孙乐怀处，
溪边远香炫芳菲。

照金新镇行吟（四首）

（2013年9月12日）

铜川照金，为1933年刘志丹、谢子长、习仲勋开创之革命根据地。照金新镇由陕文投出资、由中建西北院屈培青工作室规划与设计。边设计边施工，推旧建新，一年完成。其所创造新型城镇化建设之“照金速度”与“照金经验”，为省委书记赵正永高度肯定。明天开镇，欣然吟之。

一、谒照金

薛家洞府傍天庭，
红军据峰为行营。
绝壁烽烟随风散，
涧水淙淙春欲浓。

二、新城镇

秋山环碧拥，
新镇周年成。
绮园来远客，
溪岸憩老农。
社鼓千载愿，
庄户万里梦。
今朝耕耘人，
一步驻新城。

三、回迁乐

但见群楼坊，

不见旧庭堂。
重归故乡地，
疑作他乡郎。

四、登山

陉，峡谷险道。照金薛家寨，有红军道，夹于山凹间，陡入云天。北宋画家范宽依此作《秋山行旅图》。20世纪30年代，刘子丹、谢子长、习仲勋当年曾据此闹革命。

陉梯危蹬陡入天，
汗透气喘四肢酸。
先后快慢何须顾？
自将每阶送后边。

大峪游吟

（2013年11月）

峡风吹叶舞缤纷，
玉岩金柿秋峪深。
山雀溪水和鸣处，
同学追忆三十春。

珠江夜游

（2014年6月10日）

新的广州电视塔，人送雅号小蛮腰，为广州标致性新景象。应装饰所靳江所长邀，与各所领导到广州参加第十届亚洲照明设计展及论坛，夜乘星河湾酒店星河一号游艇考察珠江沿岸照明艺术。望珠江美景，展望新业务前景，欣然吟之。

炫光迷彩映江流，
穿桥别港星河游。
小蛮腰外驰望眼，
更有美景在前头。

蒙古国行吟

（2014年9月16日）

一、浣溪沙·勘场大学城

克水悠悠绕浅岗，
羊群逸逸嚼秋场，
飞蚊团团袭客裳。

规划图开大学城，
蓝天白云遥相迎，
马背学子梦欲成。

注：克鲁伦河边将起之，蒙方期待世界各地学子云聚。现在是人一出车，飞蚂蚁就把人包裹起来，十几人成十几蚂蚁柱子。

二、鹊桥仙·岸头野餐

微风送爽，
游鱼凑趣，
沙柳绿染秋洲。
桥外鸥鹭凌空旋，

浴波群马聚首。

列岸蔬果，
临风把酒，
遥祭天娇英酋。
且将幽思随鹰荡，
克水[1]悠悠东流。

注：①克水，克鲁伦河，发源于蒙古山，东流入呼伦贝尔湖。

哈尔滨行吟（二首）

（2014年9月21日）

一、偶摄佛光

晚风习习江水流，
太阳岛迎远客游。
佛光[1]哪得随仰取，
心追善缘或可求？

注：①在哈尔滨松花江上舟渡太阳岛途中，依舷手机拍摄江中秋阳，不期然拍摄了这一佛光。世事无常，可遇不可求，斯之遇欤？若常不求，亦必不能遇矣。可求不可期，斯之期欤？若求之无常，亦必无期矣。老子有云：“有生无，无生有。”其亦斯之谓欤？怀远守恒，期之有成。

二、忽忆

雨自潇潇风自温，
浩渺往昔隐缤纷。

喧嚣都市呆望里，
秋日凭窗忽忆君[①]。

注：①哈尔滨时，忽忆老友刘为民君。

周至行吟（三首）

（2014年10月）

一、浣溪沙·山家放歌

幽坪花径锦绣峪，
百年繁枝满茱萸。
鸡犬逸然各嘻戏。

楚韵秦风依律裁，
弄斧吴翁[①]独抒怀。
远客青峰共徘徊。

注：①吴翁，指七旬翁吴松君，陕西省西安市周至县厚畛子镇市级非物质文化遗产山歌传人，《厚畛子山歌》搜集者。此地多为荆楚古移民后裔。

二、佛坪厅故城

“佛坪厅”，设于1825年，终于1926年，此期为佛坪厅衙所在，后迁于现在佛坪县城，老城遂弃。该地于1962年划归周至县辖。自叶广芹著《老县城》，名遂大噪。泗泉，杨泗将军泉，又名泗郎泉，在老县城东面山中暗河口，四眼泉涌出处。

万古秦岭四围地，
熊猫金猴共灵异。

恬然老牛问闲情，
热心山家延古义。
几处残垣说春秋，
一湾滑水演兴替。
最是悠悠泗泉月，
喜看缤纷自来去。

三、厚畛子

千年铁甲犹浓荫，
为有青山慕真心。
悬瀑深谷道观里，
二子[①]高义享古今。

注：①二子，指殷商末期孤竹国王子老大伯夷、老二叔齐故事，被后世尊崇为“和合二仙”。

临江仙·抱龙峪[①]

（2014年12月6日）

悬架串柿灿灿，
偎崖溪流淙淙。
错递村落连幽谷，
亲客欢犬嗅蹭。

绝巘古柏渲碧，
峰甸茅花弄风。

荆径黄叶掩初雪，
翠雉惊鸣菊丛。

注：①抱龙峪，在终南山之小五台。

凤翔行吟（四首）

2014年12月18日

一

东湖[1]冰照柳林荫[2]，
凤翔箫喧弄玉[3]心。
氤氲古驿诱远客，
佳酿[4]温香几千春。

注：①东湖，凤翔县城内，北宋时苏轼主政雍州（凤翔）时开凿。
②凤翔县柳林镇，自西周即有民间酿酒习俗，至今不辍。今属宝鸡市凤翔县辖，为古代丝路上著名驿站。
③凤翔，凤凰翱翔，弄玉萧史乘凤跨凰翱翔而仙。弄玉，秦穆公公主，善吹箫，与乐人萧史成婚。
④佳酿，指西凤酒，为我国“四大名酒”之一，据西北大学教授李刚考证，西凤酒为国酒之源。

二

柳林河畔酿佳醇，
丝路商贾相劝饮。
笳声驼铃闻犹在，
一壶月色听周秦。

三

甘冽酒韵弥巷庄，
谁家辣椒焙奇香。
绮苑丽舍启沙盘[①]，
新型柳林益盛昌。

注：①沙盘，指柳林镇发展规划模型。

四

广衢云厦物阜丰，
全面小康寄振兴。
国际新局肇周原，
凤翔景象慰苏公[①]。

注：①苏公，北宋苏东坡。

谒阆中恒侯祠

（2015年6月3日）

竹茂柏森森，
嘉水流古今。
忠勇春秋义，
情义天地心。

广元

（2015年8月）

江畔蒸风土餐鲜，

擎樽邀月嘉陵湾。

则天故里[1]暑蝉夜，

皇泽寺照满星天。

注：①则天，武则天。皇泽寺位于广元市内，祭祀则天大帝。广元是武则天自六岁至成年随木商父亲举家生活之地。

两湖行吟（三首）

（2015年9月）

一、谒毛主席故居

阖家一生济大同，

奠基东国今复雄。

八方来客缅伟业，

悠悠湘水绕碧坪。

二、东湖宾馆

毛主席曾47次驻跸武汉东湖宾馆梅岭一号楼，工作之余常在东湖岸边松间曲径散步。东湖水面33平方公里，西临长江。

白鹭双飞鸣啾啾，

金曦映照东湖秋。

梅岭松岸寻圣迹，

远山微风荡游舟。

三、东湖晨景摄影并题

晨6:50摄于武汉东湖宾馆梅岭一号楼外海天水榭南之东湖岸边。

湖畔松间几早客，
天上水心两太阳。
游舟野凫惊潜麟，
钓翁曲岸秋晨忙。

抗战胜利七十周年之际陪孙公陕北纪行（四首）

（2015年9月25～28日）

一、黄陵

沮水情连江河风，
五岳高勒始祖功。
感恩最是祭祖时，
临案幽思七秩翁。

二、壶口

每遇险阻不怯懦，
斩关夺隘奏凯歌。
炎黄精神自骁骁，
谒读壶口感悟多。

三、圣地

兵民合力敌封锁，
抗日救亡费蹉跎。

乾坤藏得至简道，
兴衰成败思人和。

四、中秋

嘉岭巍巍宝塔尊，
中外客来缅伟人。
圣地延安中秋夜，
举樽共品精气神。

商域行歌

中国建筑设计协会成立十周年纪念日将至歌以贺之

（1995年5月）

十年辛苦十年功，
碧空绿野任驰骋。
技经承包开新纪，
设计改制捭纵横。
土木营造彰法式，
水火变易炼赤诚。
更借蓝天一万重，
江山浩荡乘雄风。

满江红·贺院产值首破亿元大关

（2001年1月）

“九五”开始，中建西北院以“全员经营”方针，立足陕西、辐射周边，终于在2000年圆“九五”亿元经营目标。凌晨追思，心潮起伏，荡胸激怀，感慨系之。

亿关惊破。
回首处，
豪情激越。
“九五”启，
春阳初吐，
欲圆还缺，
“全员经营”决频胜，
“立足”“辐射”马未歇。
比同列，

超越志未酬。
宏标确，

大开发，
竞争烈；
全球化，
催人切。
举将帅齐搏，
经年累月。
一洗征尘沐红日，
千年甫始浴瑞雪。
新征程，
鸿图向未来，
创新业。

营门乐·贺院实收首破亿元大关

（2002年2月）

新千年甫始，中建西北院又创实收破亿新高。遥想去岁始圆“九五”佳梦，今春又创实收亿元佳绩。稍慰全院职工发奋图强之志矣！心歌乍涌，遂成数句。

梅笑冰河，
松傲雪原，
北国遥闻南燕。
凭栏处，
实收亿元，

车坚炮利小胜算。
攻坚破险，
新关昨斩。
千年两程两夺关，
军马稍歇南山。
弹剑共豪饮。
起舞营门前 。

英风初振不自满。
商战西部开发，
群雄逐鹿，
未决谁先。
车坚炮利小胜算，
更赖士气，
攻坚破险。
拔营起，
清寒号咽，
上征鞍。

迎建院五十周年

（2002年6月）

高歌唱彻迎庆隆，
西部开发时潮涌。
每运巧构谱雅韵，
常于前沿将先锋。

错落舍宇钟灵秀，
金玉广厦凝浑雄。
产值十百千万亿，
精品东西南北中。
同心同德同志向，
共生共赢共复兴。
长风振翼正当时，
再绘新图慰苍生。

商战·生产会前夕（商战·初雪）

（2002年12月6日）

纷纷瑞雪笼战营，
两关①夺后战未停。
千军将士齐奋勇，
誓夺新关②情正浓。
帅帐捷报草初成，
兵阵开处声威雄。
旌旗鸣，
兵马行。
戈钺直指小康城。

①指2000年院产值首破亿元大关；2001年实收首破亿元大关。

②全年（2002年），院本部（不含分院等）实收可望首破亿元大关。

上海分院三章

（2002年12月）

赠曲宏光、刘志勇暨分院全体同仁

（一）

十八春秋沐热风，
西来劲旅驰江东。
永华仙霞行渐远①，
南山唐城试新锋②。

（二）

十年旧地今重来，
艺苑繁华照眼开。
拓展沪上新天地，
明珠高照豫园台③。

（三）

屡创新高不自高，
琼楼高处月宫姣。
长安再闻大捷时，
浦江西畔弄长箫。

注：①上海永仙大厦、仙霞住宅小区为上海分院20世纪80年代设计项目。

②上海南山广场、无锡唐城步行街，均为上海分院近年设计项目。

③ 明珠：系指上海东方明珠。豫园：分院2001设计项目。

沁园春·楼

（2003年8月）

添彩自然，
增辉人文，
鬼斧神工。
凭匠心独运，
广厦绮伟；
庭院幽雅，
馆舍雍容。
律振古今，
气贯中西，
楼宇万千凌苍穹。
凝神处，
听悠悠清韵，
流响其中。

风雪霜雨阴晴，
对艺思技想蓝图丛。
共灯下勾描，
浅龙低吟；
案旁推敲，
月照身弓。
屏前聚眸[1]，
键上飞指，
春日融融秋阳红。
喜驰目，

看高车[2]昂首，
又起新城。

注：①屏：电脑屏幕。
②高车：指建筑工地吊塔。

行军乐·贺院首破两亿元大关

（2004年1月）

几度春秋，攻坚破险，军马劳顿，不掩士气高涨，院职工队伍可谓能征善战之师焉。2003年初，院首开“两大板块”战略大局，喜见新胜，高歌而颂。

西部奋勇，
东疆鏖战，
军号铁骑征鞍。
龙马齐吼，
狮虎长啸，
战地风涌旗飞翻。
夺险后，
弄歌长河，
起舞高原，
歇甲南山。

漫漫细玉缀碧天。
对周星回首，
灯照无眠。
凭天地人和，

前锋捷报闯四关。
群雄竞逐，
英杰争强，
商战将益酣。
挥鞭指，
问鼎中原！

南山偶得长短句

（2004年2月）

中建西北院2004年干部培训班研讨会于2月20日在终南山之麓举行。昨日丽阳当空，今早春雨连绵。遥想商海征战若斯风云变幻，看我院各路先锋聚议于兹，共谋“科技兴院　人才强院”长策，以践“持续建设一流强院”之志。

正潇潇春雨洒江天，
丽阳昨日花欲绽。
风云变，
阴晴转，
挥手间。

秣马厉兵终南山，
帅帐沙盘费推演。
温泉苑，
沣河岸，
谋长安。

为院2004年业绩而歌

（2005年1月19日）

2004年，虽遭市场乍变，然全院将士意志弥坚，又创新高。回首往岁，欣欣然矣。

商海逆顺本寻常，
全赖千军战力强。
枫林洲畔轻骑过，
锦园深处飞挑枪。
广厦水城夹岸绿，
白桦林居依翠嶂。
紫薇绣岭连舜江，
上林丹露映太阳。
金辉光照群贤庄，
银波涌注芙蓉汤。
千军征战气如虹，
劲旅关山齐奋勇，
踏雪披霜夺新城。
旌旗鸣，
歌鼓行，
连胜不骄图新赢！

注：枫林绿洲、锦园系列、水岸新城、白桦林系列、紫薇系列、舜江、上林丹露、群贤庄、大唐芙蓉园等俱为中建西北院设计之名品。

浣溪沙·加班

（2006年9月18日）

秋来高树叶杂黄，
嘈蝉何去西风凉。
鲜果繁枝鱼满塘。
月隐苍穹星敛光，
柔灯盈窗人多忙。
微机屏边咖啡香。

西北院新区住宅区销售点房写照

（2006年10月26日）

左翻测，
右翻猜，
弯月照梦又重来。
心想户门可为开？

点号催，
心颤微，
忙呼同伴紧相偎。
手持方案又蹙眉。

重笔落，
沉虑开，
多少紧张始释怀。
阳光透出云层来。

争相议，
费思量，
新家园里竞菲芳。
全员策划家装忙。

待入住，
互参观，
运动公园连家园。
煦照白桦与红颜。

院新区住宅区封顶

（2006年12月）

白桦兰溪耸新景，
去年衰草旋晚萤。
商域大营落成日，
将帅挥戈夺新城。

中建勘察设计改革与发展高层研讨会（“华山论剑”）郭涛书记命作当场

（2007年8月）

中建聚群贤，
论剑不言难。
河岳照红日，
风正一帆悬。

致高力峰院长暨厦门分院全体员工

西北院入闽二十三春秋纪念赴鹭贺厦门分院

（2008年1月）

西来劲旅驰闽川，
屈指春秋二十三。
东方巴黎雕广相，
南国丽苑耸华轩。
经营联盟辟新途，
合作策划彰特专。
更期高扬大院名，
国门之外拓疆宽。

临江仙

贺院产值与实收首超三亿元大关

（2008年1月）

商海无处不波涌，
坚船利炮竞能。
冲峡避滩秀花明，
奔袭三亿隘，
把酒关门城。

风雨阴晴苦经营，
全赖团队精诚。
日月不语催人行。
岸雪白沙远，

起锚听笛鸣。

暖通所新春聚会致季伟所长暨全所同仁

（2008年1月）

雪拥常宁宫，
欢聚与暖通。
团结向未来，
科技攀新峰。

沁园春

欧亚论坛

（2008年2月）

终南笼雪，
鸥鹭翔空，
浐灞合涟。
对一川清波、
冲淘渭浊；
九塬柔柳，
藏吐春暖。
狮立松崖，
龙昂霄云，
揽山御水临洲湾。
巧构设，
成长岛丽苑，

人间壮览。

曲江遥照雅典，
曾世界中心在长安。
彼大唐都会，
异商远来，
东西对市，
中外贸繁。
改革开放，
民族复兴，
嫦娥飞处惊望眼。
斯楼也，
正调音欧亚，
丝路弄弦！

欣闻中建将签约大明宫复兴重建开发项目以歌

（2008年7月）

盛极大明宫，
彼世万邦崇。
航波桅杆影，
丝路驼铃风。
突厥拜玄武，
碧目伺龙庭。
高丽瞻马首，
缅甸趋朝奉。

胡姬舞酒肆，
异僧宣寺中。
安西播文治，
燕然振武功。
琉球听号角，
罗马染华风。
举世国力强，
俯察无比朋。
四维皆仰望，
八方争瞻容。
风烟千载去，
贞观耸珠峰。
豪迈中华魂，
大唐大明宫。
文明五千春，
于今益浑雄。
破荒出奇谋，
复兴大明宫。
奇构有中建，
央企展雄风。
帅帐运帷幄，
铁军袭奇兵。
中建地产赖兹树精品，
五百强中彰我百丈杆头标新能。
遥想建成日，
殊共世界惊。

大明宫遗址保护开发遐想

（2008年7月）

恢弘大明宫，
曾经万邦崇。
慈恩塔巍巍，
曲江柳青青。
星云千载过，
贞观独霸峰。
今日复兴计，
重现大唐风。
待到华宇立，
四海来远朋。

陪段市长易总裁巡视曲江遗址公园

（2008年7月）

风吹涟漪三叠水，
回廊卧虹碧柳垂。
盛世复兴大唐风，
曲江秦岭共崔嵬。

陈宝根市长会见易军总裁一行

（2008年7月）

相互陈佳绩，
相向期共赢。

新闻发世界，
华夏将复兴。

中建与西安市签约开发大明宫遗址保护区

（2008年7月）

中建西安御宴宫，
战略合作签约中。
华庭闪彻镁光灯。

双方握手大功成，
盛唐文明中华梦。
丝路起点铸新峰。

大风梧桐

（2008年7月）

金融危机袭击实体经济之际

美国于2007年7月爆发次贷危机，2008年9月演变为世界性金融危机，据说是1929年以来世界最严重的经济危机，我国于2007年9月以来发展速度锐减。

夜来狂风掀，
叶落挺枝干。
精气神俱在，
何畏寒露天。

大明宫遗址保护与开发工程拆迁现场
易军总裁一行巡视

（2009年3月4日）

规划已付梓，
拆迁赶工深。
唐都欲醒梦，
渭川花耀春。

院班子成员与经发地产班子聚会端午前夕

（2009年5月）

端午时节麦稍黄，
高朋悠悠叙情长。
古今巨细红酒里，
阴晴圆缺粽香漾。

晚聚
与熊院长慰问上海分院全体

（2009年7月29日）

觥筹抚军意，
淡肴慰将心。
相期再奋勇，
创新黄埔滨。

“中国建筑”在上海证券交易所上市 孙文杰总裁龙眼点睛开锣

（2009年7月）

十万[①]旌旗伫点睛，
千度晦明[②]一锣声。
股市横空出大盘，
航母五洲已露锋！

注：①十万，中建时有员工10万多人。

②千度晦明，指一千多个日夜，即三年上市成长期。

段先念副市长宴宾孙文杰总经理

（2009年8月）

曲江荡兰舟，
引觞当繁秋。
驰神对三秦，
壮怀望五洲。

易总视察西安

（2010年9月）

易总新任中建总公司党组书记、董事长。

新帅召众将，
西北欲升帐[①]。
业绩不待言，

团结出力量。

注：①“欲升帐”者，指即将创办中建西北集团。

西北院乔迁新区

（2011年2月22日）

我院自1952年6月1日正式立院，在西七路办公区已逾59载，新区开建于2005年6月，于2010年底完工。今日开市乔迁文景路98号（文景路与凤城九路十字西南角，城市运动公园西门正对面）。回顾建设过程，展望未来征程，心潮澎湃，思绪激荡。指挥搬迁，凌晨即起，沐浴更衣，欣然记之。

雕梦琢愿四春成，
商域新都势如虹。
拔寨欢歌忙今日，
拓疆明朝发新营！

三至呼市

（2011年3月11～16日）

一、参观内蒙古众生集团董事长王副充先生珍宝馆遐想

宝鞍卸案牛羊归，
毡房炉火向晚炊。
春秋九鼎列高堂，
景泰奶壶溢香菲。

二、参加众生国际广场开工典礼与贺

旗舒春暖暖，
河流心融融。
旺火势腾腾，
破土声隆隆。
五色气球炫，
七彩烟火浓。
欢颜瞻未来，
交杯顾征程。
遥想建成日，
呼市耸殊景。
相期新辉煌，
众生颂广成。

三、五古·三至呼市赠众生集团董事长王副充并集团房地产公司总经理王熙华

去岁来内蒙，
半月秋雨重。
欲晤唯等待，
幽思追古雄。
首会共凝目，
印证猜想同。
沉睛纳广运，
慈容藏深城。
携手瞻家珍，
一言对九鼎。①
交樽喋家宴，

三语说运程。[2]
阖家相与乐，
放歌溢柔情。
破土行典礼，
草原万里晴。
常火融春暖，
七彩腾愿景。
新宇溢精神，
广厦铸豪情。
嫡亲共庆贺，
感慨说雨风。
鞍马稍歇处，
麾锋向包城[3]。
帷幄阐佛理，
长案论道行。
儒雅讲故事，
转勺[4]释悟性。
指动牵侠气，
容开彰豪情。
凭栏众生楼，
春欲满呼城。
辗转我之来，
缘深见此行。
楼外如意水，
悠悠共情浓。

注：①王董事长家藏有据说专家已鉴定过的春秋时期九个鼎一组。

②王董事长首见后首餐时，曾讲了三句运程。王董信《易经》。

③包城，指包头。

④转勺，亲自下厨炒菜。

四、从呼和浩特赴乌兰察布盟会见陕西浦江置业董事长孙志林先生

仲春暖阳新，
昨夜峰雪深。
集宁结新友，
拓业期联军。

奉孙总文杰先生

（2011年4月）

征鞍甫卸意未央，
敢将豪情对沧桑。
上市融资当欣慰，
强基中建拓新疆。

注：新疆，新的领域。

勘场靖边

（2011年5月）

与安军及小袁乘刘春新车往勘，回程参观顺路的洛河大桥景观……

勘场到靖边，

驱车回西安。
山麓盘肠径，
洛河映碧湾。
层田拥农舍，
三桥横云天。
槐香高原春，
月照金锁关。
遥望南山畔，
新城尽华轩。

都江堰会议

（2011年6月）

都江堰市在2008年5月12日的八级大地震中损失巨大。几年过去，都江堰市区焕然一新。

一、廊桥望

新城拥浓荫，
泯江卷浪深。
祸福无常迹，
震后情益真。

二、会议

聚议都江堰，
陈策新帅案。
借得长江水，

东海驰母舰！[1]

注：①中建设计集团，犹如中国建筑设计领域的航空母舰。

贺长征地产"阳光台365"销售起航

（2011年6月）

2011年6月9日上午参加此仪式以贺。

夏日阳光台，
喜雨送爽来。
势涌大汉魂，
情牵南山霭。
丽榭彰波意，
绮苑藏诗彩。
长安肇伟业，
雄声两千载。
大风吟今日，
当慰汉武怀[1]。

注：①此房产项目对面，有汉武帝巨雕铜像一尊。

参访长沙远大科技集团（中央空调制造者）

（2011年7月）

2011.7.25 于长沙参访途中作

滤尘彰禅意，
吐新见道真。
长沙远大志，

环宇博爱心。

七古

新区歌行奉老领导樊宏康院长张秀梅书记

（2012年5月）

今年五一假期悉用时于统改《院志·续一》，付印一校稿，思及新区策划调研，更觉樊公宏康、张公秀梅当年决策建设新区不易之甚矣，饮水思源，感慨系之，情不能禁，遂成此章。

十三寒暑费苦辛，
合道建强①旨远深。
北苑培训②齐众志，
南山研讨③励将心。
亿关④甫斩醉美酒，
五秩欢歌拭汗流。
版图辟矣⑤更设备，
微机效率供时求。
企业员工富共强，
历史未来承且筹。
老区改建已策划，
寻辟新区创意乍。
群士献法费思量，
众将心曲傍案唱。
午夜灯光照蹙眉，
十四地块宜定谁？

参勘区位重成长，
一城双心适远想。
班子会议定决策，
移师经开驻辕鉞。
住宅方案赛四轮，
琢思演法标议确。
六套户型应群需，
千军将士齐欢跃。
品茗对月暂释怀，
凭窗驰目心稍歇。
急驱设计备营造，
忙解人马苦短缺。
末月初八喜开工⑥，
建造辛历五周星。
去岁二月⑦迁新区，
商域新都⑧众英栖。
缤纷春意喧翠羽，
紫荆粉樱绿萝衣。
君不见
汩汩创意涌心扉，
征鼓急矣钹弦催，
信息满载合同飞！
君不见
办公新楼偎新家，
举院将士壮思发，
捷报喜润腊梅花！
君且看

六十春秋亦惊骇，
移麾三度⑨益华彩，
征师今赖新营台！
熏熏紫气正东来，
凝心聚力弘品牌，
“和合”建强当慰老帅怀。

注：①指2001年始立“持续建设一流强院”院发展目标。
②指2001年院在东晋桃园举办的“干部培训班”。
③指2003年南山沣河东岸之东大民航培训中心举办的“培训研讨班”。
④2000年院产值首次过亿元大关。
⑤1998年院“甩掉绘图版”，走在全国同行业的前头。
⑥末月，指2005年12月8日，时值院新区住宅区开工典礼。2006年5月底，正式开工建设住宅区。
⑦2011年2月22日，自西安西七路，举院搬家至西安经济技术开发区。
⑧指院新区，市场如战场，院新区乃院在市场搏击中之坚固大本营。
⑨指院立六十载，首驻尚德路，二迁西七路，三迁至经开区，三次更新大本营，一次比一次壮大矣。

中建三十华诞奉易军书记董事长

（2012年6月）

衢广隧深厦傍星，
砌城雕宇勒勋功。

辕案倾觞励新捷，
征鞍遍浸卅雨风。

贺中建殊誉

（2012年7月）

得悉中国建筑进入美国财富杂志排名世界五百强第一百强，全球著名承包商第一名，欣喜之至，命笔致贺。

营衢筑室壮河山，
勋绩佳声递坊间。
环球金融摩蟾桂，
央视钢宫镇幽燕。
匡河固桥美利坚，
填海起城波斯湾。
最是故国振兴时，
价值品质佑长安。

上海西郊宾馆致官庆总经理

（2012年12月）

中国中建设计集团会议入驻上海西郊宾馆。中建总公司官庆总经理要求设计集团各院要在建设“美丽中国”中增量升值宏誉扬品。聆思而记之。

润榕西苑雨，
摇竹东海风。
砌岩漱飞瀑，

重荫拱绮宫。
近艏鹅引吭，
悬枝鸟弄声。
遥思浦江波，
沉藏列强踪。
凭栏望环宇，
华厦正复兴。
中建设计院，
自当为前锋！

贺工程公司21亿EPC大单落袋

（2013年7月18日）

去岁辞帝都，
劲旅征沙原。
榆溪驰捷报，
先锋凯歌还。
歇甲擎觞钦，
战事不待言。

贺华夏所二十春秋（二首）

（2013年9月6日）

一、聚贺

绮苑丽馆临水滨，
广殿雄宇入云深。

接天炫景哪得出？
华夏工师酬壮心！

二、华清城致张总

（2013年9月6日）

渭水旖旎骊山幽，
山城宫池一望收。
神奇天工何由设？
工程院士张锦秋。

致陕西明丰集团董事长陈盼盼

（2013年10月）

明丽阳光照关山，
丰润繁华漫锦川。
兴寄骏骥驰广野，
达由通衢远入天。

接待匈牙利客人

（2015年6月）

匈牙利奥尼卡水处理技术公司总裁阿提拉自上海来谈业务合作，陕西亿龙总裁王平龙陪同，韩蕾同声翻译。中建水务集团方闻，院王研、刘西宝、秦峰、张国平、潘迪与谈。感此欢洽，吟哦以志。

水火木金土，
万物共由主。
中欧欲合作，
齐襄人类福。

勘考大孤山景区致林晖董事长

（2015年9月19日）

三湖[①]鼎卫大孤山，
晨钟暮鼓来黛巅[②]。
北斗[③]仙都迎施客，
新寺期成伊水湾[④]。

注：①三湖，大孤山之东北、西北、西南有三座水库。

②吉林伊通大孤山顶有康熙年间（1670年）所建青云寺一座。

③大孤山与周围六座溢出式小火山（学术界称此火山类型为伊通型火山），状似天空北斗七星，当地故有七星落地传说。

④尚易投资集团林晖董事长（福建人）投资建设伊通大孤山国家级火山保护区文化旅游景区，策划其中建青云寺庙区，与峰巅青云上寺（古寺）相望，将慰藉苍生，造福当地。余策划新寺庙名“孤山寺”，这样可形成与杭州西湖孤山寺遥相对应的“伊通孤山寺”，南北孤山寺，浙吉脉相连。伊水，伊通河水。

伦常吟咏

悼邓小平同志

（1997年2月24日）

邓小平同志是我党我军和全国各族人民公认的享有崇高威望的领袖。有了邓小平同志“文革”后的拨乱反正，才有了一介布衣的我上大学的机会。惊闻邓公辞世，沉痛悼念。

惊雷一声日色昏，
哀风悲雨倾乾坤。
三山五岳任驱驰，
六合八极凭筹运。
大地广宇筑丰碑，
长河细浪流足音。
十二亿人承遗志，
腾飞未来壮英魂！

祭王伟

（2001年4月19日晚1时）

腾机长天御强匪，
碧空巨书曰王伟。
洒却热血润社稷，
忍把柔情付流水。
怒吼一声惊乾坤，
豪情万丈动人鬼。
现实假设无济事，
国力还须共奋追。

悼贾公耀启[1]先生

（2007年11月27日晚）

梧叶落时噩耗惊，
临灯不尽忆贾公。
胸蕴高远勉众志，
行出稳健济合衷。
常将关怀附暖日，
每以教导染儒风。
古稀犹寄国发展，
危榻频问院荣兴。
长者逝兮馨风郁，
君子别矣松柏青。
冥冥似闻飘鸣羽，
寒夜天际照寒星。

注：①贾公，贾耀启，中建西北院原院党委书记。

元宵节悼念张青林书记[1]

（2010年2月28日）

中建本赖项目兴，
而今环球广佳声。
最是欢乐元宵夜，
松柏青青念张公。

注：①张青林是中建总公司原党组书记，于任职国家计委期间，全力启动推行“施工项目管理”，开中国建筑业施工管理先河。

悼高书记步文老先生[1]

（2011年12月24日）

寒空陨星飞，
高公驾鹤归。
梅馨不自誉，
领得春芳菲。

注：①高书记步文老先生不幸于2011年12月23日（平安夜）22时16分仙逝。

忆邓公光汉兄[1]

（2010年10月23日）

川大学友屡同游，
翠竹曲径望江楼。
今我重来不见君，
晚秋孤影寒江流。

注：①邓光汉于今年7月因哮喘突犯而逝。当时在川大读书时以班长之职待我如兄恤弟，使我任团支部书记，屡屡催我写入党申请书。光汉兄曾向我学练太极拳于望江楼公园。

赠友

（2005年10月）

儒雅士子英豪帅，
捷报将至帷幄外。

东海风浪溅征衣，
西山冷雪裹甲铠。
长岭春熙映碧水，
高原秋阳拂尘埃。
待到歇马南山日，
把酒临风抒壮怀。

江城子
致樊公宏康

（2006年9月）

十年商战路茫茫，
渡江河，
踏峰冈；
修壕筑城，
行陈鼓沙场。
临案持符调将卒，
沙盘伫，
劲旅扬。

春秋倏忽鬓微霜，
心虽累，
志弥张，
绘就宏图，
高塔建造忙。
待到新都落成日，

共把盏，
抒衷肠。

临江仙

致张公锦秋院士

（2006年9月）

孜孜精构雕柱梁，
芙蓉园蕴雅达。
博物馆宇著雄卓，
华章流清韵，
讲坛彰潇洒。

早忘临风吹霓裳，
宏图成就巾帼。
霜鬓犹自妙思发。
应慰平生志，
星月望广厦。

赵越杜文大婚

（2006年11月）

天涯留真鉴，
婚旅将海南。
取摘菠萝相递尝，
比肩看天蓝。

情启一顾盼，
爱系心意绵。
同渡千年共航船，
常爱酬良缘。

致樊公宏康先生

（2007年5月）

十三春秋赖培锨，
欲抒微怀无词遣。
有幸今后常同案，
清流悠悠共青山。

致张公秀梅先生

（2007年5月）

温喧远导十三春，
欲谢真情无词斟。
存取精粹常参悟，
合力事业报君恩。

赠中元

（2009年2月）

是晚月食

明月隐蚀深，

烟花炫彩纷。
立身少俗念，
处世有常心。

西北院与经开区篮球友谊赛

（2009年7月）

前锋破重围，
轻骑挽罡风。
中军骋驰处，
灌篮又成功！

将聚蜀客

（2011年10月19日晨记梦）

川大同学宁望楚将来西安，梦中已先晤之矣。往岁每至成都，常三人畅叙。今邓光汉兄已作古，再难三人共叙，望楚欲来，弥足珍贵。

将聚古都会，
缘入旧梦繁。
设宴阅江楼，
漫游秦岭峦。
赏剧融幻境，
放歌戏管弦。
回蓉常小聚，
年年得照颜。

温馨同窗兄，
惘顾已难全。
倾樽临风饮，
驰襟对月眠。
身事当并重，
家友不遗憾。
兄今将晤我，
晨鸟欢秋原。

宴聚

（2011年11月6日聚后吟成）

刚结识几位老乡，心甚欢暖。谨以记之焉。

寂鸿结新伴，
振翅莲花峰。
预衔东风来，
锦绣满关中。

赠友（一）

（2011年11月）

执政运国策，
临池著丹青。
执着有周公，
画坛益蜚声。

赠友（二）

（2012年5月）

东南来熏风，
春欲满关中。
晴日馨芬里，
双鹰御长空。

赠友（三）

（2012年3月）

细常究儒远，
凡夙觅禅深。
堂闾春秋义，
普世悲怜心。

赠友（四）

（2012年4月）

万里航母泊新港，
吐纳更易为续航。
应识觥筹繁密处，
空劳春光怨梦粱。

赠友（五）

（2012年12月）

岂云异乡知己少，
多说高人识君深。
纷纷劳叶随风归，
殷殷瑞雪润梅心。

川大毕业卅周年终南山遥寄诸同学

（2013年8月）

连绵群峰藏碧深，
高泉淙淙伴鸟音。
卅年毕业纪念时，
裁取祥云遥寄君。

赠友（三章）

（2013年9月）

一

青春磨难非独稀，
逆境之中藏转机。
请君试看东流水，
冲滩避礁砺险矶。

二

每忆青春磨难多，
常守初志不附阿。
待到春秋随风过，
把酒临风笑蹉跎。

三

大任从来磨难稠，
淬取冰火志方遒。
苦劳饿空增所能，
立峰吹却万里愁。

举贤

（2014年11月）

雁栖湖畔秋阳温，
沉虑推演谋远深。
市场寒意何策应？
贤能举矣当属君。

赠贾平凹

（2015年6月18日）

平民大家曰贾子，
陕西文坛一杆旗。
心尚昆仑冰照月，

行追大河水冲泥。

王君履职以赠

（2015年7月）

踏冰奋蹄揖燕山，
换防营开沣渭湾。
辕门仲夏欲行令，
开局展篇思星天。

记梦中携妻女游嘉陵江

（2001年2月）

嘉陵江畔佳人娇，
疏风微雨小酥腰。
纷纷阳伞白沙岸，
翠竹幽径红袂飘。

鹊桥仙·随感

（2006年5月）

晚阴似絮，
轻寒渐浸，
傲菊不惧花残。
细雨如丝风如感，

叹世间成败多憾。

才是春暖，
又入秋凉，
自在光阴变幻。
双鬓对镜非空白。
待回首无悔初愿。

卜算子
梦父
（2006年11月4日）

屋顶夜乘凉，
听父说古长。
指认织女与牛郎，
暑风共心漾。

父去已十载，
两世阻阴阳。
不知父祖可安好？
梦心思茫茫！

中秋节
（2006年10月6日）

记得幼小过中秋，

月皎皎，
夜幽幽。
一家老小香案后，
举首望，
祈丰收。

寒暑替代额头皱，
到中年，
世事稠。
骨亲多已相隔世，
秋寒浸，
衣可周？

人生在世常聚散，
最难忍，
两思愁。
万水千山纵有情，
路亦长，
须行走。

小女

（2006年11月）

月照葡架车驰惊，
幼娇何梦发笑声。
忽闻嘤嘤飞蚊旋，

悄起寻，
蹑足轻拍看娃容。

夏羽冬弦练劲弓，
书山苦猎母心忡。
但求成材不重名，
仁智勇，
良心到处是吾宁。

周末与妻游南郊植物园

（2006年11月8日）

摩枝穿影赏花容，
植物园里佳人行。
纤指近绿忙定格，
送秋微风暖融融。

思儿

（2009年1月28日）

留学澳洲真辛苦，
语言考试当酷暑。
想念女儿拼搏日，
大年初一时近午。

过年忆父

（2009年1月28日）

门外烟花炫九霄，
桌上杯盏忆未消。
阴阳忍隔十余载，
时祭冥冥可收钞？

鹊桥仙

八十老母游南湖（端午）

（2009年6月10日）

流波荡舟，
煦光揉翠，
虹桥龙车岛树。
金鱼穿梭啜悬食，
天鹅携仔漫凫。

糖人正吹，
彩泥新塑，
凉亭石雕堤路。
散落石径照水处，
搀母悠然横渡。

思父

（2009年8月24日于丈八沟陕西宾馆）

家事绵绵梦里温，
冷月幽幽盈泪巾。
孝敬欲追亲在时，
奈何两隔空思深！

过兴庆公园望垂柳萌芽赠妻

（2010年3月25日）

昨夜寒枝摇春醒，
装点星绒嫩朦胧。
浓也淡也都是缘，
若有若无总关情。

如梦令

梦妻游春

（2011年3月14日凌晨03:39作于银川）

垄上春风戏燕，
炫烂桃花盈面。
兰指捻粉蕊，
忙唤八九同伙。
快看，快看，
相机咔嚓一片。

过年

（2011年12月31日）

春华秋实烹煲香，
温情快意融觞汤。
坛中新梅揖旧岁，
案头鲜馐祈韶光。

周思

（2012年2月19日）

华岳拥天府，
沣水绕镐墟。
春秋无常驻，
治乱有玄机。

注：周，周朝，兴发于陕西宝鸡，以沣京镐京为都。

兰溪春早

（2012年3月29日）

虬枝细蕊嫩绒新，
暖风微雨浸苑深。
玉兰香薰曙空韵，
桃花明照晚归心。

鹊桥仙

运动公园寒晨

（2012年11月12日）

晨练，七时偶见清理湖面清洁工劳作而吟。

微霜染渚，
薄霭蒸湖，
迎冬弯月初顾。
垂柳犹然滞墨绿，
啼晓鹊岗林深处。

倩影沉波，
纤手滤浮，
扁舟悠悠忽忽。
湾里红襟依涟动，
撑一篙划破絮雾。

往思（五章）

（2013年春）

一、纺花

老母为全家老小劳苦经年累月而不觉苦者，盖缘心中恒有期盼而乐观者也。孔子云："贫而无怨难，富而无骄易"，老妈处贫而无怨。而今我兄妹仨每与八四老母谈及，老母恒欣欣然。

油灯煤火霜月朗，
正是母亲纺线忙。

劳怨顺逆浑不觉，
寄望晨学双胞郎。

二、织布

姐姐是父母长女，甫值豆蔻年华，已然熟悉缝补浆洗，我哥俩衣服一模一样皆由姐姐裁缝。姐姐未得享我哥俩侍奉而早殇，每思及此，未尝不唏嘘难忍。

窗外繁桐苦暑阳，
梁边雏燕啼娇嗓。
午时不忍空流去，
织梭童辫竞飞扬。

三、浣溪沙·送羊

豫北安阳一带有“送羊”习俗：每年五月间，生了娃娃的闺女从婆家扛着馍馍来娘家走亲戚，七月里娘家人带上做好的大面羊三条或五条，并小面羊与猪狗鸡鸟等动物形状花馍若干，赶到女子婆家看望，一直送到女子的最小孩子十二岁为止。我哥俩小时候每年都跟着奶奶去姑奶奶家送羊。奶奶一生劳苦却未享我等孝敬，不可追偿，忆之揪心。

渠树七月藏荫凉，
野花引蝶漫飞扬。
双生孙儿抬面羊。

中途歇脚瓜园旁，
鲜瓜就水润渴肠。
奶奶村妇话孙长。

四、父亲

老父每天骑自行车往厂里上班，为九口之家奉献巨伟，七十未享而往，留下追念无限。

庭阶厂台两地奔，
自行车轮攒甘辛。
偶将老酒聚友朋，
共话儿女情殷殷。

五、清明

曾祖父、曾祖母、祖父、祖母、父亲、姐姐作古数秩，往事常忆，清明尤甚。

时节又至清明天，
春雨霏霏洒远山。
最是香纸燎幽意，
随取青烟到那边。

读书吟

（2014年2月5日）

星月悠悠照夜阑，
铅华春秋五千年。
心存宽处神方清，
学到真时气自闲。

乡忆

（2014年6年14日）

蚕棉家园意，
瓜豆恩亲心。
晚风鼓钹起，
星夜弦笛音。

卡拉OK

（2014年10月23日于出差天津时）

人人都能哼，
何必是歌星。
潇洒唱麦克，
生活须放松。

赠仁弟

（2014年12月24日）

感恩最是善意长，
从来修业赖贤良。
忠奸辨识方普度，
善恶分明不谜航。

运动公园晨景

（2015年1月3日）

晨曦照湖金色凝，
寒风何处练晨声。
悬水曲桥霜栏外，
摇喙冬鸭忙凿冰。

上元雪

（2015年3月5日）

爆竹喧嚣雀欢嬉，
夜来香逸九叠居。
正月十五上元节，
晨雪春风聚兰溪。

运动公园晨练

（2015年7月7日）

晓日别连阴，
百鸟丹碧深。
清波栏桥畔，
苑景雨后新。

归乡行吟（四首）

（2015年7月7日）

一、安阳城

归心胜似暑阳酷，
十五春秋还故都。
殷墟[①]迷踪难觅旧，
文峰[②]塔影照如初。
颢颢英贤[③]传闾巷，
款款鸥鹭歌洹[④]渚。
国风家脉应承续，
拱辰门[⑤]外费踟蹰。

注：①殷墟，商王盘庚迁都于北蒙（安阳古称），传十二帝历254年。

②文峰塔始建于隋，形状上宽下窄，独树一帜。

③英贤，指帝喾、颛顼、武丁、妇好诸帝后与比干、韩琦、郭朴、岳飞诸栋梁。

④洹，洹河。

⑤拱辰门，北门。

二、中国文字博物馆二章

（一）

纷繁世事乱如云，
礼制文章明法伦。
甲骨卜记传体范，
察辨上古英贤魂。

（二）

集智载道肇绮章，
金石简帛续幽芳。
独有华夏奇文化，
万世一脉流未央。

三、再谒岳庙

汤水悠悠柏苍苍，
武穆①奇冤亘古荒。
帝苑父子情何系，②
民家青壮耻靖康。③
昏庸奸佞本连体，
仁勇智谋应共襄。
抚碑体验精忠志，
奉案新酒祭国殇。

注：①武穆，岳飞，岳庙在安阳市汤阴县城。

②北宋子皇上位，置被掳父皇于不顾，帝家父子情淡，匪夷所思，其情大谬矣！

③岳飞，出身民家，岳家父子欲挽狂澜于既倒。

四、演易台

八卦演万象，
两爻系兴亡。
江山社稷怀，
凭台任追想。

注：演易台，系殷纣王拘禁周公、周公推演八卦为六十四卦之所，在安阳市汤阴县城旁。

中建西北院老区[1]

（2015年10月5日）

八月桂花溢香芬，
满枝青梨报秋分。
五十年间大营寨，
一千能工巧匠人。

注：①老区，指中国建筑西北设计院2012年之前老办公区，位于西安市皇城西七路291号。

诗二首

（2015年10月8日04:00）

一、星夜

风吹麦浪洹漳间，
如风往事忆犹鲜。
桑梓远影惊熟梦，
星夜万家眠正酣。

二、老村

密荫繁果围村郊，
谷场忙碌飞剡刀。
常年渠水出太行，
浓香桂花熏街凹。

赋

广厦赋

云厦竞发，城乡同进，天人合一，复兴指日，吾党十八大开全面建设小康社会新征程，城镇化乃其巨擘焉。时在壬辰岁首，仲春元日，中国建筑西北设计研究院欣履六秩，以宫馆闾里之大宇美室，城池园囿之巨丽壮观，贡献陕西“三强一富一美”建设，背负“美丽中国”事业，弘声海内外而不缀者，盖赖关中天府沃养，中建争先之氛，故国蒸腾之势，潜演佳艺高技者也，赵正永书记（时任省长）专程调研视察于是时，期以继续引领行业发展之重望，举院为之奋志。新岁将启，滤心静神，为广厦赋曰：

赫赫营造，
承纳文明。
百业赖兹，
城乡繁荣。
文以载道，
行崇德弘。
精谋精构，
鼎信鼎诚。
业肇勤专，
事竟韧恒。
义勇克关，
仁智固城。
尚德尚才，
任贤任能。
乐群乐众，

铭恩铭情。
六秩春秋，
琼厦广成。
和天和地，
齐志齐衷。
合作合力，
共赢共生。
偕时益进，
脉演象更。
金牌殊馨，
建强竑声。
将帅一志，
千军奋鬃。
情系苍黎，
环宇归胸。
聚精崛起，
凝神复兴。

邀盟赋

（2014年10月30日）

诚邀2015年毕业之清华大学BIM博士刘强、建筑结构检测博士刘宇飞、结构硕士曹玉龙、结构硕士王丽莎，加盟中国建筑西北设计研究院，兹赋曰：

秦川天府，
自古富庶。

四关拱卫，
八水泽物。
炎黄兹发，
社稷兹固。
周宪秦统，
汉疆唐土。
张骞张载，
班超班固。
先贤星耀，
后来鼓舞。
有西北院，
设计翘楚。
增辉人文，
拓展幸福。
大国经略，
深耕西部。
新经济带，
丝绸之路。
慧眼择机，
继往开来。
故土期归，
事业为台。
邀君同行，
济世为志。
青山依水，
宏业待士！

后记

读者宾客，请听振海弱弱地说声：兹将心路历程、思路历程，托运中建西北院和合号专列，伴您同行。

一

中国自1978年年底党的十一届三中全会为肇始的改革开放基本国策，到现在还在深入推进中。这场史无前例的巨变，引导中国从当年占世界经济的1.8%，到今天成为世界第二大经济体，占世界经济的14.4%（2015年数据）。这场巨变的指引力与牵引力，就是邓小平理论。国家经济形态经历了从计划经济体制到社会主义商品经济再到社会主义市场经济的递进。目前指向全面建成小康社会和实现两个一百年的中华民族伟大复兴目标。

三十多年改革开放，从个体层面说，经历了从凭票购买到自由购买、从想买买不到到想买啥随时都有机会的巨大变革。自由生活，从梦想变成现实。国家强盛、民族振兴、信心回归，庶几成为现实。从民生角度看，是从生活短缺到生活富裕的实现。从国家城市政策上看，经历了城市化、城镇化、新型城镇化的不断更新。从经济主体角度看，国有企业在内的所有性质的企业，都在不断地开拓未知领域过程中不断探寻适宜的存在方式。从行业角度看，建筑业因此获得抢抓了跨越式发展壮大的战略发展机遇期。虽说是古今中外所有国家形态的兴盛都留下了城市繁荣这一共性坐标，但是人类在占全球人口四分之一的中国大地上进行的这次全国性的新型城镇化进程，真正是“千年等一回”。

从单位体制改革层面说，国家事业单位企业化管理改革，历时19年时间完成。我在国家事业单位亲身参与（实施或分管）了企业化管理改革16年。

1980年的国家建设部直属之“西北建筑设计院”，作为全国36家事业单位企业化管理试点单位之一开始运行，经费上由上级拨款改为拨改贷。1982年院由直属建设部调整为直属中国建筑工程总公司，院名改为中国建筑西北设计院（1992年加入“研究”两字成为现名）。1985年起，我院开始完全的企业化管理，实行自主经营、自负盈亏、自我管理、自我发展。1999年，单位性质变为完全的企业性质。与此同时，思想意识领域逐渐经历了“树立商品意识”“主动承揽设计任务”“转换经营机制”“一业为主多元发展”“立足当地辐射全国”“树立市场竞争观念”“主业辅业分离改制”“后勤社会化”等改革创新。真真是“日日新又日新”。

改革开放以来的勘察设计改革，成为全国各行各业改革开放的先驱。当时最流行的思维方式是“与国际接轨”，外国的月亮比中国的圆。1991年12月26日，曾经十分强大的苏联突然解体，接着是“东欧剧变”。国际风云际会，邓小平南巡讲话发表，引发中国新一轮改革开放。期间的勘察设计行业，与国际接轨思潮中产生了一种判断：国有大中型勘察设计研究院必然分解为国际通行的小型的专业化的设计事务所。行政领导机关据此制定了到2000年完成这一方向下的设计院改制政策，并要求设计大师们带头成立个人的设计事务所。我称之为“大院解体论”。1995年5月，我院由戚嘉鹤书记、周耀南副书记、我、王婉学、乔文博、翁全武组成学习调研组，到中国建筑东北设计研究院进行了一周的学习调研。中建东北院主业系统实行院所（分院）两级法人经营；经营结构转换为一业为主多

元经营的产业结构，成立了5家房地产公司，创立了外资设计公司；有院借款给职能部门人员成立了私营公司36家；全院新成立各种公有、合资、私有、外资四类公司共计54家，目标是在2000年国有大院解体前占得先机。而当时更先进的经验是，广东顺德设计院由国有改制为民营。同时，民营的设计事务所“如雨后春笋”一般出现。“蜕变”、“重构”、“凤凰涅槃”，这就是当年的描述用语。这场大变革，对心灵的震动之强，怎么形容都不过分，因为这关乎国有建筑设计大院的生死存亡与前途命运。我不得不静下心来沉思国有大型建筑设计大院究竟应该向何处去。

直面这个赖以生存的设计院命运前途的重大问题，是痛苦的，但是必须在郁闷之中保持豁达，在渺茫之中打开导航，在迷雾之中保持除雾灯不灭。道理浅显明了，而感受刻骨铭心。在此后长达半年的比较思考中，我求证反证，逐渐得出了一个明晰结论：只要中国共产党在中国施行共同富裕与推进城市化进程（这是四个“现代化”的目标与支撑）不变不断不减，国内的国有设计大院就不会解体，并且会发展壮大，除非国有大院自己搞不好。而经过十年“文革”与苏联巨变鉴照的中国共产党，基本路线一定是不变不断不减的，没有相反。出现相反情况，必然自取灭亡。与少数的国家级大院继续壮大发展的同时，民营私营设计公司会有很乐观的发展机遇，与国有大院竞秀争辉。这种情况会持续大约三十年左右。再往后，少数国有大院仍将稳健发展壮大。得出这一结论的时间是1995年年底。

通过严肃认真的比较思考并参考名家研究成果而得出的上述结论，结束了迷茫与痛苦，恢复了自信与激情。从此，在国家建设部召开的大院改革研讨会、座谈会、征求意见会等场合

上，我以“大院发展论”同台应对“大院解体论”。2016年春，国家住房和城乡建设部副部长来院看望工程院院士、院总建筑师张锦秋先生，我作陪，还说到这段。这里要说明的是，揭示这个思考与结论，实乃还原历史，绝非事后诸葛。而这正是我谢词几次调到上级或政府部门工作机会的信念所在，当然还有自知之明和兴趣所归。

正是这样的时代变革场景，磨砺着淘漉着涤荡着自我。到现在而今眼目下，从事企业管理工作凡33年，历经七个不同岗位锻炼，每于岗位尽心履职躬行之余，尽量以接触到的古今中外经验与当世贤达楷模作参照，思考管理面临问题的个性与共性解决之道，或者汲取、总结、提炼优秀管理的经验，渐次探寻出管理哲学这一学术建构新途径，以此为乐不辍。

在四川大学哲学系哲学专业的四年学习，训练了尽可能从世间万物之普遍联系与永恒发展的角度，看待、感知、认识、判断现实自然、世间万象与人际百态，训练了从实际出发具体问题具体分析的普世方法，从最坏处着想向最好处努力的普世着眼点。对中国近代科学技术落后于欧洲的原因之寻幽探微的检讨中，让人认识了比较思维的独特认知价值。对中国五千年文明史主流价值与传统优秀文化的喜爱，让人思考过去、现在与未来的历史走向的逻辑必然与时事或然。对物竞天择、适者生存的自然进化规律性的认识，让人珍惜人类生存的庆幸与个体生命的珍贵。而儒家道家法家墨家兵家释家诸多思想精华，让人归仁于大中华民族的精神滋养。

知行合一、哲学思维与企业管理的融化，促使我从宏观理论到微观实践的日益结合，进而促使我选择从管理哲学层面与角度思考如下课题：市场需要的、社会公认的、可持续性的，同时是适合中建西北院发展需要的战略思维、发展战

略、策略路径、实施措施，和社会公共需求基础上的所有企业固有之精神动力、文化艺术、伦理规范、气质品格、品牌影响。

自幼家教浸润的对圣贤哲理与古典诗文的喜好，使得我在追求严密的理性思维的同时，得以行吟于大好河山，放思于斗室尺屏。

二

我从参加工作到现在，一直在中国建筑西北设计研究院工作，大致分为几个时期：

（一）青年工作时期（1983年7月～1991年10月中旬）

我于1983年7月毕业于四川大学，7月19日来到院报到，7月21日正式上班。先担任院党委宣传部干事，三个月后，我被院党委正式确定为院团委负责人，1984年3月3日团委改选担任院团委书记一直到1991年10月中旬卸任团委书记。这期间我负责全院团员青年工作。与工作实践平行推进的是理论创作与文艺创作。主要有：一是以辩证唯物主义与历史唯物主义的方法，以社会文化与社会心理的视角，对社会思潮背后的心理认知进行分析，从认识论层面试图探索“和而不同，和而求同”的求解之道。我写的第一篇论文是《试论比较》，用时四个月，先后七易其稿，篇幅最多时达到七千字，最后成稿是3700字，一投而中，正式刊登了3500多字发表在中国社会科学院哲学研究所主办的《哲学研究》1985年第4期上。这是我写论文写得最苦的一篇，也是我来院后的开山之作。二是以“青年如何成长成才成功”为课题，结合青年工作实际进行理论研究。写得最快的一篇论文是《智能发展中的非智能阻力——论人才成长中的隐秘障碍》，三千多字，仅用了三天，两易其稿

后一投即中，发表于中央组织部主办的《人才研究》1986年6期（后更名为《中国人才》）。而三天成稿的背后是我对这些问题的八年苦苦思考探求。刊发了这篇论文之后，该刊的一位编辑两次来信“希望有这类内容的连续文章”。三是思想政治工作研究。1986年在院党委办公室主任李慧敏、时任宣传部部长戚嘉鹤的鼓励下，我写了第一篇思想政治工作论文《典型理论初探》（请戚部长帮忙修改），并首获中国勘察设计协会思想政治工作研究会优秀论文奖，李主任从新疆会场给我带回来的奖品，是一套黑色带金色兰草的茶具。第一次写思想政治工作方面的论文，就获得优秀论文奖，这让我初识了自己的潜力，从此激情大涨，曾列有“关于创设我国思想政治学的初步提纲”，并与分到中建西南院的同班同学宁望楚兄探讨过创立“思想政治学”的宏大学术理想。此后思想政治工作理论研究文章多次获奖。四是青春放歌，主要是诗歌、散文、人生随笔等。在汪雄飞鼓励下，我写的第一篇散文是写于1983年秋天的《马台春秋》，发表在1984年建设部办《建设报》上。五是主编（与张书社共同主编）了《马克思主义哲学立场观点方法》一书（陕西省建设系统内部出版发行一万册），编写了《中建之路》一书之“科技篇”计6万字。

作为这些理论与文学创作活动的基础之一是：创建了业余团校，创办了院文化艺术节，参与创办了院电声小乐队（队长王树茂）与周末舞会，创办青年专刊《绿》（孟毅锋任美编并创作连环钢笔画），组建篮球队、排球队、乒乓球队、围棋队、桥牌队，启动院“十佳”青年评比表彰等。其中文体类工作都是与院工会密切合作开展，符联民主席给我以全力支持和鼓励。这段时间是我来中建西北院工作成长过程中的关键时期。这一时期的高步文书记、贾耀启书记、李慧敏主任、戚嘉

鹤部长、胡耀星副部长、周雪梅部长，付联民主席、田俊德副主席、马光华副主席，徐永基院长、徐乾易院长、花恒久副院长（后任院长）、周耀南副院长（后任院副书记工会主席），人事室李智主任、张秀梅副主任（后任院书记）、孙巽老师，设计室主任张志乾、何文俊、孙一民、崔丁武等，计划统计室张小禾主任、技术情报室张儒义主任等诸位领导，都从不同侧面不同方面给予了我很多工作上的指导关心与生活上的排忧解难。许多领导和同事都有工作、学习、生活上的细致入微的帮助，还有承载着西北院几十年奋进、团结、温馨文化基因的许许多多的趣闻。给予我教诲最多的是院党委书记贾公耀启先生，贾书记儒帅风范人格魅力对我影响很深。团委委员李安、卢银蓉、曲宏光、吴世颖、汪雄飞、牛海峰、陈亚民、王俊耀、王建安、曹新月、田园，工作上密切配合，合心合力合志，青年干部部门领导薛黎明等，支部委员魏安运、刘战峰等、全院青年工作工会工作骨干与积极分子，给予了我很多的支持关心和理解鼓励。

记得我任院长办公室副主任（主持工作）开始不久的1992年秋季，时任院总建筑师张锦秋主动鼓励我从事建筑美学与建筑评论研究，并热心推荐建筑美学教材与导师。记得发表第一篇论文后，周六晚上我与二室青年给排水助理工程师熊中元（现任院长）在北大街上散步，与他分享发表在国家级刊物上的第一篇学术论文的快乐，听他讲技术发现新想法、相互欣赏并相互鼓励理论研究与申报发明专利。感恩之心，成长之苦，同行之乐，仁义之道，使人获取不竭的志力、动力、精力。

（二）综合管理时期

时间是1991年10月借调院长办公室，1991年12月2日调任院办副主任，1992年8月中旬任院办副主任主持工作，1996年3

月任办公室主任至1999年3月。

这时期，由思想意识形态工作转到了行政工作，工作量大大增加。记得第一次写行政工作报告时，就没有通过。当时对我的自信是个很大的打击。好在有“日日反思”的习惯，有三镜之鉴的幼训，之后的公文写作逐渐进步。与此同时，理论创作从理论探讨转向了中建西北院企业实践经验的总结提炼升华。随着出差机会增多引发的眼界拓展，随着对中国传统优秀文化的潜心研读，诗歌创作方面也由新诗而转为古体诗，以至于经常有梦中作诗的情形。古体诗词创作，大都是在出差途中完成，属于亦行亦吟。古体诗的创作，让人体会与感悟着古代诗人们的机敏、激情、智慧、体认，我以为，旧体诗的生命力，绝不会因为新诗的出现而消亡，内涵广远与音律和谐，方便快捷与睿智新奇，变化无穷与平仄韵味，这些都是古诗得以贴近群众、贴近时代之所在，是历史自信与文化自信的重要源泉。

（三）党务政务辅佐时期

这时期，大体与第二时期情况相当，主要区别在于：理论创作方面向广度、深度、高度的持续拓展，文艺创作方面向心理哲理事理的延伸。这时期的管理实践主要是创新工会与团委等群众工作内容与形式。同时，分管院的新区建设全面工作，包括从与经发地产合作协议的重新谈判到策划、方案竞赛、开展设计、以五个流程管理为抓手实施建造过程管理、景观与管网、合约管理、成本控制、变更控制、工期控制、搬入等以设计为龙头的工程总承包建设全过程全流程系统管理。

孙文杰总经理2001年主政中建总公司时在总部干部大会上的讲话，提出总公司发展管理“三化”方针，强调规模、品牌、效益、选贤任能考核、裁短管理链条、取消行政级别、明

确总部服务职能等，比我看过的所有管理学与管理哲学，都印象深刻。

一直没有忘记的是，2005年10月我在中建总公司首届企业文化高峰论坛上演讲整理成文字在《中国建筑》杂志发表后的年底，我到成都参加总公司会议，时任中建西南院院长官庆先生（现任中建总公司党组书记、董事长）对我说："振海，你那篇演讲《关于企业文化及其建设的两点思考》，我看了两遍，真的非常好！"这个鼓励增强了我的演讲自信，成为我之后在院内外作"和合文化"二十多次演讲、和不计其数的较小范围演讲的初始动力。这个心理小秘密今天公开。那段时间，对和合企业文化的总结、提炼、升华等，如痴如醉。只是当时浑然不知此状也。

这时期我在分管工作方面，得到院办主任司引瑞，财务处长李安，人事处长王婉学与刘战峰，工会副主席冯仕宏，宣传部长高治国，经营处长赵政，纪委常务副书记宋庭训，审计处长怀小鲁，常务副处长肖兴会，经济所长轩煦，房地产公司经理赵俭，监理公司姜维、黄春金，二所副所长安军，四所所长郑振洪，五所所长田虎刚，七所所长嵇珂，华夏所所长王军、华夏所总党春宏、工作室屈培青主任，物业公司经理张建国等部门和有关设计人员、监理人员、建造单位的过程支持。

（四）主持党委全面工作时期

上任伊始，总公司党组书记郭涛给了我四句教诲。我以此为镜，不时反思修正。期间，与院长和合共进，院党委一班人团结一致开展了以下几方面工作：努力做好企业党建工作，坚持德才兼备以德为先选贤任能，推行"团结好、业绩好、作风好、公认好，充满激情、充满活力、心系群众、志存高远"的干部队伍建设方针；实施干部MBA主课三年培训；开辟院所

两级领导干部到陕西省委党校、西安市委党校学习两条选送路径；实施“西北院设计”金品牌与“西北院和合文化”新品牌两大品牌协同推进策略；荣获省级文明标兵单位、开启争创全国五一奖状和争创全国文明单位两大实践创新工程；开启张锦秋建筑理论系统研究与院和合管理理论体系研究两大理论创新工程；启动深入开展向张锦秋学习与组织推荐新设计大师赵元超两大组织活动等。并持续拓展对接政府、市场与业界。

同时持续进行文化创新工程。对于中建西北院的企业文化作了全面系统的总结、提炼、升华、创新。从企业的基本问题入手，探讨建筑设计工作的基本问题；从企业、员工、社会、家庭四维链接网络中，从起于企业、归于社会的逻辑发展中，从时代精神、优秀古典、职业道德、家国关联的结合点上，深入研究西北院自成立以来的发展历程及其作品荟萃、经验积累、精神积聚、文化积淀，总结、提炼、升华中建西北院企业文化，与班子成员不断切磋琢磨与补充修改，院长熊中元与我多次探讨、推敲具体提法，“新三纲五常”的称谓及部分表述即源于院纪委书记赵政同志的想法；王军副院长对和合管理模型几次提出建议与思考。曲宏光副院长提出过好观点，随时与院内外各界人士广泛交流，征求意见，于“十一五”时期，基本成型了“中建西北院和合文化”的内涵与外延，并明确列入院“十二五”发展规划。通过院内外的二十多次的演讲宣贯，逐渐获得了干部员工与社会各界的日见增多的认同。

策划推动了“青年建筑师方案推介演习”（团委青联人事处科技处联办了八届）、“我爱我家·摄影展评”、“我爱我家·青年论坛”系列活动（院团委院青联合办分别举办了两届四届）等和合文化青年实践系列活动。

策划并开启总编了和合文化载体书系院内部永续性系

列图书“和合文化系列丛书”:《和合映事》(已出三卷)、《和合仁事》(已出四卷)、《和合往事》(已出两卷)、《和合影事》(已出两卷)、《和合匠是》(已出一卷)、《和合文是·诗与建筑》、《和合文是·散文与建筑》、《和合文是·词与建筑》(文是口袋书系列即出)。策划实施中建西北院和合文化与两全一站式EPC两项由省工商局向国家工商总局商标注册工作。担任国务院国资委“国有企业企业文化管理标准编制”副主任委员，参加该项国家标准的编写工作。时任陕西省省长的赵正永，在建院六十周年纪念日前一周时间，于2012年5月23日莅临我院视察指导，代表陕西省委、省政府对中建西北院和合文化给予了高度肯定与殷切期望，他指出:“西北院‘和合’文化，振海书记真的是非常善于思考，非常善于提炼，非常善于创新，这个内容我非常赞同。‘和合’文化中的‘新三纲五常’把传统文化、时代精神、现代要求和职业道德建设紧密结合在一起，我觉得这个真的很有创意，要进一步发扬光大！李瑞环主席对‘和合’文化有深入研究，你要找机会向李主席汇报汇报，他一定会很感兴趣!”“弘扬好你们的‘和合’文化与‘新三纲五常’，希望中建西北院今后发展得更快更好!”

2016年3月，陕西省委统战部副部长白慧芳来院调研，推荐中建西北院以和合文化做好统战工作为题，在中央统战部官网首页刊登。5月11日，中央统战部门户网站以《幸福空间和合实践——中国建筑西北设计研究院企业文化建设工作纪实》为题，分“和合”企业文化的来源、“和合”企业文化的思想内涵与努力践行“和合”企业文化三个部分，介绍我院以“和合文化”做好统战工作的经验。

2016年6月，中建西北院以《基于绿色与和合文化的中华建筑文化创新发展管理模式》，申报陕西省质量奖，荣获陕西

省质量奖第一名，给予的颁奖辞云：

1. 公司始终坚持绿色建筑设计理念，将绿色技术与设计创意高度融合，开展绿色建材甄选、运用绿色建筑模拟技术(室内外通风模拟、室内采光模拟、室外夜景照明模拟、建筑能耗模拟、建筑幕墙光污染模拟等)，立足绿色建筑技术专项研究与应用、绿色建筑星级标识评价、绿色建筑标准编制，整合资源、引领绿色设计产业，成为行业标杆。

2. 公司形成了以“和谐传承共生，合作创新共赢”为内核的“和合”企业文化体系，凝聚人心，激发创新潜能，践行天人合一、古今和融、中外和协为灵魂的和谐建筑理念，拓展幸福空间，极大提升了企业软实力，成为文化引领创新发展的楷模。

3. 公司首创了具有中建西北院特色的EPC模式（即以设计为龙头，基于BIM和P6基础上绿色化、精益化管理的“双全一站式”工程总承包模式），聚集、整合、管理建筑全产业链的资源，关注建筑全生命周期，从根本上避免了窝工、返工，缩短了工期、降低了成本、确保了质量，极大地节约了社会资源，树立了行业供给侧改革创新发展模式的典范。

2016年9月28日，院获“中国企业文化竞争力十强”，我同时荣获践行五大理念2015年度企业文化创新人物。

正是在这一阶段，不断有朋友同事索要“诗集”。于是，一咬牙一跺脚开始请同事们帮忙，凡三载，收集打印、整理、编辑了这部《兰溪集》。

为什么名之曰《兰溪集》？盖因中国建筑西北设计研究院于公元2011年2月22日搬入的商域新都，正是经开区白桦林居之兰溪区。兰溪，中国建筑西北设计研究院人之新的共有家园，君请看诗文卷《新区行吟致樊院长张书记》一诗。

三

《兰溪集》共计30余万字，分四卷，即《论文卷》《和合卷》《诗词卷》《散文卷》。《论文卷》与《和合卷》共收录论文40篇，绝大部分论文已经公开发表。《诗文卷》共收录诗词300余首，分江山行吟、商域行吟、伦常行吟、赋四个子项，涉及江山吟诵、经营赞颂、家庭亲情等，大部分诗词发表于《人民日报》《陕西日报》《西安晚报》等刊物上。《散文卷》共收录散文42篇，包括哲理散文、游记散文、乡村散文、生活散文等。《兰溪集》时间跨度大致从20世纪80年代到今天。

愿《兰溪集》带给读者们思考与乐趣，哪怕会心一笑足矣！

四

本书即将付梓之际，历经三四年查找、整理文稿过程终于画上圆满句号。点点滴滴顿时涌入心头，喜悦和感动交织，喜悦的是众多好友、同事催促的任务终于“交差”了，感动的是众多朋友、同事为此书付出了辛劳与汗水。

首先感谢改革开放总设计师邓小平，没有改革开放，我可能没有考上大学的机会。去年看电视连续剧《历史转折中的邓小平》时，我常常热泪流淌。

感谢生我养我的故乡——河南安阳安丰乡前净渠村故乡的父老乡亲。感谢小学、初中、高中时期的各位老师和同学们。故乡常入梦，相见两唏嘘。

感谢我的第二故乡成都与母校四川大学及哲学系的各位老师与同学们。母校赠予我的远不止是知识、容量、胸怀、眼界、思维利器。

感谢陕西省委省政府的正确领导，三秦大地的天时地利人和，有力有情引领与滋养了中建西北院65年来的发展。

感谢中国建筑工程总公司原董事长孙文杰先生、中国建筑工程总公司原党组书记郭涛先生为文集题词。感谢所有关心支持、帮助提携的历届中建总公司领导。经常关心与鼓励我的诗词写作的还有：中国建筑工程总公司原董事长党组书记易军先生（现任住房与城乡建设部副部长），党组书记董事长官庆先生，总经理王祥明先生，党组副书记刘锦章先生，副总经理曾肇河先生、李百安先生，邵继江先生总工程师、设计集团总经理毛志兵先生、副总周文连先生等诸位领导。

感谢中国建筑工程总公司原纪检组长刘杰先生为《兰溪集》之“诗词卷”作序。刘杰先生是第一位鼓励我出版诗集的人，是经常给我布置作业鼓励我写诗的人，也曾帮我多次修改诗文。

感谢中国工程院首批院士张锦秋先生在百忙中于八十高龄为本书作序，手写三满页，字字感人心。

感谢中国建筑西北设计研究院和历届院领导，历届各部门领导，感谢所有的同事。没有中建西北院，就没有我三十多年的成长与工作学习生活。特别要强调：正是樊宏康院长、张秀梅书记和合共进创造的跨越式发展绩效与团结宽松氛围与重视培养年轻干部，才有了西北院和合文化的生长与新区的开辟。

感谢本文集编辑过程中给予的帮助：党委工作部姬淑云部长、高治国部长、院团委李杰书记、院青联刘怡主席、党部欧阳东秘书，院办主任郭毅、人事处长李勇、科技处长孙金宝、院青年管理与文化研究会秘书长李元昭、院青联副主席鲁孟瑶、纪委专干王虎刚、人事处干事周乐、图文公司经理宋庭

训与编辑智力，为本书提供的长期帮助与支持。其中：论文卷、和合卷由李杰、李元昭收集、编辑，周乐参加校对。诗文卷先期收集由姬淑云、刘怡，中期收集由贺西琴、鲁孟瑶，后期系统收集由李杰、欧阳东、王虎刚完成，后期整理编辑由欧阳东完成。散文卷由李杰、刘怡、欧阳东收集，欧阳东打印编辑成卷。各卷编辑统筹大量工作与联系事宜由欧阳东、孙金宝完成。图文公司智力负责成稿的排版、装帧、美编设计等工作。感谢各位同志们的辛苦帮助！

感谢杜耀峰、党朝晖、张立、魏焱、贾妍等编辑记者。贺平安先生为本书倾力策划、编辑，感谢中国建筑工业出版社的费海玲编审和张幼平编辑，幼平编辑用心之细让人感动。

最后，要感谢我的曾祖父、曾祖母、祖父、祖母、父亲、母亲对我的养育、教育、培育之恩，姐姐、弟弟、妹妹对我的手足之情。感谢妻子、女儿对我的理解支持，以及对我不时陷入沉思与突发灵感深更半夜起来写作的包容，妻子常常是我的第一位读者，也常常把我当作她的学生来鼓励、鞭策与引导。

谨以此书献给中国建筑西北设计研究院，献给所有同事、同志、同行、同道。

特别要献给坐化天国的母亲。母亲从河南安阳来陕西西安跟随我生活十八年，原期待母亲能亲眼看见儿的文集出版，奈何天不假年……长恨孝亲无补处，空将心痛对遗物！

这里特别说明的是：我需要衷心感谢的人，不止于以上提到的人……我在默想中使劲还原历史，由于时间与记忆，暂时没有说出名字的帮助者还有很多，且夫说到名字而表谢不足不准者也多。我知道这是十分遗憾，现在又十分无奈的事。谨此

祝愿所有恭宽善良仁达义勇的人们快乐健康幸福!

书香撩思绪，岁月幻风景。中建西北院和合号专列行进中。各位宾客，请填写“心灵交流服务意见卡”并赐宝贵意见……

时在2016.11.19